云南省国土资源规划设计研究院科技丛书

国土空间用途管制
理论方法与云南实践

李昊熹　陈国平　孙丽红　马石林　著

武汉大学出版社

图书在版编目(CIP)数据

国土空间用途管制理论方法与云南实践 / 李昊熹等著 . -- 武汉 :
武汉大学出版社, 2025.5. -- ISBN 978-7-307-24933-2

Ⅰ. F129.974

中国国家版本馆 CIP 数据核字第 2025ZF7384 号

责任编辑:任仕元　　　责任校对:汪钦怡　　　整体设计:韩闻锦

出版发行:**武汉大学出版社**　　(430072　武昌　珞珈山)

(电子邮箱:cbs22@ whu.edu.cn 网址:www.wdp.com.cn)

印刷:湖北恒泰印务有限公司

开本:787×1092　　1/16　　印张:18　　字数:395 千字　　插页:2

版次:2025 年 5 月第 1 版　　2025 年 5 月第 1 次印刷

ISBN 978-7-307-24933-2　　　定价:95.00 元

前　言

　　国土空间用途管制是国家对国土空间实施全面、系统管理的重要手段，通过用途管制对国土空间的开发利用活动进行科学引导与严格约束，确保各类建设活动符合国家战略和社会整体利益，保障粮食安全，保护生态环境，促进可持续发展，实现国土空间资源的科学、合理、高效利用。

　　在 2018 年国家机构改革之前，山水林田湖草沙等自然要素的用途管制要求分散在水利、林草、生态环境等多个行业和部门的法律法规及规章制度中，管理体系缺乏全局性、系统性与协调性。党的十八大以来，党中央提出按照人口、资源、环境的均衡发展原则，以及经济、社会、生态效益相统一的原则，统筹规划国土空间，确立"两统一"职责，构建以国土空间规划为基础、以统一用途管制为主要手段的国土空间开发保护制度。该制度不仅是优化国土空间格局、提升资源利用效率、促进生态文明建设的关键举措，更是国家治理体系和治理能力现代化的重要体现，对于推动国土空间治理现代化、完善空间治理体系具有深远影响。我国国土空间用途管制工作经历了土地用途管制、单一要素用途管制、自然生态空间用途管制，再到如今的国土空间用途管制四个发展阶段，实现了从无到有、从单一土地用途管制到系统化空间用途管制的历史性飞跃。目前，已初步构建起涵盖农业、生态和城镇空间的全域、全要素用途管制制度体系，为优化国土空间格局、推动高质量发展及实现可持续发展奠定了坚实基础。

　　本书从理论与实践两个维度，系统分析了云南省探索实施国土空间用途管制的全过程。在理论层面，梳理国土空间用途管制的内涵及其发展演变，深入研究分析国内外用途管制实践的典型案例，剖析用途管制制度的核心内容、主体框架与层级体系，阐释用途管制实施所涉及的关键理论方法，并重点探讨国土空间用途管制分区的内涵、基本原则与技术方法。在实践层面，立足云南省国土空间格局、土地利用现状及国土空间规划情况，系统总结了云南省"三区三线"划定成果。以"准入"与"转用"两个核心环节为切入点，详尽阐述云南省用途管制的准入规则及准入清单的制定过程，并通过剖析农用地、建设用地、未利用地三大地类的外部与内部转换关系，提出用途转用的实施路径与原则。

本书的独特之处在于系统梳理了云南省国土空间用途管制的总体实施程序，并结合具体案例，深入分析用途管制实践中的典型问题，提出针对性解决方案。同时，系统总结了具有云南省特点的用途管制准入与转用规则，为用途管制的有效实施提供了有力支撑。此外，还深入解析了计划指标管理、绩效评价、监督管理等用途管制的关键实施手段，全面展现了云南省在用途管制探索与实践方面取得的具体成效。本书不仅总结了云南省用途管制的实践经验，也为全国用途管制制度的优化与完善提供了借鉴和参考。

本书的作者团队由长期从事国土空间用途管制、国土空间规划、耕地保护等领域研究的学者、专家及技术人员组成，其中大多数成员深入参与了云南省国土空间用途管制的研究与实践。团队成员在云南省国土空间规划及相关专项研究、"三区三线"划定、耕地和林地后备资源补充空间划定、永久基本农田核实处置、建设项目用地报批保障等方面发挥了重要作用。凭借扎实的理论基础和丰富的实践经验，作者团队在用途管制的理论方法、地方实践及成果应用等方面取得了显著成果，为本书的撰写提供了坚实的素材支撑，使其内容兼具科学性、实践性和前瞻性。

本书的大纲与整体结构由陈国平、李昊熹、马石林、黄惠芳拟定，并经作者团队全体成员深入讨论后最终确定。各章节的撰写分工如下：前言由马石林、李昊熹、陈国平撰写；第一章由陈国平、查文倩(昆明理工大学)撰写；第二章由陈国平、张龙江(昆明理工大学)撰写；第三章由陈国平、林伊琳、何万才(昭通职业学院)撰写；第四章主要由李昊熹撰写；第五章由孙丽红、李昊熹、张蕤丹撰写；第六章由樊琪、谢小芬、赵炳艳、张蕤丹、杨秋瑞、李昊熹撰写；第七章由李昊熹、樊琪、谢小芬、赵炳艳、张蕤丹撰写；第八章由李昊熹、马石林撰写；第九章由李昊熹、陈国平撰写。此外，崔智金、由浩杰、周鑫、宗庆霞、吕勃烨、高莉萱、初江峰、周吉红、常艳丽、李树艳、王玮、刘洋等同志也积极参与了部分文字和图表的编撰工作。全书统稿由陈国平、李昊熹负责，马石林、黄惠芳、黄定柱承担校改工作，章光日、许东、张述清负责最终审定。

本书的撰写以及云南省国土空间用途管制系列研究工作均是在云南省自然资源厅的直接领导和指导下完成的。研究过程中，赵乔贵副厅长、陈俊副厅长、廖晓祥总规划师，行政审批处王志宏处长、马天泽副处长、卢瑞副处长，厅国土空间规划局唐永红局长、杨建林、胡海鹏、韩宏伟副局长，耕地保护监督处李志宏处长等领导给予了宝贵的意见。同时，曲靖市自然资源和规划局、保山市自然资源和规划局、普洱市自然资源和规划局、西双版纳傣族自治州自然资源和规划局等单位及领导也提供了大力支持。除此之外，本书的撰写过程中得到了云南省国土资源规划设计研究院张述清总工、昆明理工大学赵俊三教授等行业专家的悉心指导，并参考了大量相关书籍、文献资料及部分互联网观点和素材。在此，谨向所有提供帮助和支持的单位、专家、领导、学者们表示诚挚的感谢！

　　由于编者水平有限，书中难免存在疏漏之处，敬请广大读者批评指正。

2024 年 9 月

目　　录

第一节　国土空间用途管制定义内涵

一、国土空间的定义内涵

国土空间是指国家主权与主权权力管辖下的地域空间，是国民生存的场所和环境，包括陆地、陆上水域、内水、领海和领空等，其内涵通常与"国土"密切相关。"国土"通常包括领土、领海和领空，其概念的由来可以追溯到古代的土地观念，古代以"天下""领土""疆域"等观念代表国家所统治的领土范围。随着社会的进步和国家的出现，土地与国家的概念开始紧密结合，由此"国土"的概念逐渐形成。古代中国的"国土"概念由于受到法家思想的影响，不再仅仅是地理学上的一个概念，而是加入了社会经济资源和国家组织的管理要素，成为与国家主权紧密关联的概念。

伴随"国土"概念所代表的政治含义，国土空间具备了显著的政治属性。国土是一个国家的全部地域空间，国土空间是国土的具体表现形式，是地域空间的具体分布和组合，包括：以承载城镇经济、社会、政治、文化、生态等要素为主的城市空间；以农业生产和农村居民生活为主体功能的农业空间以及具有自然属性、以提供生态服务或生态产品为主体功能的生态空间等不同类型的空间。首先，国土空间是一个综合性概念，同时具备有限性、整体性、区域性、动态性四大特征。其次，国土空间还应是一个具有明确边界的复杂的地理空间，与单纯政治意义上的"国土"概念有所不同，其不但强调各类国土要素聚集或分布于具有不同空间尺度性的综合地理单元之上的基本特征，还注重各类国土要素在空间中的物质交换和能量流通，并在特定的空间尺度范围内体现出不同的空间异质性及其特定功能，故而国土空间同时还具备"国土要素"和"空间尺度"两大特性（孙瑞瑞，2023）。

二、国土空间用途管制的定义内涵

《辞海》中对"管制"一词释义为强制性管理，即在某些情况下，为了维护社会秩序或保护公共安全，政府或相关机构对某些行为或活动进行限制或禁止的行为。"用途管制"是国家政府或相关机构多部门协同、多手段并用的强制性措施，旨在对人的行为进行管控，并以合理配置资源、保障可持续发展为目标导向，在特定社会、经济等情况下以满足国家及人民的生存发展需求，解决突出矛盾的必然行为。我国于 1997 年由中共中央、国务院联合下发的《关于进一步加强土地管理切实保护耕地的通知》中首次出现"用途管制"概念，主要针对土地资源进行用途管制，旨在通过法律手段加强对土地资源的合理利用，同时确保耕地得到有效保护。随后土地用途管制在 1998 年《中华人民共和国土地管理法》（以下简称《土地法》）中首次以法律形式正式确立，标志着我国土地用途管制制度的正式建立。

在中国，国土空间用途管制概念源于土地用途管制，更强调对国土空间的统一分区分类管制，关注整个国土空间的功能布局和开发强度。用途管制在我国国土空间规划的行政管理工作中最早出现于 2016 年 4 月 12 日公布的《国土资源"十三五"规划纲要》（国土资发〔2016〕38 号），要求对水流、森林、山岭、草原、荒地、滩涂等进行统一确权登记，建立权责明确的自然资源产权体系，将用途管制扩大到所有自然生态空间。2020 年 1 月，自然资源部印发的《省级国土空间规划编制指南（试行）》（自然资办发〔2020〕5 号）中，对国土空间用途管制给出明确定义，即：以总体规划、详细规划为依据，对陆海所有国土空间的保护开发和利用活动，按照规划确定的区域、边界、用途和使用条件等，核发行政许可、进行行政审批等。这种管制方式强调根据规划划定的土地用途分区，确定土地使用限制条件，实行用途变更许可，包括土地使用分区和管制规则两个方面，涉及规划、实施、监督三项核心职责。

管制活动是一个复杂的多维系统工程，涉及法学、管理学、经济学、资源学等不同学科领域，但其核心在于对自然资源载体的开发管制。国土空间用途管制在不同的学科领域存在不同的侧重点和定义。如在法学领域，更强调法律手段和规则制定；在经济学领域，更关注资源的优化配置和经济效益；在生态学领域，更强调生态环境的保护和可持续发展。具体来说，国土空间用途管制按照可持续发展的要求和不同层级的公共管理目标，划分不同尺度的空间区域，制定各空间区域的用途管制规则或正负面清单。通过用途变更许可或正负面清单等配套政策，确保国土空间开发利用者严格按照国家规定的用途进行国土空间的开发利用。

总的来说，国土空间用途管制是政府为了实现国土空间治理现代化，推进空间治理体系和治理能力现代化的重要举措。它通过制定和实施一系列政策和规则，旨在保护自然资源，促进可持续发展，同时也体现国家意志和社会发展需求。

第二节　国土空间用途管制的演变过程与发展现状

一、土地用途管制的起源与历史

土地用途管制制度是目前世界上土地管理制度较为完善的国家和地区广泛采用的土地管理制度，是国家为保证土地资源的合理利用和优化配置，通过一系列法律、政策和行政手段，对土地的开发、利用和转换进行严格控制和引导，促进经济、社会和环境的协调发展。

土地用途管制是对土地利用主体行为的一种限制制度，其起源可以追溯到 16 世纪中叶的西班牙在南美洲的分区管理，后由德国在城市土地用途上推广应用，特别是在柏林市政府将城市划分为不同功能区，并限制有妨碍各分区用途的行为。同时，美国也是 19 世纪末开始比较广泛实施土地用途管制的国家之一。国际上，各国对土地用途管制有着不同的称谓，如"土地使用分区管制"（美国、日本、加拿大等）、"建设开发许可制"（韩国、法国等）、"土地规划许可制"（英国）、"土地使用管制"（瑞典）等不同称谓（林坚，2014）。但需要注意的是，中西方语境下土地用途管制在侧重点上存在一定区别，西方语境下的土地用途管制核心在于分区制（Zoning），规定指定地块可以存在的活动类型以及包括建筑物位置形状、建筑规范等在内的一系列土地使用规定，用以确保私人使用土地符合政策标准。而我国，早在太平天国《天朝田亩制度》中就已提出土地农民个体私有和平均主义的土地分配原则，后孙中山提出"平均地权"理念，直到新中国成立以后，我国土地制度继续深化改革，土地公有制成为社会主义制度的基础。基于此，在中国语境下的土地用途管制侧重于不同用地类型转换的管制。

在我国，土地用途管制制度的起源是为了解决改革开放后面临的土地资源管理问题，通过法律手段确保土地资源的合理利用和优化配置。在过去的几十年里，中国的土地管理经历了从无序到有序、从计划到市场的转变，合理平衡了"吃饭"和"建设"两大难题。我国土地用途管制发展至今大致经历三个阶段，见表 1-1。第一阶段（1949—1998 年）：从"分级限额审批"到"土地用途管制"。新中国成立以后，我国经历了一段多头分散的土地管理模式，后伴随着 1998 年《中华人民共和国土地管理法》首次以法律形式明确了土地用途管制制度作为我国土地管理的根本制度，从法律上构建了新中国土地管理的基本制度体系，为后来的土地用途管制提供了法律基础，这一阶段管制制度为建设用地规划许可制度，发展重点和关注对象侧重于城市建设用地，目标在于优化城市建设。第二阶段（1999—2017 年）：从重数量到数量空间并重，从单一土地要素到多种空间要素。这一时期，用途管制重点逐渐从数量走向数量与空间并重，管制对象逐渐从单一土地要素扩展到森林、草原、水域等多种要素，管制职能由多个部门分散行使，空间管制交叉重叠问题较为突出。管制制度为土地用途管制制度，发展重点和关注对象从耕地拓展至生态要素和生态空间，目标从保障粮食安全、控制建设用地总量拓展至粮食安全和生态安全并重，强化土地用途管制。第三阶段（2018 年至今）：探索全域全要素统一管制。管制制度为国土空间用途管制制度，其核心重点和关注对象为全域覆盖、全要素包含、全类型囊括，目标在于经济高质量可持续发展。随着历史演变和发展，土地用途管制逐渐发展为保护耕地和控制非农建设用地的强制性管理制度，成为国土空间规划的基础和手段（孙雪东，2024）。

表 1-1 我国土地用途管制制度的历史变革表 （部分）

时间	依据	内容
1950.6	中央人民政府颁布实施《中华人民共和国土地改革法》	实行农民的土地所有制，借以解放农村生产力，发展农业生产
1986.2	国家土地管理局成立	结束中国长期以来多部门分散管理土地的局面
1986.6	全国人民代表大会常务委员会审议通过《中华人民共和国土地管理法》	标志我国土地管理和耕地保护进入法治化阶段
1988.12	《中华人民共和国土地管理法》第一次修订	明确国有土地实行有偿使用
1997.4	中共中央 国务院联合下发《关于进一步加强土地管理切实保护耕地的通知》（中发〔1997〕11 号）	首次提出对农地和非农地实行严格的用途管制
1998.8.	《中华人民共和国土地管理法》第二次修订	首次以法律形式确立我国土地管理的根本制度为土地用途管制制度，以耕地总量动态平衡和土地用途管制制度为核心的现行土地管理制度体系基本形成
2004.8	《中华人民共和国土地管理法》第三次修订	完善土地征收制度，保障农民监督权、参与权和话语权
2016.4	《国土资源"十三五"规划纲要》（国土资发〔2016〕38 号）	要求对水流、森林、山岭、草原、荒地、滩涂等进行统一确权登记，建立权责明确的自然资源产权体系，将用途管制扩大到所有自然生态空间
2017.3	《自然生态空间用途管制办法（试行）》印发	加强自然生态空间保护，推进自然资源管理体制改革
2018	组建自然资源部	对自然资源开发利用和保护进行统一监管，统一行使所有国土空间用途管制和生态修复职责、统一行使全民所有自然资源资产所有者职责

时间	依　据	内　容
2019.8	《中华人民共和国土地管理法》第四次修订	实现耕地保护的重心从数量平衡到数量、质量、生态"三位一体"并重的转变，并将"基本农田"上升为"永久基本农田"
2019.5	《中共中央 国务院关于建立国土空间规划体系并监督实施的若干意见》（中发〔2019〕18号）（以下简称《若干意见》）	以国土空间规划为基础，以统一用途管制为手段，对所有国土空间分区分类实施用途管制
2019.11	中共中央办公厅、国务院办公厅发布《关于在国土空间规划中统筹划定落实三条控制线的指导意见》（厅字〔2019〕48号）	标志着中国建立和完善国土空间规划体系的顶层设计正式确立，为后续国土空间规划编制和实施提供了明确的指引
2021.2	2021年中央一号文件公布	要求国土空间用途管制要"统筹布局生态、农业、城镇等功能空间，科学划定各类空间管控边界，严格实行土地用途管制"
2023.6	自然资源部发布《关于进一步做好用地用海要素保障的通知》（自然资发〔2023〕89号）	标志着中国进一步完善用地用海管理，加强对重点领域用地用海的统筹保障，确保土地和海域资源供给

二、国外发达国家国土空间用途管制

当前，世界各国已普遍认识到空间治理的重要性，且采取的主要措施是由政府直接介入进行治理。发达国家对空间用途管制探索较早，并根据它们各自的相应国情建立了较为系统、灵活、可操作性强的用途管制制度。各国政府深刻认识到国土空间资源的有限性和不可再生性，以社会利益最大化为最高原则，投入了大量的资源和精力来确保国土空间的合理开发利用。

最初的国土空间用途管制来自对开发建设活动的监管，也是世界各国和地区普遍采取的方式。有学者将国际各国国土空间用途管制发展历程分为三个时期，分别为20世纪初以前的零星管制时期，20世纪初至20世纪中叶的严格管制时期和20世纪中后期的弹性管制时期（卢为民，2015）。其中，零星管制时期主要针对妨碍公共或他人利益的特殊问题，或简单地指定部分地区的道路线和建筑线，并未覆盖整个城市范围，实施时存在局限性；严格管制时期产业革命对城市规划和土地利用管制产生了深远的影响，不仅推动了城市化的进程，也促进了城市规划理念和土地利用政策的发展和完善，包括对城市基础设施的改善和扩展，以及对住宅区、商业区和工业区等不同功能区域的合理规划；弹性管制时期英国、法国和美国通过法律手段成功改善了城市居住环境和公共卫生状况，英国通过了一系列法案来改善城市环境，这包括对住房资源紧张及居住环境恶化的关注。

　　国外发达国家在国土空间用途管制方面起步较早，主要源于对开发建设活动的监管。包括荷兰、美国、英国、德国、日本、新加坡在内的一系列国家，经过长期的发展，受到不同的政体、国土面积、人口、社会经济、历史文化等因素的影响，逐渐形成了各具特点又不乏共性的国土空间用途管制制度体系，比如各国普遍采用"先立法后实践"的策略，在有完备的法律法规体系为支撑的基础上，通过土地用途分区及其配套管制措施，对土地的开发利用进行政府管控，促进经济、社会和环境的协调持续发展。此外，每个国家的国土空间用途管制制度都是根据自身国情和发展需求量身定制的，各国的国土空间用途管制又存在明显差异。就美国、日本、英国而言，分别形成了以宏观调控为主的国土空间用途管制策略、以综合管控为主的国土空间用途管制策略以及以法规导向为主的国土空间用途管制策略等几种综合管控型国土空间规划。德国和英国作为欧洲的重要国家，在土地使用管理上采取的是用途法条管制方式。这种管制方式主要是基于详尽的土地利用规划法规，对土地的使用进行严格的分类和限制，以确保土地资源的合理利用和环境保护，旨在平衡经济发展、环境保护和社会福利等多方面的需求，通过立法手段来规范土地利用行为，防止土地资源的滥用和浪费。而荷兰则以其独特的空间战略管制而著称，荷兰作为一个土地资源相对稀缺的国家，其空间战略管制强调对国土空间的整体规划和协调发展。这种管制方式不仅关注土地的用途，还注重土地的空间布局和功能分区，以最大限度地提高土地资源的利用效率。同时，荷兰还通过制定一系列的空间战略政策，促进区域经济的均衡发展和生态环境的保护。相比之下，美国在土地使用管理上采取的是地权分区管制的方式，主要基于土地所有者的权益，通过地权分区制度对土地的使用进行划分和限制，这种管制方式旨在保护土地所有者的合法权益，同时确保土地资源的合理利用。在美国，地权分区管制通常与城市规划相结合，通过制定合理的分区规划，引导土地使用的有序发展。亚洲的日本和新加坡则采用空间利用管制的方式，注重土地的空间布局和功能分区，强调对土地资源的精细化和高效化利用。通过制定详细的土地利用计划和政策，日本和新加坡在有限的土地资源上实现了高度的经济发展和城市化水平，同时还注重生态环境的保护和可持续发展，努力实现经济效益、社会效益和环境效益的协调统一。

　　从微观上来说，世界各国先后开展了侧重点不同的国土空间用途管制。比如，德国、美国等国采用以用途和密度、容积分区为主的国土空间管制；日本等国采用以控制城市扩张、保护农地为核心的国土空间管制。第二次世界大战以后，以美国、日本等为代表的国家采用以控制城市规模与保护农地为核心的国土空间用途管制。发达国家的历史经验表明，空间规划作为国家对国土资源保护和开发利用的政策工具与技术手段，其体系和内容往往随着国家的社会、经济、环境、资源等客观条件和政治、行政、体制、管理等主观因素的变化而不断调整。下面对几个典型国家分别进行介绍。

(一) 荷兰

荷兰本土面积41528平方千米，按照2019年官方统计的人口1733.29万人计算，其人口密度约为417人/平方千米，是欧洲人口密度最大的国家。荷兰是最早开展空间规划的国家之一，被称为"规划出来的国家"。

荷兰国土空间用途管制的目标从最初为了控制城市扩张逐渐向国土空间用途分区管控过渡，大致经历了缓冲区管控、土地利用规划管控、边界管控与土地利用规划管控等阶段。荷兰政府有关土地利用和建设规划方面的法律规定自始至终都是出于公共利益，希望通过这些法规来确定某些特定土地的使用目的或对私人的建设规划施加影响(荣冬梅，2021)。荷兰最早开展的国土空间规划是针对世界大战后人口和经济过度集中于西部环状城市群的问题，从全国国土空间规划的角度，为解决荷兰西部地区的空间需求问题，而提出的《兰斯塔德发展纲要》。但该纲要过分强调兰斯塔德的重要性而忽略了其他地区的发展。进而在1960年荷兰政府正式编制了荷兰第一个国土空间规划报告，明确提出兼顾公平与效率，实现全国经济的高速增长，并在1960年、1966年、1977年、1988年、2000年先后编制了5个国土空间规划报告(图1-1)。此外，《国家空间战略》将《第五次国家空间规划政策文件》《第二次国家绿色地区结构规划》和《国家交通与运输规划》进行了整合。荷兰被称为"权力下放的单一制国家"，各省和基本市除了作为自治机构执行各自的行政工作外，还有义务从事由国家政府委托的联合行政工作。各省和市的首脑由国王的皇家命令任命。

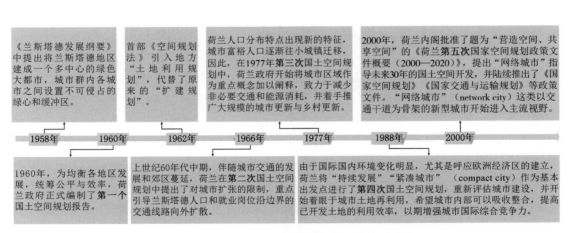

图1-1 荷兰国土空间用途管制规划历史发展演进

　　荷兰国土空间规划传统悠久、体系完善，在欧洲极具代表性。目前形成了与政府行政区划等级相一致的"国家-省（区域/地区级）-市"三级规划体系（图1-2），每一级政府都制定战略规划，主要包括国家国土空间规划、省（区）域规划和市结构规划。荷兰每一级政府都承担着国土空间规划的职能，在这个规划体系里最重要的是省级规划，省级规划在整个战略规划体系中起到了关键性的作用，一方面要起到国家和市级规划的衔接作用，另一方面指导市级规划符合省级空间发展政策。

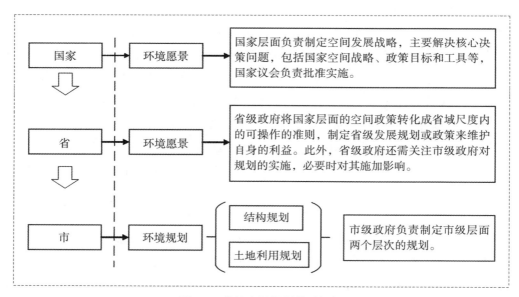

图1-2　荷兰空间规划体系框架

　　从国土面积上看，荷兰全国的国土面积相当于云南省普洱市的国土面积，省级规划面积相当于云南省一个县（市、区）的国土空间规划面积，市级规划面积小于云南省一个乡镇国土空间规划面积。荷兰国土空间规划的关键在于协调，包括同级政府不同部门之间的协调以及各级政府间垂直协调，并实行广泛的公众参与，每位公民均可直接向有关部门反馈自己的意见。荷兰国土空间规划分三级，分别为：国家级国土空间规划（20~30年）、省级区域规划（10~15年）、市级土地利用规划（5~10年）。除此之外，各级政府还制定各种类型的总体布局规划（5~10年）。总体上看，从中央到地方，国土空间规划的期限越来越短，内容也越来越具体。到市一级，国土规划变为直接与市民息息相关的各种项目计划和政策。而且，荷兰各级政府都具有一定的独立性，下级政府的规划也不必与上级政府的政策相一致。但是，如果下级政府的规划与上级政府的政策相冲突，则上级政府可以采取一些必要的手段进行宏观把控。在荷兰，中央或省政府一般通过协商途径把自己的政策意图传导给下级政府。如果通过协商达不到满意的结果，中央或省政府在必要时可采取强制性的干预措施。

(二)英国

英国国土面积为 24.41 万平方千米,2021 年官方人口统计为 6702.6 万人。英国是世界上最早通过规划立法限制土地开发的国家,其国土空间用途管控起源于对土地利用的开发规划。早期规划体系的形成可追溯到 1875 年的《公共卫生法》,其通过立法手段要求地方政府在城镇建设中必须控制街道宽度和不动产建筑物高度、结构和布局,将卫生政策延展到城市规划,共同应对城市大都市"自然演进"与"人为干预"中遇到的现实城市形态问题(张兴,2021)。英国国土空间的发展历经了一百多年的演进,根据英国政府对国土空间的管控可将英国国土空间用途管制分为三个阶段:地方政府管控阶段、中央集权阶段和权力下放阶段(图 1-3)。在地方政府管控阶段,英国政府于 1909 年颁布了《住房与城市规划法》,授权地方政府制定土地利用规划,并对开发区的土地实行分区管制。到了20 世纪 20 年代,英国政府开始了区域规划的早期实践。1932 年,英国颁布了第一部《城乡规划法》,扩大了地方政府对土地使用的行政干预职权,管控范围由城市土地转向城乡空间。在这一时期,英国中央政府将发展协调、住房建设与发展控制的职权下放给地方政府,地方政府的规划管控职能通过中央政府授权。随后,进入中央集权阶段,英国政府通过立法将原指定地方政府行使的部分行政权力上收,其中包括规划编制与管理决策职权。

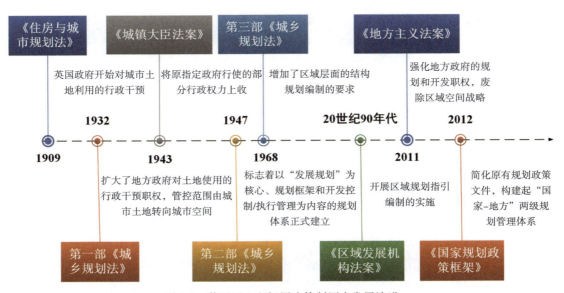

图 1-3 英国国土空间用途管制历史发展演进

英国是现代城市规划的起源国,早期建立了"国家规划-地方规划-社区规划"三级国土空间规划体系,但国土空间用途管制制度主要由国家层面的《国土规划政策框架》(National Planning Framework)以及地方政府的规划体系组成。该制度旨在有效管理和监管国土空间的利用，保护自然环境，支持经济发展和社会福利。但在 2008 年金融危机之后，过度集权带来的弊端不断显现，为促进经济复苏，英国政府采取了适当放权政策，并于 2011 年颁布《地方主义法案》，构建起"国家规划-区域规划-地方规划"三级规划管理体系并沿用至今(图 1-4)。

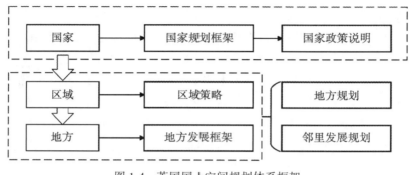

图 1-4 英国国土空间规划体系框架

英国国土空间可大致分为城市地域、农业地域、森林地域和海洋地域四类，实行规划许可制，对土地开发活动进行严格控制。所有土地开发活动都需要获得规划许可，包括建筑、土地使用变更、广告牌设置等。规划许可的申请和审批过程都需要遵循相关法规和标准，确保土地开发活动符合规划要求。此外，还设有一些特殊的规划机构，如自然保护机构和历史遗产机构，负责保护自然环境和历史文化遗产用以负责评估和监管土地利用对环境和文化遗产的影响，并提出相关的保护措施和建议。

（三）美国

美国国土面积 937 万平方千米，人口约 3.33 亿。美国的土地利用植根于土地的私有和私用制度。美国自建国以来，在土地管理上继承了英国的普通法传统，国家法律赋予私人依据《合同法》和《妨害法》原则进行诉讼的权利(马丁·贾菲，2017)。美国的土地用途管制起源于 19 世纪，最初是为了保障公共福利和社会利益，这种管制被视为"警察权"的一部分。另外，美国土地用途管制源自民法的地权限制。当地权限制难以完全合理利用土地时，用途管制被作为一种法律手段。美国 20 世纪的土地用途管制源于 1926 年联邦最高法院对于俄亥俄州欧几里得村区划诉讼案件做出的合宪司法判决，而后经典的欧几里得式区划在美国成为主导的土地用途管制工具(图 1-5)，用以管制土地和建筑的用途、土地开发强度、建筑体量以及建筑的位置。随着历史变革，2010 年以后，土地用途管制发展的趋势开始将可持续发展作为规划目标，继续关注环境质量的改善。美国土地管理制度吸取欧洲各国的先进管理经验，基于本土特色开拓创新，其土地用途管制制度经历了由零散、片面到系统、全面的转变，在优化土地资源配置上发挥的作用日渐明显，形成了比较先进的土地制度管理模式。

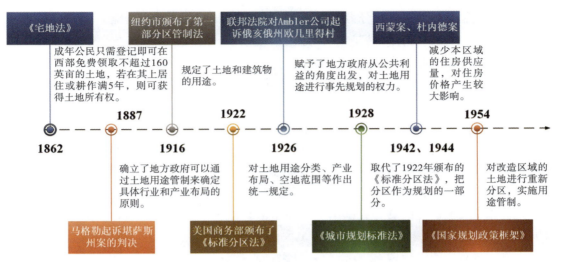

图 1-5　美国国土空间用途管制历史发展演进

美国的国土用途管制是由联邦、州和地方政府共同负责的，主要采用以宏观调控为主的国土空间用途管制策略，其规划体系框架如图 1-6 所示。目前美国土地的所有权形式有三种：联邦政府所有、州政府所有和私人所有，其土地流转制度健全，市场十分发达，土地管理采用以私有化为主（占 58%）、多元所有制并存的方式。土地管理实行分区制，重点在于控制管制指标，明确规定了土地和建筑的许可用途、每类用途的开发强度以及地块内建筑的建造方式。这些管制指标主要集中在用途、密度等方面，包括土地用途、建筑物高度限制、住宅密度、地块覆盖率、空地率等。随着管制理念的发展，还引入了与城市景观相关的美学指标。

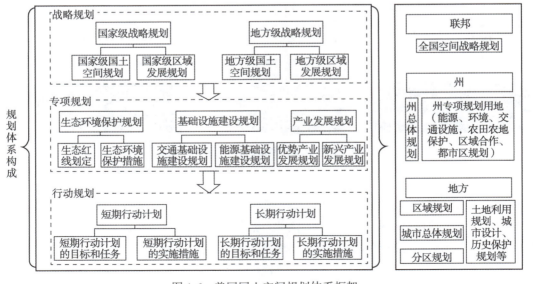

图 1-6　美国国土空间规划体系框架

美国土地用途管制可大致分为两类：一类是以控制土地使用密度与容积为核心的土地建设型用途管制，另一类是以控制城市规模和保护农地为核心的土地功能型用途管制。前者主要对建筑物及其布局进行管制，以利于分离工业区和居住区，隔离污染源，保护生态环境；后者则通过建筑许可的总量管制，确定农地功能、城市功能、生态功能的不同区域。

(四)德国

德国国土面积 35.8 万平方千米，人口约 8443.27 万。德国的空间计划体系是目前国际上最完备的，以空间计划为中心，推行与土地及都市计划有关的制度体系。德国与我国的政体、规模等很多方面存在差异，但两国都属于垂直式行政管理体制和规划结构，德国国土空间用途管制制度能够为我国国土空间用途管制制度的构建提供有益参考(夏陈红，2024)。

在空间规划方面，德国自 20 世纪初以来一直在尝试区域规划，以解决城市化问题。20 世纪 60 年代战后建立了空间规划系统，但 2006 年对《德意志联邦共和国基本法》的修订将联邦框架立法排除在外，该系统在其领域中包括空间规划，并要求各州在制定细节时与联邦政府制定的框架保持一致(图 1-7)。因此，空间规划被取代为并行立法领域，该系统使各州能够在联邦政府不行使立法权的情况下行使其权力。事实上，联邦政府只不过是制定总体指导方针，而各州则根据《空间规划法》管理个人空间规划。

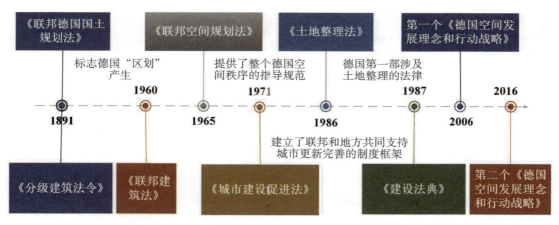

图 1-7　德国国土空间用途管制历史发展演进

德国是高度发达的市场经济国家，也是法律体系完备的先进国家，从地籍制度、土地利用规划、土地整理、土地交易，到土地的自然保护，再到土地权属登记、土地权利保护等，在国土空间规划方面都有完善的法律法规体系(强真，2019；袁治杰，2016)。并且德国市政当局在其现有规划系统中采用频繁修改的方法，而不是定期重新起草预备性土地利用规划。这种方法包括修正案和补充性非正式计划，以应对不断变化的城市需求和环境条件（Feiertag，2022）。德国联邦和州政府的权力由《德意志联邦共和国基本法》（Grundgesetz für die Bundesrepublik Deutschland）确定，各州在空间规划方面都有一定的权力和自己的法律。各级规划均遵循下位服从原则和反馈作用原则，各级各类规划由其相应层级的政府或对应的规划委员会制定，在不同的范围具有其法律效力。规划分为三个层级，即联邦级（联邦空间秩序规划）、州级（州规划和区域规划）、乡镇级（建设指导规划），其中乡镇区级的建设指导规划又可分为土地利用规划和建设规划，与城市规划和城市建设相关性更强。同时，还对政府间信息交流、参与、同意、合作和义务作出了详细规定。德国空间规划规制结构基本信息见表1-2。

表 1-2　德国空间规划规制结构基本信息

行政层级	空间尺度	行政区域个数		主要法规法案规章	主要服务对象
联邦政府	覆盖所有国家领土	1		德意志联邦共和国基本法	明确联邦政府在空间规划中的角色和法律地位
				联邦区域规划法案	明确开放空间的目标与理念；强制州级政府建立综合性规划体系；对市镇的土地利用规划进行指导和约束
				联邦建设法典	对州和市镇提出规范性建造要求，如建筑空间结构、材料建造和防灾等要求
州政府	联邦州	13		州（城邦）空间规划法案	制定州（城邦）开发空间规划项目、区域规划理念和框架
		3			
地区	县	11197	295	土地利用规划建筑利用规划	前者提供区域性综合规划信息；后者对前者进行补充，提供翔实的信息
	城		107		
	其他行政单位（村和社区等）		10795		

（五）日本

日本领土面积与德国大致相同，国土面积37.8万平方千米。日本作为亚洲最早开展空间规划的国家，其国土空间用途管制制度主要由《国土利用法》和《国土基本计划法》等法律法规来规范和管理。该制度旨在保护国土资源，合理规划土地利用，促进可持续发展。

日本的国土规划一般以10年为规划期，展望未来20年以上的时间。第二次世界大战结束后，日本国内主要发展目标为恢复经济。伴随着经济的高速增长，开始出现大城市地区"过密"和部分农村地区"过疏"的现象，出现地区发展不平衡。为促进日本战后经济社会的空间协调发展，受美国田纳西河流域综合开发经验的影响，日本自 1950 年制定并于 1962 年出台《国土综合开发法》(简称"全综"或"一全综")起，先后编制、修订七轮国土规划。从历版的目标和文本可以看出，"全综"重在促进地区平衡发展，重在"定战略与方向"(图 1-8)。

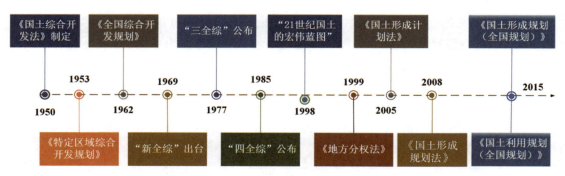

图 1-8　日本国土空间用途管制历史发展演进

　　日本的国土空间用途管制制度是在法律法规的保障下，自上而下分为国家-都道府县-市町村三个层级进行管理的。这个制度确保了相关部门具有比较清晰的事权边界和职能分工。在国家层面，日本政府负责制定全国国土空间使用的基本事项，包括委托国土交通省对全国国土空间使用的现状和未来前景进行调查，起草全国国土空间规划草案。在这个过程中，政府会充分征求农林水产省、环境省、旅游局等部门的意见，并将这些意见反映在国家国土空间规划草案中。在都道府县层面，地方政府以全国的国土空间规划为基础，制定各自区域的计划。他们也会充分征求相关部门的意见和建议，并向国土交通大臣报告。一旦得到审批，这些计划就会向社会公布。在市町村层面，地方政府负责制定市辖区内国土空间开发利用的计划。在这个过程中，市政部门会以举行听证会等形式，充分征求社会公众的意见。经过市议会审议通过后，这些计划也会向社会公布。日本的国土空间用途管制制度还包括土地开发审批制度。在进行新建、扩建或改变土地用途的项目时，需要获得相关行政机关的批准和许可，以确保土地开发符合规划、环境和社会的要求。此外，日本还注重社会参与和公众意见的征集，以确保土地利用的决策透明度和公正性。

　　日本建立了相对完备的国土空间用途管制法律制度(图 1-9)，从城市到乡村、从陆地到海洋、从地表到地下的各类空间，法律数量众多、详尽且覆盖全面(董子卉，2022)。这一制度以《宪法》为基础，包括《国土形成规划法》《国土利用规划法》等主干法，以及《城市规划法》《农业振兴地域整备法》《森林法》《自然公园法》与《自然环境保护法》等个别法(图 1-9)。这些法律法规构成了一个综合管理体系，规定了土地利用的基本规则和审批程序。其中，国土形成规划是日本国家层面的空间规划，其核心是明确宏观发展政策和国土空间结构。国土利用规划是从土地资源开发、利用和保护的角度，确定国土利用的基本方针、规模目标、布局和实施措施的纲要性规划，其核心是对土地类别和规模的管控。运用国土空间规划和土地利用规划等对经济发展进行宏观指导，而且也从准入审批、转用许可等方面进行微观管控，建立了覆盖全区域、全要素的国土空间用途管制体系。日本的国土规划旨在解决居民日常生活对公共服务和基础设施的需求，并通过基础生活圈与广域行政体系的构建实现区域合作。其次，土地利用基本规划是以国土形成规划和国土利用规划为基础，对城市地区、农业地区、森林地区、自然公园以及自然保护区五大类型区制定的基础性专项规划，作为国土空间用途管制的主要依据，同时通过细化分区类型进行用地协调。日本根据《国土利用规划法》将土地分为五个功能区域：都市区域、农业区域、森林区域、自然公园区域、自然保护区域。按照使用强度、农田优良度、产权差异、资源保护度等制定了控制标准，逐级分解到地方圈、都道府县、市町村，通过总量指标+分区管制的手段，对国土空间用途进行差异化管制。

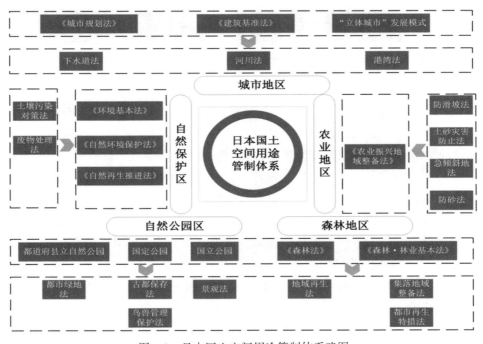

图 1-9　日本国土空间用途管制体系略图

(六) 新加坡

新加坡作为东南亚岛国，是一个城邦国家，故无省市之分，而是以符合都市规划的方式将全国划分为五个社区(行政区)，由相应的社区发展理事会(简称"社理会")管理。

新加坡最早的土地使用计划为史丹福·莱佛士实行的莱佛士城市计划，目的是指导城镇的土地分配，以保证土地的有序使用，并由于其被殖民的历史，至今仍保留有殖民时代留下的规划痕迹。在 20 世纪 60 年代新加坡建国初期，出现新加坡市区中心人口过度拥挤、缺乏基础设施等一系列问题。城市历史始于 1819 年，经历了单一制、双轨制与两级体系三个时期(陈晓东，2011)，因此，新加坡政府寻求联合国来帮助其制定城市发展的长期框架。在1971年，完成新加坡第一项概念规划——SCP项目，该规划侧重于指导政府土地分配及交通政策的大方向，但并不是一项法定文件。到目前为止，新加坡最新的总体规划于2019年发布(图1-10)。

图1-10 新加坡国土空间用途管制历史发展演进

新加坡国土空间规划法规体系受到"花园城市"战略思想的强烈影响，可视为自然资源与环境保护的相关政策，国土规划用途管制相关的技术规定主要为市区重建局颁布的各类导则，如《开发控制导则》《城市设计导则》等。依据相关导则，市区重建局可针对土地用途颁布开发许可、次要开发许可、预开发许可、临时开发许可等四类许可。目前新加坡空间规划体系分为两级，即战略性的概念规划和实施性的总体规划，其概念规划类似于我国的总体规划，而其总体规划则对应于国内的控制性详细规划。其中，概念规划是一个长期性、指导性的战略性综合规划，覆盖全地域，描绘出新加坡未来40~50年的发展蓝图，为城市的中长期发展"确定指导原则、政策和总体城市结构，将土地使用规划和交通相整合，为制定有效的法定总体规划提供理性基础"。总体规划是法定的土地使用规划，指导新加坡未来10~15年的发展，用以落实概念规划，指导地方的发展，每5年统一修编一轮。总体规划的作用是制定土地使用的管制措施，是开发控制的法定依据。

(七) 主要经验启示

通过系统梳理典型发达国家的国土空间用途管制发展历程及特点发现：各国的国土空间用途管制发展历程反映了各国不同的地理、经济和社会背景，但都表现出对于可持续发展和环境保护的共同关注。荷兰作为一个高度发达的国家，其国土空间用途管制主要集中在城市规划和水管理领域，注重水资源管理、防洪措施以及城市可持续发展；英国的国土空间用途管制发展受到法律和政策的影响，政府通过国土规划法案和地方规划政策来管理土地利用、城市发展和自然资源保护。近年来，英国还致力于推动可持续城市发展和低碳经济转型。美国的国土空间用途管制涵盖了土地使用、城市规划、环境保护等方面，各州和地方政府有着不同的管制政策和实践。近年来，美国还注重促进可持续发展和气候变化适应方面的用途管制。德国在国土空间用途管制方面注重环境保护、城市规划和土地利用的综合管理，通过制定法律、制度和规划文件来规范土地利用和城市发展，以促进经济发展和社会稳定。日本作为一个高度城市化的国家，其国土空间用途管制主要聚焦于城市规划、土地利用和自然资源管理，通过制定法律、规章和指导方针来规范土地利用和城市规划，以确保城市的可持续发展和生态环境的保护。新加坡国土面积相对较小，但其在国土空间用途管制方面展现了强大的管理能力，政府通过严格的土地管理和城市规划，实现了高效的土地利用和城市发展。该国注重综合规划、公共参与和可持续发展。各国国土空间用途管制特点、层级体系、编制主体等概况见表 1-3。

表 1-3　部分发达国家国土空间用途管制概况

	国家	特点	用途管制特点	土地所有权	层级体系
欧洲	荷兰	低地之国、规划出来的国家	简政放权，市级主导	私有制	国家-省-市三级两类空间规划体系
	英国	现代城市规划的起源国	综合管控为主，用途法条管制，各类法规制度完善	英国所有土地都属于英王(国家)所有，但实际上英国 90% 的土地为私人所有，土地所有者对土地享有永久业权	国家-地方二级行政规划体系
	德国	地形地貌复杂多样，自然资源相对贫乏	法律法规完备，强调区域协调与跨区合作，公众参与程度高	私有制	联邦-州-市镇三级行政规划体系
亚洲	日本	人多地少	分级分区、规划控制与规划实施项目明确分离，各类分区法规健全	私有制	国家-都道府县-市町村三级行政规划体系
	新加坡	国土面积小、城镇化程度极高	坚持宏观层面长远规划和微观层面精细化管理相结合	公有制	两级规划体系
北美洲	美国	国土面积大、农业发达	地权分区管制与城市规划相结合	私有的 58%+联邦政府所有的 32%+州及地方政府所有的 10%。	联邦-州-地方三级规划体系

此外，德国与中国虽然政治体系不同，但都属于垂直式行政管理体制和规划结构，德国的国土空间用途管制制度能够为我国国土空间用途管制制度的构建提供有益参考。新加坡和日本两国人多地少、国土空间有限，在人口年龄结构趋向老龄化、经济结构面临转型

升级、追求资源能源安全供给、土地资源节约集约利用等方面，与中国相比也有许多相似之处，特别是日本在建立国土空间综合开发体系时遇到的区域发展不平衡、保护与发展之间矛盾突出等问题同我目前空间资源利用的主要困境相似，其解决办法为我国提供了经验借鉴。纵观国外发达国家在国土空间用途管制方面的探索与实践，在用途管制效率、用途管制刚性与弹性调整以及管制措施策略三方面均为我们提供了有益参考。

（1）在提升用途管制效率方面：国外发达国家采用了众多创新手段，充分利用现代科技，如大数据、云计算、人工智能等，构建起了高效的信息管理系统和智能监控网络。这些系统能够实时监控国土空间的使用情况，提供准确的数据支持，帮助决策者快速做出反应。同时，还优化了审批流程，减少了不必要的环节，提高了审批效率。这些措施不仅提高了用途管制的效率，还降低了行政成本，为经济社会发展提供了有力保障。

（2）在用途管制刚性约束中的弹性调整方面：国外发达国家展现出了高超的平衡艺术。通常坚持生态优先、保护优先的原则，同时兼顾经济社会发展的需求。在制定管制规则时，他们充分考虑了不同地区的自然条件、经济发展水平和社会文化背景等因素，确保了管制政策的针对性和有效性。当经济社会发展面临新的挑战和机遇时，能够及时调整管制政策和措施，以适应新形势下的需求。这种弹性调整不仅体现了政府对国土空间用途管制的重视，也显示了政府在处理复杂问题时的智慧和魄力。

（3）在制定具体的管制措施和策略方面：国外发达国家同样表现出色。以日本为例，通过精细化的土地区划和国土利用规划，将国土空间划分为不同的功能区域，明确了各区域的用途和发展方向。同时，还制定了一系列严格的法律法规和政策指引，对国土空间的使用进行了全面的引导和控制。这些措施不仅确保了国土空间的合理利用和保护，还促进了经济社会的协调发展。

综上所述，国外发达国家在国土空间用途管制方面展现出了高度的系统性、科学性、前瞻性、灵活性和可操作性。中国在构建统一的国土空间用途管制体系时，可以借鉴这些国家的经验，特别是在土地产权制度、规划体系的建立和完善方面，以及在如何平衡经济发展与环境保护的关系等方面，都可借鉴这些国家的经验，结合我国的国情进行深入研究和实践（陈美球，2020）。同时，中国在推进农村土地制度改革方面，也可以参考韩国在小规模经营基础上提高组织化水平的做法，进一步完善中国的国土空间用途管制制度。此外，国外先进经验和技术手段为我国完善国土空间用途管制制度提供了有益的借鉴和启示。应深入学习和借鉴国外发达国家的成功做法，加强科技创新和制度创新，推动我国国土空间用途管制制度的不断完善和发展，为实现经济社会可持续发展和生态环境保护作出更大贡献。

三、我国国土空间用途管制的发展演进

土地用途管制作为国土空间用途管制的前身或基础，为国土空间用途管制提供了理论基础、实践经验和制度框架。而国土空间用途管制则在继承和发展土地用途管制的基础

上，更加注重生态环境保护、城乡建设协调发展等方面的要求，实现了从单一的土地用途管理向综合的国土空间管理的转变。传统的土地用途管制主要限定在土地要素层面，城乡规划许可则主要限定在城乡建设层面，它们都只是构成国土空间用途管制的一个基础性组件。国土空间用途管制和土地用途管制虽然都旨在通过法律法规来管理土地用途，它们之间的关系更多体现在从土地用途管制到国土空间用途管制的演进过程上，但国土空间用途管制是以国土空间规划为依据，具有全域、全要素、全空间和全过程的特性。全域是指陆地、海洋、领空等领域的全空间范围，全要素是指土地、矿产、森林、河湖、草原等自然资源的全部要素，全过程是指用途管理的全周期过程，是国家生态文明体制改革的一项重要内容。随着国家治理体系和治理能力现代化的需求，土地用途逻辑起点在于对土地用途管制制度的深化和扩展，不仅关注土地的合理利用，还包括对森林、草原、城乡建设等多要素管制的多个方面(张晓玲，2020)。

　　自 1986 年以来，我国对土地用途管制制度进行了全方位、多视角的深入探索，大致经历了四个阶段，即土地用途管制阶段(1986—2000)、生态要素用途管制阶段(2000—2017)、自然生态空间用途管制阶段(2017—2018)和国土空间用途管制阶段(2018 至今)(图 1-11)。

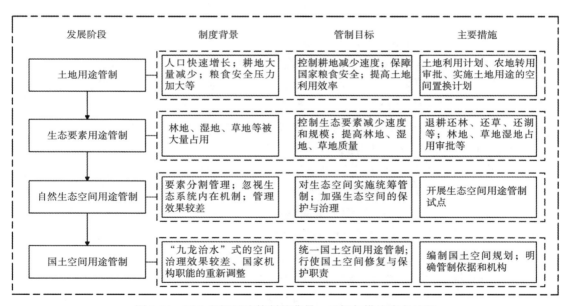

图 1-11　国土空间用途管制的背景、目标与措施演变过程

　　第一阶段：土地用途管制阶段(1986—2000)。1986 年颁布第一部《土地管理法》，标志着我国土地管理进入法制管理阶段。1997 年 4 月，中共中央、国务院联合下发了《关于进一步加强土地管理切实保护耕地的通知》(中发〔1997〕11 号)，首次提出"用途管制"概念。于 1998 年修订《中华人民共和国土地管理法》(以下简称《土地管理法》)首次以法律形

式确定了我国土地管理的根本制度为土地用途管制制度。将土地用途管制拓展到所有自然资源要素，是落实山水林田湖草生命共同体理念的必然要求，是解决当前空间规划重叠、管制缺乏合力的必然要求，是遵循自然规律的必然要求，也是自然资源领域落实"严起来"的必然要求。

第二阶段：单要素用途管制阶段（2000—2012）。2000 年以来国家愈加重视资源环境保护，不断加强对土地、水、森林、草原等单一自然资源要素的用途管制，出台了一系列法律法规和政策文件，如《水法》《森林法》等，明确了各类资源单一保护与利用的具体要求。同时，国务院印发了《全国生态环境保护纲要》，提出重要生态功能区、重点资源开发区等分区分类管理政策，初步形成经济发展与生态环境保护共同管制的概念。

第三阶段：自然生态空间用途管制阶段（2013—2018）。随着党的十八大召开，在《中共中央关于全面深化改革若干重大问题的决定》（中发〔2013〕11 号）中，首次提出"自然资源用途管制制度"用以适应国家生态安全的需要。2015 年 9 月，中共中央、国务院印发《生态文明体制改革总体方案》（中发〔2015〕25 号），提出将"用途管制扩大到所有自然生态空间"，国土空间用途管制首次被明确提出。2017 年党的十九大报告首次提出实行"空间用途管制"，标志着用途管制从平面土地向立体空间、从单要素管制向自然资源综合管制、从农地（耕地）保护向国土空间保护不断迈进，"统一行使国土空间用途管制"首次出现在党和政府的文件中。

第四阶段：国土空间用途管制阶段（2018 年至今）。2018 年 1 月《省级政府耕地保护责任目标考核办法》（国办发〔2018〕2 号）提出改进奖惩措施，同年 3 月自然资源部正式成立，并被赋予统一行使所有国土空间用途管制职责。之后，国务院相继出台《关于统一规划体系更好发挥国家发展规划战略导向作用的意见》（国发〔2022〕11 号）提出"国家级空间规划以空间治理和空间结构优化为主要内容，是实施国土空间用途管制和生态修复的重要依据"。至此，国土空间用途管制的机构、依据、权责等内容基本明确。

2019 年 5 月，《中共中央 国务院关于建立国土空间规划体系并监督实施的若干意见》（中发〔2019〕18 号）指出"以国土空间规划为依据，对所有国土空间分区分类实施用途管制"。同年 7 月，习近平总书记在中央全面深化改革委员会第九次会议上强调"科学有序统筹布局生态、农业、城镇等功能空间，按照统一底图、统一标准、统一规划、统一平台的要求，建立健全分类管控机制"。这一阶段的改革，不仅加强了对国土资源的集约利用和生态环境保护，而且促进了生态文明建设的关键举措（陈磊，2021）。到 2023 年，随着《关于进一步做好用地用海要素保障的通知》（自然资发〔2023〕89 号）的发布，标志着中国进一步完善用地用海管理，加强对重点领域用地用海的统筹保障，确保土地和海域资源供给，我国国土空间规划体系总体形成，实现了"多规合一"的国家级国土空间规划，完成了"三区三线"的划定，为调整经济结构、规划产业发展、推进城镇化提供了重要支撑（王立彬，2023）。这一阶段的成就体现了我国在国土空间用途管制方面的创新和发展，形成了具有中国特色的国土空间可持续发展方案。国土空间用途管制的发展历程从最初的响应国家重大建设任务的需求，到适应市场经济发展的需要，再到建立和完善全国统一的国土空间规划体系，体现了在国土空间管理和规划方面的不断进步和创新。

改革开放之后，为满足发展的空间需求和实施空间管理，各类空间规划体系不断完善、政策不断更新，但空间治理缺乏、顶层设计不足，导致问题不断积累，如"多规打架"、规划审批周期过长、规划实施严肃性和权威性不足等。习近平总书记在第十八届中央政治局第六次集体学习时阐明了国土空间规划在生态文明建设中的重要引领地位，并指出"国土是生态文明建设的空间载体，从大的方面统筹谋划、搞好顶层设计，首先要把国土空间开发格局设计好，要按照人口资源环境相均衡、经济社会生态效益相统一的原则，整体谋划国土空间开发"。自党的十八大以来，中央加大了空间领域的改革和制度建设力度。2015 年 9 月中央《生态文明体制改革总体方案》（中发〔2015〕25 号）提出"构建以空间治理和空间结构优化为主要内容，全国统一、相互衔接、分级管理的空间规划体系"，实现"一个市县一个规划、一张蓝图"。2017 年国家启动省级空间规划试点，探索建立统一的空间规划体系和国土空间用途管制制度。《中共中央 国务院关于建立国土空间规划体系并监督实施的若干意见》（中发〔2019〕18 号）指出"国家、省、市县编制国土空间总体规划，各地结合实际编制乡镇国土空间规划。地方各级党委和政府要充分认识建立国土空间规划体系的重大意义，主要负责人要亲自抓"。提出要建立统一的国土空间规划体系，国土空间体系呈现"五级三类四体系"（图 1-12）。

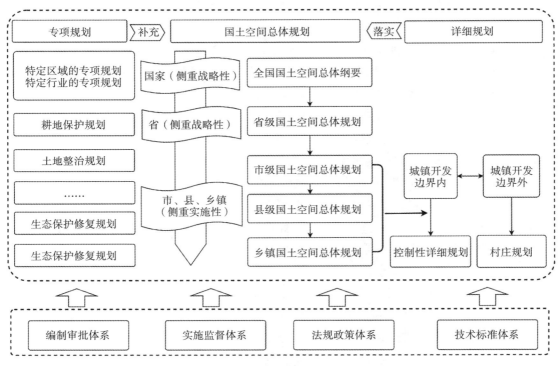

图 1-12 "五级三类四体系"示意图

为规范开展国土空间用途管制信息化建设，构建"全域、全要素、全流程、全生命周期"的用途管制数据体系，按照"统一底图、统一标准、统一规划、统一平台"的要求，2021年7月，自然资源部研究制定了《国土空间用途管制数据规范（试行）》（自然资源部令第15号）（以下简称《规范》），并在全国范围内选取了9个省和11个市作为第一批试点。要求示范单位结合"多规合一"地开展国土空间规划编制和实施，规范开展国土空间用途管制信息化建设。结合前期试点情况，下面选取上海市、浙江省、宁夏回族自治区、广西壮族自治区等典型省市，分析国土空间用途管制现状及实施成效。

（一）上海市国土空间用途管制

上海作为国际大都市，是我国最大的工商业城市，具有全球化、金融中心、长三角地区等三大突出优势。上海位于我国东部沿海地区，是中国的经济中心和国际金融中心。作为2023年10月公布的《2022年城市建设统计年鉴》中的十个超大城市之一，上海明确提出了城市发展的新方略，即形成"中心辐射、两翼齐飞、新城发力、南北转型"的空间新格局，把嘉定、青浦、松江、奉贤、南汇五个新城打造成独立的综合性节点城市。国土空间用途管制需要在上海城市发展和土地利用中发挥重要作用，通过城市总体规划、土地利用规划等手段，有效引导上海城市发展方向。保障城市基础设施建设和生态环境保护。

《上海市城市总体规划（2017—2035年）》于2017年12月获国务院批复，该规划成为引领上海城市发展的战略纲领和行动指南。上海市十六届人大常委会第八次会议表决通过了《上海市实施〈中华人民共和国土地管理法〉办法》，并于2024年1月1日起施行。根据上海超大城市国土空间治理实际和上海"两级政府、三级管理"的管理体制，以国家"五级三类"国土空间规划为基础，构建"两个维度、三个层次、四种类型"的上海市国土空间规划编制审批体系。《中共上海市委、上海市人民政府关于建立上海市国土空间规划体系并监督实施的意见》（沪委发〔2020〕13号）中明确提出：对在城市开发边界内和城市开发边界外的建设行为，统一实行"详细规划+规划土地许可+地类变更"的管制方式。为提高管理弹性，对在城市开发边界外的建设行为，在综合考虑项目类型、用地规模、建筑高度、环保要求等要素和制定空间准入清单的基础上，还可以实行"约束指标+分区准入+地类管理"的管制方式。将国有建设用地、集体建设用地、农用地纳入全生命周期管理，建立全生命周期监管信息系统，推动自然资源有效保护和高质量利用。市规划资源局要会同市有关部门制定用途管制规则，指导督促各区及乡镇政府共同落实用途管制要求。

上海市聚焦全域、全要素、全过程国土空间用途管制，建立健全"早发现、早制止、早处置"的动态监测监管机制，坚决制止农地"非农化"，防止耕地"非粮化"，严厉打击违法违规用地，并将国土空间用途管制行为全部纳入执法工作内容中。上海以国土空间规划为基石，确立了一系列严格的管制措施。其核心目标在于守护本市的耕地刚性管控空间，确保耕地资源得到科学、高效的管理与保护。为实现这一目标，上海将用途转换和自然资源统筹平衡作为管制的关键要点，从而确保国土空间资源的合理利用与平衡发展。在具体实施上，上海建立健全了全域、全要素、全过程的用途管制实施机制。这一机制以审批、核准、备案、监测、监管等为主要管制手段，确保每一项国土空间利用活动都符合规划要求，并得到有效的监管。在空间维度上，上海注重构建全面锁定、分类管理的耕地和永久基本农田保护体系。这一体系通过精细化的管理措施，确保耕地资源的数量和质量得到有效保障，防止非法占用和破坏。在时间维度上，上海加强自然资源保护利用计划管控。通过制订合理的保护利用计划，确保自然资源得到持续、稳定的发展，避免过度开发和浪费。在用途转换方面，上海以全地类转换为核心，建立了"调查-规划-实施-监督-执法"的全过程闭环管理机制。这一机制从源头上规范了用途转换行为，确保转换过程合法、合规，并得到有效监督和执行。此外，上海还积极利用信息化手段助力国土空间用途管制顶层设计。通过信息化技术的应用，提高了管制工作的效率和精度，为国土空间治理提供了新的思路和方法。

上海市通过分区分类制定用途管制规则，对在城市开发边界内和城市开发边界外的建设行为，统一实行"详细规划+规划土地许可+地类变更"的管制方式。为提高管理弹性，对在城市开发边界外的建设行为在综合考虑项目类型、用地规模、建筑高度、环保要求等要素，制定空间准入清单的基础上，实行"约束指标+分区准入+地类管理"的管制方式。将国有建设用地、集体建设用地、农用地纳入全生命周期管理，建立全生命周期监管信息系统，推动自然资源有效保护和高质量利用。其次，健全城市开发边界外用途管制，对城市开发边界外的建设用地，按照已批准的详细规划，办理建设项目规划土地许可。对现状低效建设用地减量化或者未利用地转为农用地的，按照已批准的详细规划，办理整理复垦立项手续，经验收合格后办理新增耕地、林地等确认手续。对国土空间规划中已划定蓝线的河道和水面，试点办理农用地转为未利用地手续，及时做好地类变更。按照空间准入清单，对设施农用地以及小型基础设施公共服务设施、农村道路、河道等保障农业生产和农民生活的用地无须办理农用地转为建设用地审批手续，由乡镇政府向各区规划资源局和相关行业主管部门同步备案后，仍按照农用地管理。在2035年永久基本农田保护任务外有序实施林地建设、湿地生态修复，按照相关规定实地调查，及时变更地类。实施各类用地全生命周期管理，优化国有建设用地全生命周期管理，以土地使用合同和划拨决定书为载体，确定全要素管理要求，经营性用地要落实规划公共要素，加强物业持有管理和功能业态引导；产业用地要加强产业准入、绩效评估和土地退出监管；划拨用地要加强公益用途管制，明确行业主管部门监管职责。完善集体建设用地全生命周期管理，以集体建设用地出让合同和集体建设用地使用批文为载体，明确集体土地开发利用监管的责任主体、内容标准、程序方式和处置措施。探索农用地全生命周期管理，以自然资源资产核算为载体，以提升耕地、湿地、园地、林地、水域等自然资源的综合承载能力和生态功能为目标，细化监管要素、监管标准，探索有效的监管方式。

此外，上海以国土空间规划为管制依据，构建了以"底线控制""全域统筹""有序实施""体系完善"为主要内容的空间规划体系，实现了"多规合一"的目标（张洪武，2018）。通过《国土空间用途管制实施细则（试行）》等文件的发布，明确了城镇建设和城镇发展区准入管制要点。

（二）浙江省国土空间用途管制

浙江地处中国东南沿海，长江三角洲南翼，是长江经济带第一批开启"三线一单"生态环境分区管控方案的试点省份。2003 年开始，浙江开始不断强化生态环境分区管控的法治保障地位，并从顶层制度建设上发挥生态环境分区管控作为"绿色标尺"的宏观调控和战略引导功能，强化其经济发展"指挥棒"和生态保护"硬约束"的作用。浙江于 2017 年 9 月就积极响应原国土资源部会同国家发展改革委等九部门印发的《自然生态空间用途管制办法（试行）》（自然资源部令第 1 号）并开展实施试点工作。2018 年 4 月，原浙江省国土资源厅出台《浙江省自然生态空间用途管制试点工作方案》，要求省内 4 个试点地区围绕自然资源调查、自然生态空间布局和用途确定、强化用途管控和创新管护模式等方面开展试点，并颁布全国第一部地方性生态保护管理法规——《浙江省温州生态园保护管理条例》，这部条例明确了管理体制，确保以保护生态为主的立法定位并突出地方特色，有针对性地对温州生态园保护管理的实际需要做出规定，具有里程碑意义。

2021 年 9 月，浙江省自然资源厅公布了《浙江省国土空间用途管制规则（试行）》，这是全国首个公开的国土空间用途管制规则，旨在构建省级国土空间用途管制制度体系，为全域全要素国土空间用途管制提供基本依据，有助于建立国土空间保护与开发利用科学秩序，保障国土空间规划实施，规范各类国土空间开发保护建设活动。通过分级分类的国土空间用途管制分区，实现全域全要素国土空间用途管制，并在分区内明确国土空间开发利用方式、用途准入和退出等管制要求。按照文件要求，浙江省县级以上自然资源主管部门要加强信息化建设，依托国土空间基础信息平台和国土空间规划"一张图"实施监督系统，对国土空间用途管制情况进行动态监测，及时发现、制止和纠正违反国土空间用途管制规则的行为。

浙江省国土空间用途管制包括总量管控、计划管理、边界管护、功能管制等四个管制维度，创新提出"规划条件+建设条件"制度设计，明确部门职责边界，推动用地审批和规划许可改革，优化营商环境，实现分类管理。浙江省国土空间用途管制主要围绕《浙江省国土空间规划（2021—2035 年）》（以下简称《规划》）展开。该规划是浙江省空间发展的指南和可持续发展的空间蓝图，旨在为各类开发保护建设活动提供基本依据。《规划》提出了构建"一湾引领、四极辐射、山海互济、全域美丽"的国土空间新格局，紧密结合区域协调发展等重大战略，处于长江经济带发展、长三角一体化发展战略的交汇区。目前，浙江省形成了"2+2"的分区分类结构，即区域尺度的"城乡建设用地管制分区"和"规划用途分区"以及地块尺度的"规划用地分类"和"规划用途分类"（胡庆钢，2020），开创性地提出规划用途分类的概念，将浙江省国土空间用途管制分区分为生态保护区、生态控制区、农田保护区、城镇发展区、乡村发展区、海洋发展区、其他保护利用区共 7 个一级用途管制分区和更为详细的 24 个二级用途管制分区。以用途分区+用地分类，建立了覆盖全域全要素的分区分类体系，形成了从一级用途分区到二级用途分区再到规划用地分类逐层深化对应，并且不同的分区深度对应不同层级的国土空间规划，市县级国土空间总体规划划分到一级规划用途分区深度，乡镇级国土空间总体规划划分到二级用途分区深度，详细规划划分到用地分类和用途分类深度。

《规划》还强调了陆海统筹的重要性，特别是在填海造地项目换发土地使用权证书、规划与用途管制、使用金征收等方面的衔接制度和实践经验。同时，严格水资源用途监管，加强水域用途管制，对重要水域实行特别保护，维护国土空间规划确定的 1000 万亩水域空间。

浙江省对城镇开发边界内外的开发建设活动实施差异化用途管制，制定了相应的管理政策。这种差异化的管理方式有助于更有效地控制和指导各类开发活动，促进区域协调发展。

此外，为了实现这些目标，浙江省自然资源厅还建立了"浙江省空间利用综合应用"系统，通过场景建设，破解项目落地过程中空间矛盾多、要素保障不足的问题。同时，《规划》还融合了主体功能区规划战略定位、土地利用规划刚性管控、城乡规划科学布局的优势，统筹了城市乡村、陆地海洋、地上地下空间开发保护，系统解决了国土空间规划中的问题。

（三）宁夏回族自治区国土空间用途管制

宁夏回族自治区位于中部重点开发区的西缘或西部待开发区的东缘，北部和中部系"三北"防护林建设工程的重点地段，南部属于黄土高原综合治理区和"三西"地区范围，地形分为三大板块：北部引黄灌区、中部干旱带、南部山区。其中，山地、丘陵、风沙地占到了宁夏国土总面积的 72.8%，尤其是中南部地区，由于人口密度远高于联合国规定的干旱半干旱地区的临界值，导致资源环境承载能力差（杨丽艳，2016）。

宁夏回族自治区党委第十一届七次全会进一步指出：要处理好经济建设与生态环境建设的关系，牢固树立绿水青山就是金山银山的理念，把生态文明建设融入经济社会发展全过程，坚守土地、资源、环境三条底线，走生产发展、生活富裕、生态良好的文明发展道路，实现人与自然和谐共生。要坚持生态优先，绿色发展，加快建设美丽宁夏。宁夏当前以国土空间规划为依据，推进"以宁夏黄河流域生态保护和高质量发展为目标"，基于实际情况，加快建立全域覆盖、层级有序、分类管理的国土空间用途管制制度，完善统一国土空间用途转用许可制度。其用途管制制度涵盖三大空间，并建立具有宁夏特色的制度框架。生态空间方面侧重于准入正面清单管理规则的细化；农业空间方面重点聚焦宁夏耕地"非农化""非粮化"等突出问题，对各类农用地类型的管制规则探索与耕地"进出平衡"实施意见制定，加强农业空间内永久基本农田特殊保护；城镇空间方面专注于城镇开发边界内外建设空间用途差异化管控分级传导机制构建，引导土地要素向优势地区、重点产业集聚。

宁夏在国土空间用途管制方面具有指标动态闭环管理、制度与技术双轮驱动以及业务与监管联动等特点，通过试点取得了显著的成效。首先，以宁夏国土资源综合服务管理系统为基础，以新一轮国土空间规划为依据，以传导用途管制意图为核心，以推进各类资源集约节约利用、优化国土空间格局为目标，建设覆盖宁夏回族自治区全域全类型的国土空间用途管制监管系统，满足"计划指标、空间准入、用途转用、许可审批、监测预警"的闭环管理。其次，通过精细化管理和实时跟踪土地利用计划用地指标，实现了省、市、县三级全类型用地指标的统筹，并结合项目审批系统数据，自动计算剩余指标，从而提升了对建设用地项目的管控能力，促进了指标全业务流程的实时闭环管理。最后，宁夏为完善国土空间规划信息系统，建立国土空间规划动态监测预警和实施评估机制，用规划管活动、保自然、促修复。以国土空间规划为依据，以全环节管控传导为核心，以数字化手段搭建起覆盖全域全类型全要素的国土空间用途管制数字化应用，实现国土空间用途管制计划管理"一本账"，空间准入"一道线"，监测监管"一张网"。制度与技术双轮驱动，助力黄河流域生态保护和高质量发展先行区建设。以清单机制为依托，探索国土空间不同用途分区和地类管控规则，明确不同地类管制级别，建立国土空间用途管制规则标准化清单。在数字化领域，宁夏提供的管控规则涵盖了多个方面，包括国土空间用途管制、业务与监管联动以及数字技术与实体经济融合，实现了制度与技术的双轮驱动。通过在项目谋划阶段植入数字化的用途管制准入、限制、禁止的管控规则，实现正负面清单检测等功能应用，为后续项目审批提供了技术支撑，从源头上严格把控了区域准入，提升了管制效率和精度。

此外，宁夏还注重业务与监管的联动，形成了用途管制监管的全程贯通。通过整合现有系统及数据，搭建了指标监测、地类监测、分析预警、增减挂钩等多方位监测管控体系。这种体系的建设，能够实现对国土空间用途的全方位、全过程监管，有效提升了监管的针对性和有效性。通过强化多方面的国土空间用途管制措施，全力保障了重大项目的用地需求，对自治区的重点产业和工程项目进行了合理规划和指标预留，并实施了用地审批的"绿色通道"，推动宁夏的经济社会发展取得了显著成就。

(四)广西壮族自治区国土空间用途管制

广西壮族自治区地处中国—东盟自由贸易区的中心位置，是华南经济圈、西南经济圈和东盟经济圈的接合部，不仅沿海，而且沿江、沿边，背靠国内广阔腹地，又面向东盟十国市场，是我国唯一与东盟既有陆地接壤又有海上通道的省区，也是我国进入东盟最便捷的通道。目前，广西正在加快构建"南向、北联、东融、西合"全方位开放发展格局，大力推进港口、口岸、边贸、国际物流领域发展，提升对外开放水平，加大发挥作为连接中国与东盟国际大通道的作用。2019 年 2 月，国家发展和改革委员会等六部委联合印发了《中国—东盟信息港建设总体规划》(国发〔2018〕34 号)，为中国—东盟信息港建设勾画了全景蓝图。标志着中国—东盟信息港进入全面建设阶段。作为"国字号"工程，中国—东盟信息港是落实中央赋予广西"三大定位"新使命的重要平台，是广西参与"一带一路"建设、深化面向东盟开放合作的重大工程，是建设数字广西、培育发展新动能的重要抓手。

随着我国经济由高速增长阶段转向高质量发展阶段，土地资源作为高质量发展的基础要素和空间载体，广西严格落实集约节约用地制度，并于 2015 年 11 月发布了《广西壮族自治区建设用地控制指标(修订稿)》(国土资发〔2015〕78 号)，在土地节约集约用地方面成效显著，并于 2021 年根据土地资源条件、经济社会发展水平等进行修订。2024 年 1 月 1 日开始实施《广西壮族自治区土地管理条例》，全面推行耕地保护田长制，推进耕地保护网格化管理，落实耕地用途管制制度。广西按照"自上而下，落实战略""生态优先，底线约束""以人为本，提升品质""节约集约，协调发展""因地制宜，彰显特色""务实重行，创新发展"等原则，编制全区各级国土空间规划，对空间发展作出全局性、战略性、系统性安排，确保规划能用、管用、好用。由自治区自然资源厅牵头组织编制《广西壮族自治区国土空间规划（2021—2035 年）》（桂政发〔2021〕10 号）于 2023 年 12 月获国务院批复。根据《规划》的要求，统筹优化农业、生态、城镇和海洋空间布局，推动形成主体功能明显、优势互补的总体格局。这有助于提升国土空间的开发、保护、利用与修复水平，有助于促进广西经济社会的可持续发展。

广西在国土空间用途管制方面通过一系列政策措施不断完善制度体系，包括试行用地指标核销制、深入推进增减挂钩、开展用地用矿"三级联审"和用地保障"三级联管"改革、实施建设用地"增存挂钩"机制等多项政策措施。然而，由于不同行政机构管理各类资源，存在管制政策相互掣肘、空间规划重叠等问题，导致一定的开发失序和生态保护与利用失衡。作为国土空间用途管制数字化建设试点省之一，广西注重科技创新与信息化手段的应用，积极推进国土空间用途管制数字化转型，研发了规划综合审批系统，实现了规划许可的在线办理和智能审批。广西自然资源厅率先实现了国土空间用途管制监管四级（国家、省、市、县）联审，并于 2021 年 8 月印发了《广西壮族自治区国土空间用途管制数据规范示范实施方案》（自然资办发〔2021〕48 号），明确了数据采集标准，迈出了国土空间用途管制数字化转型的重要一步。此外，广西国土空间用途管制方面还注重与自治区各审批系统的对接和数据实时推送，建立了国土空间用途管制数据衔接汇交平台，实现了与自治区各审批系统之间、南宁市数据汇交平台的对接，实现了数据实时推送。这种数据共享和互联互通有助于加强自治区对市县审批环节的实时监督，确保国土空间用途管制的规范性和有效性。总的来说，广西在国土空间用途管制方面注重科技创新与信息化手段的应用，实现了数字化转型和数据共享，提高了审批效率和监管水平。同时，它还注重优化国土空间布局，推动形成科学合理的空间发展格局。这些特点和成效为广西的经济社会发展提供了有力支撑。

目前，国土空间用途管制正日益完善，国家出台了一系列法律法规和政策文件，强化了对国土空间利用管理的规范和监督，促进了国土资源的可持续利用和生态环境的保护。与此同时，国土空间用途管制面临的挑战包括管理制度刚性不足、空间结构性失调等问题。这些问题说明在实践中如何有效地实施国土空间用途管制，确保其既能满足经济社会发展的需求，又能兼顾生态保护和可持续发展，仍需要不断探索和完善。

我国国土空间用途管制未来应从生态环境保护、高质量发展、技术创新、多规合一以及政策与市场双重支持等方向，逐渐向科学规划、综合管控、生态保护、可持续发展等方向发展。随着技术的不断进步，国土空间规划管理正逐步向"智慧国土规划管理"迈进，包括实时感知国土空间数据、动态变化信息的智能分析等。通过系统分析当前典型地区国土空间用途管制措施和实施效果，积极探索数字赋能国土空间用途管制，为未来实现国土空间治理体系和治理能力现代化奠定基础。

本章参考文献

[1]孙瑞瑞. 国土空间生态修复规划实施机制探索[J]. 上海土地，2023(6)：25-32.

[2]林坚. 土地用途管制：从"二维"迈向"四维"——来自国际经验的启示[J]. 中国土地，2014(3)：22-24.

[3]孙雪东. 数字赋能国土空间用途管制[J]. 中国土地，2024(7)：4-10.

[4]卢为民. 城市土地用途管制制度的演变特征与趋势[J]. 城市发展研究，2015，22(6)：83-88.

[5]梁远. 从卫生治理到重新安置——19世纪中后叶英国住房政策的演进[J]. 历史教学(下半月刊)，2021(5)：39-45.

[6]荣冬梅，王佳佳. 荷兰国土空间用途管制制度探析[J]. 国土资源情报，2021(7)：41-46.

[7]张兴. 英国规划管理体系特征及启示——基于规划许可制度视角[J]. 中国国土资源经济，2021，34(2)：56-63.

[8]王佳佳，荣冬梅. 英国国土空间用途管制经验与启示[J]. 资源导刊，2021(7)：50-51.

[9]马丁·贾菲. 20世纪以来美国土地用途管制发展历程的回顾与展望[J]. 于洋，译. 国际城市规划，2017，32(1)：30-34.

[10]夏陈红，翟国方. 德国国土空间用途管制机制经验与启示[J]. 现代城市研究，2024(1)：76-82，124.

[11]强真. 德国国土空间规划法律法规体系及借鉴[J]. 资源导刊，2019(10)：52-53.

[12]袁治杰. 德国土地征收补偿法律机制研究[J]. 环球法律评论，2016，38(3)：113-136.

[13]Feiertag P，Schoppengerd J. Flexibility in planning through frequent amendments. The practice of land use planning in Germany[J]. Planning Practice & Research，2022，38(1)：105-122.

[14]董子卉，翟国方. 日本国土空间用途管制经验与启示[J]. 中国土地科学，2020，34(5)：33-42.

[15]李鑫，蔡文婷. 政府管制视野下德国空间规划框架及体系特点与启发[J]. 南方建筑，2018(3)：90-95.

[16]陈晓东. 新加坡规划体系改革对中国控规困境的启示[C]//中国城市规划学会，南京市政府. 转型与重构——2011中国城市规划年会论文集. 中国东南大学建筑学院；新

加坡国立大学设计与环境学院；2011：10.

[17]陈美球. 新时代我国国土空间用途管制制度建设[J]. 吉首大学学报(社会科学版)，2020，41(2)：91-97，143.

[18]张晓玲，吕晓. 国土空间用途管制的改革逻辑及其规划响应路径[J]. 自然资源学报，2020，35(6)：1261-1272.

[19]陈磊，姜海. 国土空间规划：发展历程、治理现状与管制策略[J]. 中国农业资源与区划，2021，42(2)：61-68.

[20]王立彬，张华迎. 全国统一的国土空间规划体系总体形成[J]. 地矿测绘，2023，39(3)：51.

[21]胡庆钢，吕冬敏. 浙江省全域全要素用途分区与用地分类的探索实践[J]. 浙江国土资源，2020(S1)：10-13.

[22]杨丽艳. 对完善国土空间开发保护制度的几点思考——以宁夏回族自治区为例[J]. 新丝路(下旬)，2016(3)：62-61.

[23]张洪武，邵一希，张玮. 上海国土空间用途管制的探索与实践[M]//高延利，张建平，唐健，靳相木. 中国土地政策研究报告(2018). 北京：社会科学文献出版社，2018.

第二章

国土空间用途管制的理论基础与方法

第一节　理论基础

一、人-地关系理论

人地关系理论是人文地理学的基础理论，研究人类社会与地理环境之间的相互作用和相互影响（李小云，2016）。它强调人地系统中人与自然的相互影响与反馈作用，以及人地作用的区域分异特征、系统性和可调控性。其核心在于揭示地理环境本身的自然特征时，对社会、经济、历史等综合人文因素也进行了考虑，研究人类活动与自然环境的相互作用和影响，以及人地关系地域系统的格局、结构、演变过程和驱动机制等内容（李扬，2018）。人类自诞生以来，人地关系就随之出现。在漫长的历史进程中，人类为了生存和发展，不断在实践中探索、总结人地关系，以保障人类自身的最大福祉。因此，人地关系在对立统一中不断演变，从最初的原始共生，到人类对环境的顺应改造，再到人地协调共生，对应的人地关系思想也经历了从最初的天命论到征服自然论，再到人地协调共生论的演变（樊杰，2014）。现在，以绿色可持续发展理念为引领的人地关系协调与高质量发展逐渐成为人地关系的主旋律（崔树强，2024），而统一实施用途管制是促进人地关系协调与高质量发展的重要途径。想要实现绿色可持续发展，就要统筹安全与发展两件大事，做到高标准保护、高效能开发、高水平治理。国土空间用途管制在于指导国土空间区划与优化，在尊重自然、顺应自然、保护自然的前提下，协调人与人、人与环境、环境与环境等的关系，这决定了国土空间用途管制理论的建构必须以人地关系理论为内核。构建全域全要素国土空间用途管制体系，是落实最严格的耕地保护制度、最严格的节约集约用地制度和最严格的生态环境保护制度的基本措施。

在用途管制中，人地关系中的"人"既不是单个的人，也不是自然状态的人，是指地球表面一定地域空间从事生产活动和社会活动的人，不仅包括人的人口生产、环境生产和物质生产，还涉及一个包含人口、社会、文化、经济等要素在内的经济社会综合体。"地"是与人类生产、生活活动密切相关的无机物和有机物的综合,既包括矿产、气候、生物等各种自然资源,也包括人类经济社会活动影响与改变下的具有生态、生产功能的自然环境,是人类生存和发展的物质基础和必要条件。人地关系是多层次的"人的整体系统"与多功能的"地理环境"双向生成、彼此渗透、相互作用(叶玉瑶,2024)。如何协调好人地关系,是国土空间用途管制的核心。国土空间用途管制强调人地关系根据实际用途的差异分为三个层面:首先是基于人与自然资源、生态系统、生态安全的人地关系,其次是基于人的建设开发需求与农业发展的人地关系,最后是基于自然环境与人所产生的社会环境总和层面的人地关系。

在人与自然资源、生态系统、生态安全的人地关系中,人地关系矛盾来源于以生产、生活空间为主导而忽视生态空间的发展(李政旸,2024)。例如,城镇化建设导致人口向城市集聚造成人口、经济、交通等方面对生态空间进行挤压,使生态环境不断脆弱(韩磊,2024)。因而,在对生态环境压力较大区域进行管制规划时,应优先考虑生态基质、廊道和斑块的布局、结构及完整性,建立区域范围的生态安全格局和生态空间管制。生产、生活空间则在此基础上遵循自身发展规律进行优化布局。只有保持人类活动与自然资源和谐相处,促进人地关系协调,才能实现人与自然和谐共生、长久发展(李可璇,2024)。只有合理规划和调整国土空间资源配置,进一步加强国土空间资源优化,才能满足社会经济发展以及人口增长对用地的需求,实现人地和谐共存。例如,对主体功能区进行划分,并且对各类功能区进行定位以及开发强度的空间管制,可以不断引导经济和人口向适宜开发的地区集中,而对于对资源环境承载力较弱的地区,则需要更多地承担起生态修复和环境保护的任务,以修复和完善整个人地关系地域系统(杨龙,2016)。通过土地整治项目改善土壤质量、水资源管理和地形地貌,可以恢复受损生态系统,提升生态系统服务功能(陈敏,2024)。另外,在管制过程中,应有意识地倡导生态产业,包括生态友好型的农业、工业以及服务业,以绿色化、集约化和专业化作为规划调控的发展方向,在此基础上合理配置空间资源,引导生产要素和区域重点产业的集聚发展,并形成引导作用机制与约束性作用机制,保障社会经济发展过程中对生态环境的保护,最终推动生态文明的建设(徐莎莎,2024)。

在人的建设开发需求与农业发展的人地关系中,建设开发需求通常指的是随着人口增长,在城市化和工业化进程中对土地资源的需求增加(禹四明,2022)。农业发展则是为了维护粮食安全和生态平衡,确保有足够的优质耕地来生产必需的粮食,农业发展还是经济增长和农民收入的重要来源(赵帅奇,2024)。人类的建设开发需求与农业发展之间的协调平衡是确保可持续发展的关键。随着城市化进程的加速,建设用地的扩张往往与农业用地争夺土地资源,这导致农业空间面临着耕地资源有限和质量下降的挑战(孙燕,2024)。因而,在国土空间用地管制中,应实施严格的耕地保护制度,通过立法和政策引导,实施耕地红线政策,保护高质量耕地,同时推广轮作休耕、保护性耕作等可持续土地管理实践,减少土地退化。在政策执行过程中,还需要考虑地方实际情况,避免"非粮化"倾向,确保耕地主要用于粮食生产。在对耕地进行保护的同时,还需通过科技创新提高耕地利用率以应对建设开发对耕地的需求。例如，利用卫星遥感、地理信息系统（GIS）、大数据分析和物联网技术，实现对耕地的精确管理，包括作物监测、病虫害防治和水资源管理，从而提高单产和土地生产力（胡晓东，2024）；通过生物技术和化学方法改善土壤结构和肥力，增加耕地的可持续利用能力；运用工程技术对低产田、废弃地进行改造，恢复其农业生产能力，增加有效耕地面积等（沈仁芳，2018）。

在自然环境与人所产生的社会环境总和层面的人地关系中，自然环境与社会环境的协调平衡是指在人类社会活动中，确保自然环境的可持续性与社会经济发展之间达到一种长期稳定的互动关系（苗毅，2023）。从人地关系理论的视角来看，国土空间用途管制是政府确保国土空间资源合理利用、维护生态平衡、促进经济社会可持续发展的重要手段（刘合林，2024）。国土空间用途管制政策能够更好地识别国土空间资源的外部性冲突，确保国土空间资源的合理利用和长期保护。通过对不同功能区域的空间布局和开发强度的控制，避免无序开发和过度开发，从而有效调节自然环境与社会环境之间的关系（黄征学，2019）。例如，通过对充满矛盾的人地关系地域系统进行客观分析评价，重点对自然资源环境、社会经济等重要的人地关系地域子系统在资源环境承载力、现有开发密度及发展潜力等方面进行客观深入分析，科学地认识人地关系地域系统的现状、问题及发展潜力等（钟敬秋，2024；李振民，2024）。

在国土空间用途管制的不同阶段，人地关系理论的应用侧重点有所不同。在用途管制的早期评价阶段，人地关系理论主要用于识别和评估土地资源的自然承载能力、生态环境的敏感性和脆弱性，以及土地利用的潜在冲突和可持续性问题。这个阶段的应用有助于制定土地利用的总体规划和分区，确保土地利用与环境保护相协调。在用途管制的总体规划阶段，人地关系理论要求规划者首先分析区域的自然特征、生态敏感性和环境承载力，确保规划方案符合自然规律和生态平衡原则。其次，规划者还需考虑人口分布、经济发展趋势和社会服务需求，制定能够促进区域协调发展的土地利用策略。在后期的分区管制层面，人地关系理论有助于划分不同功能区域，如农业区、居住区、工业区和保护区。每个区域的规划应根据其特定的人地关系特点来定制，以保障各功能区域的功能互不干扰，同时维护生态系统的完整性和稳定性。例如，农业区应避免过度城市化和工业化带来的污染，而工业区则需要设置适当的防护措施，以减少对周边环境的负面影响。同时，人地关系理论还可以应用在土地使用规定、控制开发强度、保护生态敏感区域以及实施土地复垦和生态恢复等方面。通过这些措施，可以有效地调控土地使用，防止不当开发，维护和改善土地生态环境，促进土地资源的可持续利用。

二、耦合协调理论

耦合协调理论是对一个系统的多个方面之间的相互影响、相互促进和相互协调程度的界定，主要包括耦合程度和协调水平两个基本概念（徐永辉，2019）。耦合程度用于衡量系统或要素间彼此相互作用影响的强弱程度，而协调水平则反映在耦合基础上的协调配合、良性循环关系(刘晓恒,2021)。在国土空间用途管制中,耦合协调理论主要用于探究人类活动与地理环境之间的相互关系及其协调发展的机理,着重强调人类社会的发展必须与自然环境相协调追求人类活动与地理环境的和谐共生(张博胜,2021)。该理论认为人类社会的发展与自然环境的承载能力应保持协调,坚持发展新理念,坚定实施区域协调发展战略,形成资源节约、环境优美的空间格局、产业结构、生产与生活方式(李瑞敏,2020;徐永辉,2019)。其核心在于尊重自然规律,合理利用土地资源,促进人类活动与地理环境的良性互动,避免过度开发和环境破坏,从而维持生态平衡和促进社会的长远繁荣(樊杰,2018)。

随着环境保护意识的增强和可持续发展理念的提出,耦合协调理论得到了进一步的发展和深化(丁杨,2024)。耦合协调理论在用途管制中的应用主要体现在通过分析和评估国土空间开发强度与资源环境承载力之间的相互作用和匹配程度,以实现区域国土空间开发强度与资源环境承载力的和谐匹配(谢贤健,2024),有助于提升土地利用边际收益,推动经济高质量发展,并为国土空间规划和用途管制提供科学依据。在具体实施中,耦合协调理论可以帮助理解不同区域之间在土地利用、生态保护、资源管理等方面的相互依赖和影响,从而制定更为合理和有效的空间规划政策(张扬,2024)。例如,以自然环境为主导的生态空间,以人居环境为主导的城镇空间,以及为人类提供基本生产、生活资料的农业空间,都不是只有某一功能、只为某一目标而存在的单一空间,而是在宏观、中观、微观层面互相融合的复合空间。不能为了保护自然环境,就简单地禁止人为活动而忽略对空间资源的利用,更不能只追求人类对空间资源的利用而忽略对自然环境的保护(王成,2018)。需要在守住粮食安全、生态安全底线的基础上,平衡空间开发与保护,保障社会公平与公正,追求高质量发展(张超玉,2024)。这是人与自然和谐共生、协调统一的两面,也是可以互相转换主导、辅助地位的两个方面。因此,生产、生活、生态三者只有在承载范围内相互协调、和谐统一,才能引导人与自然向有序、均衡和稳定的方向优化发展。耦合协调包括多系统协调、多主体协调、多层次协调等,有助于区域实现又好又快发展,在用途管制研究中主要体现在以下三个方面。

(1)农业-城镇-生态三个空间的耦合协调。农业、城镇、生态三个空间的耦合协调是指在一定区域内,农业发展、城镇建设和生态保护三者之间相互作用、相互影响的动态平衡状态。从区域发展视角看,农业、城镇、生态空间之间既存在着相互制约的耦合关系,也存在着相互转化的动态机制(王成,2018)。对于生态空间,生态要素在空间中并不是均质分布的;对于农业空间,耕地质量在空间内的分布也参差不齐;而对于城镇空间,城镇发展始终处于不断演化之中(张红旗,2015)。因此,国土空间用途管制必须从时间、空间不断变化的角度,统筹考虑动态管控的需求(陕永杰,2022)。在用途管制过程中,应基于不同区域的资源环境承载能力、现有开发密度和发展潜力等,划定主体功能区,将特定区域确定为具有生产、生活、生态等特定主体功能类型的空间单元,从宏观层面谋划国土空间开发保护总体格局,并依据不同主体功能定位提出具有针对性的宏观管控策略。如主体功能为重点生态功能区的乡镇,应以生态红线空间布局为核心,适当增加生态空间占比,突出生态价值和生态服务；主体功能为农产品主产区的乡镇，应以永久基本农田空间布局为核心，适当增加农业空间占比，提升粮食生产能力；主体功能为城市化地区的乡镇，在保障生态和粮食安全的前提下，可适当增加城镇空间占比，提高资源利用效率和创新能力，提升城市综合竞争力（张路路，2019；张军涛，2019；倪维秋，2022）。

（2）用途管制的统一性与差异性协调。在国土空间用途管制中，统一性和差异性是两个重要的考量因素（黄征学，2018）。统一性有助于确保国家层面的政策和规划得到有效实施，而差异性则能够适应地方的具体条件和需求，实现精细化管理（林坚，2019）。如何协调好用途管制的统一性和差异性协调至关重要。首先，需要制定统一的规划和规则，通过制定全国统一的国土空间规划和用途管制规则，确保所有国土空间分区分类实施用途管制，这是实现统一性的基础（程遥，2021）。国家层面的规划应着重于战略指引、底线管控和局部聚焦，确保国家重大决策部署与重要战略在国土空间层面的落实。地方政府则应关注要素配置、增质提效和权益协调，以实现区域内部的平衡和发展。其次，需要根据不同地区的特点实施差异化的空间用途管制措施，对各个地区的自然条件、经济发展水平、社会需求、生态环境敏感性等进行全面评估和分析。这些因素共同决定了国土空间资源的适宜用途和开发强度。例如，对于东部发达地区，应与经济结构调整相适应，严格控制新增建设用地，合理安排围填海用地指标；而对于西部欠发达地区，则应加大新增建设用地计划指标安排，鼓励使用未利用土地，支持工矿废弃地复垦和低丘缓坡开发试点。

（3）政府与公众的关系协调。随着我国生态文明建设不断深入，土地用途管制逐渐扩大到林地、草地、水域、海域等自然生态空间，为建立健全统一的国土空间用途管制奠定了重要基础。在这个过程中，协调政府与公众的关系至关重要，以确保政策的有效实施和公众利益的保护（郭洁，2013）。国土空间用途管制反映了各行为主体之间的利益诉求和行为倾向。首先，国家作为政策法规制定者和国土空间治理者，在用途管制中扮演主导角色，既管理、保护国土空间资源，又追求国土资源价值收益最大化（许迎春，2015）。政府作为执行者，坚决贯彻中央政府决策方针，保护国土资源环境。同时也作为独立利益主体，追求地方财政收入，扩张建设用地规模以加快地方经济建设（毕云龙，2019）。而公众作为国土空间的所有者、使用者和经营者，只有当收入与成本之间的差值（纯收益）最大的前提下，才会主动担负国土空间保护职责。而在整个国土空间用途管制过程中，用途管制的职责在于政府积极引导和管理公众在国土空间资源开发、建设、保护等方面的行为。因此，在用途管制中，政府与公众之间可能会出现利益冲突。为此，建立有效的冲突解决机制非常必要。例如，政府应当鼓励公众参与土地规划和管理的各个阶段，包括规划草案的审议、土地使用的申请和审批过程。通过教育和信息公开，增强公众的环保意识和土地管理知识，使公众能够更好地理解用途管制的重要性，并积极参与监督和反馈（林坚，2014）；允许利益相关者和公众直接参与政策讨论和审议过程。通过听证会，政策制定者可以收集来自不同群体的意见和建议，从而增加政策制定的透明度。在听证会中，信息被公开分享，辩论公开进行，这有助于揭示政策背后的理由和证据，减少信息不对称，增加政策的可信度和接受度。通过这些机制，可以及时解决分歧，维护社会稳定和公共秩序。

只有在不损害公共利益的同时提高资源配置效率，推进生产、生活、生态"三生空间"协调均衡发展，实现经济效益、社会效益、生态效益的最大化和国土资源优化配置。

耦合协调理论在用途管制中的应用涉及规划编制、实施许可、监督管理等多个阶段。在规划编制阶段，耦合协调理论可以帮助实现国土空间规划与用途管制的有效衔接，确保规划的可实施性和权威性。在实施许可阶段，耦合协调理论有助于优化审批流程，实现部门协同管理，提升国土空间治理效能。在监督管理阶段，耦合协调理论指导建立统一明晰的监管体系，通过现代信息技术加强动态监察，提高监管成效（何冬华，2020）。同时，耦合协调理论的应用还包括构建全域全要素全过程的国土空间用途管制体系，优化系统治理的"三条控制线"划定及管制规则，规范与创新国土空间用途管理政策体系，建立健全多部门权力协同机制以及利益调节机制。这些应用有助于实现国土空间系统性、激励性与高效能管制，将国土空间用途管制小闭环嵌入国土空间治理大闭环之中，实现自然资源部内部治理"小协同"与以自然资源部为核心的多部门治理"大协同"（易家林，2024）。

三、可持续发展理论

可持续发展理论涉及发展经济学、文化生态学、生态伦理学、人文地理学以及人口、资源与环境经济学等诸多学科，是国土空间用途管制研究的基础理论之一。发展是人类永恒的主题，发展过程中带来的经济、资源、环境和社会问题以及由此引发的生存危机、生态危机使人们开始理性反思传统发展观中人与自然的关系。可持续发展包括经济、社会和生态的可持续发展，核心思想是：健康的经济发展应该建立在生态可持续能力、社会公正和人民积极参与自身发展决策的基础上，强调空间资源利用的公平性、持续性和共同性。

（1）公平性。公平性是可以选择的平等性，主要包括两个方面，一是指同一代人之间有共同发展共享环境的相互平等，二是指一代人与下一代或者是下几代人之间也有共同享有环境的平等性。可持续发展就是要满足现在人们在发展过程中的各种需求，让人们有追求更好生活的权利，可是在维护自己发展权利的同时，也要考虑后代发展和享受生活的权利，因为人类生存的环境是共同的、有限的，后代人有权利提出他们对环境和资源的利用与需求。可持续发展就是在发展的过程中要对未来发展担负起一定的责任。每一代人开发利用自然的权利都是相同的，谁也不能主宰自然，支配自然，每代人都有选择发展方式的机会和权利。我们在发展过程中要更多地为后人的发展着想，保持生态环境和经济的健康发展。

（2）持续性。持续性是指人类的经济和社会发展不应超越自然资源与生态环境的承载能力。这一原则强调发展必须在不损害支持地球生命的自然系统中的大气、水体、土壤和生物等条件下进行，以确保资源的再生能力和环境的自净能力得以维持。实现可持续发展的目标是实现经济效益、社会效益和生态效益的相互协调，确保资源的永续利用和生态环境的健康。在实际操作中，持续性原则要求国土空间用途管制制度构建要体现精准性、刚性，同时要体现引领性、弹性，以便在保障资源底线的前提下，平衡经济发展和资源可持续利用。通过这种方式，可持续发展的持续性原则在用途管制中得到了有效实施，有助于实现国土空间资源的长期健康和社会经济的持续发展。

（3）共同性。共同性原则强调，尽管各国可持续发展的模式可能有所不同，但公平性和持续性原则是全球共同的。这一原则认为地球的整体性和相互依存性决定了全球必须联合起来，共同认知我们的家园。只有全人类共同努力，才能实现可持续发展的总目标，从而将人类的局部利益与整体利益结合起来。同样，可持续发展的共同性原则强调在发展过程中实现经济、社会、环境的协调与平衡，确保资源的合理利用和生态环境的保护，以满足当前和未来世代的需求。在用途管制中，这一原则体现为对土地、水资源、海洋等自然资源的合理规划和管理，旨在促进资源的高效利用和生态系统的健康稳定。

在国土空间用途中，可持续发展理论已经扩展到国土空间的土地、资源、环境、人文等各个方面，是对整体国土空间要素在区域空间可持续利用与发展格局中的可持续性。可持续发展理论建立了新的人地协调发展模式（秦书茜，2024）。相比于传统下不考虑自然的承受能力，以大量消耗自然资源来促进经济发展，造成人与自然环境的不协调的发展，可持续发展是将自然界普遍存在的物质不灭和能量守恒定律，应用到作为有机整体的人与空间资源的系统（刘彦随，2024）。可持续发展理论要求人类在尽量减少空间资源消耗的基础上，提高资源的利用率，做到少投入多产出，促进空间资源的长久利用，使系统内部在相互协调的情况下，物质能量的转化率达到最高，以满足人们的需求。在可持续发展要求和管理目标下，国土空间用途管制应明确各类空间用途及开发利用约束条件，对所有国土空间统一进行分区分类用途管制，国土空间开发利用者应严格按照国家规定的用途来开展国土空间的管制活动。按照空间划分，可持续发展又分为农业空间的可持续发展、生态空间的可持续发展和城镇空间的可持续发展。

（1）农业空间的可持续发展。农业空间用途管制制度是指国家为了合理利用土地资源、保护耕地和促进经济社会可持续发展，对土地的开发、利用、保护和改善进行法律规定和行政管理的制度（谢光涛，2024）。其核心目的在于通过限制某些土地的非农业用途，确保足够的农业生产用地，特别是优质耕地，从而保障国家粮食安全和农业可持续发展（张青，2022）。实现农业的可持续发展，首先要做好耕地保护，从严管控非农建设占用耕地的行为。要划定耕地红线，坚持统筹发展和安全，落实最严格的耕地保护制度，严禁违规占用耕地和控制耕地转为林地、园地等其他类型农用地，坚决遏制耕地"非农化"，防止"非粮化"，确保粮食安全。鼓励在永久基本农田保护区和整备区开展高标准农田建设和土地整治，粮食生产功能区和重要农产品生产保护区范围内的耕地要优先划入永久基本农田。鼓励建设集中连片、设施配套、生态良好与现代农业生产和规模经营相适应的高标准基本农田。其次要改进和规范建设占用耕地占补平衡。非农业建设占用耕地，必须严格落实先补后占和占一补一、占优补优、占水田补水田，积极拓宽补充耕地途径，补充可以长期稳定利用的耕地。最后要平衡好生态保护与耕地保护关系，统筹国家粮食安全和生态安全，将耕地保护与生态保护置于同等重要的地位，既要严格控制生态空间向其他空间转化，也要严格控制农业空间向包括生态空间在内的其他空间转化。在加强自然生态空间管制的同时，也必须保护好耕地，特别是永久基本农田，防止无序退耕，危及 18 亿亩耕地红线，影响国家粮食安全（吕晓，2020）。

（2）生态空间的可持续发展。生态空间用途管制是指对特定的自然生态区域进行土地使用和活动的限制与控制，以维护生态平衡，保护生物多样性，保持生态服务功能和促进可持续发展。这种管制通常涉及对森林、草原、湿地、海洋等自然生态空间的保护，确保这些空间不会因为不当的人类活动而遭受破坏（李云，2019）。在可持续发展的框架内，生态空间用途管制扮演着至关重要的角色。通过合理规划和管理生态空间，可以有效控制人类活动对自然环境的负面影响，保持生态平衡，维护生态服务功能，这些都是实现长期生态持续发展的基础条件（张晓玲，2020）。这就意味着在用途管制规划过程中，需要遵循自然生态的发展规律，要充分考虑自然生态承载力和环境容量，能够留出足够的余地让自然生态实现自我净化和自我修复。要合理制定生态"休息期"，让土壤、河流、山林等区域生态能够进行自我净化和修复，实现良性发展（黄征学，2019）。通过制定生态环境分区管控方案，实施差异化精准管控，以保障生态功能和改善环境质量（蔡海生，2020）。这涉及生态保护红线、环境质量底线和资源利用上线的硬约束，以及生态环境管控单元和生态环境准入清单的建立。同时，还需要处理好生态空间用途管制与区域经济协调发展的关系，通过制定科学的空间规划和管制措施，有效控制人类活动对敏感生态系统的影响，从而维持区域生态平衡，这对于保持区域长期的经济活力至关重要。生态空间的合理利用和恢复有助于改善区域环境质量，可以指导区域内部的产业布局和空间结构优化，促进经济活动与生态环境的和谐共生，避免过度开发和生态破坏，实现区域经济的可持续增长。此外，生态空间用途管制还能促进资源的高效配置，通过优化国土空间布局，提高资源利用效率，减少资源浪费，支持区域经济的均衡发展。

（3）城镇空间的可持续发展。城镇空间用途管制是指政府根据国家和地区的社会经济发展目标、资源环境承载能力以及国土空间开发保护总体要求，对城镇内部各类用地进行合理规划、严格控制和有效管理的一系列活动。这种管制旨在确保土地资源的合理利用和生态环境的保护，从而促进城镇的可持续发展。可持续发展在城镇空间用途管制中的应用体现在对城镇空间布局、土地利用效率和生态环境保护的综合考量。通过制定和实施相应的规划和政策，城镇空间用途管制能够引导城镇向更加绿色、低碳和高效的方向发展，避免不可持续的土地利用模式。比如，在城镇开发边界内，通过"详细规划+规划许可"相结合的准入方式，鼓励盘活存量；在城镇开发边界外，严格控制新增城镇建设用地规模和开发强度。

可持续发展理论强调在满足当前需求的同时，不损害后代满足其需求的能力。在国土空间用途管制规划与管理中，可持续发展理论的应用尤为重要，它指导着用途管制的各个阶段，以实现经济、社会和环境的长期和谐发展。在国土空间规划阶段，可持续发展理论要求规划者考虑国土空间的多功能性和生态系统服务价值，确保空间资源的合理分配和高效利用。规划应基于生态承载力和环境影响评估，以保护生态环境，维护生物多样性，并促进空间资源的可持续利用（金志丰，2024）。在空间管制的实施阶段，可持续发展理论要求严格遵守规划确定的用途，通过空间资源使用权的授予、转让和收回等手段，控制空间资源的使用行为。同时，应鼓励采用低影响开发和绿色建筑标准，减少对环境的负面影响。随着社会经济的发展和环境条件的变化，国土空间用途管制的规划和管理政策需要适时调整和更新。可持续发展理论要求在这一阶段进行动态管理，考虑气候变化、资源枯竭等长期因素，以及社会需求的变化，确保土地管理政策的适应性和前瞻性。

四、"山水林田湖草沙一体化"理论

"山水林田湖草沙一体化"是一种全新的生态文明建设理念，它强调在处理人与自然关系时，必须从整体出发，将山水林田湖草沙作为一个有机整体来看待和保护（刘斌，2024）。这一理念突破了传统的以单一要素为中心的管理模式，强调不同生态要素之间的内在联系和相互作用，以及它们在整个生态系统中的地位和作用，旨在通过综合治理和协调发展，实现山水林田湖草沙等自然要素的和谐共生（张利民，2024）。其内涵认为"山水林田湖草沙是一个生命共同体"，人的命脉在田，田的命脉在水，水的命脉在山，山的命脉在土，土的命脉在树。山水林田湖草沙的命脉最终在人，人不是生命共同体的主人，而是生命共同体的组成要素（庞文悦，2024）。"山水林田湖草沙是一个生命共同体"，既形象表达了人与自然之间唇齿相依的密切联系，又深刻揭示了建立健全国土空间用途管制制度的重大意义。随着我国生态文明建设不断深入，国土空间用途管制既要将用途管制扩大到所有自然生态空间，划定并严守生态红线，严格划定具有重要生态功能的天然林、生态公益林、基本草原以及河流、湖泊、重要湿地等保护边界；又要确保粮食安全和主要农牧资源生产安全，严格划定永久基本农田、基本草原中的重要放牧场等保护边界；同时，还要划定城镇建设区、独立工矿区、农村居民点等的开发边界，开发边界内适度留白，以应对经济发展和建设活动的不确定性（田双清，2020）。

生态系统整体性作为"山水林田湖草沙一体化"理论的核心概念之一，强调在处理人与自然关系时，必须从整体出发，强调山水林田湖草沙是一个相互依存、相互作用的整体，每个要素都对整个生态系统的健康和稳定起着关键作用（滕超，2023）。"山水林田湖草沙一体化"理论中的整体性在国土空间用途管制中的应用，体现在通过系统规划和严格管控，对所有国土空间分区分类实施用途管制，确保生态、农业、城镇等功能空间的合理布局和有效保护（张葳，2023）。在具体实践中，国土空间用途管制通过划定生态保护红线、永久基本农田和城镇开发边界等"三条控制线"，形成刚性约束，以确保国家粮食安全和生态系统的核心区域得到严格保护（曹春霞，2020）。同时，通过国土空间规划与国家中长期发展规划和重点专项规划的对接，统筹协调各类空间需求和矛盾冲突，促进经济社会发展与资源环境保护的和谐共生；还要求在规划中确定资源利用的上限，避免过度开发导致资源枯竭。生态系统整体性强调在保护中发展，在发展中保护，通过统筹安排生态、农业、城镇等不同类型的国土空间，实现陆地和海洋、地上与地下空间的开发与保护的平衡（赵毓芳，

2019）；统一实施用途管制是提升国土空间治理能力的重要手段。由一个部门负责领土范围内所有国土空间用途管制职责，对山水林田湖草等进行统一保护、统一修复是十分必要的。将自然生态各要素的多头管制、分散管制改为统一管制，有利于山上山下、地上地下、城市农村、陆地海洋以及流域上下游的统一保护、统一修复（王睿，2021）；健全分区分类的用途管制制度，对永久基本农田和生态保护红线区域实施更严格的保护，对一般生产、生态空间制定区域准入条件，明确允许的开发规模、强度以及允许、限制、禁止的产业类型（龚健，2020）；生态系统整体性通过协同集成的方式，改变过去由各有关部门独立推进的做法，充分继承和利用现有工作成果，将法律法规确定的各类保护地、保护区域、生态保护红线、重要生态功能区域全部纳入自然生态空间；强调空间分布从局域到陆海全域，既要考虑自然生态的原真性、整体性、系统性、连续性，又要加强跨区域间自然生态空间的有机连接，尽量保持山脉、河流、湖泊的完整性（谢莹，2021）。生态系统整体性与国土空间用途管制密切相关，相互促进。通过国土空间用途管制，可以更好地保护和恢复生态系统的整体性，从而实现可持续发展。

"山水林田湖草沙一体化"理论主张采用系统性的方法来治理山水林田湖草沙，旨在实现生态系统的健康稳定和可持续发展。它强调不要怕打破传统的行政边界，应充分整合不同部门和领域之间的力量，共同制定和执行综合性的治理策略（邵琳，2021）。系统治理要求从整体上考虑生态系统的运行机制和发展趋势，综合考虑各种因素，制定出科学合理的治理方案（宋禹亭，2022）。实践中，在系统治理的指导下，国土空间用途管制可以通过制定相关政策和法规，对国土空间的开发、利用、保护进行全面规划与管理。例如，我国已完成《中华人民共和国森林法》《中华人民共和国海洋环境保护法》《中华人民共和国防沙治沙法》《中华人民共和国土地管理法》等多部法律的修订工作，并出台了关于建立国土空间规划体系、自然资源资产产权制度改革、自然保护地体系等一系列重要政策文件，严格自然生态空间用途管制，完善国土空间用途管制规划体系。此外，系统治理还强调科技创新在山水林田湖草沙治理中的重要作用，通过引进和发展新技术、新方法，提高资源利用效率，减少对环境的破坏，推动生态文明建设的进步。

政府依据"山水林田湖草沙一体化"的生态思想对国土空间开发利用进行规制，具有强制力。这种规制不仅体现在政治、生态、经济、社会和文化等方面，而且涵盖了全域、全要素和全流程。例如，通过编制市县级空间规划，强化永久基本农田和生态保护红线的落地管理。同时，国土空间用途管制的目标是保护生态环境，促进绿色发展，实现高质量发展。在这一过程中生态系统的整体性是至关重要的因素。例如，通过建立自然资源统一调查、评价、监测制度，全面摸清森林资源等各类自然资源的数量和质量。

当前，我国已将国土空间用途管制上升为一项国家战略，这是落实"山水林田湖草生命共同体"理念的基础条件，是解决空间规划职能重叠和管制乏力的重要手段。而未来的国土空间用途管制制度构建，应以山、水、林、田、湖、海等自然资源要素以及重要的生态空间、农业空间、城镇空间等为对象，着重建设法律法规保障、国土空间规划、行政管理运行以及国土综合治理四大支撑体系；以智慧国土综合信息平台为基底，融合包括调查评价、确权登记、权益维护、评估监管、节约集约、科技创新、人才队伍建设、学科发展在内的基础支撑。

"山水林田湖草沙一体化"理论强调了自然环境各组成部分之间的相互联系和依赖，旨在通过系统治理和综合管理，实现生态系统的整体保护和修复（彭文英，2024）。在国土空间用途管制的不同阶段，这一理论的应用有所不同：在国土空间规划阶段，"山水林田湖草沙一体化"理论指导规划者考虑生态系统的整体性和系统性，确保规划方案能够反映自然生态系统的内在规律和功能需求。规划时要统筹各类规划、资金、项目，对山水林田湖草沙进行一体化保护和修复（张崴，2023）。在具体的用途管制实施阶段，该理论要求管理者在审批、监管等环节，不仅要考虑单一要素的利用，还要考虑其对整个生态系统的影响。例如，在农用地转用与土地征收、建设用地规划许可等环节，要确保土地利用不会破坏生态系统的完整性和稳定性。在用途管制的监测与评估阶段，山水林田湖草沙一体化理论要求强调生态系统各组成部分之间的内在联系和相互作用，这有助于在生态系统健康评价中采用一个全面的视角，考虑生物多样性、水文循环、土壤质量、森林覆盖、湿地保护、草原管理和沙漠化防治等多个方面，从而获得更准确的健康状态评估，建立健全生态系统健康评价技术体系，对治理效果进行综合性评估，确保生态保护修复措施的有效性和适应性。

第二节　国土空间用途管制的技术方法

国土空间用途管制制度旨在优化国土空间整体格局、规范开发秩序、提升开发质量，是落实国土空间规划的重要抓手，也是国土空间开发与保护的核心制度。其主要分为调查、评价、分析、实施等几个阶段。

一、国土空间用途管制调查过程中采用的主要技术与方法

国土空间用途管制的调查是整个管制过程的基础性工作，主要内容包括数据收集与整理、现状评估、规划与政策分析等。调查阶段的作用主要体现在通过调查收集的数据和分析结果，为用途管制政策的制定提供科学依据。通过对空间资源的全面调查，可以更好地保护生态环境，促进土地资源的合理利用和可持续发展。也有助于识别当前国土空间利用中存在的问题，如土地退化、生态破坏等，为解决这些问题提供切入点。数据分析结果是规划实施和监管的重要工具，有助于监测规划执行情况，确保国土空间资源利用活动符合规划要求。

国土空间用途管制中土地调查是确保土地资源合理利用和保护的关键环节。通过土地调查，可以全面了解和掌握国家或地区的土地资源状况，为国家经济发展、城市规划、资源利用、环境保护等提供基础数据支持。土地调查的目的包括系统收集土地资源相关数

据，形成土地资源数据库，分析土地资源的类型、数量、分布和质量等情况，评估土地资源的利用潜力和可持续性，为城市规划、农田开发、生态保护等决策提供科学依据。下面介绍常用的方法。

（1）遥感（RS）技术：遥感技术在土地调查中扮演着重要角色，它通过非接触式的远距离探测技术，利用传感器收集地球表面的电磁波信息，并进行分析以提取土地资源的相关信息。遥感技术的应用主要包括土地覆盖分类、土地利用动态监测、土地资源评估等方面。

（2）全球导航卫星系统（GNSS）与地理信息系统（GIS）技术：GNSS 在土地调查中的应用主要体现在外业数据采集方面，GIS 技术则主要体现在数据处理、数据分析与管理等方面。在数据采集阶段，GNSS 可以利用现有的地图、遥感影像和其他空间数据来快速、准确地采集与空间地理相关的基础信息，并通过现代移动设备如手机、平板电脑等进行实时传输。数据处理与管理是 GIS 土地调查的关键步骤，涉及数据的清洗、整理、分类和空间分析，以提高数据的利用效率和分析的准确性。

（3）现场调查：现场调查是土地调查中的一个重要环节，它涉及对土地的实地考察、测量和记录，以获取土地的物理、法律和经济特征。通过实地考察和采样，收集土地利用现状、地形地貌、植被覆盖等详细信息，验证和补充遥感和 GIS 数据。在土地调查中，现场调查的应用主要体现在土地利用现状调查、土地权属调查、土地纠纷解决等几个方面。

（4）土地年度变更调查：在全国土地调查（既国土调查）的基础上，为保持土地调查数据的现势性和准确性，按照国家统一部署和要求，每年对土地利用现状、权属、地类等信息进行更新和调整。其核心目的是及时掌握土地利用变化情况，为土地管理、规划和决策提供准确的数据支持。

二、国土空间用途管制评价过程中采用的主要技术与方法

在用途管制过程中，评价阶段是一个关键环节，涉及对现有或拟用途在环境影响、社会经济效应以及符合性等方面的评估。根据评价指标体系和数据处理结果，对规划和管制方案进行评价。这一阶段的工作目的是找出规划和管制方案与高质量发展要求之间存在的差距和问题。评价的内容主要包括：资源环境承载能力评价、国土空间开发适宜性评价、土地管理绩效评价、土地节约集约评价、土地经济效益评价、环境保护评价、社会稳定风险评估等。

（一）资源环境承载能力评价

资源环境承载能力是指在一定时期和一定区域内，在自然资源能够可持续发展且人类社会活动仍然能够稳态发展的条件下，地域的资源环境所能承载的最大人类经济社会活动的能力，包括资源承载能力与环境承载能力（魏旭红，2019）。资源环境承载能力评价是国土空间用途管制规划的基础，涉及对资源环境本底条件的分析、对资源环境承载状态的判

断，以及对国土空间开发的适宜性分析(岳文泽，2019)。这些评价用于衡量特定区域内资源和环境能够支持的经济、社会和环境活动的规模。通常涉及对土地、水、空气、生物多样性等自然资源的考量，以及对这些资源的合理利用和保护。资源环境承载能力的评价结果直接影响到用途管制的制定，在用途管制评价阶段，可以根据资源环境的承载状态，确定需要特殊保护或限制开发的区域。同时，对于超载或接近承载极限的区域，制定相应的限制性措施，如限制建设项目规模、控制人口增长等。而通过评价结果，指导区域内的产业发展和城市建设，使之与资源环境承载能力相适应。目前，采用的主要方法有 PS-DR-DP 理论模型、系统动力学(SD)模型等。

(1)PS-DR-DP 理论模型：该模型是一个用于区域资源环境承载力综合评价的框架体系。该模型通过建立"压力—支撑力""破坏力—恢复力""退化力—提升力"三对相互作用力，将资源环境承载力分解为三个相互关联的部分，分别对应资源支撑能力、环境容量和风险灾害抵御能力(王亮，2019)。

(2)系统动力学(SD)模型：该模型通过构建资源子系统、环境子系统、社会子系统、反馈机制、政策变量、时间维度等形成一个复杂的动态系统，通过系统动力学模型的仿真分析，可以评估不同发展策略对资源环境承载能力的长期影响，从而为可持续发展规划提供科学依据。例如：徐州市运用系统动力学原理构建了徐州市水资源承载力系统动态(SD)模型，并研究了不同发展方案下水资源承载力的变化趋势。研究指出，开源、节流、治污并举的综合方案是提高徐州市水资源承载力的最优方案(吴涛，2011)。王月研究了乌兰布和生态沙产业高新技术产业开发区的资源、经济、环境和社会子系统，并构建了 SD 模型，通过仿真模拟不同情景模式下的资源不境承载力变化，提出了提升资源环境承载力的策略与建议(王月，2019)。

(二)国土空间开发适宜性评价

国土空间开发适宜性指在保证地区生态环境和人类活动可持续发展的前提下，以资源环境约束条件为参考，综合考虑区域的国土空间所进行的生态保护、农业生产、城镇建设等人类活动的适宜程度(喻忠磊，2015)。它可以帮助决策者了解不同区域的资源环境承载能力和开发潜力，从而做出更加科学合理的决策。在用途管制中，国土空间开发适宜性评价是可以在维护生态系统健康的前提下，综合考虑资源环境要素和区位条件，对特定国土空间进行农业生产、城镇建设等人类活动适宜程度的评价。这种评价通常包括生态保护重要性评价、农业生产适宜性评价和城镇建设适宜性评价等多个方面。评价的目的是为优化国土空间开发保护格局、实施国土空间用途管制和生态保护修复提供技术支撑(王静，2020)。主要评价方法如下：

(1)多指标决策分析法(MCDA)：这是一种用于处理具有多个相互冲突或不可度量准则的决策问题的方法。它帮助决策者在多个标准或准则下评估和比较不同的备选方案，以选择最优或最合适的方案(吕飞，2021)。国土空间开发适宜性评价涉及的准则通常包括自然地理条件、生态环境因素、社会经济条件、政策制度及社会公众因素等。MCDA 方法通过构建评价指标体系、确定各准则的权重、进行综合评价和灵敏度分析等步骤，为国土空间规划提供科学依据。在实际应用中，MCDA方法通常结合地理信息系统(GIS)技术，利用其空间分析功能，将定性和定量分析相结合，提高评价的精确性和实用性。

（2）生态位模型：在国土空间开发适宜性评价中，生态位模型通过分析生物与环境之间的相互作用和适应关系，来评估特定地区的土地资源是否适合某种用途或生态功能的实现(王儒黎，2021)。生态位模型能够综合考虑地形、气候、土壤、水文等自然条件，以及社会经济条件等多种因素，从而提供一个多维度的评价框架。在实际应用中，生态位模型可以帮助决策者识别和划分不同的土地利用功能区，如农业生产区、城镇发展区和生态保护区。这种功能分区有助于制定更科学合理的土地利用规划，促进土地资源的高效利用和生态环境的保护。例如，通过生态位适宜度模型，可以评估特定区域的建设用地适宜性，为区域建设用地的优化布局提供理论依据。此外，生态位模型还能够动态模拟土地利用变化对生态系统的潜在影响，从而为土地资源的可持续管理提供决策支持。这种模型的应用有助于平衡经济发展与生态保护的关系，实现国土空间的和谐发展。

（三）绩效评价

国土空间用途管制的绩效评价是对国土空间开发利用过程中的国家意志偏移、负外部性、低效性和无序性所采取的综合干预行为的效果进行评估。绩效评价有助于识别和纠正国土空间规划和管理中的问题，提高资源利用效率，促进经济社会的高质量发展。主要评价方法如下：

（1）逻辑框架法：该方法通过构建逻辑框架关系，将宏观目标转化为具体目标和措施，从而对自然资源用途管制进行综合研究。逻辑框架法有助于清晰界定事权划分、管制指标维度、空间重叠和监督评价等问题。应用逻辑框架法进行用途管制绩效评价时，首先需要确定评价的宏观目标和直接目标，然后根据这些目标构建具体的评价指标和验证方法。通过逻辑框架法，可以系统地分析用途管制政策的实施过程，识别政策实施中的关键要素，评估政策的有效性，并提出改进建议。在实际应用中，逻辑框架法可以帮助决策者和管理者更好地理解用途管制政策的逻辑框架，明确政策目标和预期效果，从而更准确地评估政策的有效性和实施过程中的问题。此外，逻辑框架法还能够促进跨部门和利益相关者之间的沟通，提高政策评估的透明度和公信力。

（2）数据包络分析(DEA)：这是一种非参数的效率评价方法，适用于评估多输入多输出系统的相对效率。在国土空间用途管制的研究中，DEA被用于评估耕地保护政策的绩效，通过计算不同区域或不同类型农户的耕地保护效率，分析耕地保护政策的实施效果和潜在的改进空间。DEA还可以应用于环境绩效评估，例如，DEA可以帮助识别在粮食主产区内农户分化视角下，不同类型农户对耕地的投入以及土地利用效率的差异性，进而探讨土地用途管制耕地保护绩效提升的现实困境与障碍，研究完善土地用途管制制度和提升耕地保护绩效的政策体系(王雨濛，2016)。在京津冀地区环境绩效评估研究中，DEA模型和Malmquist指数分析方法被用来对区域环境绩效水平进行测量与横向比对，为相关部门决策提供参考（杨浩，2018）。

（3）多元回归模型：在用途管制绩效评价阶段，多元回归模型可以用来评估土地使用政策对经济、社会和生态等方面的综合影响。通过构建多元回归模型，研究人员可以量化不同政策变量对土地使用效率和环境影响的贡献，从而评价政策的有效性和效率。在实际应用中，多元回归模型可以帮助决策者理解土地使用政策的长期和短期效应，识别政策实施中的关键因素，以及预测政策变化对土地管理和利用的潜在影响。例如，研究可以集中在土地资源配置特性方面，通过帕累托最优等判断尺度，评估国土空间用途管制制度相对于其他制度的帕累托改进，进而判断其绩效（刘杰，2007）。

三、国土空间用途管制分析过程中采用的主要技术与方法

国土空间用途管制的分析阶段主要涉及对国土空间的现状评估、资源环境承载力评价、潜在风险识别以及未来发展趋势预测等内容。这个阶段主要是全面了解和评估国土空间资源的利用状况，确保规划和管理决策能够基于准确的信息和科学的分析。分析阶段的目标是为国土空间规划提供坚实的数据支持和理论基础，确保规划方案既能满足当前的社会经济发展需求，又能有效保护和合理利用自然资源，维护生态平衡，预防和减轻自然灾害风险，从而实现国土空间的可持续利用。通过分析阶段的工作，可以明确国土空间的适宜用途和限制条件，为后续的规划制定和实施提供指导。采用的方法主要有定性分析、定量分析、聚类分析和德尔菲法等。

（一）定性分析

定性分析是一种科学分析方法，它专注于对事物的质的规定性进行分析研究。定性分析的主要内容包括判断事物具有何种属性（特性及其相互关系），以便将某一事物与其他事物区别开来，进而探究事物由哪些要素组成，以及这些要素在空间上的联系和排列组合方式。用途管制中涉及对国土空间的特点、性质、发展变化等进行综合判断和分析，以确保土地资源的有效配置和可持续利用。国土空间用途管制过程中定性分析通常包括以下几个步骤：首先，通过文献资料综合分析法、系统回顾法等手段收集相关数据和信息；其次，运用实证分析法、类比分析法和趋势外推法等方法对收集到的数据进行处理和解读；最后，根据分析结果提出相应的国土空间规划和管理建议。这种分析方法有助于决策者理解国土空间的复杂性，识别潜在的问题和冲突，从而制定出更加科学合理的用途管制措施。

（二）定量分析

国土空间用途管制的定量分析是指通过收集和分析统计数据、建立数学模型等方式，对国土空间用途管制的效果进行量化评估的过程。这种分析方法有助于了解管制措施的实施效果，发现存在的问题和不足，为政策制定和调整提供科学依据，推动国土空间的高效、合理和可持续利用。在国土空间用途管制中，常用的定量分析方法包括回归分析、

时间序列分析等，这些方法可以用来评估土地利用效率、生态保护效果、经济效益、社会效益等多个方面的指标。通过构建相应的分析模型并进行验证和修正，可以对国土空间用途管制的成效进行评估，并据此对模型进行不断优化和改进，提高模型的适用性和准确性。

在实际应用中，将定性分析与定量分析相结合，可以提高决策的准确性和有效性。定性分析能够弥补定量分析在处理非结构化数据和复杂问题时的局限性，帮助决策者形成更为全面的认识和判断。定量分析能够提供客观的评估结果，帮助决策者在复杂的国土空间规划和管理中做出更为科学和合理的决策。

（三）聚类分析

聚类分析是一种统计方法，用于将数据集中的对象分组，使得同一组内的对象之间比其他组的对象更为相似。它可以是基于层次的、基于划分的、基于网格的或基于密度的等多种类型，每种类型适用于不同的数据结构和分析目标。国土空间用途管制中聚类分析主要用于土地利用功能分区、国土空间规划、资源环境承载力评价、生态保护红线划定等多个方面。通过聚类分析，可以更好地组织和管理国土空间资源，确保不同区域的合理利用和保护。同时可以将国土空间根据其自然属性、经济功能、环境敏感性等因素进行分类，从而形成具有相似特性的区域集群。这种分类有助于决策者理解不同区域之间的差异和联系，制定更加精细化和差异化的管理策略。聚类分析大致可以分为基于质心的方法（如 K-means）、基于密度的方法（如 DBSCAN）、层次聚类方法和基于模型的方法（如高斯混合模型）等。例如，在武汉市国土空间功能定位与优化利用研究中，聚类分析被用于从标准地域单元层面开始"自下而上"逐级实现不同尺度国土空间功能的比例表达，并基于双约束空间聚类分析方法划定国土空间综合功能区，制定优化利用的分区政策。该应用展示了聚类分析在国土空间用途管制中的实际作用，即通过空间分异分析来优化国土空间的开发和保护格局。

（四）德尔菲法

德尔菲法是一种结构化的通信技术，用于从一组专家那里收集和合成意见。在国土空间用途管制中，德尔菲法主要用于评估和确定土地利用的适宜性、承载力以及制定土地利用规划和管理策略。此外，该方法还可以用于国土空间规划中的生态安全评价指标体系研究，通过专家咨询法和德尔菲法构建评价指标体系，并进行综合评价。在实施德尔菲法时，通常会经历确定调查题目、组建专家小组、设计调查表、组织调查事实和汇总处理调查结果等步骤。这些步骤旨在确保专家意见的独立性和多样性，同时通过反复的信息交换和反馈，逐步收敛意见，最终形成较为一致的评价结果或规划建议。德尔菲法的优势在于能够充分发挥专家的作用，集思广益，同时避免个别专家意见的强势影响。它适用于缺乏足够数据或需要长期规划和大趋势预测的场景。在国土空间用途管制中，德尔菲法有助于提高规划的科学性和合理性，确保土地资源的可持续利用和生态环境的保护。

四、国土空间用途管制监督过程中采用的主要技术与方法

国土空间用途管制监督的主要内容涉及对国土空间开发利用活动的合法性、合规性进行检查和管理。这包括但不限于对建设项目用地的审批、土地使用的合规性审查、土地复垦和生态修复的监督以及对违反土地使用规定行为的查处等。监督过程中还需要确保土地使用符合国土空间规划和相关政策要求，以及对土地资源的合理利用和保护。国土空间用途管制监督的目的在于实现国土空间资源的高效、合理和可持续利用，防止和纠正不当的土地开发和利用行为，保护生态环境，维护土地资源的长期健康和稳定。通过监督，可以确保土地使用活动不会超出生态环境承载能力，从而促进生态文明建设和国家空间治理体系的现代化。

(一)地理信息系统(GIS)技术

GIS 技术是一种现代信息技术手段，它在提高国土空间用途管制的精确性和效率方面发挥着重要作用(炊雯，2017)，其通过集成、存储、编辑、分析和展示地理数据，帮助管理者有效地进行空间规划、决策支持和监督执行。同时，GIS 技术能够提供一个多维度的平台，用于展示和分析国土空间的多源数据，包括地形、土地覆盖、土地利用现状、规划分区等。这些数据的集成有助于识别土地使用冲突、评估规划方案的可行性以及监测土地使用变化。此外，GIS 技术还支持智能决策制定，通过模拟不同的规划场景和预测其环境影响，决策者可以选择最优的土地利用策略。这种技术的应用提高了国土空间规划的科学性和透明度，促进了公众参与和社会监督。在实际操作中，GIS 技术的应用还涉及大数据、互联网、人工智能和决策支持系统等现代信息技术的结合，这些技术共同构成了智慧国土空间规划的框架，提升了国土空间规划和管理的智能化水平。利用 GIS 技术进行国土空间规划的可视化表达和空间分析，有助于构建国土空间规划一张图实施监督信息系统，实现规划编制管理、土地用途许可管理、实施监测与评估、决策支持与预警等。

(二)基于遥感监测的卫片执法

卫片执法是指利用遥感监测手段，通过对比前后两时相的遥感影像确定变化图斑，再对变化图斑进行核实确定土地合法性的一种土地执法监管手段。这种方法能够及时发现和制止土地违法行为，全面、客观、准确地反映监测区域的土地利用情况，建立起一个"天上看、地上查、网上核"的立体土地监管体系。在国土空间用途管制监督过程中，卫片执法起到了至关重要的作用。通过卫片执法，可以有效监控土地的合法使用情况，及时发现非法占地、违规建设等行为，确保土地资源的合理利用和生态环境的保护。卫片执法数据的空间可视化和动态监测水平的提高，有助于自然资源执法部门对疑似违法用地进行全流程监管，提高了执法工作的准确率及效率。此外，卫片执法还能够为土地利用变化分析提供数据支持，帮助决策者了解土地利用动态，优化土地资源配置，促进土地管理的科学化和法治化。在实际操作中，卫片执法系统的开发和应用，实现了省、市、县三级自然资源

执法部门的协同工作，加强了对土地卫片执法检查的信息化处理能力。

五、国土空间用途管制常用的新技术与方法

(一)二三维一体化技术

二三维一体化技术是指将二维 GIS 技术与三维 GIS 技术进行集成，实现对多维、多类型数据的存储、管理与分析(柯水松，2024)。利用二三维一体化技术，有助于解决用途管制数据时空跨度大、层级复杂的问题，加强多维空间数据一体化，助推用途管制全域、全要素、全流程、全生命周期的数字化转型全面实现(李旭民，2023)。在国土空间用途管制中，该技术应用主要体现在以下几个方面：①数据时空一体化。二三维一体化技术能够处理用途管制数据的时空跨度大和层级复杂性，通过独特的数据引擎，实现大规模场景数据的高性能加载显示及分析计算，为用途管制提供更为精准的数据支持。②业务协同管理。通过混合空间网格+数字动态谱码技术，将地理空间单元网格编码融入数字动态资源码，实现时空、业务以及静动结合的编码模型，促进业务协同、高效联动。③三维辅助选址与审查。基于二三维一体化技术，可以构建三维辅助选址、三维方案审查、三维方案比选等场景智能应用，实现二三维的数据一体化、服务发布一体化、展示一体化、空间分析一体化以及赋能平台全空间数据融合能力。④规划传导与信息化。二三维一体化技术能够实现规划传导与信息化的紧密结合，通过建立监测预警指标体系，及时掌握指标变化情况和底线管控的落实情况，对相关的国土空间保护和开发利用行为进行长期动态监测，对突破约束性指标和各类管控边界的情况及时预警，辅助领导决策。

(二)智能规则引擎技术

智能规则引擎技术是一种能够自动执行规则的系统，通过这种技术，可以实现对国土空间的精确管理和控制，确保土地资源的合理利用和保护(牟玉叶，2018)。智能规则引擎技术通过自动化处理大量复杂的数据和规则，能够显著提高国土空间用途管制的业务核验与审查效率。这种技术通常涉及以下几个方面：①统一底图数据。通过整合现有的现状、规划管控、用途管制等数据，构建带图智审模块，实现对项目地块的现状分析、三线检查、规划检查、征地检查、供地检查、违法用地检查等图形压覆分析，从而进行统一的底图底数审查。②全流程网上办理。依托图形化的流程设计引擎，构建统一的业务审批流程，实现预审选址、用地报批和一书三证等用途管制业务从受理、审查、审核、汇交、备案到全国国土空间用途管制监管系统。③全业务智能审批。依据用途管制指标体系和管控规则，对用途管制业务各阶段上下游审批业务信息进行指标对比审核、智能校验，提高审核效率。同时利用规则引擎技术，基于审批规则库，通过指标核验、业务自检、数据质检、空间核验等核验规则，自动判断，智能比对，实现全栈式规则智审，整体提升报件汇交的效率和准确率。④自动化智慧体检。利用大数据分析技术、规则引擎技术，对项目信息进行规范性审查、逻辑性校验、准入性检查、空间核验等，并自动给出体检报告，全面

提升审查时效、审查质量和风控能力。⑤全方位证书管理。通过统一的空间底图底数服务和用途管制规则，实现用地、用海等审批过程中与发改、交通、水利、能源、工信等平行部门的信息共享和业务协同，构建部、省、市、县四级联动的审批模式，强化跨层级、跨部门内部协作，实现业务融合与场景协同。

(三) 微服务生态技术

微服务生态基于云原生、容器化、微服务框架及治理体系，结合业务需求、数据和应用资产，构建用途管制微服务生态，实现从基础设施、平台到应用多层级用途管制服务治理和利用(张勇，2024)。在降低系统的复杂度和耦合度的同时，也满足系统间的服务集成和服务扩展的要求，极大地提升了与组织内外相关信息系统的衔接度和成果的复用性(卫培刚，2024)。微服务生态技术通过模块化的方式，将复杂的系统分解为一系列小型、独立的服务单元，每个服务单元都负责特定的业务功能(卫培刚，2023)。该技术有助于提高国土空间用途管制实施过程中的可维护性和可扩展性，具体表现如下：①可维护性。微服务架构允许开发者独立地开发、管理和迭代每个服务单元，这样即使其中一个服务出现问题，也不会影响到整个系统的稳定性。此外，微服务的模块化设计使得故障排查和修复更加迅速和精确，从而提高了系统的可维护性。②可扩展性。微服务架构支持按需扩展，即根据实际需求增加或减少服务单元的数量。这种灵活性使得国土空间用途管制系统能够轻松应对不断变化的业务需求和数据量，保持良好的性能和响应速度。③技术融合。微服务技术架构还支持与其他先进技术(如大数据、云计算、人工智能等)的融合，进一步提升国土空间用途管制的智能化水平。例如，通过大数据分析，可以对国土空间使用情况进行实时监控和预测，为政策制定和资源配置提供科学依据。④业务协同。微服务架构促进了不同业务模块之间的协同工作，有助于打破信息孤岛，实现数据共享和业务流程的优化。这对于国土空间用途管制来说尤为重要，因为它涉及多个部门和层级的协同合作。

本章参考文献

[1]李小云，杨宇，刘毅. 中国人地关系演进及其资源环境基础研究进展[J]. 地理学报，2016，71(12)：2067-2088.

[2]李扬，汤青. 中国人地关系及人地关系地域系统研究方法述评[J]. 地理研究，2018，37(8)：1655-1670.

[3]樊杰. 人地系统可持续过程、格局的前沿探索[J]. 地理学报，2014，69(8)：1060-1068.

[4]崔树强，周国华，李晓青，等. "人-地-业"协调视角下长株潭城市群城乡融合发展仿真模拟[J]. 地理科学进展，2024，43(7)：1337-1354.

[5]叶玉瑶，张虹鸥，刘伟，等. 生态经济地理：一个有利于自然地理和人文地理融

合的构想[J/OL].热带地理,2024(8):1-8.

[6]李政旸,王玉宽,逯亚峰,等."自然-人文"融合视角下的西南山区小流域划分与整合[J/OL].西南农业学报,2024(6):1-20.

[7]韩磊,高毅丰,常钰卿,等.黄土高原城镇化与生态系统服务脱钩状态分析[J].生态学报,2024(20):1-14.

[8]李可璇,张蕾,李豪,等.基于MSPA模型和电路理论的晋西北国土空间生态修复关键区域识别[J/OL].干旱区研究,2024(8):1-13.

[9]杨龙.基于主体功能区划分的宜宾市人口与社会环境空间均衡协调研究[J].中国集体经济,2016(6):153-155.

[10]陈敏,禹龙.贵州喀斯特山区"旱改水"土地整治项目建设探析[J].四川农业与农机,2024(3):19-21.

[11]徐莎莎,陈祖海.西部地区产业生态化时空特征及影响因素分析[J].西北民族大学学报(哲学社会科学版),2024(4):1-14.

[12]禹四明.城镇化进程中建设用地需求影响因素及应对策略[J].上海房地,2022(5):15-18.

[13]赵帅奇.河南省农业可持续发展与绿色食品经济的分析与思考[J].中国农业综合开发,2024(6):50-52.

[14]孙燕,吴莉莉,金晓斌,等.长三角区域一体化对城市群土地利用效率的空间协同效应[J].地理研究,2024,43(8):2104-2120.

[15]胡晓东,柳宪超.论测绘新技术在农业土地及精准农业中的应用[J].河南农业,2024(4):76-78.

[16]沈仁芳,王超,孙波."藏粮于地、藏粮于技"战略实施中的土壤科学与技术问题[J].中国科学院院刊,2018,33(2):135-144.

[17]苗毅,戴特奇,王成新,等.青藏高原县域交通优势度-自然环境承载-社会经济需求关系评估[J].中国人口·资源与环境,2023,33(10):165-174.

[18]刘合林,唐永伟,黄玉霖,等.面向功能治理的市级国土空间用途管制体系优化研究[J].规划师,2024,40(6):8-15.

[19]黄征学,蒋仁开,吴九兴.国土空间用途管制的演进历程、发展趋势与政策创新[J].中国土地科学,2019,33(6):1-9.

[20]钟敬秋,高梦凡,韩增林,等.基于生态系统文化服务的人地关系空间重构[J].地理学报,2024,79(7):1682-1699.

[21]李振民,石磊.高质量发展视角下湖南武陵山片区人地关系协调与空间协调研究[J].人文地理,2024,39(1):113-121.

[22]徐永辉,匡建超.成都市系统承载力分析报告——基于协同理论及耦合协调研究[J].广西经济管理干部学院学报,2019,31(1):87-95.

[23]刘晓恒,唐绍红,林荣清.贵州省城镇化与生态环境协调发展评价研究[J].中

国集体经济，2021（10）：3-7.

[24]张博胜，杨子生. 基于PSR模型的中国人地关系协调发展时空格局及其影响因素[J]. 农业工程学报，2021，37（13）：252-252.

[25]李瑞敏，殷志强，李小磊，等. 资源环境承载协调理论与评价方法[J]. 地质通报，2020，39（1）：80-87.

[26]徐永辉，匡建超. 成都市系统承载力分析报告——基于协同理论及耦合协调研究[J]. 广西经济管理干部学院学报，2019，31（1）：87-95.

[27]樊杰. "人地关系地域系统"是综合研究地理格局形成与演变规律的理论基石[J]. 地理学报，2018，73（4）：597-607.

[28]丁杨. 基于系统理论的城镇化与生态环境耦合协调发展评价研究——以东阳市为例[J]. 中国集体经济，2024（17）：99-103.

[29]谢贤健. 基于熵TOPSIS和耦合协调模型的四川省土地利用效益耦合协调关系及时空演变特征[J]. 水土保持学报，2024，38（1）：267-277.

[30]张扬. 国土空间用途管制对中国经济高质量发展的影响研究——基于强度和效度视角[J]. 自然资源学报，2024，39（3）：508-527.

[31]王成，唐宁. 重庆市乡村三生空间功能耦合协调的时空特征与格局演化[J]. 地理研究，2018，37（6）：1100-1114.

[32]张超玉，贾琦，刘毅洁，等. 郑州都市区国土空间"三生"功能识别及分区优化研究[J]. 国土与自然资源研究，2024（5）：51-56.

[33]王成，唐宁. 重庆市乡村三生空间功能耦合协调的时空特征与格局演化[J]. 地理研究，2018，37（6）：1100-1114.

[34]张红旗，许尔琪，朱会义. 中国"三生用地"分类及其空间格局[J]. 资源科学，2015，37（7）：1332-1338.

[35]陕永杰，魏绍康，原卫利，等. 长江三角洲城市群"三生"功能耦合协调时空分异及其影响因素[J]. 生态学报，2022，42（16）：6644-6655.

[36]张路路，郑新奇，孟超，等. 湖南省土地多功能耦合协调度时空分异[J]. 中国土地科学，2019，33（3）：85-94.

[37]张军涛，翟婧彤. 中国"三生空间"耦合协调度测度[J]. 城市问题，2019（11）：38-44.

[38]倪维秋，夏源，赵宁宁. 乡村地域"三生空间"功能演化与耦合协调度研究——以黑龙江省为例[J]. 中国土地科学，2022，36（9）：111-119.

[39]黄征学，祁帆. 从土地用途管制到空间用途管制：问题与对策[J]. 中国土地，2018（6）：22-24.

[40]林坚，武婷，张叶笑，等. 统一国土空间用途管制制度的思考[J]. 自然资源学报，2019，34（10）：2200-2208.

[41]程遥，赵民. 国土空间规划用地分类标准体系建构探讨——分区分类结构与应用

逻辑[J]．城市规划学刊，2021（4）．

［42］许迎春，刘琦，文贯中．我国土地用途管制制度的反思与重构[J]．城市发展研究，2015，22（7）：31-36．

［43］郭洁．土地用途管制模式的立法转变[J]．法学研究，2013，35（2）：60-83．

［44］毕云龙，徐小黎，李勇，等．基于成效分析的国土空间用途管制制度建设[J]．中国国土资源经济，2019，32（8）：43-47．

［45］林坚．土地用途管制：从"二维"迈向"四维"——来自国际经验的启示[J]．中国土地，2014（3）：22-24．

［46］何冬华．市县国土空间用途管制的技术与制度协同——以佛山市南海区为例[J]．规划师，2020，36（12）：13-19．

［47］易家林，郭杰，欧名豪，等．面向治理转型的国土空间用途管制制度完善路径探讨[J]．中国土地科学，2024，38（1）：64-72．

［48］秦书茜，张楠，朱佩娟，等．面向SDG11的城市社区可持续性评估——以长沙市为例[J/OL]．热带地理，2024（7）：1-15．

［49］刘彦随，刘亚群，欧聪．现代人地系统科学认知与探测方法[J]．科学通报，2024，69（3）：447-463．

［50］谢光涛，杨垸钦，周颖明．生态文明背景下耕地保护机制发展探索[J]．现代农业科技，2024（5）：202-204．

［51］张青．农业空间耕地和永久基本农田保护现状评估——以龙陵县为例[J]．山西农经，2022（3）：160-162．

［52］吕晓，牛善栋，谷国政，等．"新三农"视域下中国耕地利用的可持续集约化：概念认知与研究框架[J]．自然资源学报，2020，35（9）：2029-2043．

［53］李云，程欢，于海波．基于"分区管制"的自然生态空间用途管制研究[J]．资源信息与工程，2019，34（1）：106-108．

［54］张晓玲，吕晓．国土空间用途管制的改革逻辑及其规划响应路径[J]．自然资源学报，2020，35（6）：1261-1272．

［55］黄征学，蒋仁开，吴九兴．国土空间用途管制的演进历程、发展趋势与政策创新[J]．中国土地科学，2019，33（6）：1-9．

［56］蔡海生，陈艺，查东平，等．基于主导功能的国土空间生态修复分区的原理与方法[J]．农业工程学报，2020，36（15）：261-270，325．

［57］金志丰，张晓蕾，沈春竹，等．国土空间用途管制的基本思路与实施策略[J]．规划师，2024，40（1）：75-82．

［58］刘斌．山西省晋中市山水林田湖草沙一体化生态保护和修复治理的思路研究[J]．经济师，2024（7）：122-124．

［59］庞文悦，周旭，李付全，等．沂蒙山区域山水林田湖草沙一体化保护和修复的路径探索[J]．中国土地，2024（3）：54-56．

[60]田双清，陈磊，姜海.从土地用途管制到国土空间用途管制：演进历程、轨迹特征与政策启示[J].经济体制改革，2020(4)：12-18.

[61]滕超，王雷.辽河流域(浑太水系)山水林田湖草沙一体化保护与修复研究[J].黑龙江生态工程职业学院学报，2023，36(5)：1-6.

[62]张葳.统筹山水林田湖草沙系统治理不断提高生态环境质量[J].共产党员(河北)，2023(11)：15-16.

[63]曹春霞，张臻，朱雯雯.基于三条控制线的重庆市国土空间用途管制探索[J].规划师，2020，36(12)：5-12.

[64]赵毓芳，祁帆，邓红蒂.生态空间用途管制的八大特征变化[J].中国土地，2019(5)：12-15.

[65]王睿.不同国土空间范式对统一空间用途管制的影响研究[D].哈尔滨：东北农业大学，2021.

[66]龚健，李靖业，韦兆荣，等.面向自然资源统一管理的国土空间规划用地分类体系及用途管制探索[J].规划师，2020，36(10)：42-49.

[67]谢莹."界-能-时"国土空间用途管制理论研究[D].哈尔滨：东北农业大学，2021.

[68]邵琳，曹月娥.市县级国土空间用途管制的逻辑和运作策略——以新疆阿克苏地区为例[J].南方建筑，2021(2)：51-55.

[69]宋禹亭，冯广京，董文君.国土空间用途管制治权与事权的协调机制研究[J].管理现代化，2022，42(4)：132-139.

[70]彭文英，尉迟晓娟，孙岳，等.基于生态产品供给的山水林田湖草沙一体化保护与系统治理——以京津冀为例[J].干旱区资源与环境，2024，38(7)：1-12.

[71]魏旭红，开欣，王颖，等.基于"双评价"的市县级国土空间"三区三线"技术方法探讨[J].城市规划，2019，43(7)：10-20.

[72]岳文泽，王田雨.资源环境承载力评价与国土空间规划的逻辑问题[J].中国土地科学，2019，33(3)：1-8.

[73]王亮，刘慧.基于PS-DR-DP理论模型的区域资源环境承载力综合评价[J].地理学报，2019，74(2)：340-352.

[74]吴涛，汪洪洋.基于系统动力学模型的徐州市水资源承载力研究[J].北方环境，2011，23(7)：03-105.

[75]王月.基于系统动力学模型的乌兰布和沙产业园区资源环境承载力评价[D].呼和浩特：内蒙古大学，2019.

[76]喻忠磊，张文新，梁进社，等.国土空间开发建设适宜性评价研究进展[J].地理科学进展，2015，34(9)：1107-1122.

[77]王静，翟天林，赵晓东，等.面向可持续城市生态系统管理的国土空间开发适宜性评价——以烟台市为例[J].生态学报，2020，40(11)：3634-3645.

［78］吕飞，谢谦，戴铜. 基于 GIS 的双目标多准则决策方法［J］. 重庆大学学报，2021，44（7）：161-170.

［79］王儒黎. 基于生态位宽度模型的大理白族自治州土地利用功能及其协同/权衡关系研究［D］. 昆明：云南大学，2021.

［80］杨浩，张灵. 基于数据包络（DEA）分析的京津冀地区环境绩效评估研究［J］. 科技进步与对策，2018，35（14）：43-49.

［81］刘杰. 我国土地用途管制制度绩效研究［D］. 乌鲁木齐：新疆农业大学，2007.

［82］炊雯. 土地动态监测中遥感信息技术与地理信息系统的运用［J］. 居舍，2017（33）：124，128.

［83］柯水松，董学辉，彭盈钰，等. 国土空间二三维一体化技术体系设计与应用［J］. 中国高新科技，2024（1）：95-96，120.

［84］李旭民. 二三维一体化 GIS 技术在土地收储综合管理平台建设中的应用［J］. 测绘与空间地理信息，2023，46（11）：103-106.

［85］牟玉叶. 基于规则引擎的智能运维平台［D］. 青岛：山东科技大学，2018.

［86］张勇，黄敏，刘玉强. 江西省国土空间基础信息平台的设计与应用［J］. 测绘与空间地理信息，2024，47（4）：34-38，43.

［87］卫培刚，孔繁涛，曹姗姗，等. 生态监测时空信息微服务：架构、技术与应用——以南岭国家站为例［J］. 环境生态学，2024，6（2）：113-120.

［88］卫培刚. 生态监测时空大数据 Web 服务集成平台构建［D］. 乌鲁木齐：新疆农业大学，2023.

第三章 国土空间用途管制制度解析

第一节 原有用途管制制度与存在的问题

一、制度的定义及要素

（一）制度的定义

制度是一个在社会、组织或团体中，为了维护秩序、保障权益、推动发展而设立的一系列规则、准则和安排（朱蕾，2019）。这些规则、准则和安排可以是正式的法律法规、规章制度，也可以是非正式的习惯、惯例等。制度通常须具备规则性、稳定性和强制性特征。

规则性：制度是一套具有约束力的规则体系，规定了人们在社会生活中的行为准则和权利义务（荣冬梅，2021）。

稳定性：制度不会轻易改变，以保证社会秩序的稳定和持续。

强制性：制度具有一定的强制性，违反制度的行为会受到相应的制裁和惩罚。

（二）制度的要素

规则和规范：这是制度的基石，规定了行为的标准和要求。它们可以是书面形式的，如法律和政策文件，也可以是口头或行为上的传统和惯例。

组织结构：制度往往需要通过一定的组织形式来实施和执行，这包括政府机构、企业、社会团体等，它们负责制定、监督和执行制度。

执行机制：为了确保规则和规范得到遵守，制度需要建立相应的执行机制，这包括监督、监测和评估机制以及奖惩制度。

共享观念和价值观：制度的有效实施需要社会成员的广泛认同和支持。共享的观念和价值观是制度合法性的基础，为社会成员提供了共同的理念和道德准则。

适应性：随着社会环境的变化，制度需要能够调整和变革，以适应新的情况和需求。适应性是制度持续有效的重要因素，它要求制度能够灵活应对社会变革和挑战。

总之，制度是社会生活中不可或缺的重要组成部分，它为人们提供了行为准则和权利义务的保障，维护了社会秩序的稳定和持续，促进了社会的发展和进步。

(三) 管制制度概述

管制制度作为一种重要的管理工具，旨在通过设定一系列规则和程序，对特定领域或行业进行有序、高效的监管(易家林，2023)。在现代社会中，管制制度广泛应用于经济、社会、环境等多个领域，对于维护市场秩序、保障公共利益、促进可持续发展具有重要意义。

在经济领域，管制制度通过限制市场主体的行为，防止市场失灵和过度竞争，维护市场的公平和稳定。例如，在金融领域，监管机构通过制定严格的金融监管制度，规范金融机构的经营行为，防范金融风险，保护投资者的合法权益。在能源、交通等基础设施领域，管制制度则通过设定准入门槛、价格监管等措施，确保资源的合理分配和有效利用。

在社会领域，管制制度同样发挥着不可替代的作用。通过设定公共服务的标准和规范，可以提高公共服务的质量和效率，满足人民群众的基本需求。在公共安全领域，管制制度通过制定严格的安全标准和监管措施，确保人民群众的生命财产安全。在环境保护领域，通过限制污染排放、推广清洁能源等措施，促进生态环境的改善和可持续发展。

管制制度在国土空间领域具有重要意义，特别是土地用途管制制度，是一种国家通过强制力来规定土地用途、明确土地使用条件，并确保土地的所有者、使用者严格按照规划所确定的土地用途和条件使用土地的制度(张晓玲，2020)。这种制度旨在保证土地资源的合理利用和优化配置，促进经济、社会和环境的协调发展。

土地用途管制制度通常包括一系列具体的制度和规范。其中，土地按用途进行分类是实施管制的基础，而土地利用总体规划则是实行管制的依据(董正爱，2023)。对于农用地转为建设用地的情况，通常需要预先进行审批，这也是实施土地用途管制的关键环节。保护农用地，特别是耕地，是土地用途管制制度的核心目标，旨在防止耕地的破坏、闲置和荒芜，确保耕地总量动态平衡。

土地用途管制制度还强调对土地用途变更的审批以及对不按照规定使用土地的行为进行处罚。这种制度具有法律效力和强制性，能够有效地控制建设用地总量，促进土地的集约利用，提高资源配置效率(金志丰，2024)。同时，它也有助于从根本上保护耕地，限制不合理利用土地的行为，实现土地资源的可持续利用。在土地用途管制制度中，土地使用权的规定也占有重要地位。土地使用权可以根据不同的使用方式和目的进行划分，如经营性建设用地以出让方式取得土地使用权，具有公益性质的建设用地以划拨方式取得土地使用权。

管制制度作为一种重要的管理工具，对于维护市场秩序、保障公共利益、促进可持续发展具有重要意义。在实践中，应充分发挥管制制度的作用，同时也要不断完善和优化制度设计，以适应经济社会发展的变化和挑战。

(四) 国土空间用途管制制度

国土空间用途管制制度是指国家根据土地资源的特点和保护需要，对国土空间的使用进行管制和规划，以实现国土空间的可持续利用和保护（张扬，2024）。用途管制制度主要包括土地利用规划、土地使用许可、土地资源保护和土地整治等方面。国土空间用途管制制度，作为一项系统性、规范性的规划与管理举措，旨在确保国土空间资源得到科学、合理、高效的利用，从而推动国土空间的可持续发展。该制度的核心在于，通过对国土空间进行精细化分区与分类，制定并实施一系列严谨、细致的用途管制规则，进而实现国土空间资源的优化配置与合理利用。

具体而言，国土空间用途管制制度涉及以下几个方面的工作。首先，依据国土空间的自然属性、社会经济条件以及国家发展战略，科学划分不同的空间区域与类型，如农业用地、工业用地、生态保护区等。其次，针对各类型区域，制定详细的用途管制规则，包括允许或限制的用地类型、开发强度上限、建设标准等，以确保国土空间的有序开发和合理利用。此外，对于涉及国土空间开发利用的各类项目，需严格按照管制规则进行审批与管理，确保项目的合规性与可持续性。通过实施国土空间用途管制制度，有助于有效遏制无序开发和过度利用国土空间资源的现象，切实保护生态环境和自然资源，推动经济社会实现绿色、可持续发展。同时，该制度也有助于提升国土空间规划的权威性和科学性，为构建更加合理、高效、安全的国土空间开发格局提供有力保障。

二、国土空间用途管制制度的来源及发展阶段

我国的国土空间用途管制制度经历了五个重要的发展阶段，并逐渐形成了现有的特点（黄征学，2019）。1986 年，土地用途管制因《中华人民共和国土地管理法》（以下简称《土地管理法》）颁布而拉开了序幕；1998 年国土资源部的成立使土地用途管制制度正式构建；2008 年，随着国家土地深化改革，土地管制制度不断完善；2015 年，党中央、国务院在《生态文明体制改革总体方案》中提出要构建生态空间用途管制；2018 年，国家成立自然资源部，确立"两统一"职责，我国正式步入统一的国土空间用途管制时代。

（一）土地用途管制制度准备阶段

1986 年国家土地管理局成立，打破了户国实行长达 30 年的土地多头分散管理体制，自此正式进入土地资源统一管理的阶段。同年颁布的《土地管理法》确立"统一分级限额审批"用地管理制度（谭丽萍，2020）。同时配套出台了《基本农田保护条例》《建设用地计划管理办法》等法规。面对分级限额审批管理制度，地方政府采取"化整为零"或"下放土地审批权"等策略行为，致使耕地锐减、土地市场波动等诸多问题发生。1997 年，《关于进一步加强土地管理切实保护耕地的通知》首次提出"用途管制"概念，揭开了土地用途管制制度正式构建的序幕。

（二）土地用途管制正式构建阶段

1998 年，由原地质矿产部、国家土地管理局、国家海洋局和国家测绘局共同组建国土资源部，这标志中国自然资源管理从分散走向相对集中（钟明洋，2020）。同年修订的《土

地管理法》正式提出实行土地用途管制制度，并依据新法对《基本农田保护条例》进行了修订。次年，国土资源部发布《关于切实做好耕地占补平衡工作的通知》，规定非农业建设占用耕地必须实行先补后占，并发布了《土地利用年度计划管理办法》。1999 年 4 月国务院发布《全国土地利用总体规划纲要（1997—2010 年）》，确立规划控制指标，要求落实土地用途分区。由此，土地用途管制制度体系逐渐形成，表现为由农用地转用审批制度、基本农田保护制度以及占补平衡制度等构成的组合。至此，基于土地利用规划的土地供给、土地利用与土地管理秩序得以构建。

（三）土地用途管制制度完善阶段

面对土地资源供需的结构性矛盾，国务院发布的《关于深化改革严格土地管理的决定》明确规定城镇建设用地增加要与农村建设用地减少相挂钩（荣冬梅，2021）。2008 年原国土资源部发布《城乡建设用地增减挂钩试点管理办法》，正式明确了土地管控机制。为了落实对农用地转用等事项的监督，2006 年国家土地督察制度正式启动，这有利于对地方政府的土地管理工作进行规范与约束。同时，既有的土地用途管制制度设计忽视空间布局的重要性，因此出现了建设用地布局零散、无序扩张等问题。2008 年《全国土地利用总体规划纲要（2006—2020 年）》提出"实行城乡建设用地扩展边界控制""落实城乡建设用地管控制度"。次年，原国土资源部发布《市县乡级土地利用总体规划编制指导意见》，明确要求各市县在编制规划时需划定基本农田集中区和基本农田整备区与"三界四区"。这意味着土地管理工作从地块管理进入了空间管控阶段。在这一阶段，土地用途管制制度不断丰富与完善，在制度体系与机制创新方面取得了显著的效果。

（四）生态要素-空间管制强化阶段

除耕地转为建设用地需要经过严格的审批许可之外，国务院各部委也陆续出台了针对林地、草地、湿地、水域等生态要素的用途管制的法规文件。如农业部门基于《中华人民共和国草原法》（以下简称《草原法》）《草原征占用审核审批管理办法》，林业部门基于《中华人民共和国森林法》（以下简称《森林法》）、《建设项目使用林地审核审批管理办法》《湿地保护管理规定》《湿地保护修复制度方案》《中华人民共和国湿地保护法》（以下简称《湿地保护法》）等法规文件，对林地、草地、湿地、水域等自然资源实施用地审批、总量管控、占补平衡等用途管制措施。2015 年中共中央 国务院印发《生态文明体制改革总体方案》，提出"健全国土空间用途管制，将用途管制扩大到所有自然空间"。紧接着，国土资源部印发《自然生态空间用途管制办法（试行）》，提出建立覆盖全部自然生态空间的用途管制制度，并选择多省市进行了试点探索。此阶段，生态要素管制策略不断完善，并走向系统性的生态空间管制阶段。

（五）统一的国土空间用途管制阶段

面对自然资源与国土空间分割管理，"九龙治水"难以形成管制合力的困境，统一国土空间管制体系与管制机制亟待构建。因此，党的十八届三中全会提出"完善自然资源监管体制，统一行使所有国土空间用途管制职责"。次年，国家发展改革委等四部委着手推进

"多规合一"试点工作，以期推动作为空间管制依据的规划体系的协调整合。"多规合一"的实践取得了一定的成效，但存在的体制障碍亟待破解。2018年自然资源部正式成立，统一行使国土空间用途管制职责。国家通过行政机构重组来推进用途管制制度的变革。之后，国家陆续出台重要文件来推进国土空间规划体系以及国土空间用途管制制度构建。2019年，中共中央 国务院发布《关于建立国土空间规划体系并监督实施的若干意见》（以下简称《若干意见》），提出"以国土空间规划为依据，对所有国土空间分区分类实施用途管制"。同年8月，新修正的《土地管理法》将基本农田升级为永久基本农田，补充了国土空间规划相关内容，并确定了国家土地督察制度的法律地位（齐瑞，2023）。2020年初国务院印发的《关于授权和委托用途审批权的决定》将永久基本农田以外的农用地以及永久基本农田等转用审批权进行不同范围与不同形式的下放，赋予省级人民政府更多的用地自主权。该阶段是制度体系加快统合、管制权力不断调整、管制政策不断更新的涌动期，中央的顶层设计与地方的实践探索需要不断地互动响应。

总体来看，我国土地用途管制制度的特点包括：具有法律效力和强制性；以保护耕地为核心，严格控制建设用地总量；强调土地资源的合理利用和优化配置，促进经济、社会和环境的协调发展。同时，这一制度也在不断地发展和优化中，以适应新的社会和经济发展要求。

三、管制制度分类

根据管制对象和管制方式的不同，空间内部用途管制制度主要包含以下12种类型：

（一）土地用途管制制度

土地用途管制制度是对国土空间管理重要的制度安排，旨在规范土地利用活动，确保合理利用与可持续发展。该制度包括土地利用规划、土地使用许可、土地流转及复垦等方面。土地利用规划明确了土地的使用方向和用途，为合理利用提供保障。土地使用许可制度确保了土地使用的合法性和规范性。土地流转制度鼓励并规范土地的有序流转，提高资源利用效率。土地复垦制度针对土地退化和破坏进行复垦，为可持续利用奠定基础。实施过程中，要注重引入科技手段和管理方法，提高监管效率和准确性（谭丽萍，2020）。该制度在保障资源合理利用、促进可持续发展等方面发挥了重要作用。未来，该制度将不断完善和优化，以适应新时代需求。

（二）海域用途管制制度

海域用途管制是海洋管理的重要环节，用于规范海域利用活动，保障资源可持续利用和生态保护。该制度涉及规划、许可、污染控制及资源保护等方面，对维护海洋生态系统至关重要。在规划方面，该制度制定科学方案，明确海域使用功能和方向，指导资源合理利用。许可制度则明确申请、审批、监管等环节，确保使用合法规范。污染控制是该制度的重要内容，通过严格标准和监管措施控制污染，防止环境恶化和生态平衡破坏。资源保护制度保护生物多样性，促进资源可持续利用。制度实施中，应注重与相关法规衔接协调，引入科技手段提高效率。如运用卫星遥感、海洋监测设备等进行实时监测预警，支持制度实施。海域用途管制制度对维护海洋生态、促进资源利用有重要作用。未来，随着海洋经济的发展和环保意识的增强，该制度将不断完善和优化，以适应新时代需求。

（三）矿区用途管制制度

矿区用途管制旨在确保矿产资源的合理开采与利用，同时保护矿区生态环境和社会利益。在矿区利用规划方面，该制度通过科学规划明确了开采范围、开采方式和资源利用方向，注重生态环境保护。矿区使用许可制度严格审查申请，规定开采期限和开采量。在复垦方面，要求开采后进行复垦，恢复土地生产能力和生态功能。资源保护制度实施资源储备、回收等措施，确保可持续利用，防止生态破坏。该制度在保障矿产资源利用、生态环境和社会利益方面发挥了重要作用，未来还将不断完善和优化，以适应新时代需求。

（四）森林用途管制制度

森林用途管制旨在规范并限制森林利用，确保资源可持续利用和生态健康。涉及规划、许可、流转、复垦及保护等方面。规划明确功能方向，注重与生态协调。使用许可为核心，保障合法性和规范性。鼓励规范流转，促进可持续发展。复垦制度旨在恢复生态功能，为可持续利用奠定基础。

（五）湿地用途管制制度

湿地用途管制制度是指对湿地利用活动进行限制和管理的制度安排。这一制度主要涉及湿地的合理利用与保护，以确保湿地生态功能的正常发挥。它涵盖了湿地利用规划、湿地使用许可、湿地生态保护、湿地恢复等方面的规定，以促进湿地资源的可持续利用。

（六）自然保护区用途管制制度

自然保护区用途管制制度是指对自然保护区内的活动进行限制和管理的制度安排。该制度旨在保护自然保护区内的生态环境和生物多样性，维护自然资源的完整性。它涉及自然保护区的规划、活动许可、生态保护、环境监测等方面的规定，以确保自然保护区的可持续发展。

（七）城市用途管制制度

城市用途管制制度是指对城市空间利用活动进行限制和管理的制度安排。这一制度关注城市发展的可持续性，旨在优化城市空间布局，提高土地利用效率。它涵盖了城市规划、土地供应、建设许可、城市更新等方面的规定，以确保城市空间的合理利用和城市的可持续发展。

（八）交通用途管制制度

交通用途管制制度是指对交通设施建设和利用活动进行限制和管理的制度安排。该制度旨在确保交通设施的安全运行，优化交通布局，缓解交通压力。它涉及交通规划、交通设施许可、交通管理、交通安全等方面的规定，以促进交通系统的顺畅运行和可持续发展。

(九)水资源用途管制制度

水资源用途管制制度是指对水资源利用活动进行限制和管理的制度安排。这一制度着重于保护水资源的可持续利用，防止过度开发和污染。它涵盖了水资源规划、水资源使用许可、水资源保护、水污染治理等方面的规定，以确保水资源的合理利用和生态平衡。

(十)文化遗产用途管制制度

文化遗产用途管制制度是指对涉及文化遗产利用的活动进行限制和管理的制度安排。该制度旨在保护文化遗产的完整性和价值，传承历史文化。它涉及文化遗产的保护规划、利用许可、修缮保护、展示利用等方面的规定，以促进文化遗产的可持续利用和传承发展。

(十一)农业用途管制制度

农业用途管制制度是指对农业土地利用活动进行限制和管理的制度安排。这一制度关注农业生产的可持续发展，旨在促进农业资源的合理利用。它涵盖了农业土地利用规划、农业用地许可、农业资源保护、农业环境保护等方面的规定，以提高农业生产效益和改善农业生态环境。

(十二)旅游用途管制制度

旅游用途管制制度是指对旅游活动及其相关设施建设进行限制和管理的制度安排。该制度旨在促进旅游业的健康发展，保护旅游资源的可持续利用。它涉及旅游规划、旅游设施建设许可、旅游活动管理、旅游环境保护等方面的规定，以提升旅游体验质量并推动旅游业的可持续发展。

综上所述，我国国土空间下的各类用途管制制度共同构成了国土空间管理的重要体系，为合理利用和保护国土空间资源提供了有力的制度保障。随着经济社会发展，这些制度还将不断完善和更新，以适应新时代国土空间管理的新要求。

四、原有土地用途管制制度存在的问题

从土地用途管制到国土空间用途管制必然伴随着相关制度的重大变革，受历史和现实条件的制约以及主客观因素的影响，变革过程中存在问题亦是在所难免(谭丽萍，2020)。目前用途管制制度存在的问题主要有：①在管制机制方面，中央与地方、省市与县乡，以及各行政主管部门间存在权责不明确；②在管制范围方面，覆盖面不够；③在管制手段方面，刚弹结合不足；④在管制保障措施方面，立法不足，内容过粗，约束执行时裁量权过大，管制系统搭建平台不完善；⑤管制机制配套问题、社会与公众的协调问题等依然存在。

(一)中央与地方在管制目标上存在不一致之处，事权划分尚需进一步明确

长期以来，中央与地方之间的关系在国家治理中一直是一个复杂的难题。中央对地方

的管理策略经常在"宽松"与"严格"之间摇摆，导致"放松则混乱，严管则僵化"的现象时有发生。以土地用途管制为例，当管理相对宽松时，地方政府可能出于利益最大化的考虑，消极行使权力，对部分违法行为采取纵容态度，甚至可能主动违法以获取更大的经济利益。在这种情况下，地方政府与开发者形成利益共同体，严重损害了国家利益和部分被征收土地农户的权益。然而，当管理过于严格时，又可能导致地方建设用地指标不足，制约了区域经济社会的发展。

因此，在遵循"中央统筹全局，地方负责具体执行"原则的基础上，构建和谐的中央与地方关系，对实施国土空间用途管制至关重要。中国作为世界大国，国土面积和人口数量均居世界前列，为便于管理，国家建立了五级行政体制，包括国家、省、市、县、乡。基于这样的国情，需要制定与空间尺度相匹配的管制制度。这不仅要求建立多层级管制体系，还需明确各级主体的职责范围。自然资源部的成立被视为建立事权明晰的管制体系的起点，但遗憾的是，该部门成立后并未能真正建立起明晰事权的用途管制体系，各级管制部门在职能上还存在差异性不大的问题。

具体来说，无论是国家级、省级还是市级"三线划定"，都涉及划定生态保护红线、永久基本农田、城镇开发边界等控制线（以下简称"三线"），以及完善生产、生活、生态空间布局等内容。然而，目前各层级管制部门的事权划分尚不明确，与空间尺度不相匹配。《若干意见》明确提出了空间规划体系的分级分类要求，即要编制五级三类规划。对于规划审批，不仅明确了"谁审批，谁监管"的原则，还提出了精简规划审批内容，实行"管什么，批什么"的具体方式，但在健全用途管制制度的具体内容方面，目前仅提出了分区分类实施用途管制，以及城镇开发边界内外的具体管制方式，对于每一级政府具体负责哪些内容未有清晰的制度要求。

在不同的阶段，政府在用途管制方面所承担的职责不同，每个阶段政府的职责有所侧重，不同阶段用途管制制度所面临的任务也不同（黄征学，2019）。

（1）在计划经济时期（1949—1977年），城市规划作为自上而下落实中央计划的工具，地方政府的主要角色是执行中央政府的计划。改革开放后，特别是分权改革后（1978—1993年），地方政府的利益主体意识加强，城市规划与地方政府权益紧密耦合，地方政府对城市规划的主导性增强。而中央政府则开始探索针对国土空间的开发秩序进行引导管制的政策工具。

（2）在分税制改革后（1994—2003年），地方政府以规划作为增长扩张的工具，中央加大土地用途管制力度。这表明在不同的经济发展阶段，中央与地方在国土空间用途管制上的角色和责任有所不同。

（3）国土空间用途管制制度的构建需要中央和地方政府的清晰分工与有效协同。例如，《若干意见》提出到2025年形成以国土空间规划为基础、以统一用途管制为手段的国土空间开发保护制度。这要求中央和地方在国土空间治理中充分发挥各自的积极性，实现有效协调与统筹。

(二)行政手段与市场作用协调不足

行政手段的特点是其权威性和强制性，传统的管制体系因此倾向于依赖行政手段。这在耕地保护、生态保护等领域确实对底线管制起到了正面作用。然而，在资源配置问题上，过度依赖行政手段不仅效率低下，且缺乏灵活性和激励性，可能导致用途管制与自然资源资产产权管理制度间的协调不足，从而阻碍市场在资源配置中发挥其决定性作用。鉴于此，有必要引入市场机制以补充政府在资源配置方面的局限。例如，自然资源统一确权登记工作推进不力，已影响到生态补偿机制的完善与执行。在此情况下，应考虑运用市场激励和惩罚措施，以提升效率。通过市场的规制、定价和竞争功能，实现效益与效率的最优平衡。

(三)管制范围不明确、覆盖不全

从土地用途管制转向国土空间用途管制，管制范围也从土地扩展到了全域国土空间。然而，对于国土空间的具体范围并未明确，《全国主体功能区规划》也只是从政治学视角对"国土空间"的概念进行阐述，学界同样对"国土空间"的概念并未达成共识，各学科根据学科研究方法不同，对"国土空间"包含的具体范围都有不同理解。因此，需要明确在用途管制语境下国土空间的具体范围，确定管制范围，才能做到有的放矢。另外，当前用途管制制度更多关注农业和城镇空间，相对忽视生态空间。而在具体的用途管制制度体系中，土地、林地的管制制度相对比较完善，草原、湿地、河流等自然要素管制制度相对缺失，未能实现国土空间用途管制全域、全要素覆盖。

(四)管制方式刚性有余，弹性不足

原有用途管制要求与土地利用总体规划数据库必须保持一致，这种方式虽然体现了高度的刚性，但缺乏必要的弹性。由于刚性规划无法应对经济社会快速发展的不确定性，经常需要调整规划以适应大型建设项目的需求，这不仅损害了规划的权威性，也影响了其稳定性和严肃性。为了解决这一问题，当前的国土空间规划在用地指南中引入了留白用地这一独立分类，同时在《市级国土空间总体规划编制指南(试行)》中设置了城镇弹性发展区。这些措施在一定程度上增强了规划的弹性，具有积极的意义。然而，刚性与弹性之间的矛盾并非仅通过完善规划就能完全解决，还需要进一步改进管制方式，以构建既有刚性又有弹性的国土空间用途管制制度。

(五)国土空间用途管制的统一立法尚显不足

法律构成公权力行使的根本与必要条件。目前，我国的国土空间用途管制法律体系尚显不足，未能有效与相关政策措施协同。此问题在两个维度上表现明显：一是在垂直层面，与"五级三类"国土空间规划体系不相匹配；二是在水平层面，显现出相关法律间协调不足与冲突频发。举例来说，在自然资源用途管制方面，涉及土地、林地、草原等自然要素的管制规定，分散在《土地管理法》《城乡规划法》《森林法》等多部法律法规之中，由此在实际操作中导致了管理分散、权责不清、程序复杂及效率不高等问题。深层次分析，这些问题根源于法律体系协调性不足及规定的不明确性。鉴于此，迫切需要

加速推进国土空间用途管制的立法工作，明确其法律地位与效力，为中央及地方政府赋予明确的管制职能，明晰管制权责边界，规范权力运行程序，并设定开发利用者的权利与义务。

(六) 相关配套机制存在支撑不足的问题

国土空间开发保护的用途管制，是整体治理体系中的关键组成部分。为实现其长远目标，必须依赖健全的配套机制。按照时间维度，我们通常将制度执行过程分为事前准备、执行中和事后监管三个阶段。在微观层面上，国土空间的规划、用途管制及生态修复构成开发保护的三大支柱，分别对应上述三个阶段。然而，在宏观视角下，要构建完善的国土空间治理体系，必须将整个开发保护过程视为一个统一的整体来进行考量。

在管制前期的配套制度构建方面，《若干意见》确立了资源环境承载力评价与国土空间开发适宜性评价(简称"双评价")制度的核心地位。这不仅是开展国土空间开发保护的基础性工作，更是其底线要求。尽管如此，"双评价"制度仍面临如各评价体系间逻辑关系不明确、在多层次体系中的效力传递不明确以及难以准确预测未来承载能力等问题。

在管制执行过程中，由于中国国情的复杂性，用途管制在不同地区呈现显著差异。若缺乏有效的补偿和利益协调机制，可能会影响某些地区的积极性，进而影响管制效果。因此，强化生态保护补偿机制的建设，对于促进用途管制制度的有效执行至关重要。

在管制后期，监管机制是确保用途管制得以落实的重要手段。通过建立合理的监管制度，可以规范行政行为，提升管制效率。鉴于行政机关在执行管制时拥有较大的自由裁量权，既带来了行政效率的提高，也潜藏着腐败的风险。这不仅是土地方面违法事件频发的原因之一，也迫切要求我们完善用途管制的监管体系。

第二节　国土空间用途管制制度构架

国土空间用途管制制度构架是一个复杂而系统的体系，涉及多个层面和要素。为了实现国土空间的合理利用和可持续发展，需要制定详细的土地利用规划和空间发展规划，加强城乡规划、环境保护和经济发展等方面的监管和约束。同时，还需要加强生态修复和环境治理工作，促进生态环境的改善和恢复。只有这样，才能确保国土空间用途管制制度构架的有效实施和可持续发展。

国土空间用途管制在保障粮食安全方面应确保国家粮食供应稳定，满足人民对粮食的需求。在维护生态环境安全方面，保护生态环境，防止环境恶化，维护生物多样性，确保生态系统的稳定和功能的完整。在促进社会经济发展方面，通过合理规划国土空间，促进经济结构的优化和产业的升级，实现社会经济的持续健康发展。在提高空间集约使用水平方面，促进国土空间的合理布局和节约集约使用，提高国土空间的利用效率。在推动生态文明建设方面，通过国土空间用途管制，促进人与自然和谐共生，实现可持续发展。在维护国家安全方面，国土空间用途管制有助于维护国家的粮食安全、生态安全和社会稳定，对国家安全具有重要作用。

一、制度基础

（一）在不同阶段宪法对国土空间用途管制的规范

1. 在萌芽阶段：土地和其他自然资源所有权确权为主

这一阶段指中华人民共和国成立至 1978 年的《中华人民共和国宪法》（以下简称《宪法》）颁布前。法律上，国土空间用途管制限制使用权，非直接管制所有权。使用权源于所有权，除特定法律规定外，所有权是使用权的主要合法性依据。讨论国土空间用途管制演变需回溯至宪法关于土地和其他自然资源所有权的相关规范。

中华人民共和国成立之初，首要任务是恢复和发展经济、巩固新生政权的经济基础，其中解决土地等自然资源权属问题至关重要。由于资源有限，完全的私有制易导致资源垄断和社会分化。自然资源利用及利益分享涉及公共福祉，需国家介入防止资源滥用。若国家无法满足国民基本物质条件和发展诉求，国民将难以保持长久的对国家的认同感。1954年宪法规定，矿藏、水流等部分资源属全民所有；国家保护农民土地所有权；为公共利益需要，可依法征购、征用或收归国有。

总的来说，这一时期国家对土地及其他自然资源的管制以确权为主，重点集中在扩大耕地面积，有效利用荒地资源，而对其他自然要素的关注不足，资源合理利用和保护意识还十分薄弱。但是，对城乡土地的征购、征用和国有化，往往伴随着土地用途的改变，即所谓的"用途转用"，故而可以认为彼时的宪法相关规范已经包含用途管制的萌芽。

2. 发展阶段：以各要素分散管制为主

这一阶段是从 1978 年环境保护入宪至 2018 年生态文明入宪前的时期。其间，对国土空间实行分要素用途管制成为国家环保与治理的重要手段，旨在解决环境问题，并为后续统一管制奠定基础。

随着经济社会的发展，物质需求增长消耗了大量自然资源，导致环境问题成为社会性问题。这要求国家更积极作为，承担更多国家任务和责任，反映在宪法层面需赋予新任务，推动公权力扩展以确保实现。为此，1978 年《宪法》第十一条规定"国家保护环境和自然资源，防治污染和其他公害"。当时，该规定作为经济建设规范的补充，未彰显独立性，环保工作也让位于经济发展，但它是我国环保和生态文明建设的重要突破。它标志着环保成为我国宪法原则，为嗣后相关立法提供宪法依据。此外，1978 年《宪法》第六条新增"海陆资源"概念，反映了海洋意识增强和海洋资源地位的提升。

较之于 1978 年的《宪法》，1982 年的《宪法》对环境保护的国家任务作了更明确规定，强调国家在保障自然资源合理利用的同时，也要保护和改善生活与生态环境，防治污染和其他公害。这种变迁也体现在对土地等自然资源的宪法规范中，如 1982 年的《宪法》明确界定了国家与集体所有的自然资源，扩展了纳入国家管制的范围，并规定了土地权属和土地征用的条件。同时，1982 年的《宪法》还规定了对土地的合理利用和禁止非法转让等内容，意味着个人权利在宪法框架下需受公共利益限制。此外，1982 年《宪法》的条文体例也发生了变化，将"公民的基本权利和义务"一章调整至"国家机构"一章之前，旨在更好地实现人民权利与利益。

2004 年人权入宪，确立为公民基本权利，保护人权成为宪法基本价值之一。保护人权反映国家价值观和目标，对公权力和社会生活有约束力。我国宪法强调通过国家积极作为实现公民权利，并承担责任创造和维持条件。因此，"国家尊重与保障人权"条款对国土空间用途管制有两方面影响：一是保障个体生存权、健康权和良好环境生活权，避免牺牲环境利益；二是国家需处理好用途管制与开发利用权的关系，避免过度行政干预干扰个体自由发展。

综上，环境保护作为基本国策后受到高度关注。国家在宪法层面扩展了纳入国家管制的自然资源范围，并开始关注生态环境问题。针对不同自然要素，形成了用途管制的体制机制。通过颁布和实施《土地管理法》《水法》《森林法》《草原法》《矿产资源法》《环境保护法》《海洋环境保护法》等法律，积极承担国家责任并保障公民基本权利。因此，用途管制中对私权的保护具有宪法正当性，对下位法制定和实施有积极指引作用。

3. 确立阶段：实现全域全要素用途管制

这一阶段是指 2018 年生态文明入宪至今的时期。在此期间，随着"山水林田湖草是生命共同体"理念的普及和生态文明建设的推进，全域、全要素、全流程的国土空间用途管制应运而生，并在国土空间治理、生态环境保护及生态文明建设中发挥重要作用。

当下的经济发展模式消耗资源、污染环境，难以持续和长远发展，促使国家重新思考经济与环境的关系。环境问题和风险成为国家必须解决的历史性课题。2018 年生态文明入宪顺应历史趋势，为国家任务作出调整提供了法律依据。生态文明强调人与自然和谐共生，走可持续发展道路。国家将生态文明建设纳入"五位一体"总体布局，通过立法、行政、司法等方式推进生态环境保护与治理。生态环境事务并非优先于其他事务，都是国家保护人民利益的重要任务。2018 年宪法修改中，新增国务院领导和管理生态文明建设内容。国土空间用途管制是治理手段，也是生态文明建设的重要内容，此次宪法修改明确了国土空间用途管制作为公权行为的性质。

在这一阶段，宪法修改反映了生态文明建设与耕地保护的突出地位。国土空间用途管制作为基础性制度，经历了从单一耕地保护到经济发展与生态文明建设再到耕地保护与土地节约集约的综合管制的转变。现在，国家试图重新调适人与国土空间的关系，强调生态环境的良性循环和资源的有效利用，将国土空间治理作为中心环节，强调对生命共同体的生态保护与修复。因此，单一类型要素的用途管制已被全域全要素用途管制取代，由自然资源部统一管制，管制手段逐步转型为全方位、立体化，建立精细化管制体系，以提升生活和生产条件，提高国土空间利用率，保障资源永续利用，促进人与自然和谐共生，实现可持续发展。

（二）国土空间用途管制的宪法基础

1. 国土空间用途管制的正当性

首先，国土空间用途管制是生态环境保护和生态文明建设国家任务的要求。我国宪法修改显示，生态文明建设与生态环境保护已成为国家任务。国土空间是生态文明建设的空间载体，因此国土空间用途管制是实现国家任务的必然要求。由于自然要素是人类生存的物质保证，合理开发和保护是其主要目的。科学合理的规划和管制直接影响自然要素的开发利用和保护效果。如果失管失控，会导致自然要素被滥用和破坏，最终影响人类生活和生态环境，使国家任务落空。

其次，国土空间用途管制是保障资源开发利用秩序的要求。我国宪法强调自然资源的合理利用和土地合理利用。然而，实践中存在开发利用保护不规范和失序等问题，如过度开发、低效利用和监管不力。为此，国家"十四五"规划提出形成三大空间格局，并根据各空间单元功能实施差异化管制，发挥国土最适宜功能，形成功能带动的秩序管制。国土空间用途管制的秩序价值还体现在统一行使管制职责，形成统一管理、分工协作的工作格局。

最后，国土空间用途管制是实现空间治理体系和治理能力现代化的关键要求。国家治理体系和治理能力现代化是国家现代化建设的重要内容，而空间治理体系和治理能力现代化是其重要组成部分。2018年组建的自然资源部统一行使国土空间用途管制职责，其制定的《国土空间调查、规划、用途管制用地用海分类指南（试行）》有助于国土空间的统筹管理和精细化管理。然而，目前我国空间治理仍存在如国土空间用途管制立法分散、法律规范间不协调、部门职能重叠交叉、公众参与度不高等问题。这些问题导致管制中的职能冲突，影响管制效率和效果。因此，需要加强国土空间用途管制制度建设，推进空间治理体系和治理能力现代化。

2. 国土空间用途管制中公权力与私权利的冲突及其消解

国土空间内的自然要素是公民生存发展的物质基础。首先，根据法律，公民享有对土地和自然资源的用益物权等民事权利。若国土空间用途管制权行使不当，可能损害公民权益，妨碍发展权的实现。例如，农民因建设占用其农用地，虽可获得经济补偿，但补偿未涵盖健康、安全和工作损失，需进一步完善补偿措施。

其次，从国土空间用途管制与区域发展的关系看，空间资源分配不仅涉及资源禀赋和占有量，还关乎空间正义。不同区域的国土空间自然要素各异，导致用途不同，也决定了发展权与发展基础条件的矛盾。因此，国土空间用途管制可能面临三大问题：一是社会经济发展与生态保护的失调；二是多元利益群体在发展权益与环保责任上的失衡；三是相关主体社会福利的"暴利""暴损"及寻租效应。因此，在规范空间资源和利益分配时，应充分考虑空间正义，尤其是区域发展权、治理权和环境权等权利分配的正义性。在国土空间用途管制中，需全面贯彻"协调""绿色""共享"的新发展理念，通过统筹自然要素的开发利用和保护、统一对国土空间用途管制，建立利益协调和平衡机制，以实现空间正义。

最后，从管制程序看，用途管制权与公民参与权、表达权存在潜在冲突。行政法上，公民是国土空间用途管制的行政相对人；现代公共治理理论中，公民是治理主体，参与权、表达权有宪法和法理依据。一方面，宪法规定公民有权参与国家、社会事务管理，参与经济、社会和文化活动，并对国家机关提出意见；另一方面，用途管制涉及特定区域和公民的权益，公民有权提出意见、主张和维护权益。公民行使参与权和表达权，也是对管制主体的监督和约束。

3. 国土空间用途管制中环境公益与经济公益的冲突及其消解

环境公益与经济公益的冲突是国土空间用途管制的重要问题。在脱贫攻坚中，生态移民无法完全解决贫困问题，当地民众仍需生活和生产，但常受保护区生态红线限制。国家提倡清洁能源使用以减少碳排放，但开发水电、风力发电、光伏发电需占用土地，可能引发环境问题。环境公益与经济公益的关系实质上是生态文明与物质文明在公益领域的表现。环境公益涉及生存和发展的环境条件，经济公益涉及物质条件，均为人权保障和发展问题。在构建国土空间用途管制制度时，需遵循宪法原则，确保不同公益之间的平衡和消解冲突，确定必要的标准、方法和程序。

国土空间用途管制作为生态文明建设时代背景下的产物，其制度建设需要从政策性规定转向权威性更高、执行力更强的法律规范。我国宪法历经几十年的演变，既为国土空间用途管制赋予了正当性，也为其设定了合法管制、法律保留、公共利益、比例原则以及信息公开与公众参与等宪法许可边界，为消解用途管制过程中可能存在的公权与私权的冲突、环境公益与经济公益的冲突提供了宪法指引。国土空间用途管制制度建设的当务之急应是通过对相关宪法规范进行立法细化，建立起与统一规划、统一用途管制的要求相适应的统一国土空间用途管制法律制度与体系。

二、管制主体与对象

在探讨国土空间用途管制时，首先需要明确两个核心概念：管制主体和管制对象。这两者在整个管制体系中扮演着至关重要的角色，共同维护着国土空间的合理利用与保护。

中央政府：中央政府作为国家层面的最高行政机关，负责全国范围内的国土空间用途管制，包括制定国土空间规划、确定国土空间用途管制的基本原则和政策、设定国土空间用途管制的总体目标等。

地方政府：地方政府在中央政府授权和指导下，具体负责本行政区域内的国土空间用途管制，包括制定地方国土空间规划、实施国土空间用途管制、执行国土空间用途管制的各项措施等。

自然资源管理部门：自然资源管理部门作为国土空间用途管制的主要执行机关，具体负责国土空间用途管制的日常管理和监督检查，如规划编制、项目审批、土地出让、监督检查等。在"三线"划定方面主要涉及永久基本农田、生态保护红线和城镇开发边界这三条控制线的划定与管理。这三条控制线不仅是国土空间规划的重要内容，更是确保国土空间可持续利用、推动经济和环境均衡发展的关键保障。

生态保护红线是自然资源部门在国土空间用途管制中的重要管制内容之一，是在生态空间范围内具有特殊重要生态功能、必须强制性严格保护的区域。这些区域通常包括重要的生态功能区、生态敏感区和生态脆弱区，是维护国家生态安全、保障生态系统完整性和稳定性的关键区域。自然资源部门需要确保这些区域内的生态功能不降低、面积不减少、性质不改变，严格限制不符合生态保护要求的开发利用活动（伏年久，2024）。

永久基本农田是自然资源部门在国土空间用途管制中的另一个重要管制内容。永久基本农田是我国粮食生产的重要基础，是保障国家粮食安全的关键区域。自然资源部门需要确保这些农田的数量不减少、质量不降低，并严格限制非农建设活动对永久基本农田的占用。同时，还需要加强对永久基本农田的监测和监管，及时发现和制止违法违规行为。

城镇开发边界也是自然资源部门在国土空间用途管制中的关键管制内容。城镇开发边界是在一定时期内因城镇发展需要，可以集中进行城镇开发建设、重点完善城镇功能的区域边界（易家林，2024）。自然资源部门需要合理划定城镇开发边界，确保城镇发展有序、合理，避免无序蔓延和过度开发。同时，还需要加强对城镇开发边界内建设活动的监管，确保符合规划要求，保障城镇发展的质量和效益。

综上所述，自然资源部门在国土空间用途管制中的管制范围主要围绕"三区三线"展开，通过严格管理生态保护红线、永久基本农田和城镇开发边界，确保国土空间的可持续利用和生态环境的保护。同时，还需要加大监测和监管力度，及时发现和制止违法违规行为，确保国土空间规划的有效实施。

相关部门：相关部门在国土空间用途管制中扮演着至关重要的角色，这需要多个部门的紧密配合与共同参与。其中不仅包括发展改革部门、城乡建设部门、环境保护部门、林业部门等核心机构，还涉及其他一些相关的部门和机构，他们共同构成了国土空间用途管制工作的强大后盾。

发展改革部门在国土空间用途管制中发挥着重要的决策和指导作用。他们负责制定相关政策和规划，明确国土空间的发展方向和目标，为其他部门的具体工作提供指导和依据。同时，他们还需要对国土空间的使用情况进行监测和评估，及时发现问题并提出改进措施。

环境保护部门在国土空间用途管制中扮演着重要的监管角色。他们负责监测和评估国土空间的环境质量，对可能对环境造成负面影响的项目和活动进行审查和监管。同时，他们还需要提出环境保护的建议和措施，推动国土空间的绿色发展。

林业部门则主要负责森林、草原等自然资源的保护和管理工作。在国土空间用途管制中，他们需要根据相关法律法规和政策要求，对涉及自然资源的项目进行严格审查和管理，确保自然资源的合理利用和可持续发展。

除了以上核心部门外，还有一些其他相关部门也积极参与国土空间用途管制工作。例如，水利部门负责水资源的保护和合理利用；交通运输部门则负责交通基础设施的规划和建设；工业信息部门负责城市工业建设与信息化管理等。这些部门在各自的职责范围内，共同推动国土空间用途管制工作的顺利开展。

在国土空间用途管制工作中，各部门之间需要加强沟通和协作，形成工作合力。同时，还需要充分利用现代科技手段，提高工作效率和监管能力。例如，利用遥感技术、地理信息系统等工具对国土空间进行动态监测和评估；利用大数据、云计算等技术对国土空间使用情况进行深入分析和预测等。

综上所述，相关部门在国土空间用途管制中发挥着至关重要的作用。需要根据各自的职责范围积极参与工作，加强沟通和协作，充分利用现代科技手段提高工作效率和监管能力，共同推动国土空间的合理利用和可持续发展。

市场和社会组织：市场在国土空间用途管制中发挥着重要作用，包括资源配置、价格形成等。同时，社会组织和公众也参与国土空间用途管制的监督，如通过参与规划编制、提供意见反馈等方式。

国土空间用途管制主体体现了中央与地方的分工合作，以及政府、市场和社会的有机结合。通过明确各个主体的职责，可以更好地实施国土空间用途管制，实现国土空间的合理开发和有效保护。

三、管制内容和手段

（一）管制内容

国土空间用途管制是我国国土空间管理的重要组成部分，其管制内容主要包括以下几个方面：

1. 空间分类和用途规划

对国土空间进行分类，明确各类空间的用途和功能定位。这一步骤是基础，只有对国土空间进行科学合理的分类，才能为后续的管理提供依据。分类主要包括农业生产空间、城乡建设发展与生活空间、生态保护空间等，各类空间有其特定的用途和功能。

制定国土空间规划，其规划是根据国土空间的分类和用途，对各类空间的发展保护目标、发展保护方向、发展要求和保护开发恢复时序等进行总体的安排。这有助于确保国土空间的合理利用，实现经济社会发展与生态环境保护的协调。

2. 土地权属管理

土地权属管理在国土空间用途管制中发挥着举足轻重的作用。它主要围绕土地的所有权和使用权展开，通过实施一系列土地登记、确权等管理措施，对土地权属进行明确。这一过程不仅有助于保护土地权利人的合法权益，维护社会秩序，还有助于为国家经济社会发展提供坚实的基础（谭丽萍，2020）。

土地权属明确是指在法律框架下，对土地所有权和使用权进行界定和划分。这意味着土地资源的合理配置，使土地权利人对自己的土地权益有清晰的认识。在此基础上，土地权利人可以依法享有土地使用权、收益权和处分权，为土地资源的合理开发和利用提供保障。

土地登记是土地权属管理的关键环节，通过对土地权属情况进行调查记录、公示和备案，确保土地权属的真实性和可靠性。土地登记包括初始登记、变更登记、注销登记等，涵盖土地使用权、抵押权、地役权等多种土地权利。通过土地登记，有利于政府加强对土地权属的监管，维护土地市场秩序。

土地确权是对土地权属关系的确认，明确土地使用权主体。在土地确权过程中，政府要对土地权利人的合法权益给予充分保障，确保土地使用权合法、合规。土地确权工作涉及权属调查、地籍测绘、权属争议处理等多个环节，通过这些环节，有助于化解土地权属纠纷，促进社会和谐稳定。

土地权属管理在国土空间用途管制中具有重要意义，通过明确土地权属，保护土地权利人合法权益，维护社会秩序，我国可以实现土地资源的合理开发和利用，为国家经济社会发展提供有力保障。在未来，我们应当继续加强土地权属管理，为建设美丽中国和实现全面建设社会主义现代化国家的目标贡献力量。

3. 土地用途转用管理

土地用途转用管理是对土地用途进行转用进行审批管理，包括农用地转用、建设用地转用等。这一管理措施旨在确保土地资源的合理流动和优化配置，满足经济社会发展的需求。

随着我国经济社会的快速发展，土地资源的需求与日俱增，土地用途转用管理成为一项关键性的政策手段。土地用途转用管理是对土地用途转用进行审批管理的一种制度，主要包括农用地转用、建设用地转用等（骆雨晴，2023）。它涉及土地利用总体规划、土地供应、用地审批等多个环节，是对土地资源合理流动和优化配置的重要保障。主要目标是确保土地资源的合理流动和优化配置，满足经济社会发展的需求。

土地用途转用管理是我国土地资源管理的核心内容，对于保障国家粮食安全、促进经济社会发展和维护生态环境安全具有重要意义。在新时代背景下，我们应充分认识土地用途转用管理的重要性，不断深化改革，创新举措，为构建美丽中国和全面建设社会主义现代化国家贡献力量。

4. 土地建设利用管理

土地开发利用管理是对土地开发利用进行全方位、全过程的管理，涵盖了建设用地选址、规划许可、建设许可等多个环节。在这个过程中，每一个环节都具有其独特的重要性，任何一个环节的失误都可能导致整个土地开发利用的失衡。

建设用地选址是土地开发利用管理的首要环节。选址的合理性直接影响到土地的利用效率和可持续性。在选址过程中，需要充分考虑土地的自然条件、地理位置、社会经济环境等多方面因素，以确保建设项目的顺利进行。同时，选址也要遵循国家相关法律法规，确保土地资源的合理分配。

规划许可是土地建设利用管理的关键环节。规划许可是依据国土空间规划总体内容和城市建设的详细规划内容,对建设项目进行详细的规划设计,以确保项目在土地利用上的合规性。在规划许可过程中,要充分考虑到土地的利用效益、环境保护、基础设施建设等多方面因素,实现土地资源的优化配置。

建设许可是土地建设利用管理的最后一个环节。建设许可是在规划许可的基础上,对建设项目的施工过程进行监督管理。这一环节要求施工单位严格按照规划设计进行施工,确保项目在建设过程中的质量和安全。此外,建设许可还要关注项目的环保设施、基础设施配套等方面,以实现土地的绿色、可持续发展。

土地建设利用管理是一项系统性、综合性的工作,旨在确保土地资源的合理利用,防止资源的浪费。在我国土地资源紧张的背景下,加强土地开发利用管理,对于促进经济社会的可持续发展具有重要意义。因此,各级政府和相关部门要高度重视土地开发利用管理工作,不断完善相关法律法规,加大监管力度,确保土地资源的合理利用,为我国的经济社会发展提供有力保障。

5. 土地使用监督

土地使用监督是对土地使用进行监督,查处土地违法行为。这一环节体现了国家对土地资源管理的严肃性和严格性,对于保护国土空间资源,维护国家利益和社会公共利益具有重要意义。

土地资源对人类生存发展至关重要,其合理利用与保护关乎国家粮食安全、生态安全和社会稳定。因此,强化土地使用监督与规范土地管理秩序是我国土地管理工作的核心任务。

土地使用监督内容广泛,包括土地利用规划与计划执行情况、土地用途管制与审批、征收与补偿安置、土地使用权流转、土地开发与市场秩序、节约集约用地与闲置土地处理等。这些监督有助于及时纠正违法行为,维护土地管理秩序,保护公共利益。土地使用监督与国土空间用途管制紧密相关,是后者的重要保障和手段。有效实施监督能确保国土空间合理利用与可持续发展。此外,监督还与土地制度改革、法治建设、生态文明建设、经济社会发展及社会治理密切相关。为优化国土空间开发格局、促进城乡协调发展、提高土地利用效率、保障粮食安全与生态安全,需强化土地使用监督与国土空间用途管制。同时,协调利益关系、维护社会公平正义和稳定也是监督的重要任务。

总之,土地使用监督与国土空间用途管制是一项复杂而重要的工作,涉及多个领域。只有全面加强这些方面的工作,才能实现国土空间的合理利用,推动经济社会的可持续发展。

(二) 管制手段

1. 规划手段

国土空间规划作为我国国土空间用途管制的重要手段,具有举足轻重的地位。在国土空间规划的指导下,可以为国土空间用途管制提供有力的依据和标准,从而引领国土空间自然资源的合理配置和高效利用。

国土空间规划是对我国国土空间资源的一种战略布局，通过科学预测和分析，可以明确不同区域的土地用途，为政府部门和企业提供决策支持。这有助于优化土地资源配置，提高土地利用效率，同时保障国家粮食安全和生态安全(崔彩明，2020)。

国土空间规划有助于实现生态文明建设和绿色发展，在规划过程中，强调生态保护红线、环境质量底线、资源利用上线的约束作用，确保国土空间开发与生态环境保护相互促进、协调发展。这有助于改善生态环境质量，提升人民群众的生活水平和幸福感。

国土空间规划有助于推进国家治理体系和治理能力现代化，通过建立健全规划实施机制，可以强化国土空间用途管制，规范土地开发利用行为。这有助于提高政府治理能力，保障国家长治久安。

国土空间规划需要充分发挥市场在资源配置中的决定性作用，在规划实施过程中，要创新土地供应方式，激发市场活力，促进土地资源的优化配置。同时，要加强土地市场监管，确保规划目标的顺利实现。

制定和实施国土空间规划是我国国土空间用途管制的重要手段，通过科学规划，可以实现土地资源的合理配置和高效利用，推动生态文明建设，促进国家治理体系和治理能力现代化。

2. 行政手段

国土空间用途管制，作为国家土地资源管理的一项核心任务，其目的在于确保土地资源的合理利用与可持续发展。在这一过程中，行政手段的运用显得尤为关键。通过行政审批、监督检查等行政手段，可以确保国土空间用途管制的顺利实施，进而实现土地资源的高效、有序利用。

行政审批作为行政手段的重要组成部分，其作用是前置性的。在国土空间用途管制的初期阶段，通过行政审批可以对土地使用申请进行严格的筛选和审查。这不仅能够防止不符合规定或可能对环境和生态造成负面影响的用地项目得到批准，还能够确保土地资源流向最需要、最能发挥其价值的领域。行政审批的严格性和公正性，是维护国土空间用途管制权威性和有效性的重要保障。

而监督检查则是行政手段中的持续性、跟踪性的环节。在国土空间用途管制的实施过程中，监督检查能够及时发现和纠正土地违法行为。通过定期的巡查、专项检查以及群众举报等多种方式，监督检查能够确保土地使用者严格遵守国土空间用途管制的规定，防止土地资源的滥用和浪费。同时，对于发现的违法行为，监督检查部门可以采取相应的处罚措施，如罚款、责令整改、吊销用地许可证等，从而确保国土空间用途管制的权威性。

除了行政审批和监督检查，行政手段还包括政策引导、宣传教育等多种方式。通过制定和执行有利于国土空间用途管制的政策，如优惠的用地政策、税收政策等，可以引导土地使用者主动遵守管制规定，实现土地资源的优化配置。同时，通过宣传教育，可以提高公众对国土空间用途管制的认识和重视程度，形成全社会共同参与、共同维护土地资源良好利用的良好氛围。

行政手段在国土空间用途管制中发挥着至关重要的作用。通过行政审批、监督检查等多种方式，可以确保国土空间用途管制的顺利实施，维护其权威性和有效性。同时，也应看到，行政手段的运用并非孤立的，它需要与其他手段如法律手段、市场手段等相结合，共同构成一个完整的国土空间用途管制体系。只有这样，才能更好地实现土地资源的可持续利用，为国家的经济社会发展提供坚实的资源保障。

3. 法律手段

法律手段在国土空间用途管制中起着至关重要的作用。制定和实施相关法律法规，是对国土空间用途进行有效管理和约束的基础。在国土空间用途管制中，法律手段不仅能够为土地资源的合理利用提供坚实的法律保障，还能够促进国家土地资源的可持续利用和环境保护。

通过法律手段规范国土空间用途，可确保土地资源合理利用，涉及城市规划、土地供应、生态保护等领域。制定和完善法律法规，可实现土地资源的合理配置，明确职责，提高工作效率。法律手段约束国土空间用途，保护生态环境，打击违法违规行为，防止破坏。规定处罚措施，提高违法成本，减少破坏现象。

法律手段实现社会公平，制定公平、公正、透明的法律法规，可确保资源分配和使用符合社会公平原则，避免浪费和利益输送。保障人民权益，追究责任，维护秩序。法律手段有助于推进国土空间用途管制的法治化进程，应建立健全法律法规体系，实现制度化、规范化、科学化。提高管制效果，提升政府治理能力，推动土地资源管理现代化。

法律手段在国土空间用途管制中有着不可替代的作用，要制定和实施法律法规，并确保有效实施，实现资源利用、生态保护和社会公平。要加强法律体系建设，支持可持续发展和国家繁荣。

4. 经济手段

经济手段作为调节和引导国土空间合理利用的重要工具，通过税费、补贴等政策措施，有效地影响了各类土地使用者的行为选择。下面将深入探讨经济手段在国土空间规划和管理中的具体应用和效果。

针对农业用地，政府可以实施一系列的税收优惠政策，比如降低或减免农业税、提供农业补贴等，以鼓励农民保持对农业生产的热情，确保粮食安全和农村经济的稳定发展。这样的政策不仅能够激发农民的积极性，还有助于提高土地的产出效率，实现土地资源的可持续利用。

对于建设用地，政府则可采取严格的税收和收费政策，以遏制过度开发和滥用土地资源的行为。例如，对超出规划指标的建设用地征收高额的税费，增加违规开发的成本；同时，对符合规划要求的用地给予一定的税收优惠或补贴，以引导土地使用者按照规划要求进行建设。这样的政策组合有助于平衡土地供需关系，防止土地资源的过度消耗和浪费。

经济手段还可以与其他政策工具相结合，形成综合性的国土空间管理策略。例如，政府可以通过设立土地基金、发行土地债券等方式，筹集资金用于土地整治、生态修复等公共项目，促进国土空间的整体优化。同时，还可以通过实施差别化的土地政策，引导不同地区、不同产业之间的协调发展，实现国土空间的高效利用。

总之，经济手段在国土空间合理利用中发挥着不可替代的作用。通过税费、补贴等政策措施，政府可以有效地调节和引导土地使用者的行为选择，促进国土空间的合理规划和高效利用。未来，随着经济社会的发展和科技进步的推动，经济手段在国土空间管理中的应用将越来越广泛和深入。

5. 技术手段

在现代社会，随着科技的不断进步与发展，遥感技术和地理信息系统等现代技术手段已经成为国土空间用途管制实施过程中的得力助手。这些先进的技术手段为土地资源的监测与管理提供了更为高效、精确的工具，进而大幅提升了国土空间用途管制的效率和准确性。

遥感技术作为一种非接触式的远距离探测技术，具有获取信息速度快、范围广、周期短等优势。通过遥感技术，可以迅速获取国土空间内的各类信息，如土地利用现状、植被覆盖情况、地形地貌特征等。这些信息为国土空间用途管制提供了重要的数据支持，使得决策者能够更加准确地了解土地资源的分布与利用状况，从而制定出更为科学合理的管制措施。

而地理信息系统技术则是一种将地理空间数据、属性数据与计算机技术相结合的综合性技术。通过地理信息系统，可以对利用遥感技术获取的数据进行进一步的处理、分析和可视化展示。这不仅有助于更加深入地了解土地资源的特征与规律，还能为国土空间用途管制提供更为直观的决策依据。

在实际应用中，遥感技术和地理信息系统技术往往相互配合，共同服务于国土空间用途管制的实施。例如，在土地利用规划过程中，可以利用遥感技术获取土地利用现状数据，并通过地理信息系统进行空间分析和模拟预测，从而制定出更加科学合理的土地利用方案。同时，在土地执法监察过程中，也可以通过遥感技术实时监测土地利用变化情况，及时发现和查处违法用地行为，确保国土空间用途管制的严格执行。

此外，随着大数据、云计算等新一代信息技术的不断发展，遥感技术和地理信息系统在国土空间用途管制中的应用也将不断拓展和深化。例如，可以利用大数据技术对海量土地信息进行挖掘和分析，发现土地利用的潜在规律和趋势；同时，通过云计算技术实现土地信息的共享与协同，提高国土空间用途管制的效率和水平。

综上所述，遥感、地理信息系统等现代技术手段在国土空间用途管制中发挥着越来越重要的作用。它们不仅能够实现对土地资源的高效监测和管理，还能提高国土空间用途管制的效率和准确性。随着技术的不断进步和应用的不断拓展，相信这些技术手段将在未来为国土空间用途管制工作带来更多的便利和效益。

6. 社会监督

在现代社会，国土空间用途管制是维护国家资源安全、促进可持续发展的重要一环。然而，仅仅依靠政府部门的监管往往难以达到理想的效果。因此，发挥社会公众、媒体等对国土空间用途管制的监督作用，成为提升管制效果、保障公共利益的关键途径。

通过广泛的社会参与，可以及时发现和纠正土地违法行为，防止资源的浪费和破坏。同时，社会监督还能提高国土空间用途管制的透明度和公信力，增强公众对政府的信任和支持。

在实际操作中，社会监督的方式多种多样。首先，公众可以通过举报、投诉等渠道，向相关部门反映土地违法行为的线索。这不仅可以使违法行为得到及时查处，还能让公众参与到土地管理的过程中，增强他们的责任感和归属感。其次，媒体作为社会舆论的重要载体，可以通过报道、评论等方式，对土地违法行为进行曝光和批评。这不仅能够引起社会各界的广泛关注，还能对违法者形成强大的舆论压力，迫使其改正错误。

为了更好地发挥社会监督的作用，政府部门还应积极采取措施，提高监督的效率和效果。例如，建立健全的举报奖励机制，鼓励公众积极举报土地违法行为；加强与媒体的沟通合作，及时提供相关信息和线索；开展土地管理知识的普及宣传，增强公众的监督意识和能力。

社会监督在国土空间用途管制中发挥着至关重要的作用。通过广泛的社会参与和媒体曝光，可以及时发现和纠正土地违法行为，提高管制的透明度和公信力。同时，政府部门也应加强与社会公众的沟通和合作，共同推动国土空间用途管制工作的深入开展。

第三节　国土空间用途管制层级主体与责任划分

一、国土空间用途管制责任划分的原则和依据

国土空间用途管制责任划分的原则和依据是土地用途管制制度中至关重要的内容。作为土地用途管制制度的核心组成部分，其原则和依据的确定对于确保土地资源的科学配置、生态环境的有效保护以及经济社会的可持续发展具有至关重要的意义。下面将从法律法规、政策文件及实际需求等多个维度，结合《土地管理法》及"三线"划定等关键内容，对其原则和依据进行深入阐述。

在法律法规层面，国土空间用途管制责任划分严格遵循《土地管理法》等相关法律法规的规定。这些法律法规为责任划分提供了坚实的法律支撑，明确了各级政府在土地用途管制中的职责和权限，规范了土地用途变更的程序和条件，并设定了相应的法律责任。

政策文件在指导国土空间用途管制责任划分方面发挥着关键作用。国家和地方政府发布国土空间规划有关的政策文件，为责任划分提供了明确的政策导向和具体要求。这些政策文件强调土地资源的节约集约利用、生态环境保护与修复以及区域协调发展等目标，为责任划分的实施提供了有力的政策保障。

责任划分还需充分考虑实际需求，结合不同地区、不同发展阶段的实际情况进行差异化处理。在城市化进程较快的地区，应加强对城市扩张用地的管控；在农业主产区，应重

点保护耕地资源；在生态脆弱区，应强化生态保护与修复措施。通过深入考量实际需求，确保责任划分更加符合地方实际和发展需要。

在责任划分的具体实践中，需紧密结合《土地管理法》和"三线"划定等关键内容进行操作。《土地管理法》为责任划分提供了法律框架和制度保障，而"三线"划定则进一步明确了土地用途管制的具体范围和要求。通过结合这两方面的内容，能够确保责任划分的科学性、合理性和可操作性，推动国土空间用途管制制度的深入实施。

国土空间用途管制责任划分的原则和依据建立在法律法规的坚实基础之上，受政策文件的明确导向影响，并结合实际需求进行差异化处理。同时，通过结合《土地管理法》和"三线"划定等关键内容，确保责任划分的科学性和可操作性。这一体系化的原则和依据为国土空间用途管制制度的有效实施提供了有力支撑，有助于推动我国土地资源的合理利用和可持续发展。

综上所述，国土空间用途管制责任划分的原则和依据是多方面的，包括法律法规、政策文件和实际需要等。在实践中，需要综合考虑这些因素，制定出科学合理、符合实际需要的国土空间用途管制方案。同时，也需要不断总结经验，完善相关法律法规和政策文件，以提高国土空间用途管制实践的水平和效率。

二、纵向层面

在国土空间用途管制工作中，中央政府和地方政府需要密切协同合作，形成上下联动、统一高效的工作机制。

（一）中央政府在国土空间用途管制中的角色和职责

（1）制定总体政策和目标：中央政府负责制定国土空间用途管制的总体政策和目标，以确保国土空间资源得到合理、高效、可持续的开发和利用。这些政策和目标旨在保护国家利益，维护生态环境，促进经济社会发展，并满足人民群众日益增长的美好生活需要。

（2）编制全国性国土空间规划：中央政府负责编制全国性的国土空间规划，为全国范围内的国土空间用途管制提供指导。这一规划是对国土空间资源的整体布局和优化调整，旨在实现国土空间发展的均衡协调，保障国家安全和生态平衡。

（3）确定全国性国土空间用途管制标准和要求：中央政府负责制定全国性的国土空间用途管制标准和要求，以确保各地在国土空间开发利用过程中遵循统一、科学、合理的原则。这些标准和要求涉及土地、水资源、生态环境等多个方面，旨在保障国土空间资源的可持续利用和生态安全。

（4）对地方政府国土空间用途管制工作进行指导和监督：中央政府具有对地方政府国土空间用途管制工作的指导和监督职责，确保各地在实施国土空间用途管制过程中做到政策执行到位、标准统一、监管严格。通过指导和监督，中央政府能够及时发现和纠正地方政府在国土空间用途管制方面的突出问题，促进全国范围内的国土空间资源管理水平提升。

（二）省级政府在国土空间用途管制中的角色与责任

省级政府作为地方行政管理的核心机构，在国土空间用途管制中扮演着至关重要的角色。其职责不仅涉及中央政策的贯彻落实，还包括本省国土空间用途管制政策的制定、组织实施、指导和监督等多个方面。

省级政府需要根据中央政策，结合本地区的实际情况，制定具有可操作性的国土空间用途管制政策和规划。这一过程中，省级政府需要充分了解本地区的自然资源状况、经济社会发展需求以及生态环境保护要求，确保所制定的政策和规划既符合中央精神，又能有效指导本地区的国土空间用途管制工作。同时，政策和规划的制定还需要广泛征求社会各界的意见和建议，确保其科学性和民主性。

省级政府负责组织实施本省国土空间用途管制。这包括制定具体的实施方案、明确各部门职责、建立协调机制、加强监督检查等多个环节。省级政府需要确保各项政策措施得到有效执行，及时发现和解决问题，确保国土空间用途管制工作的顺利推进。同时，省级政府还需要加强与中央政府的沟通协调，确保中央政策在本地区的贯彻落实。

省级政府还承担着指导和监督本省国土空间用途管制工作的责任。在指导方面，省级政府需要加强对下级政府和相关部门的业务培训，提高其国土空间用途管制的能力和水平。在监督方面，省级政府需要建立健全的监督机制，对下级政府和相关部门的工作进行定期检查和评估，确保其严格按照政策和规划要求开展工作。对于发现的问题和不足，省级政府需要及时提出整改意见并督促整改落实。

省级政府还要传达国家战略定位与布局要求，建立本省管制总体要求，进行省级统筹规划，根据省情制定管制方案，部门协调，主体监督，落实主体管制责任如耕地保护、生态保护、城市建设发展定位与速度等，管制分区，管制组织建设。

为了更好地履行上述职责，省级政府还需要加强与其他相关部门的协作配合。例如，与自然资源部门共同推进国土空间规划和用途管制工作；与生态环境部门共同加强生态环境保护和修复；与住建、交通等部门共同推进城市规划和基础设施建设等。通过部门间的协同作战，可以形成合力，共同推动国土空间用途管制工作的深入开展。

（三）市级政府在国土空间规划与用途管制上承担着核心职责

市级政府在国土空间用途管制中具有统筹、执行、监督、协调以及落实责任要求等多重职责。具体职责如下：

（1）编制本市的国土空间规划：市级政府需要全面考虑本市的自然、经济和社会因素，制定出一套科学合理、全面协调的国土空间规划。这个规划应明确本市国土空间的发展目标、战略方向和政策措施，为城市的可持续发展提供明确指导。同时，市级政府还需要协调各类空间规划，确保各类规划之间的衔接性和一致性，为城市的整体发展营造良好的环境。

（2）实施本市国土空间用途管制：在实施国土空间用途管制方面，市级政府需要制定相关制度和政策，明确各类空间的用途管制要求。同时，市级政府还需要设立专门的国土空间用途管制机构，负责全市的国土空间用途管制实施和监督工作。这个机构需要加强对建设项目用地预审和审批的管理，确保项目符合国土空间规划，防止乱占滥用土地的现象发生。

（3）指导和监督本市国土空间用途管制工作：除了编制规划和实施管制外，市级政府还需要加强对全市国土空间用途管制工作的指导和监督。这包括组织开展全市国土空间用途管制工作的检查和评估，及时发现问题并督促整改；加强对各县（区）用途管制工作的指导和培训，提高业务水平；推动全市国土空间用途管制信息化建设，提升管制效率和监管能力；开展国土空间用途管制政策宣传和舆论引导，增强社会公众的规划意识和遵守法律法规的意识；加强与上级政府及相关部门的沟通协调，确保全市国土空间用途管制工作的顺利推进。

（4）市级政府在国土空间用途管制中扮演着至关重要的角色，具体体现在统筹、执行、监督、协调以及落实责任要求等多个方面。这一职能的履行，对于促进国土空间的合理利用、推动城市可持续发展具有重要意义。市级政府在国土空间用途管制中承担着统筹的责任。这意味着市级政府需要综合考虑城市的经济、社会、文化等多方面因素，制定符合城市发展需求的国土空间规划。在统筹过程中，市级政府需要充分考虑各类用地的空间布局、功能定位以及相互之间的关系，确保各类用地之间的协调发展。同时，市级政府还需要关注城市发展的长远利益，为未来的城市拓展和产业升级预留空间。市级政府需要负责执行国土空间用途管制的相关政策和法规。这包括制定具体的实施方案、明确各项管制的标准和要求，并确保这些政策和法规得到有效落实。在执行过程中，市级政府需要加强对各类用地使用情况的监管，防止违规使用土地的行为发生。同时，市级政府还需要积极推动相关政策的宣传普及，提高公众对国土空间用途管制重要性的认识。

在监督方面，市级政府需要建立健全国土空间用途管制的监督机制，对各类用地的使用情况进行定期检查和评估。通过监督检查，市级政府可以及时发现和处理违规使用土地的行为，保障国土空间的合理利用。同时，市级政府还可以收集和分析各类用地的使用数据，为未来的规划决策提供依据。

此外，市级政府在国土空间用途管制中还需要发挥协调作用。这包括协调不同部门之间的利益关系、解决用地矛盾以及推动跨区域合作等。通过协调，市级政府可以促进各类用地之间的协调发展，推动城市整体功能的优化和提升。市级政府需要切实落实责任要求，确保国土空间用途管制的各项措施得到有效执行。这包括明确各级政府的职责分工、建立健全责任追究机制以及加强监督检查等。通过落实责任要求，市级政府可以确保国土空间用途管制的各项政策得到有效执行，为城市的可持续发展提供有力保障。

市级政府在国土空间用途管制中具有统筹、执行、监督、协调以及落实责任要求等多重职责。为了充分发挥这些职责，市级政府需要不断提升自身的规划和管理能力，加强与各方面的沟通协调，确保国土空间得到合理利用和有效保护。同时，市级政府还需要关注城市发展的长远利益，为未来的城市拓展和产业升级预留空间，推动城市实现可持续发展。

通过这些措施的实施，市级政府可以确保本市国土空间规划与用途管制的科学性和有效性，为城市的可持续发展提供坚实的保障。同时，市级政府还需要不断总结经验教训，不断完善规划和管制制度，以适应城市发展的新形势和新要求。

（四）县级政府在国土空间用途管制上的职责

县级政府作为管制实施的主体行政单元和基层治理的核心力量，承担着管制实施的重要职责，是保障地方社会秩序稳定、促进经济社会发展的重要行政单元。

在管制实施过程中，县级政府发挥着举足轻重的作用。作为地方行政管理体系的基础层级，县级政府直接面对广大民众，负责执行上级政府的政策方针，同时根据本地实际情况进行灵活调整和创新。在治理过程中，县级政府需要综合运用行政、法律、经济等多种手段，对各类社会行为进行规范和约束，确保社会公平正义和人民群众的根本利益。

为了更好地履行管制职责，县级政府需要不断加强自身建设。一方面，要完善组织结构和人员配备，提高行政效率和服务水平；另一方面，要加强制度建设，规范行政权力运行，防止权力滥用和腐败现象的发生。同时，县级政府还需要注重信息化建设，利用现代科技手段提高管制实施的精准性和有效性。

在管制实施过程中，县级政府还需要关注民生问题，积极回应群众关切。例如，在环保领域，县级政府需要加强对污染源的监管和治理，确保生态环境质量持续改善；在工业发展领域，县级政府统筹工业发展、环境保护，促进节约集约用地；在社会保障领域，县级政府需要完善社会用地保障体系，增进民生福祉。县级政府还需要加强与其他行政单元的协作与配合。在区域合作方面，县级政府可以积极参与跨地区的合作与交流，共同推动区域协调发展；在部门联动方面，县级政府需要加强与上级政府部门、同级政府部门以及下级政府部门的沟通协调，形成工作合力，共同推动管制工作的深入开展。县级政府作为管制实施的主体行政单元，在地方治理中发挥着不可替代的作用。通过加强自身建设、关注民生问题、加强协作配合等举措，县级政府可以更好地履行管制职责，为地方经济社会发展和人民群众福祉作出更大的贡献。具体职责如下：

（1）县级政府负责编制本县的国土空间规划：县级政府需深入调研本县的地理环境、资源分布、经济发展状况等因素，确保国土空间规划的科学性和合理性；在规划编制过程中，县级政府应积极听取社会各界的意见和建议，形成共识，确保规划内容能够体现地方特色和需求；县级政府还需关注国家及上级政府的相关政策，确保国土空间规划与国家和地方的发展战略相衔接。

（2）县级政府负责实施本县国土空间用途管制：根据国土空间规划，县级政府应制定具体的用途管制措施，明确各类用地的范围和用途，防止乱占滥用现象的发生；县级政府应加强对违法违规用地行为的查处力度，确保国土空间用途管制的严肃性和权威性；在实施用途管制的过程中，县级政府还需关注土地利用的效率和效益，推动土地资源的高效配置和合理利用。

（3）县级政府负责指导和监督本县国土空间用途管制工作：县级政府应建立健全国土空间用途管制工作的指导和监督机制，确保相关工作的顺利开展；通过定期的检查和评估，县级政府应及时发现问题并督促整改，推动国土空间用途管制工作的持续改进；县级政府还应加强与其他相关部门的沟通协调，形成工作合力，共同推动国土空间用途管制工作的深入实施。

综上所述，县级政府在国土空间规划和用途管制方面承担着重要的职责和使命。通过科学规划、严格管制和有效监督，可以促进县域经济社会的可持续发展，保护生态环境，维护国家利益和民生福祉。

（五）乡镇级政府在国土空间用途管制中的职责

乡镇政府在我国的行政体系中具有重要地位，乡镇是贯彻上级管制行政执行力的基础单元，肩负着推动乡镇经济社会发展、保障民生、维护社会稳定、保护耕地等职责。在国土空间用途管制方面，乡镇政府在综合管理具体地块、拉动社会民众参与农用地的建设与保护方面发挥着关键作用。具体职责如下：

（1）实施本乡镇国土空间用途管制：乡镇政府应根据上级政府制定的国土空间规划，结合本乡镇的实际状况，制定具体的国土空间用途管制规划；这一规划应涵盖土地利用、生态环境保护、基础设施建设、产业发展等多个方面，以实现乡镇可持续发展；乡镇政府要确保国土空间用途管制政策的严格执行，对于违反规划的行为要依法予以查处，确保土地资源得到合理利用；乡镇政府应加强对国土空间用途管制政策的宣传和普及，提高广大群众对相关政策法规的认识和理解，营造良好的社会氛围。

（2）指导和监督本乡镇国土空间用途管制工作，具体如下：

制定和执行规划：乡镇政府需要根据上级政府的规划和政策指导，结合本地实际，制定乡镇级国土空间规划，并确保规划得以有效执行。

用地审批和监管：乡镇政府负责审查和批准各类用地申请，确保用地符合规划要求和法律法规。同时，还需要对用地过程进行监管，防止违规用地、乱占滥用土地资源等行为的发生。

执法监督：乡镇政府需要加强对国土空间用途管制工作的执法监督，对违反规划、未经批准擅自改变土地用途等行为进行查处，维护规划的严肃性和权威性。

协调与沟通：乡镇政府需要协调好与上级政府、其他乡镇以及相关部门的关系，确保国土空间用途管制工作的顺利推进。同时，还需要与当地居民进行充分沟通，解释规划内容，争取群众的理解和支持。

提供服务和指导：乡镇政府需要为当地居民和企业提供国土空间利用方面的服务和指导，帮助他们更好地理解和遵守规划要求，合理利用土地资源。乡镇政府在国土空间用途管制中扮演着重要的角色，需要充分发挥其作用，确保国土空间得到科学、合理、可持续的利用。

乡镇政府在国土空间用途管制方面具有重要的责任和使命。只有充分发挥乡镇政府的职能，加强国土空间用途管制，才能确保乡镇土地资源的合理利用，促进经济社会的可持续发展。

三、横向层面

(一)自然资源管理部门

自然资源管理部门在我国的行政体系中扮演着至关重要的角色。其主要职责涉及国土空间用途管制的具体实施和监督，以确保我国自然资源的合理利用和可持续发展。具体职责如下：

(1)规划编制：自然资源管理部门负责组织编制国土空间规划，包括总体规划、详细规划和相关专项规划。这些规划为实现国土空间用途管制提供了明确的指导方针，确保了自然资源的合理配置和有效利用。

(2)项目审查：自然资源管理部门对各类建设项目进行用地预审、农用地转用审查、土地征收审查等，以确保项目用地的合规性。在项目审批过程中，部门需综合考虑项目的经济效益、社会效益和生态效益，确保项目在满足国家政策和法律法规的前提下，实现资源的最大化利用。

(3)土地出让：自然资源管理部门负责调控土地市场，实施土地使用权出让。通过制定土地供应计划、出让条件和竞价规则，保障土地资源的公平、公正、公开交易，为国家和地方财政收入提供重要支撑。

(4)监督检查：自然资源管理部门对国土空间用途管制工作进行全程监督检查，确保相关政策和法律法规得到切实贯彻执行。监督检查内容包括土地使用情况、建设项目实施进度、资源利用效率等方面。对发现的问题及时予以整改，确保资源管理的规范性、合法性。

(5)指导和监督：自然资源管理部门还需对各级地方政府和相关部门的国土空间用途管制工作进行指导和监督。通过加强业务培训、制定政策措施、组织交流学习等方式，提高各地管理水平，确保国土空间用途管制工作的顺利推进。

(6)合作与协调：自然资源管理部门需要与其他相关部门密切合作，共同推进国土空间用途管制工作。在实际工作中，部门之间要加强沟通协调，形成工作合力，确保各项政策措施落地生根，为我国自然资源管理事业贡献力量。

自然资源管理部门在国土空间用途管制方面扮演着关键角色。通过规划编制、项目审批、土地出让、监督检查等手段，保障我国自然资源的合理利用和可持续发展。同时，部门还需加强自身能力建设，不断提高管理水平，为全面建设社会主义现代化国家、实现绿色发展提供有力支撑。

(二)相关部门在国土空间用途管制工作中的职责与协作

我国国土空间用途管制工作是一项涉及国家安全、生态文明建设和可持续发展的重大战略任务（钱竞，2020）。相关部门在此背景下，按照职责分工，协同实施国土空间用途管制，以实现国土空间资源的合理开发和有效保护。下面将围绕相关部门在国土空间用途管制工作中的职责与协作进行探讨，以期为我国国土空间用途管制工作提供有益的借鉴。这将涉及生态环境、水利、农业、林业、交通和能源等部门。

从职责分工来看，生态环境部门主要负责评估项目对生态环境的影响，提出生态保护措施；水利部门关注水资源利用和防洪安全，确保水利设施与国土空间规划的协调；农业部门负责农业用地保护和农业生产布局优化，促进农业现代化；林业部门致力于森林资源保护和林业产业发展，维护生态平衡；交通和能源等部门则负责交通网络布局和能源资源开发，支撑国家经济社会发展。

在协同实施方面，各部门需强化信息共享、加强沟通协作，形成工作合力。在项目立项阶段，各部门应共同参与项目可行性研究，确保项目符合国土空间规划要求。在规划和选址阶段，各部门应充分发挥专业优势，提出科学合理的规划和选址建议。在转用和供地阶段，各部门应协同办理相关手续，确保土地用途变更的合法性和规范性。在建设和监督阶段，各部门应加大监管力度，确保项目按照规划要求进行建设，并及时处理违法违规行为。

此外，针对不同项目类型，各部门应制定差异化的管制政策和措施。对于交通项目，应关注交通网络的完善和优化，提升交通效率；对于能源项目，应关注能源安全保障和清洁能源利用，推动能源结构转型；对于水利项目，应关注水资源合理利用和防洪减灾能力提升；对于民政项目，应关注民生保障和公共服务设施建设。

在流程梳理方面，各部门应严格按照国土空间用途管制的工作流程进行操作。从项目立项到规划编制、选址决策、土地转用、供地安排、建设实施以及监督管理等各个环节，都需要各部门密切配合、协同推进。通过优化流程、简化手续、提高效率，确保国土空间用途管制工作的顺利进行。

综上所述，我国国土空间用途管制工作需要各部门在明确职责的基础上加强协同合作。通过强化信息共享、沟通协作和联合监管等措施，共同推动国土空间资源的科学开发和有效保护，为国家的可持续发展贡献力量。

各部门要加强沟通协作，建立信息共享平台，及时交换国土空间用途管制工作中的相关信息，为政策制定和实施提供数据支持。各部门要按照职责分工，开展联合执法行动，严厉打击违反国土空间用途管制的行为，维护国土空间开发秩序。各部门要共同推进科技创新，推广应用新技术、新方法，提高国土空间用途管制工作的技术水平。各部门要加强业务培训和交流，提高从业人员素质，提升国土空间用途管制工作能力。各部门要加大政策宣传力度，提高社会公众对国土空间用途管制的认识，营造良好的社会氛围。

总之，国土空间用途管制工作涉及多个部门，只有各部门充分发挥职责，加强协同配合，才能确保国土空间资源的合理开发和有效保护。相关部门要不断创新工作方式，提高工作效能，为实现我国国土空间可持续发展作出贡献。

第四节　国土空间用途管制制度实施与监管

国土空间用途管制制度是我国实现国土空间合理开发和有效保护的重要手段。其实施与监管涉及多个方面，可以从以下几个层次来理解和分析。

一、制度实施

(一)构建全面而具有体系的制度框架

为了构建一个科学、合理且高效的国土空间用途管制制度体系，首先需要系统整合各类用途管制制度，确保各类制度之间能够相互衔接、相互支持。随着研究的深入，目前提出了"全要素计划管理、差异化空间准入、全流程用途许可、动态化监测评估"的国土空间用途管制制度体系并成为主流。

全要素计划管理是指将国土空间内的所有要素纳入统一的管理范畴，通过编制和实施综合性的国土空间规划，对各类资源进行科学合理的配置和布局(王玮，2024)。这包括土地、水、矿产、森林、草原等各类自然资源的规划利用，以及城市、乡村、交通、水利等各类基础设施的建设布局。

差异化空间准入则是根据国土空间的不同类型、不同功能和不同发展需求，制定差异化的空间准入标准和管理措施。这有助于实现空间资源的高效利用和可持续发展，避免无序开发和过度开发带来的负面影响。

全流程用途许可是指对国土空间内各类开发建设活动进行全过程的监管和管理。通过明确各阶段的许可条件和程序，确保各类活动符合规划要求，并防止违法违规行为的发生。

动态化监测评估则是对国土空间用途管制制度实施效果进行实时监测和定期评估，以便及时发现问题、调整策略和优化制度。通过收集和分析各类数据和信息，评估制度执行情况和效果，为决策提供科学依据。

在构建制度框架的过程中，必须以国家生态安全和粮食安全为重点，形成全链条管理。这包括从规划编制到实施监管的各个环节，都要充分考虑生态安全和粮食安全的需要，确保国土空间开发利用活动的可持续性。

(二)形成规范而高效的制度流程

为了确保国土空间用途管制制度的有效实施，需要制定一套规范而高效的制度流程。这一流程应涵盖计划、规划许可、绩效评价、目标责任考核、执法监督等各个环节，确保各环节之间能够无缝衔接、顺畅运行。首先，要制订详细的实施计划，明确各阶段的任务目标、时间节点和责任人，这有助于确保制度的实施能够有条不紊地进行，避免出现拖延或遗漏的情况。其次，规划许可环节是确保国土空间用途管制制度得以落实的关键。需要建立严格的规划许可制度，对各类开发建设活动进行严格的审查和审批。这包括审查项目的合规性、环境影响以及是否符合规划要求等。最后，还需要建立科学的绩效评价和目标责任考核体系。通过对制度实施效果进行定期评估和考核，可以及时发现问题并进行改进。同时，这也有助于激励各方积极参与制度的实施和执行。

在执法监督方面，需要加大执法力度，确保各项管制规则得到有效执行。通过建立健全的执法机制，对违法行为进行严厉打击和处罚，维护国土空间用途管制制度的权威性和严肃性。

（三）制定具体而明确的制度文件

为了确保国土空间用途管制制度的顺利实施，需要制定具体而明确的制度文件。这些文件应涵盖国土空间管制的分类、分区、指标、结构、强度、权责等各个方面，为各类开发建设活动提供明确的指导和规范。

在国土空间分类方面，需要根据国土空间的自然属性、功能属性和发展需求等因素，对国土空间进行科学合理的分类。这有助于明确各类空间的定位和发展方向，为后续的规划和管理提供依据。

在分区方面，需要根据国土空间的资源环境承载能力、发展潜力和保护要求等因素，将国土空间划分为不同的区域。每个区域都应制定相应的发展策略和管理措施，以实现空间资源的高效利用和可持续发展。还需要制定具体的指标体系和结构要求。通过明确各类指标的标准和计算方法，可以为评估和开发建设活动提供科学依据。同时，结构要求也有助于规范国土空间内各类要素的布局和配置。

在权责方面，需要明确各类主体在国土空间内的权利和义务。这包括土地使用权、资源使用权、开发经营权等。通过明确权责边界和权益保障措施，可以激发各类主体的积极性和创造力，推动国土空间的高效利用和可持续发展。

（四）严格执行并不断优化制度

为了确保国土空间用途管制制度能够真正落地生根并发挥实效，必须严格执行并不断优化这一制度。需要精简规划审批内容，大幅缩减审批时间。通过简化审批流程、减少审批环节和压缩审批时限，可以提高审批效率，减少企业负担，激发市场活力。同时，还应减少需报国务院审批的城市数量，将更多审批权限下放至地方，提高地方政府的自主性和灵活性。需要实行"详细规划+规划许可"的管制方式。通过编制详细规划，明确各类空间的用途、布局和建设要求；通过规划许可制度，对各类开发建设活动进行严格的审查和监管。这种管制方式有助于确保国土空间的有序开发和合理利用，防止无序建设和违法违规行为的发生。还应强化对国土空间开发保护活动的动态监管，通过运用现代信息技术手段，如遥感监测、大数据分析等，实现对国土空间开发保护活动的实时监控和动态评估。这有助于及时发现问题并采取相应措施进行整改和优化，确保各项管制规则得到有效执行。

还应根据国土空间用途管制制度的实施情况和反馈意见，不断优化和完善国土空间用途管制制度。通过总结经验教训、借鉴先进经验、开展科学研究等方式，不断提升制度的科学性和有效性。同时，应加强与相关部门的沟通协调，形成合力，共同推动国土空间用途管制制度的深入实施和不断完善。

二、制度监管

(一) 监督主体

在国土空间用途管制的过程中，明确各级政府及相关部门的监督职责和权限至关重要。各级政府是国土空间用途管制的第一监督管理主体，执行监督的主体是自然资源部门和其他要素的主管部门(即行业主管部门)。这不仅有助于规范国土空间的开发和利用行为，还能确保政策的有效执行和监管。各级政府应建立健全监督机制，制定详细的监督计划和措施，确保相关部门能够按照职责分工，共同履行监督职责。

同时，为了提高公众参与度，鼓励社会监督也是必不可少的。政府可以通过建立公众举报渠道、定期发布监督报告等方式，积极回应社会关切，引导公众参与监督。这不仅可以增强公众对国土空间用途管制工作的信任和支持，还能有效防止违法违规行为的发生。

(二) 监督方式

在监督方式上，应采用定期检查、专项督查等多种方式相结合，以确保制度得到有效执行。定期检查可以全面了解国土空间用途管制工作的进展和存在的问题，为政府决策提供重要依据。专项督查则可以对特定领域或地区进行深入调查和评估，以发现潜在的风险和问题。

此外，建立健全信息公开制度也是加强社会监督的重要手段。政府应定期发布国土空间用途管制工作的相关信息和数据，包括规划编制、审批实施、执法监督等方面的内容，以便公众了解和监督工作进展。

(三) 监督评估

定期对国土空间用途管制制度的实施效果进行绩效评估是确保制度有效执行的关键环节。评估应综合考虑空间资源利用效率、空间要素保护效果、空间节约集约、空间利用经济评估、行政审批效率评估等方面，以全面反映制度实施的实际效果。通过绩效评估，可以发现制度在执行过程中存在的问题和不足，为进一步完善制度提供参考。总结制度实施过程中的成功经验和存在问题也是非常重要的。这些经验和问题可以为政府制定更加科学合理的政策提供依据，促进国土空间用途管制制度的不断完善和发展。

(四) 监管重点

在国土空间用途管制工作中，应着重解决行政审批效率不高、分区管制规则和动态监管机制尚不健全等突出问题。这些问题不仅影响了国土空间用途管制工作的质量和效率，还可能导致资源浪费和生态环境破坏。

　　针对这些管制监督中的重点问题，政府应结合实际情况，提出解决路径和建议。例如，通过优化行政审批流程，简化审批手续，提高审批效率；完善分区管制规则，明确各类用地的管控要求和管控措施；还应加强动态监管机制建设，利用现代信息技术手段实现对国土空间用途的实时监控和管理。

　　通过上述措施的实施，可以确保国土空间用途管制制度得到有效执行和监管，促进国土空间的合理开发、利用和保护。同时，通过不断完善制度框架和流程，提高制度的有效性和可持续性，为实现国土空间的高效利用和可持续发展奠定坚实基础。有效地实施和监管国土空间用途管制制度，确保国土空间的合理开发和有效保护，这是一项系统性强、涉及面广的工作，需要各级政府、相关部门和社会公众的共同参与和努力。

本章参考文献

　　[1]朱蕾.发达国家国土空间用途管制比较及对我国的借鉴[J].上海国土资源，2019，40（4）：46-50.

　　[2]荣冬梅，朱红，王佳佳，付丽，莫楠.发达国家国土空间用途管制探析[J].中国国土资源经济，2021，34（1）：42-46，54.

　　[3]易家林，郭杰，欧名豪，付文凤.国土空间用途管制：制度变迁、目标导向与体系构建[J].自然资源学报，2023，38（6）：1415-1429.

　　[4]张晓玲，吕晓.国土空间用途管制的改革逻辑及其规划响应路径[J].自然资源学报，2020，35（6）：1261-1272.

　　[5]董正爱，江玥."双碳"目标下生态空间用途管制的法治保障[J].中国矿业大学学报（社会科学版），2023，25（5）：107-126.

　　[6]金志丰，张晓蕾，沈春竹，陈扬，闵皓.国土空间用途管制的基本思路与实施策略[J].规划师，2024，40（1）：75-82.

　　[7]张扬.国土空间用途管制对中国经济高质量发展的影响研究——基于强度和效度视角[J].自然资源学报，2024，39（3）：508-527.

　　[8]谭丽萍，徐小黎，李勇，毕云龙，门青.国土空间用途管制框架体系初探[J].中国国土资源经济，2020，33（12）：75-79，83.

　　[9]钟明洋，陈平，石义.国土空间用途管制制度体系的完善[J].中国土地，2020（5）：13-16.

　　[10]荣冬梅，王佳佳.荷兰国土空间用途管制制度探析[J].国土资源情报，2021（7）：41-46.

　　[11]谭丽萍，徐小黎，李勇，毕云龙.基于地方国土空间用途管制实践的思考[J].国土资源情报，2020（2）：8-12.

　　[12]黄征学，蒋仁开，吴九兴.国土空间用途管制的演进历程、发展趋势与政策创新

[J]. 中国土地科学, 2019, 33(6): 1-9.

[13] 伏年久. 面向长江大保护的国土空间用途管制研究——以扬州市为例[J]. 城市建设理论研究(电子版), 2024(4): 14-18.

[14] 易家林, 郭杰, 欧名豪, 丁冠乔, 陈振. 面向治理转型的国土空间用途管制制度完善路径探讨[J]. 中国土地科学, 2024, 38(1): 64-72.

[15] 谭丽萍, 徐小黎, 李勇, 毕云龙. 基于地方国土空间用途管制实践的思考[J]. 国土资源情报, 2020(2): 8-12.

[16] 骆雨晴, 庞海燕, 钟宁, 干牧野. 全域全类型国土空间用途管制的实践与建议——以浙江省杭州市临安区为例[J]. 中国土地, 2023(9): 48-51.

[17] 崔彩明. 统一国土空间用途管制制度的思考[J]. 建筑工程技术与设计, 2020(3): 2849.

[18] 钱竞, 赖权有, 郑沁. 用途管制的扩展: 从土地到国土空间[J]. 中国土地, 2020(7): 11-14.

[19] 高雁滨. 国土空间用途管制管控指标实施传导机制探索[J]. 中国住宅设施, 2023(10): 37-39.

第四章

国土空间用途管制分区

第一节　国土空间用途管制分区的内涵与意义

一、国土空间用途管制分区的基本内涵

国土空间用途管制分区要从国土区域出发理解其基本内涵。国土区域是一定空间内的范围界限。国土空间区域是国土范围内包含陆地、领空、地下的区域，包含区域内的自然资源、物质资源、社会资源、文化资源、环境资源。国土空间区域有界限性、分布性、联系性，国土空间内的各要素形成一定结构，不可的区域具有不同的主导功能；区域内有相似性、趋同性，而区域间有显著差异性。地理学中对区域的划分是通过综合地形、气候、人文、经济、政治等因素进行的。国土空间区域的划分则是综合区域内各类资源对不同主导功能的体现。因此，对国土空间进行管制，分区是最重要的工具与手段。

我国的国土空间用途管制是以国土空间规划为基础、以主体功能为导向、以行政事权为权责的管制。国土空间的分区是将国土空间规划内容传导到空间用途转换与使用的重要手段，规划的传导需要建立在合理规划分区的基础上；通过分区，可以确定主体功能定位、落实空间治理要求、优化功能布局与结构。规划的实现与优劣，也都是通过规划分区体现的。因此，分区是进行国土空间用途管制的首要流程，管制需要将行政管理权责贯穿在整个流程中，合理的管制分区可以更好地确定管制事权、执行管制要求、体现管制效果。综上所述，国土空间的用途管制分区是对全域、全要素进行统筹性、约束性、差异性、导向性管控的前提和基础。

二、国土空间用途管制分区的目的与意义

国土空间分区是空间用途管制的前提，通过分区明确空间主体功能，在主体功能区域中有效地引导管制对象按规划要求与政策要求进行转用。因此，分区是用途管制的基础，

也是国土空间规划的基础，是引导用途管制按规划实施的重要手段。同时，分区可以明确管制的层级，通过确定不同的主体功能分区能有效协调开发与保护间的关系，不同分区下建立不同的管制方式可以使用途管制实施变得更加可行和有效。

（一）通过分区明确以规划引导用途管制

2015 年，"国土空间规划"首次在党中央文件中被提到，作为国家《生态文明体制改革总体方案》的主要任务之一；2018 年，党和国家深化推进改革组建自然资源部，明确"两统一"职责，在用途管制中使土地利用规划向国土空间规划融合转变；2019 年，党中央、国务院发布《中共中央　国务院关于建立国土空间规划体系并监督实施的若干意见》（中发〔2019〕18 号文），国土空间规划包括总体规划、详细规划和专项规划，明确国土空间规划是实施国土空间用途管制的法定依据；2021 年，第三次修订的《中华人民共和国土地管理法实施条例》（以下简称《土地管理法实施条例》）中第二章第二条明确"土地开发、保护、建设活动应当坚持规划先行。经依法批准的国土空间规划是各类开发、保护、建设活动的基本依据"。2019 年，自然资源部发布《市县国土空间规划分区与用途分类指南》，其中强调国土空间规划分区是国家意志和社会公众利益的体现，是以国土空间的保护与修复、开发与利用两大空间管制属性为基础，并合理地配置空间资源。因此，为了承接和传导总体的国土空间规划意图，部署以核心属性为基础的用途管制制度，国土空间规划分区将是国土空间用途管制的基础与前提。

国土空间规划在全国全面实施，明确规划功能定位、理顺规划关系、统一规划体系、形成规划合力、强化规划统领，这将是新时代国土空间用途管制的必要基础与保障。用途管制的核心在于用途行为的约束、平衡开发与保护之间的关系，国土空间用途管制的先行条件就是通过国土空间规划划分区域，确定主导功能，建立规划结构，形成规划约束。空间用途管制的对象是一个个封闭的区域，这些区域是国土空间用途管制的基本单位，空间区域的划分是用途管制的开始，也是主导工作（吴次芳等，2020）。空间管制的结构功能主体通过空间分区进行搭建，不同区域形成不同主导功能的管制结构，区域间体现出管制的导向性、差异性。

（二）通过分区明确用途管制层级

对用途管制进行空间分区，从管制制度执行角度出发，分区是为了在主导功能的管控下进一步明确管制的层级、部门的权责、管制的重点、管制的范围、管制的方式。分区的层级体现着管制的层级，区域间的关系体现着管制中的统筹与协调。我国的国土空间规划体系是按照"五级三类四体系"建立的。"五级"就是我们国家行政主体管理结构，国家级、省级、市级、县级、乡镇级这五级从纵向体现出分区管制层级，明确了用途管制是自上而下运行的。"三类"是规划类型，从横向既建立了管制的具体要求，又延伸出管制部门间的权责关系。国土总体规划是行政单元对用途管制的总体控制，是对用途管制分区的总调度；相关的专项规划是对用途的分类与统筹，是二、三级管制分区确定管制权责的有效手段；详细规划是管制分区中的最小单元，是管制的具体载体与实施工具。因此，国土空间用途管制按照国土空间规划的"五级三类"建立分区体系，明确了用途管制的层级，实现了空间规划的管控与传导。

（三）通过分区协调开发与保护

用途管制的核心就是协调开发与保护的关系，通过空间用途分区以及空间分区规划确定开发范围、开发条件、开发时限、开发强度，通过空间用途分区确定保护范围、保护层级、保护条件、保护措施。《生态文明体制改革总体方案》中国土空间下的生态文明制度重大改革就是要划定生产、生活、生态空间的开发管制界限，构建以空间规划为基础，建立以用途管制为手段的国土空间开发保护制度。

国土空间下的自然资源包括土地、矿产、水、森林、草地、湿地等，随着生产发展的需要，人类对土地、矿产、森林的利用加强，各类生产建设对原有自然资源占用与影响加大，需要从空间规划角度建立空间管制分区，划分需要开发和保护的区域，以对各类资源更好地控制，形成空间资源管制系统。Shaikh Shamim Hasan 等在 *Environmental Development* 中提到土地利用变化（LUC）是影响自然环境变化的关键因素之一（Shaikh Shamim Hasan，2020）。从农业角度看，原有耕地生产力低，农民选择将耕地变为生产力更高的园地、农业生产加工的建设用地，造成农业减产，危及粮食安全；从生态角度看，原有林地、草地、湿地被不断开发，破坏原有生态系统，造成水土流失、荒漠化，引发地质灾害和资源矛盾；从国土空间整个资源系统看，土地的利用需要平衡生产建设与山、水、林、田、湖、草、沙之间的关系，形成一个可利月、可循环、可发展的系统。国土空间在对用途管制分区时，对农业、生态、建设三个方面进行规划和考虑，对永久基本农田范围、生态保护红线范围限制或禁止开发，管制分区中建立明确的需要控制、保护、约束的区域，同时也对需要开发的空间区块划分出集中建设的范围，以给定开发的强度，确保开发区域与保护区域不重叠、不冲突、不杂乱。用途管制分区的建立可以有效控制耕地不减少、林地不减少、自然保护范围不缩减、自然生态结构不破坏、国土空间自然资源系统不塌陷。

（四）分区让管制可行和有效

国土空间的用途管制分区是以"三区三线"划定的成果为基础，通过划定永久基本农田、生态保护红线、城镇开发边界，建立主导功能刚性约束结构，划分一、二、三级用途管制分区，明确农田保护、生态保护、农业生产、生态控制、城镇发展的主体功能区，在刚性约束的结构中通过细化具体开发建设与保护的功能区形成弹性空间，形成刚性、弹性结合的用途管制体系。

城镇开发边界内主要控制建设用地总规模，统筹融合发展规划、土地规划和城乡规划建设用地范围，划定集中建设区、弹性发展区以及绿线、紫线、黄线和蓝线，以提高空间节约集约利用程度，避免侵占自然生态空间，减少城镇空间的负外部性（沈悦，等，2017），形成国土空间用途管制下土地开发利用考核的长效机制。农业与生态功能区内，确定生态保护与永久基本农田保护范围，对重要生态功能及永久性种植的耕地进行强制性保护，在农田保护区、生态保护区外建立生态控制区、村庄建设区、一般农业区、林业发展区和牧业发展区，宜耕则耕，宜林则林，宜生态则生态，形成发挥生态资源优势、创新农业资源产业、完善空间治理体系的用途管制制度。

国土空间用途管制区域的划分，突出了按主体功能进行管制的方式；管制区域的层级，体现了管制的行政管理结构；管制区域的细化分级，体现出管制的统筹性与差异性；管制分区时的具体指标，体现出管制的约束性；管制分区建立了用途管制的主体结构。因此，通过区分管制对象，确定管制主体功能，划分管制区域，结合行政管理尺度建立分区层级，合理配置分区的有关资源，通过分区强化管制的统筹性与约束性，通过分区差异化限定国土空间管制要素的规模与强度，让国土空间达到有效性、科学性、保护性的用途管制。

第二节　国土空间用途管制分区原则与方法

一、国土空间用途管制分区原则

(一)功能主导原则

国土空间的用途分区是为了管制土地用途的转换、指导国土空间合理利用，因此管制分区要以主体功能定位为基础，并在分区中体现规划意图与管制规则。国土空间是多要素、多空间、多用途的，具有综合的功能属性，以功能为主导，才能更加强化空间分区具体的综合用途属性。分区时，通过整合国土空间各类要素，区分出保护修复功能、开发利用功能等主体区块，突出了空间用途管制的核心关系。在细化的分区时，通过强化主体功能，将生产、生活、生态这三大主体空间加以区分与协调，生产空间的分区将农、林、牧、副、渔的主导关系体现在分区中，突出了因地制宜的功能性管制；生活空间的分区，将公益性、经营性加以区分，将居住、行政、工业、医教、文旅等进行合理分区与规划，突出了以规划、以需求为主导的功能性管制；生态空间的分区，将生态保护功能、生态控制功能、生态修复功能、生态转化功能等进行划分，突出了保护性、协调性的功能性管制。由此看来，以功能为主导是空间管制分区的核心原则，通过在分区时考虑主体功能定位、规划用途功能定位、管制功能定位、地域功能定位等综合的功能定位，是解决国土空间管制与分区问题的基础之所在。

(二)协调统一原则

以规划为主的空间用途分区划定需要科学、可操作，为保证空间全域全覆盖、不交叉、不重叠，需要对空间上下协调统一、对空间不同要素协调统一、对不同空间用途功能协调统一、对不同管制要求协调统一；管制分区的可行性、科学性都是建立在对不同分区要素、分区层级、分区功能的协调统一上。空间分区的协调，是建立空间分区结构的重要手段；用途分区的协调，是对保护与利用关系的协调，分区时，在总体规划的层面需要协调耕地保护指标、城镇建设指标、林地保护指标、生态功能性指标等，详细规划层面需要协调功能需求与控制指标。空间分区的统一是对用途区块在空间上下的统一，所有的空间用途分区需要统一在同一个空间范围内；用途分区的统一是对自然资源与人文资源的统一，是不同主体功能、规划用途的分区统一在空间内合理、有效的运行。空间内通过用途分区保证用途完备、功能联动、关系不冲突，空间用途分区的协调统一是生态循环良好、生产科学有序、生活智能便利的保障。

（三）分层分级原则

空间用途管制分区的分层分级是空间用途管制结构的保障。我国的空间分区管制特点是按行政区划主体分层级管制，主体功能分区需要建立在国家、省、市、县、乡镇的行政区划上，行政的分区分级可以更有效地按区域管制，既有行政的效力，又有空间区域的定位与特色。在行政区划上结合主体功能、现状功能、规划用途功能、管制要求功能等进行分区分级，按功能定位的分区分级能将区块功能有序发挥，一个省市的一级功能分区体现出生态与农田保护、农业生产、城镇发展的主体功能定位，二级功能分区体现出保护的优先级、农业的不同生产功能与需求、城镇中具体的发展与保护关系，三级功能分区体现出区块单元的建设需求、发展定位、地域特点、人文理念。空间分区的分层分级由上到下是不同行政级别有效管制与联系统一的保障，分区按功能分层分级是对总体规划、详细规划、专项规划的贯穿，三类规划在不同的分区层级上有交叉、有协同，因此，分区需要分层分级，分区的层级建立让分区更有导向性、合理性、管控性、保障性。

（四）保护优先原则

坚持节约资源和保护环境是基本国策，国家始终坚持节约优先、保护优先、自然恢复为主的方针，着力推进绿色发展、循环发展、低碳发展，形成节约资源和保护环境的空间格局、产业结构、生产方式及生活方式。我国人均耕地少、高质量耕地少、后备耕地少，习近平总书记指出"要像保护大熊猫一样保护耕地"，"要守住耕地这个命根子，坚决整治乱占、破坏耕地违法行为"，在耕地保护的全域范围划定永久基本农田，耕地保护考核列入省级主要领导的责任目标考核，耕地保护、粮食安全达到了前所未有的国家战略与安全的高度。面对自然资源枯竭、环境污染严重、生态系统退化的严峻形势，党中央把生态文明建设纳入中国特色社会主义事业"五位一体"总体布局，生态保护是重中之重。国家出台多部法律对自然生态进行保护，设立自然保护区、森林公园、风景名胜区、世界文化自然遗产、地质公园等禁止开发区，对重要水源涵养、生物多样性保护、水土保持、防风固沙、海岸生态稳定等功能的生态功能重要区域，以及水土流失、土地沙化、石漠化、盐渍化等生态环境敏感脆弱区域重点调查评价，在《全国生态功能区划》中划定 50 个重要生态功能区。同时，综合资源保护新发展要求，对土地资源、水资源、森林资源、草地资源、湿地资源、生物资源，矿产资源等优先保护、统一保护、协调保护。

保护是空间用途管制的优先性原则，空间管制分区的划定也必须将此原则全程贯穿。主导功能的区域划分就是按照生态保护、农田保护、农业发展、城镇发展进行的，先对保护区域进行划分，再划分建设发展区域就是保护优先原则的体现。国土空间下的自然资源都需要节约、科学、合理、有序地利用，对自然资源划定保护范围、建立保护层级、提供保护措施是建立禁止建设、限制建设等功能区的基础。空间用途分区的划定必须坚持耕地保护优先、生态保护优先、综合自然资源保护优先的原则，要始终坚持"山水林田湖草生命共同体"的理念，才能做好国土空间的用途管制，才能建设好美丽中国，实现中华民族永续发展。

(五) 政策可行原则

管制分区的划定必须按照现有法律法规与政策的主体框架及要求进行，突破政策的功能性区块大大降低了管制的可行性及可达性，区块间也会相互影响、发生冲突，不受政策约束的区块划定将失去统一的规范与标准，划定时无法将某一个主体功能要求作为管制区块进行定义。政策的约束性是对分区划定功能、边界、影响指标等的统一与规范，政策的可行性是对分区划定的流程有序、执行有效的保障。管制中相关政策如准入许可条件、转用规则、建设许可条件等，都决定着分区的可行性。用途管制的分区也是行政主体为了实现特定的行政目标而对未来一定时期内拟采取的方法、步骤和措施依法作出具有约束力的设计与计划的过程(《管理科学技术名词》)。

(六) 统筹联动原则

分区的统筹联动是要在空间、规划、行政三个层面进行统筹联动，体现出多尺度、多领域的空间协同治理理念。分区中的统筹联动是以国土空间规划为基础，指导国土空间用途管制的重要手段。

空间统筹联动，是对国土空间的各类资源进行整合、分区、分类。各级的用途管制分区，每一个分区中都同时包含自然资源、社会资源、经济资源、文化资源等，空间统筹时以主体功能为导向将区块中自然资源与人文资源进行整合，以资源联动效益的方式发挥主体功能效益。同时，分区中空间上的联动也是地面、地下、空中的统筹与联动，一个空间管制区域不仅包含地上资源，还有上空资源和地下资源，如矿产能源发展区包含地下的矿产资源，城镇发展区中包含空中的航线，生态保护区包含空中的气候资源等。因此，分区中对空间进行统筹联动，可以有效整合资源并发挥资源的综合效益。

规划统筹联动，是以三类规划指导分区有效进行的重要手段。国土空间规划的内容是一级分区、二级分区的主体框架，各级国土空间规划根据行政区范围内的资源要素划定共性的主体功能范围就是统筹的体现。详细规划是在用途管制中设置的最小分区管制单元，用途管制的三级分区是在"四线"的控制条件下以详细规划为依据划分。详细规划中的行政管理界线、主干路网、自然地理界线、权属边界、行政管理部门界线、重要元素界线、规划功能性界线等都决定着管制细化分区的区夹边界以及主体功能性内容。详细规划对城镇开发边界范围的集中建设、弹性建设、战略留白等起到决定性作用。专项规划涉及工业、交通、农业、水利、能源等，各类规划影响着城镇发展区的具体分区。总体规划、详细规划、专项规划在分区时的统筹联动，不仅使分区不交叉、不重叠，区与区之间的功能作用也可以相互促进、相互协调。

　　行政统筹联动，是在纵、横向发挥行政效力，指导用途管制分区的有序进行。纵向上，由国家—省、省—市—县—乡镇，发挥主体行政政府的统筹联动能力。国家—省层面，大的主体功能定位分区需要体现国家的整体布局，如生态安全布局、重要经济发展区布局等；省—市—县—乡镇层面，分区中以省为主体行政单元，根据各省发展定位、资源格局、地方特点等确定主体的功能分区，将规划的总体布局以及分解的指标体现在市—县的管制分区中。横向上，由自然资源、林草、生态环保、发改、工信、交通、能源、水利、农业等有关部门结合其职能职责指导分区科学、合理、可行地进行，各部门在分区中体现职能职责的有效管理范围，部门间的统筹联动可以有效指导分区的范围、分区的细化层级、分区的种类、区块间的关系协调等。

二、国土空间用途管制分区流程

　　国土空间用途管制分区流程遵循以调查—评价—分析—建立构架—细化分区为主干的技术路线。在分区时通过摸清国土空间现状、布局、结构，通过对国土空间开发保护现状与现行空间类规划实施情况进行评估，开展国土空间开发适宜性评价与资源环境承载力评价，筛选出国土空间在开发与保护过程中必要的空间影响要素。结合空间影响要素，通过调查分析、统计分析、关联分析、聚类分析、模型分析等定性、定量、统计、模拟的方法确定具体国土空间用途管制的分区指标，以生态、农业、城市建设为主体功能方向，划定永久基本农田、生态保护红线、城镇开发边界这"三条控制线"并形成其保护、开发建设的范围。以划定的"三区三线"为分区的基本构架和基础，在此主体管控框架内以省级为单位按照具体功能划分不同的一、二级管制分区，通过建立市、县、乡镇的开发保护目标与要求，在省级基础上对省级所划分出的管制分区按照总体规划、约束性指标等细化主体管制单元进行管制并以此划分三级管制分区，在省市级主要行政机关与主管行政单位的统筹协调下，划分出功能明确、分层分级清晰不交叉、政策可行的国土空间用途管制分区。

　　具体流程如下：

（一）国土空间基础调查

　　为摸清国土空间现状、结构、布局以及各类资源的现状情况，对国土空间开展基础调查。国土空间基础调查主要分为空间基础数据调查、资源调查、人文设施调查、权属调查等方面。①空间基础数据调查：调查内容包含地形地貌数据、地质条件数据、土地利用现状数据等，在获得管制分区范围内三维的地形地貌数据基础上，摸清国土空间的地质条件关系，以土地为载体，重点调查国土空间的土地利用现状，以第三次全国土地调查最新的年度变更调查数据为底数，对比分析第二次全国土地调查逐年数据成果以及2019年12月公布的第三次全国土地调查数据成果，调查出各农用地、建设用地、未利用地的分布情况、占比情况、变化情况。②全面开展资源调查：是对耕地资源、森林资源、水资源、草地资源、湿地资源、生物资源、气候资源、地下资源等各类自然资源的数量、质量和空间布局的综合调查，如耕地资源需具体调查耕地的数量、边界、质量、分布、坡度、土壤等；森林资源需具体调查林地面积、边界、树种组成、林木密度、郁闭度、分布、森林覆盖率、生物栖息、水土保持、森林碳汇量情况等；水资源需具体调查水总量、水体信息（面积、深度、形态、水质）、水域边界、水系及分布、动态水量、补给等。③人文设施调查：主要调查空间内以人为主体的设施建设情况以及人文基本现状，具体调查各类设施的数量、等级、规模、容量、位置、服务人口和用地情况等（尹向东，等，2021），人文基本现状主要调查其人文历史在土地的建设现状、格局、保护要求等。④权属调查：主要调查各类自然资源、地上附着物及建构筑物的所有权、使用权、经营权等各类空间和资源的权益。

（二）资源环境承载能力和国土空间开发适宜性评价

开展资源环境承载能力与国土空间开发适宜性评价是通过充分考虑陆海全域水、土地、气候、生态、环境、灾害等资源环境要素，通过定性定量相结合的方法，在优先识别生态保护极重要区基础上，综合分析农业生产、城镇建设的合理规模和适宜等级，客观评价区域资源禀赋与环境条件，识别国土空间开发利用现状中的问题和风险，有针对性地提出意见和建议。根据自然资源部发布的《资源环境承载能力和国土空间开发适宜性评价指南（试行）》及云南省发布的《云南省市县资源环境承载能力和国土空间开发适宜性评价技术指南（试行）》，"双评价"的开展按照前期工作准备—确定评价目标与内容—多要素分析—本底评价—综合资源环境风险性分析—成果应用的技术路线进行。通过结合云南省的规划需求，在资料收集、实地调研、专家咨询的基础上确定评价目标、评价内容、核心指标、计算精度，主要围绕水资源、土地资源、气候、生态、环境、灾害等要素，结合云南省地方特色，增加文化和矿产要素，针对生态保护、农业生产、城镇建设三大核心功能开展本底评价，对历史文化要素单独开展评价。综合资源环境风险性分析包括对资源环境禀赋分析、现状问题和风险识别、潜力分析、情景分析等。

（1）生态保护重要性评价：从生态空间完整性、系统性、连通性出发，开展生态系统服务功能重要性和生态脆弱性评价，识别生态保护极重要区和重要区，结合重要地下水补给、洪水调蓄、河（湖）岸防护、自然遗迹、自然景观等进行补充评价和修正，云南省还对九大高原湖泊进行了重点性生态保护研究。

（2）农业生产适宜性评价：在生态保护极重要区以外的区域，根据地方农业产业特色，结合环境安全，识别农业生产适宜区和不适宜区。根据农业生产相关功能的要求，进一步细化评价单元、提高评价精度、补充评价内容。结合云南省种植业特点，超过 25 度水肥可保障的梯田和划定为农业遗产的区域可纳入农业生产适宜区。结合牧业、渔业等农业生产活动需求，对重要草场、水域的农业生产适宜性等级进行适当调整。结合云南省历史文化名村、传统村落、少数民族村寨等特色村落布局，与农业部门、文旅部门等有关部门对接相关专项研究，识别优势特色农业生活空间。以烟草、花卉、茶叶、咖啡、橡胶、坚果、中草药等重要经济作物分布、特色农产品种植和重大农业基础设施配套等，进一步识别优势特色农业生产空间。

（3）城镇建设适宜性评价：在生态保护极重要区以外的区域，优先考虑环境安全、粮食安全和地质安全等底线要求，细化高程、地质灾害评价精度，识别城镇建设不适宜区；在进一步提高评价精度的基础上，对城镇建设不适宜区范围进行校核，根据城镇化发展阶段特征，增加人口、经济、区位、基础设施等要素，识别城镇建设适宜区。结合云南实际，针对矿产资源、历史文化和自然景观资源等，开展必要的补充评价，识别具有云南特性的城镇建设空间；结合云南省矿产资源分布，具有采矿权的战略性矿产资源区域纳入城镇建设不适宜区。

（4）承载规模评价：基于现有经济技术水平和生产生活方式，以水资源、空间约束等为主要约束，缺水地区重点考虑水平衡，九大高原湖泊涉及州（市）可考虑水环境承载力，分别评价各评价单元可承载农业生产、城镇建设的最大合理规模。各地可结合环境质量目标、污染物排放标准和总量控制等因素，评价环境容量对农业生产、城镇建设的约束要求。按照短板原理，取各约束条件下的最小值作为可承载的最大合理规模。

（5）综合资源环境风险性分析：总结资源环境禀赋优势和短板，分析水、土地、森林、草地、湿地、冰川、能源矿产等自然资源的数量（总量和人均量）、质量、结构、分布等特征及变化趋势。对现状问题和风险进行识别。重点识别生态保护极重要区中永久基本农田、园地、人工商品林、建设用地，农业生产不适宜区中耕地、永久基本农田，城镇建设不适宜区中农村居民点和城镇用地，地质灾害高危险区内建设用地。潜力分析上主要对比现状耕地规模与耕地承载规模、现状城镇建设用地规模与城镇建设承载规模，判断区域资源环境承载状态。对资源环境超载的地区，找出主要原因，提出改善路径。根据农业生产适宜性评价结果，对农业适宜区内，扣除国家和省级生态公益林、现状建设用地及现状水域后，根据土地利用现状和资源环境承载规模，分析可开发为耕地的空间分布和规模；根据城镇建设适宜性评价结果，对城镇建设适宜区内，扣除国家和省级公益林、集中连片耕地后，根据土地利用现状和城镇建设承载规模，分析可用于城镇建设的空间分布和规模。

（三）确定空间影响要素及分区指标

影响国土空间的要素包括自然资源条件、生态环境、行政区划与区位条件、经济布局、人口分布、国土利用、历史文化等。按照国土空间的保护与保留、开发与利用两大核心功能需求，在空间布局与结构的基础上对影响要素进行全面分析，结合双评价的结果，对主要的影响要素提取用途管制规划分区指标。

国土空间影响要素见表4-1。

表4-1 国土空间影响要素表

影响因素	主 要 内 容
行政区划与 区位条件	1. 行政建制与区划、辖区面积、城镇村数量分布、毗邻地区等情况； 2. 区位优势、所处地域优势和产业优势情况。
自然资源 条件	1. 气候气象、地貌、土壤、植被、水文、地质、自然灾害(如地震、地质灾害)等情况； 2. 水资源、森林资源、矿产资源、生物资源、景观资源等情况。
人口情况	1. 历年总人口、总户数、人口密度、城镇人口、乡村人口、人口自然增长等情况； 2. 户籍人口、常住人口、暂住人口、实际服务人口、劳动力就业构成、剩余劳动力流向、外来劳动力从业等情况。
经济社会 历史文化 生态环境	1. 经济社会综合发展状况、历年地区生产总值、地方一般公共预算收入、全社会固定资产投资、人均地区生产总值、城镇常住居民人均可支配收入、农村常住居民人均可支配收入、全体居民人均可支配收入、贫困人口脱贫等情况； 2. 产业结构、主导产业状况及发展趋势，城镇化水平、村镇建设状况； 3. 城乡建设及基础设施，能源、采矿业发展，对外交通、通信、邮电、商业、医疗、卫生、文化教育、风景名胜、古迹文物保护、旅游发展、民族文化等情况； 4. 自然保护地、农田基本建设、水利建设、防护林建设等情况； 5. 生态环境状况(土地退化、土地污染、水土流失等)、生态环境保护、污染防治、环境卫生建设等情况。

国土空间规划的指标按指标性质分为约束性指标和预期性指标。约束性指标是为实现规划目标，在规划期内不得突破或必须实现的指标；预期性指标是指按照经济社会发展预期，规划期内努力实现或不突破的指标。从指标功能上，又分为底线约束性指标、空间结构性指标、空间品质功能指标。约束性指标是考虑规划功能的核心性指标，包括生态功能性指标、耕地保护指标、林地保护指标、用水指标、城乡建设指标、自然和文化遗产指标等，这是保护与利用的基础性指标，也是功能分区的直接性依据。对每一项指标进行细化并量化，如生态保护红线所保护的面积包含陆域与水域面积，包含国家公园、自然保护区、重要水源地面积等；全年各类用水总量包含生产用水、生活用水和生态用水等具体指标数值。通过量化的必要性分区指标，按照用地用海分类中具体的空间用途，为国土空间规划用途管制分区提供类型、范围、层级划分的依据。

市级国土空间规划指标体系见表4-2。

表4-2　市级国土空间规划指标体系表（自然资源部《市级国土空间总体规划编制指南（试行）》）

编号	指　标　项	指标属性
一、空间底线指标		
1	生态保护红线面积（公顷）	约束性
2	用水总量（万立方米）	约束性
3	永久基本农田保护面积（公顷）	约束性
4	耕地保有量（公顷）	约束性
5	林地保有量（公顷）	约束性
6	基本草原面积（公顷）	约束性
7	湿地面积（公顷）	约束性
8	建设用地总规模（公顷）	约束性
9	城乡建设用地规模（公顷）	约束性
10	城镇开发边界规模（公顷）	预期性
11	自然和文化遗产（处）	预期性
二、空间结构与效率指标		
12	人均城镇建设用地面积（平方米）	约束性
13	道路网密度（千米/平方千米）	约束性
14	常住人口规模（万人）	预期性
15	常住人口城镇化率（%）	预期性
16	人均应急避难场所面积（平方米）	预期性
三、空间品质功能指标		
17	公园绿地、广场步行5分钟覆盖率（%）	约束性
18	卫生、养老、教育、文化、体育等社区公共服务设施步行15分钟覆盖率（%）	预期性
19	人均公园绿地面积（平方米）	预期性
20	城镇生活垃圾回收利用率（%）	预期性
21	农村生活垃圾处理率（%）	预期性

（四）划定"三区三线"

通过影响因素分析与重要指标提取，按照核心的主体功能定位，确定耕地和永久基本农田、生态保护红线、城镇开发边界是管制分区的基础性结构，也是下一步具体分区的约束性前提，因此划定"三区三线"尤为重要。划定时，应按照耕地和永久基本农田、生态保护红线、城镇开发边界的顺序，在国土空间规划中统筹划定落实三条控制线，做到现状耕地应保尽保、应划尽划，确保三条控制线不交叉不重叠不冲突。在划定时统筹交通、水利、能源等专项规划的用地需求，要结合区域重大战略、区域协调发展战略和主体功能区战略要求。

1. 划定耕地和永久基本农田

划定时应遵循应保尽保、应划尽划的原则。

(1)划定耕地是以 2020 年国土变更调查成果为基础(城镇、村庄不打开统计)的现状耕地，2021 年恢复的耕地经认定可纳入耕地保护目标。为保证耕地的有效管理性、可利用性、严肃性，结合实际情况对以下现状耕地情形不纳入耕地保护目标任务：在部系统备案且已经依法批准并落实占补平衡即将建设的、按下达计划需在"三调"耕地上实施退耕还林还草的、自然保护地核心保护区内的、饮用水水源一级保护区内的、河湖范围内根据淹没频次经认定需退出的、在自然资源部监管系统备案的农业设施建设占用的，等等。对纳入耕地保护目标的耕地带位置逐级分解下达。

(2)划定永久基本农田按先后顺序优先将以下可长期稳定利用耕地进行划入：坝区耕地；经国务院农业农村主管部门或者县级以上地方人民政府批准确定的粮、棉、油、糖等重要农产品生产基地内的耕地；有良好的水利与水土保持设施的耕地，正在实施改造计划以及可以改造的中、低产田和已建成的高标准农田；蔬菜生产基地；农业科研、教学试验田；土地综合整治新增加的耕地；国务院规定应当划为永久基本农田的其他耕地。各州(市)划入永久基本农田的稳定耕地及坝区稳定耕地设置划定的比例下限，保证在统筹各战略项目和其他情况的同时确定必要的永久基本农田保护目标。原则上集中连片大于等于75亩的稳定耕地应划入永久基本农田。对于划定永久基本农田面积高于原永久基本农田保护任务的州(市)，由省级统筹给予一定新增建设用地指标奖励。

2. 划定生态保护红线

生态保护红线是在生态空间范围内具有特殊重要生态功能、必须强制性严格保护的区域。根据《关于在国土空间规划中统筹划定落实三条控制线的指导意见》《生态保护红线划定指南》，在国土空间范围内，按照资源环境承载能力和国土空间开发适宜性评价技术方法，开展生态功能重要性评估和生态环境敏感性评估，优先将具有重要水源涵养、生物多样性保护、水土保持、防风固沙、海岸防护等功能的生态功能极重要区域，以及生态极敏感脆弱的水土流失、沙漠化、石漠化、海岸侵蚀等区域划入生态保护红线。评估时通过确定基本评估单元、选择评估类型与方法、数据准备、模型运算、评估分级和现场校验等步骤，划定包括国家公园、自然保护区、森林公园的生态保育区和核心景观区、风景名胜区的核心景区、地质公园的地质遗迹保护区、世界自然遗产的核心区和缓冲区、湿地公园的湿地保育区和恢复重建区、饮用水水源地的一级保护区、水产种质资源保护区的核心区、其他类型禁止开发区的核心保护区域等上述禁止开发区域内的不同功能分区。同时，除上述禁止开发区域以外，各地结合实际情况，根据生态功能重要性，将极小种群物种分布的栖息地、国家一级公益林、重要湿地、国家级水土流失重点预防区、沙化土地封禁保护区、野生植物集中分布地、自然岸线、雪山冰川、高原冻土等重要生态保护地等有必要实施严格保护的各类保护地纳入生态保护红线范围。将上述不同区域进行叠加形成生态保护红线叠加图，通过边界处理、现状与规划衔接、跨区域协调、上下对接等步骤，确定生态保护红线边界。根据划定方案确定的生态保护红线分布图，搜集红线附近原有平面控制点坐标成果、控制点网图，以高清正射影像图、地形图和地籍图等相关资料为辅助，调查生态保护红线各类基础信息，明确红线区块边界走向和实地拐点坐标，详细勘定红线边界。生态保护红线命名采取"自然地理单元+主导生态功能+生态保护红线"的命名方式，以县级行政区作为基本单元建立生态保护红线台账系统。

3. 划定城镇开发边界

坚持底线原则，充分尊重自然地理格局，统筹发展和安全，统筹农业、生态、城镇空间布局，严控新增建设用地，推动城镇紧凑发展和节约集约用地。以云南省为例，根据云南省自然资源厅《关于在全省开展国土空间规划"三区三线"划定工作的函》，在划定开发边界时设定反向约束与正向约束。

(1)反向约束方面：守住自然生态安全边界，不侵占和破坏山水林田湖草沙的自然空间格局，避让重要山体山脉、河流湖泊、湿地、天然林草场等；避让连片优质耕地和已有政策法规明确禁止或限制人为活动的国家公园、自然保护区、自然公园、生态公益林、饮用水水源保护区等；避让地质灾害极高和高风险区、蓄滞洪区、地震断裂带、洪涝风险易发区、采煤塌陷区、重要矿产资源压覆区及油井密集区等不适宜城镇建设区域；加强历史文化遗产保护，避让大遗址保护区和地下文物埋藏区；根据水资源约束底线和利用上限，控制新增建设用地规模，引导人口、产业和用地合理布局；基于资源环境承载能力和国土空间开发适宜性评价，充分考虑各类限制性因素，测算新增城乡建设用地潜力。

(2)正向约束方面：设置扩展系数进行约束，对人均城镇建设用地远超国家标准的城市或近十年城区常住人口减少的城市，城镇开发边界面积一般为现状城镇建设用地规模的1.1倍以内，其他城市一般为1.3倍以内；在城镇开发边界内保留一定的农业和生态空间，发挥城市周边重要生态功能空间和连片优质耕地对城市"摊大饼"式扩张的阻隔作用，促进形成多中心、组团式的空间布局；同时在划定时充分利用河流、山川以及铁路、高速公路、机场、高压走廊等自然地理和地物边界，形态尽可能完整，便于识别、便于管理；在城镇开发边界内，城镇集中建设区的新增建设用地规模不得超过上级下达的新增城镇建设用地规模，在城镇集中建设区外划定弹性发展区，应对城镇发展的不确定性。

(五) 分层分级划分管制区

在基础调查、双评估、专题分析、影响要素筛选、划分定量性指标的基础上，结合云南实际省情、发展现状、规划战略要求等，建立省级的分区分级标准。建立省级标准时，按主体管制功能的性质来划分，根据"三区三线"所划定的成果，一级分区必然有农田保护区、生态保护区、城镇发展区，同时为了兜住保护与开发的核心管制功能，一级分区中还将考虑除生态保护外还需要生态控制的区域、除农田保护外还需农业发展的区域、除城镇发展外还需乡村发展的区域以及其他本省根据资源特点、发展优势、特殊用途定位等还需单独分层分级管控的区域。二级分区将在一级分区的基础上进行细化，是对管制更精细化的要求，二级分区的划分体现着管制的主要具体对象和上下规划的传导，如按城镇发展的具体功能其区域中应有集中建设、弹性发展、特别用途等区域；乡村发展区的二级分区将按村庄建设以及一般农业、林业、牧业等不同建设与产业发展等具体功能进行细分。由于考虑城市建设和发展的综合性、功能的复杂性、需求的多样性，三级分区在划分时主要针对城镇集中发展建设的区域进行细分，按照用地用海分类指南中的规定，建设用地的具体用途涉及居住、商服、工业、仓储、公共服务、公共设施、交通、绿地、特殊等用地，以土地用途标准分类为依据，各省将根据城市发展的实际情况划分出合理的三级分区，同时按照精细化的管制思路，三级管制分区将含有居住、商服、公服、绿地、交通、工业、仓储等具体功能分区。管制分区按照功能性质划分至三级可以有效地按所属功能进行科学精细管制；若只划分为二级，则对城市集中建设的管制不够精细和有针对性，实施过程中容易"眉毛胡子一把抓"，造成管制粗放；若划分至四级分区，则管制又极其烦琐，不利于规划的传导与实施，细化的分级越多，市、县、乡镇级的弹性就越小，施行管制时越容易与规划脱节，不利于地方发展。省级的一、二、三级统一分区标准划分完成后，将在县、州（市）中具体实施划分，县的分区成果汇总至州（市），州（市）的分区成果汇总至省形成各省的管制分区总图。

　　行政管制分区实施时除了按照省级统一的分区标准实施外，还要对必须管制的功能性量化指标在各行政层级进行约束与统筹。在指标的约束上，由省将约束性的指标分解到各州（市），由各州（市）将约束性指标分解到县级行政区，县级行政区作为管制分区的基础行政层级，按照省里建立的标准在行政区域内统一划分，各行政层级内的国土空间用途管制分区不仅是一个闭合非交叉重叠的区域，也是一个有规模、有指标约束、有管制目标、带区位、有布局的区域，各层级的管制分区将注重整体统筹和区域间的协调，而非独立简单的分区。因此，管制分区在分层分级时除了按功能性质分级外，在行政层级分级管制上还要按管制要求进行指标约束，以达到更有效的分级与分区。

（六）细化管制单元与统筹协调

　　细化管制分区主要是对城镇开发边界范围内的区域进行更细化的管制，按照"详细规划+指标约束"的管制要求，对城镇集中建设、乡村建设的区域按照具体的功能性需求进行单元式、区块式的划分。在三级管制分区的基础上，城镇集中建设区域为更有效、科学、有序的管制，对建设区域按照地方性的详细规划进行更进一步的约束与分割，单元化管制是最有针对性的管制抓手。细分单元时分为单元层次和地块层次，单元层次侧重统筹与底线管控，地块层次侧重城市具体功能的实施。细分管制单元时，用地功能相对单一的地区细分单元可适当划大，用地功能较为混合的地区宜适当划小；城镇新区、工业集中区可适当划大，城镇旧区、城镇中心区宜适当划小；规模较大的社区（行政村），可依托道路、山体、水系等明确的空间要素划分为多个细分单元。

（1）云南在细化城镇集中建设管制单元时，城镇集中建设区域除了需要落实永久基本农田保护线、生态保护红线、城镇开发边界、洪涝风险控制线、九大高原湖泊的湖滨生态红线、湖泊生态黄线之外，还要有城市绿线、蓝线、紫线、黄线规模与边界的约束，约束条件下更细致的管制单元将根据更明确的管制对象、服务需求、规划目标等进行划分，如交通枢纽三级管制分区中有快速路、主干路、次干路、交通枢纽配套设施等不同单元，具体规划要求下将明确区域交通廊道的走向、控制宽度以及站点的点位、用地规模等；明确快速路、主干路、次干路功能等级、线位走向、红线宽度等控制要求；明确加油加气加氢站、电动汽车充（换）电站的点位和用地规模。综合服务、公共服务的三级管制分区下，将有行政办公、文化、教育、医疗、基础设施保障等更具功能特点的管制单元，管制单元中以公益性设施保障要求为例，单元中独立占地的区域级公共服务设施应明确公共服务设施类型、用地边界及服务范围；独立占地的非区域级公共服务设施应明确公共服务设施类型、配置标准及布局要求；非独立占地的公共服务设施，应明确公共服务设施类型、配置标准及布局要求；还应明确水厂、污水处理厂、重大变配电设施、燃气调压站、重大通信设施、垃圾转运和处理设施等基础设施的类型、规模和用地边界，以及消防、防洪防潮排涝、应急避难、人防等综合防灾设施的类型、规模和用地边界。

（2）在细化乡村建设管制单元时，乡村建设的区域根据各乡村具体的乡村规划，考虑村庄区位、发展定位、历史人文特色等因素，对村庄建设的具体功能性内容进行更细致的划分，如村庄建设中的宅基地、村庄基础设施用地、公共服务用地、产业用地、对外交通设施用地、其他建设用地等具体的单元。管制单元的约束，也按照乡村建设发展的基本规模倍数、乡村发展定位、分区内的具体管制要求等进行有效的限定与划分。

分区与所有单元划分完成后还需要综合的统筹协调，管制区域的统筹协调主要是按照主体功能定位的要求保证各级分区明确、功能完整，管制功能不降低，管制区域不交叉、不重叠，管制区域间相互协调、不冲突。管制指标的统筹协调是以各行政层级按照功能与规划的指引以约束性指标为手段对下一行政层级的规划管制分区内容进行协调，县级需要统筹各乡镇、村的发展，州（市）级统筹县级的发展，省级统筹州（市）级的发展，具体统筹协调的核心环节在州（市）。具体统筹协调约束如下：对州（市）下辖各县（市、区）提出规划指引，按照主体功能区定位，落实州（市）级国土空间总体规划（以下简称"总规"）确定的规划目标、规划分区、重要控制线、城镇定位、要素配置等规划内容。制定州（市）下辖各县（区、市）的约束性指标分解方案，下达调控指标，确保约束性指标的落实。各地可根据实际情况，在州（市）级总规基础上，大城市可以行政区或规划片区为单元编制分区规划（相当于县级总规），中小城市可直接划分详规单元，加强对详细规划的指引和传导。涉及中心城区范围的县（市、区）的国土空间总体规划，应落实州（市）总规对中心城区的国土空间安排。统筹协调时，约束的指标会对不同的区位进行倾斜，如中心城市、大城市有更多的城市建设规模指标，经济开发区有更多的产业用地指标，乡村发展区域划分集中乡村发展的区域与规模拓展倍数肯定要小于城市集中建设区，但乡村发展区中对耕地保有量的任务承担会更重，由此才更能规划管制功能划分时的导向性、约束性。

第三节　云南省国土空间用途管制规划分区

一、基于行政层级的国土空间用途管制分区

(一)省级分区

云南省级国土空间用途管制分区,是在自然地理环境、资源禀赋、城镇发展格局、生态空间格局、城乡结构及其空间布局、人口分布、社会主要特征、经济情况等主体条件下,落实国家区域战略布局和国土空间规划要求,统筹生态安全格局、粮食安全格局、资源安全格局、城乡空间发展格局、经济社会发展格局,协调省域空间范围内的资源开发与保护关系,着重以永久基本农田保护线范围、生态保护红线范围、城镇开发边界这三条控制线作为省域空间用途分区基础和底库数据。在划定分区时,立足云南省的地形地貌、气候、生物、民族文化等多样性以及边境地区、国际大通道等特点,聚焦高原特色农业、世界一流"三张牌"、数字经济重大产业项目以及重点基础设施和民生领域补短板项目,落实优势在区位、出路在开放的要求,突出自然旅游资源富集的显著优势,把握以六大水系和九大高原湖泊为重点的水系脉络,以优化生态系统保护格局、强化河湖库空间保护、形成有地方特色的自然保护体系和历史文化保护体系为主体目标。将云南省的农业、生态、城镇、矿产能源等特性及发展要求作为划分省级主导功能分区的基本参考,划定出符合云南实际、统筹云南地方差异的主体功能分区,为经济社会发展规划提供空间保障。

(二)州(市)级分区

云南省州(市)级国土空间用途分区,是在云南省级国土空间格局和战略规划定位的背景下进行划分的,市域范围内的永久基本农田、生态保护红线和城镇开发边界依然是分区的基础和底数。由于州(市)作为全省国土空间用途管制具体实施的主体,州(市)在分区时不仅要发挥其空间区域内的主导功能和战略特点,还要注重州(市)承上启下的用途管制导向作用,既要传导省级层面的主体分区和功能战略要求,又要制定符合下辖县、乡实际特征和情况的分区细则。州(市)级的用途管制分区既要突出中心城市的空间发展,又要注重城乡空间格局,保障县乡的生态建设、农业发展、产业提升。分区时,应按照州(市)主体功能区战略和定位,推动形成主体功能约束有效、国土开发有序的空间发展格局;以规划为引领,增强中心城镇和城市群等经济发展优势区域的经济和人口承载能力,增强其他地区保障粮食安全、生态安全、边疆安全等方面的能力;落实区域协调发展、新型城镇化、乡村振兴、可持续发展战略;推动城乡融合,着力完善交通、水利等基础设施和公共服务设施;延续历史文脉,加强风貌管控。可以按照"问题—目标—战略—布局—机制"的逻辑,因地制宜制定国土空间分区方案和实施措施,充分发挥州(市)国土空间用途管制分

区与规划在空间治理中的基础性公共政策作用，确保功能区划分可行、有效，并能统筹地区特点。

（三）县（市、区）分区

云南省县级国土空间用途分区，需要落实到国土空间用途管制的三级分区，分区不能过粗，但也无须细化到每一个管制地块的具体用途。分区时，在"三区三线"的底线约束下，按照州（市）空间布局和发展定位，结合城乡结构、生态结构、农业结构特点进行划分，对主导功能区块可以分类统筹，如城镇开发边界内外可以细化集中建设、弹性发展、特别用途、零星用途等区域，农业发展按照村庄建设、一般农业、林业、牧业等类型进行细分划定。各主体功能划分时，需要一个主导功能用途，其他功能特性作为辅助，做到分区相辅相成，不冲突、不混乱。

分区划定时，需要落实上位规划对本县（市、区）的定位、指标和控制性要求，科学确定区域发展战略和目标，划定各类控制线，优化空间布局；对全域资源保护、开发利用、整治修复提出详细的分区方案；对交通、公共服务设施、基础设施、历史文化保护与城乡风貌塑造等方面也要纳入分区中的重点考虑范畴。县（市、区）分区时，要区分出县域和中心城区两个层次，县域应突出全域统筹，整体谋划国土空间格局优化方向，明确镇村体系、各类控制线、国土空间规划分区与用途结构、国土整治与修复、要素支撑体系等内容，对乡镇规划分区有引导作用；中心城区应突出对城镇空间重点内容的细化安排，侧重底线管控和功能布局细化，合理确定功能结构、用地布局、重大公共设施和基础设施布局等内容，明确城镇开发强度分区和强度指引，对空间形态要有管控要求。

（四）乡镇级分区

云南乡镇层面的国土空间用途分区，是在县（市、区）分区的基础上进行细分。划定分区时先将县域内划定的"三区三线"作为底车数据，以县（市、区）空间布局和功能定位为主导，重点结合农业产业特点、生态功能区位、城乡结构特点进行分区。乡镇级作为管制分区的最小单元，需要对每一个主导功能区块落实其功能用途，可以参照《国土空间调查、规划、用途管制用地用海分类指南》（自然资办发〔2023〕234号），统筹划分至三级分区。对于城乡集中建设所需的居住用地、公共管理与公共服务用地、商业服务业用地、工矿用地、仓储用地、交通运输用地、公用设施月地等要进行细致的地块划分和综合归类，做到主体功能可导向、综合功能可发挥、具体地块不冲突。

乡镇分区时要高度重视地方粮食安全，立足县乡的地形地貌、水土特性、农田水利设施条件、农业种植、历史文化特色、重要产业发展等要素，对稳定耕地和坝区耕地重点保护，遏制耕地"非农化"，防止"非粮化"；加强耕地保护和质量建设，稳步推进高标准农田建设，稳定和优化农业发展空间。乡镇在进行国土空间用途分区时，要落实乡村振兴战略，优化农业发展空间格局，要紧密结合乡村振兴定位要求，以推进农村空间复合利用、优化农村一二三产业融合发展空间结构、保护农业特色资源为目标要求，倡导高原农业产业绿色化和智慧化，通过分区引导农业发展向优势区聚集。

二、云南省国土空间用途管制分区结果

以云南省"三区三线"相关成果为基础，结合每一行政层级的有关分区重点，按照国土空间总体规划的有关要求，将云南省国土空间用途管制划分6个一级分区，包含3个以保护控制为主体的功能区，即：生态保护区、生态控制区、农田保护区，结合云南产业特色及发展定位的3个开发利用的主体功能区，即：乡村发展区、城镇发展区、矿产能源发展区。用途管制二级分区的重点是发挥空间引导功能和承上启下的控制作用，突出市域中心城市的空间分区，以及市域的底线划定和公共资源的配置安排。结合乡村及城镇的发展要求，根据乡村发展的具体方向与功能对乡村发展区划分4个二级分区(村庄建设区、一般农业区、林业发展区、牧业发展区)；根据城镇发展的布局、时序、规划定位，对城镇发展区划分4个二级分区(城镇集中建设区、城镇弹性发展区、城镇特别用途区、工业拓展区)。在城镇集中建设区，为了更好地建设与管控，需要在集中建设的区域确定市域总体空间结构、城镇体系结构，明确中心城市性质、职能与规模，以城市交通红线、市政黄线、绿地绿线、水体蓝线、文保紫线"五线"为基础，在城镇集中建设区划分以下8个三级国土空间用途管制分区：居住生活区、综合服务区、商业商务区、工业发展区、物流仓储区、绿地休闲区、交通枢纽区、战略预留区。详见表4-3。

(1)生态保护区：是指具有特殊生态功能或生态环境脆弱敏感、必须保护的陆地自然区域，包括陆域生态保护红线集中区域，以及需进行生态保护与生态修复的其他陆地自然区域。生态保护区在生态空间范围具有特殊重要生态功能，必须强制性严格保护，是保障和维护国家生态安全的底线和生命线，包含了"三区三线"划定的生态保护红线范围内的所有区域，通常包括具有重要水源涵养、生物多样性保护、水土保持、防风固沙、海岸生态稳定等功能的生态功能重要区域，以及水土流失、土地沙化、石漠化、盐渍化等生态环境敏感脆弱地区。其中，国家公园和自然保护区的核心保护区属于禁止建设区。

(2)生态控制区：是指自然公园的其他区域，主要包括Ⅲ级保护林地，除Ⅲ级保护林地外的其他天然林、零星分布的省级公益林、市县级公益林、其他防护林和特用林、城镇周边山体、城郊绿色空间、省级以上重要湿地外的湿地、一般水系、一般廊道以及Ⅳ级保护林地和林地外的树圃、苗圃、经济林等，坡度25°以上退耕还林区和地质灾害隐患区、生态廊道以及其他生态功能性的区域，该区属于限制建设区。

(3)农田保护区：是指永久基本农田相对集中需严格保护的区域。

(4)乡村发展区：是指城镇开发边界外，为满足农林牧渔等农业发展以及农民集中生活和生产配套为主的区域，该区域既强调农业生产关系、产业结构特点、突出农业生产发展，又体现农民生活居住建设。农业包括村庄建设区、一般农业区、林业发展区、牧业发展区。

(5)城镇发展区：是指城镇开发边界围合的范围，是城镇集中开发建设并可满足城镇生产、生活需要的区域。包括城镇集中建设区、弹性发展区、特别用途区、工业拓展区。其中弹性发展区是为应对城镇发展的不确定性，满足特定条件下方可进行城镇开发和集中建设的区域。同时，云南省在结合本省工业发展战略的基础上，提出对城镇发展区中单独

划分出工业相关管控的区域，其中城镇开发边界范围内划出工业保障线，城镇开发边界范围外划出工业拓展线。

（6）矿产能源发展区：是指为适应国家能源安全与矿业发展的重要陆域采矿区、战略性矿产储量区等区域。该区的划分是结合云南矿产资源丰富多样的特点，以省矿产资源规划为基础进行划定。

表4-3 云南省国土空间用途管制分区表

一级规划分区	二级规划分区	三级规划分区	含 义
生态保护区	—	—	具有特殊重要生态功能或生态敏感脆弱、必须强制性严格保护的陆地和海洋自然区域，包括陆域生态保护红线、海洋生态保护红线集中划定的区域
生态控制区	—	—	生态保护红线外，需要予以保留原貌、强化生态保育和生态建设、限制开发建设的陆地和海洋自然区域
农田保护区	—	—	永久基本农田相对集中需严格保护的区域
城镇发展区	城镇集中建设区	—	开展城镇开发建设，满足城镇生产、生活需要的区域
		居住生活区	以住宅建筑和居住配套设施为主要功能导向的区域
		综合服务区	以提供行政办公、文化、教育、医疗以及综合商业等服务为主要功能导向的区域
		商业商务区	以提供商业、商务办公等就业岗位为主要功能导向的区域
		工业发展区	以工业及其配套产业为主要功能导向的区域
		物流仓储区	以物流仓储及其配套产业为主要功能导向的区域
		绿地休闲区	以公园绿地、广场用地、滨水开敞空间、防护绿地等为主要功能导向的区域
		交通枢纽区	以机场、港口、铁路客货运站等大型交通设施为主要功能导向的区域
		战略预留区	在城镇集中建设区中，为城镇重大战略性功能控制的留白区域
	城镇弹性发展区	—	为应对城镇发展的不确定性，在满足特定条件下方可进行城镇开发和集中建设的区域
	特别用途区	—	为了完善城镇功能，提升人居环境品质，保持城镇开发边界的完整性，根据规划管理需划入开发边界内的重点地区，主要包括与城镇关联密切的生态涵养、休闲游憩、防护隔离、自然和历史文化保护等区域
	工业拓展区		城镇开发边界外工业用地拓展线相对集中区域

续表

一级规划分区	二级规划分区	三级规划分区	含 义
乡村发展区	—	—	农田保护区外，为满足农林牧渔等农业发展以及农民集中生活和生产配套为主的区域
	村庄建设区	—	城镇开发边界外，规划重点发展的村庄用地区域
	一般农业区	—	以农业生产发展为主要利用功能导向划定的区域
	林业发展区	—	以规模化林业生产为主要利用功能导向划定的区域
	牧业发展区	—	以草原畜牧业发展为主要利用功能导向划定的区域
矿产能源发展区	—	—	为适应国家能源安全与矿业发展的重要陆域采矿区、战略性矿产储量区等区域

本章参考文献

[1]吴次芳，谭永忠，郑红玉，等. 国土空间用途管制［M］. 北京：地质出版社，2020.

[2]王慈. 国土空间规划体系下的特大城市分区规划探索［J］. 规划师，2021，37（12）：17-22，28.

[3]Shaikh Shamim Hasan，Noor Shaila Sarmin，Md Giashuddin Miah. Assessment of scenario-based land use changes in the Chittagong Hill Tracts of Bangladesh［J］. Netherlands：Environmental Development，2020，34(6).

[4]沈悦，刘天科，周璞. 自然生态空间用途管制理论分析及管制策略研究［J］. 中国土地科学，2017，31（12）：17-24.

[5]管理科学技术名词审定委员会. 管理科学技术名词［M］. 北京：科学出版社，2016.

[6]尹向东，邓木林，刘国威. 国土空间规划现状调查体系思考［J］. 规划师，2021，37（2）：41-44，49.

第五章

云南省国土空间现状与规划情况

第一节　国土空间现状与布局

一、地理及自然资源概况

(一)地理区位及地形地貌

云南地处中国西南部，国土面积 39.41 万平方千米，连四省(区)(西藏、四川、贵州、广西)、临三国(越南、老挝、缅甸)，东西最大横距约 865 千米，南北最大纵距约 990 千米，边境线长约 4060 千米，是长江、珠江、澜沧江、怒江、红河、伊洛瓦底江等重要国内国际河流的源头或上游地区，是东南亚和我国南方大部分省区的"水塔"，是国家"两屏三带"生态安全格局中青藏高原生态屏障、黄土-川滇生态屏障和南方丘陵山地带的重要组成部分，是自然条件复杂、多样、独特的边疆省份，也是我国重要的生物多样性宝库和西南生态安全屏障。

云南是一个高原山区省份，属青藏高原南延部分，整个地势从西北向东南倾斜，江河顺着地势，呈扇形分别向东、东南、南流去。全省海拔相差很大，最高点为滇藏交界的德钦县怒山山脉梅里雪山的主峰卡瓦格博峰，海拔 6740 米；最低点在与越南交界的河口瑶族自治县境内南溪河与元江汇合处，海拔仅 80 米。地形一般以元江谷地和云岭山脉南段的宽谷为界，分为东、西两大地形区。东部为滇东、滇中高原，称云南高原，系云贵高原的组成部分，地形波状起伏，平均海拔 2000 米，表现为起伏和缓的低山和浑圆丘陵，发育着各种类型的岩溶地形；西部为横断山脉纵谷区，高山深谷相间，相对高差较大，地势险峻；南部海拔一般在 1500~2000 米，北邻在 3000~4000 米。在西南部边境地区，地势渐趋和缓，河谷开阔，一般海拔为 800~1000 米，个别地区下降至 500 米以下，是云南省主要的热带、亚热带地区。

全省地貌主要呈现以下五个特征：①高原呈波涛状，全省相对平缓的山区只占总面积的 10% 左右，大面积的土地高低参差，纵横起伏，但在一定范围内又呈起伏和缓的高原面。②高山峡谷相间，这个特征在滇西北尤为突出，滇西北是云南主要山脉的集中地，形成著名的滇西纵谷区，高黎贡山为缅甸伊洛瓦底江的上游恩梅开江与缅甸萨尔温江的上游怒江的分水岭，怒山为怒江与老挝湄公河的上游澜沧江的分水岭，云岭自德钦至大理为澜沧江与长江上游金沙江的分水岭，各江强烈下切，形成了极其雄伟壮观的山种骈列、高山峡谷相间的地貌形态。其中的怒江峡谷、澜沧江峡谷和金沙江峡谷，气势磅礴，山岭和峡谷的相对高差超过1000米，怒江峡谷是世界上两个最大的峡谷之一。③全省地势自西北向东南分三大阶梯递降，滇西北德钦、中甸一带是地势最高的一级梯层，滇中高原为第二梯层，南部、东南和西南部为第三梯层，平均每千米递降6米。④断陷盆地星罗棋布。这种盆地及高原台地，在我国西南俗称"坝子"。在云南，山坝交错的情况随处可见，有的成群成带分布，有的孤立地镶嵌在重峦叠嶂的山地和高原之中，有的按一定方向排列，有的则无明显方向，坝子地势平坦，且常有河流蜿蜒其中，是城镇所在地及农业生产发达地区，全省最大的坝子位于曲靖市陆良县。⑤山川湖泊纵横，云南不仅山多，河流湖泊也多，构成了山岭纵横、水系交织、河谷渊深、湖泊棋布的特色。

受高原不同区域差异性抬升和断裂，河流下切和侵蚀作用强烈，形成多样化的地貌形态，主要有山地(高山、中山、低山)、低山丘陵、高原面、河谷、盆地和喀斯特高原等。在垂直方向上大致分为四个层面：高耸山地，高原面上的山地是云南亚热带至高山寒带生物气候垂直景观层次；高原面，由丘陵状高原面和分割高原面所构成；剥蚀面，分布在高原以下，较低的分割山顶面和河谷两侧谷肩；河谷与盆地，包括高原性河谷和盆地，以及深切河谷和低盆地。从分布上看，滇西北以高耸山体、河谷地貌类型为主，表现为高山峡谷地形；滇西及滇西南为中山、中低山和河谷盆地相间的地形；滇南主要为以低山丘陵、宽谷盆地、剥蚀面等为主的地貌类型；滇东南为喀斯特高原；滇中表现为波状起伏的丘陵状高原面；滇东北为高耸山地地貌形态。

(二)自然资源概况

2021年6月，中共中央办公厅、国务院办公厅印发《全民所有自然资源资产所有权委托代理机制试点方案》(以下简称《方案》)，方案明确了全民所有的土地、矿产、海洋、森林、草原、湿地、水、国家公园八类自然资源资产，云南省针对全民所有的土地、矿产、森林、草原、湿地、水、国家公园七类自然资源现状进行研究，着力摸清云南省自然资源资产家底。本节在统计自然资源现状数据时，因2019年是全国第三次国土调查基期年份，使用城镇村打开进行统计，为了更准确地表达云南省各类资源情况，本节以2019年数据为基准进行统计阐述。

1. 土地资源

云南省土地资源总量丰富，但可利用土地区域差异大。其中，滇东北、滇西北土地资源相对紧张，个别州(市)可利用土地资源稀缺。结合全省人口分布状况，人口密度高、建设用地紧张的地区为滇东北的昭通市；建设用地紧张且自然环境保护压力较大的地区为滇西北、滇西南的怒江、丽江、迪庆、临沧、普洱；建设用地支撑条件较好的地区为滇中、滇东南、滇西南及滇西地区的昆明、曲靖、玉溪、楚雄、红河、文山、西双版纳、德宏、大理、保山。同时，由于优质耕地主要分布在坝区，坝区工业化、城镇化开发和坝区优质耕地保护的矛盾突出，坝区空间利用紧张，未来坝区建设用地增加的潜力极为有限。根据云南省第三次国土调查结果（2019 年），云南省土地总面积 3831.93 万公顷，其中林地面积最大，为 2502.49 万公顷，占比 65.31%；其次为耕地面积，为 545.06 万公顷，占比14.22%。全省土地利用类型面积及占比情况详见表 5-1，土地利用类型分类详见图 5-1。

表 5-1　2019 年云南省土地利用类型面积与占比

地　　类	面积（万公顷）	比例（%）
湿地（00）	3.99	0.10
耕地（01）	545.06	14.22
种植园用地（02）	259.06	6.76
林地（03）	2502.49	65.31
草地（04）	132.90	3.47
商业服务业用地（05）	4.87	0.13
工矿用地（06）	14.79	0.39
住宅用地（07）	57.95	1.51
公共管理与公共服务用地（08）	6.74	0.18
特殊用地（09）	2.72	0.07
交通运输用地（10）	57.41	1.50
水域及水利设施用地（11）	61.28	1.60
其他土地（12）	182.67	4.77
合　计	3831.93	100.00

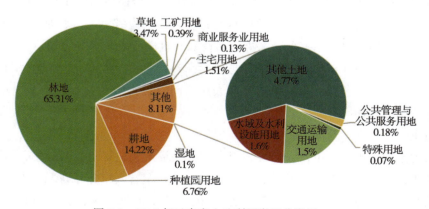

图 5-1　2019 年云南省土地利用类型分类图

2. 矿产资源

云南矿产资源极为丰富，成矿条件优越，被誉为"有色金属王国"和"磷化工大省"，是得天独厚的矿产资源宝地。全省矿产资源总量大、矿种齐全、共伴生矿多、综合利用潜力大、经济价值高、矿床类型多样，大中型矿床相对集中。根据《云南省矿产资源总体规划（2021—2025年）》，云南省矿产资源的现状如下：全省共发现矿产157种，固体矿产保有资源量居全国前10位的有82种，居前3位的有31种。截至2020年底，全省共有探矿权2970个，采矿权7119个。全省大中型矿山比例由2015年的4%提高到12%，矿山规模结构不断优化，矿业集约化程度进一步提高。矿山"三率"水平进一步提升，普朗铜矿、会泽铅锌矿、海口磷矿等大型矿山先进适用技术研发推广成效显著。全省共有25个矿山被自然资源部纳入全国绿色矿山名录。"十三五"期间，全省实施了滇池流域及西山重点保护区域"五采区"生态修复、长江经济带废弃露天矿山生态修复等多个重大矿山地质环境治理工程。

根据"十四五"规划、国土空间规划等相关规划及产业功能定位和生态环境保护要求，滇中以磷、铜、铁、煤等矿产资源为重点，推进资源规模开发，保障有色金属和稀贵金属新材料、精细磷化工、绿色硅光伏、绿色硅、绿色钒钛等产业资源供应，打造以化工、金属冶炼加工为重点的区域性资源深加工区；滇东北以页岩气、煤层气、煤、铅、锌、锗、磷、硅石矿等矿产资源为依托，助力云南省清洁能源及绿色硅产业开发区建设；滇西北以铜、金、铅、锌、锡、钨、铁、钼、地热、硅石矿、大理石等矿产资源为重点，为滇西北"三江"有色金属、稀贵金属及绿色硅产业发展提供资源保障；滇东南以锡、钨、铟、金、锰、铅、锌、铝土矿、煤炭等矿产资源开发为重点，发挥有色金属新优势，拉长有色金属产业链，为建设有色金属全产业链示范区和打造"中国硅谷"核心区提供资源保障；滇西南主要以锗、铁、铅、锌、铜等矿产为主，打造黑色金属及全国重要的稀散金属资源开发区。

3. 森林资源

云南是我国森林植被类型最丰富的区域，全境从南到北发育着包括雨林、季雨林在内的热带森林和包括季风常绿阔叶林、半湿润常绿阔叶林、中山湿性常绿阔叶林、暖热性针叶林、暖性针叶林在内的亚热带森林。随着海拔的升高，还分布着温性针叶林、寒温性针叶林、灌丛草甸和高山苔原植被等。云南省森林资源空间分布两极化较为严重。从城市发展格局来看，全省林地资源在滇中地区的分布量显著低于周边地区，如昆明市、玉溪市等面积在全省均较少，而城镇化进程相对较慢的滇西北德钦和香格里拉、滇西南澜沧和景谷、滇东南广南县等县（市、区）的林地资源面积均位居全省前列。从地形地貌格局来看，云南省森林资源主要分布于滇西北高山峡谷区域、南部边缘热带雨林区域、滇东南喀斯特地带区域、滇东北乌蒙山区域、澜沧江中游-哀牢山区域。林地面积最大的三个州（市）为普洱市、楚雄州、文山州，面积分别为324.43万公顷、206.88万公顷、200.69万公顷；面积最小的为德宏州，林地面积仅有80万公顷，具体情况详见表5-2。在环昆明等经济发展水平相对较高的县（市、区）森林资源存量相对其他地区略显不足，缺少大型斑块森林，缺乏有效的生态安全保护屏障。而在滇西北和滇南等经济发展水平较为落后的县（市、区）

森林面积和森林资源存量大，森林连片化程度高。由此可见，云南省各县（市、区）林地资源两极分化较为严重，城市发展与林地资源保护利用之间的矛盾十分突出。

云南森林资源总量丰富，占国土调查面积的三分之二。根据第三次国土调查结果（2019 年），林地面积 2502.49 万公顷，占国土调查总面积的 65.31%，云南各州（市）林地面积详见表 5-2。森林资源整体结构较好，其中乔木林地面积 2121.85 万公顷，占林地面积的 84.79%；竹林地面积 15.84 万公顷，占林地面积的 0.63%；灌木林地面积 290.11 万公顷，占林地面积的 11.59%；其他林地面积 74.68 万公顷，占林地面积的 2.98%，云南林地分类占比详见图 5-2。云南省森林资源质量整体较好，森林覆盖率较高，森林面积蓄积远高于全国平均水平，根据《云南省 2019 年森林资源主要指标监测报告》，云南省 2019 年森林覆盖率位居全国前列。《云南省第九次全国森林资源清查》显示，全省活立木总蓄积 21.3 亿立方米。其中，乔木林蓄积 19.7 亿立方米，疏林蓄积 663.9 万立方米，散生木蓄积 1.17 亿立方米，四旁树蓄积 0.36 亿立方米。全省乔木林单位面积蓄积量 105.89 立方米/公顷，与全国平均水平 85.88 立方米/公顷相比高出 23.3%。

表 5-2　云南省各州（市）林地面积分布表　　　　　　　　（单位：万公顷）

行政区域	林地	其中			
		乔木林地	竹林地	灌木林地	其他林地
昆明市	113.68	97.54	0.39	11.53	4.22
曲靖市	151.79	121.92	0.21	24.41	5.25
玉溪市	98.97	82.32	1.83	13.38	1.44
保山市	131.96	116.8	0.69	10.36	4.11
昭通市	128.86	93.98	2.81	30.17	1.9
丽江市	152.44	130.91	0.07	17.29	4.17
普洱市	324.43	310.72	2.9	6.88	3.93
临沧市	138.72	125.61	2.48	8.47	2.16
楚雄彝族自治州	206.88	175.23	0.11	27.96	3.58
红河哈尼族彝族自治州	185.28	148.87	1.53	27.69	7.19
文山壮族苗族自治州	200.69	128.43	0.14	56.17	15.95
西双版纳傣族自治州	107.87	102.4	1.02	2.44	2.01
大理白族自治州	187.71	164.55	0.05	19.33	3.78
德宏傣族景颇族自治州	80.00	72.89	1.44	1.65	4.02
怒江傈僳族自治州	116.33	100.06	0.15	11.98	4.14
迪庆藏族自治州	176.87	149.62	0.02	20.4	6.83
云南省	2502.49	2121.85	15.84	290.11	74.68

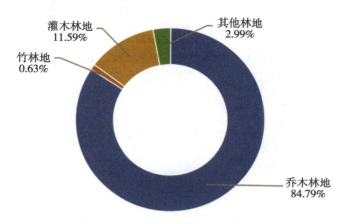

图 5-2 2019 年云南省林地地类分类

4. 草地资源

云南省草地资源空间分布广，大多分布在高山及丘陵，是大江大河重要的水源涵养地和生态保护屏障，对碳汇的积累发挥着重要作用。省内草地类型丰富，但分布相对零散。全省共有高寒草甸、亚高山草甸、山地草甸、山地灌丛草丛等 11 个草地类型，除滇西北和滇东北的高山草地比较集中连片外，大多数零星分散地分布于山地、丘陵、河谷、盆地之间，并与林地和农地相嵌，形成云南的三大类草场，即高山、亚高山草甸草场；山地灌木、禾草草场；河谷稀树、灌木草场。据全国草地资源清查，云南省内有草地植物 199科，1404 属，4958 种，占云南高等植物的近 1/3。云南省内的草地类型主要以热性灌草丛类、暖性灌草丛类、山地草甸类、高寒草甸类为主。热性灌草丛类草地广泛分布于滇南、滇西南海拔 1500 米以下的河谷。暖性灌草丛类草地是以暖温性中生或旱中生的多年生草本植物为主而组成的草地类型，分布在海拔 1500～2300 米的地区，是云南分布最广的一类草地。山地草甸类草地多分布于海拔 2700～3200 米的地区，局部地段可上升至 3500 米。高寒草甸类草地广泛分布于玉龙雪山、梅里雪山、白马雪山等著名山体的森林线以上，海拔 3500 米以上。

根据云南省第三次国土调查(2019 年)，全省共有草地资源 132.90 万公顷，约占云南国土调查面积的 3.37%，草地面积居全国第六位。天然牧草地 12.28 万公顷，占草地面积的 9.24%；人工牧草地 0.88 万公顷，占草地面积的 0.66%；其他草地 119.74 万公顷，占草地面积的 90.10%。各州(市)草地面积详见表 5-3、草地地类分类详见图 5-3。云南水热条件较好，很多地区植物几乎可以全年生长，形成了四季常绿的自然景观。疏林、灌丛、次生灌草丛、次生草丛以及山地草甸等类型，各具不同的饲用价值。草地的利用时间较长，滇中大部分地区，草地利用期从 4 月到 11 月，长达 210 天；滇南、滇西南的湿热地区和滇北的半湿热地区，草地利用时间可达 300 天以上，独特的气候为牲畜饲草的供需提供了良好的保障条件。但在滇东北干热河谷区和滇东南喀斯特地貌区，草地生态环境十分脆弱，水土流失严重。

表 5-3　2019 年云南省各州(市)草地面积　　　　　　　　(单位：公顷)

行政区域	天然牧草地	人工牧草地	其他草地	合计
昆明市	207.98	1458.56	124357.68	126024.22
曲靖市	7963.25	216.66	123713.63	131893.54
玉溪市	0.00	19.52	28224.61	28244.13
保山市	518.41	405.60	26072.61	26996.62
昭通市	21052.69	4947.70	89366.27	115366.66
丽江市	14425.17	0.00	92158.54	106583.71
普洱市	0.09	596.00	23766.20	24362.29
临沧市	1676.11	0.41	36163.94	37840.46
楚雄彝族自治州	0.00	0.00	92207.41	92207.41
红河哈尼族彝族自治州	0.38	291.82	125456.93	125749.13
文山壮族苗族自治州	256.72	330.78	97789.95	98377.45
西双版纳傣族自治州	0.00	103.74	10360.43	10464.17
大理白族自治州	1754.24	79.21	105579.64	107413.09
德宏傣族景颇族自治州	242.11	3.68	10318.72	10564.51
怒江傈僳族自治州	3130.20	188.69	90671.16	93990.05
迪庆藏族自治州	71612.02	116.98	121194.87	192923.87
云南省	122839.37	8759.35	1197402.59	1329001.31

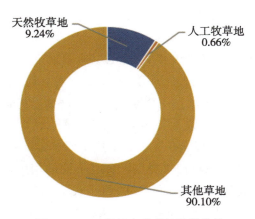

图 5-3　2019 年云南省草地地类分类

5. 湿地资源

云南湿地生物极为丰富，是生物多样性的重要载体，为众多生物提供了栖息环境和食物来源，是我国生物多样性最为富集的区域之一，保护湿地对维护全省乃至全国生物多样性具有战略意义。云南省湿地资源从空间分布来看，主要集中在滇中高原湖泊区、滇西北高原湖泊区和滇东北高山沼泽化草甸区3个区。全省16个州（市）湿地总面积排在前三位的是楚雄州、迪庆州、普洱市，面积分别为4503.17公顷、4425.49公顷和3924.34公顷；面积最小的是文山州，为445.97公顷，各州（市）湿地资源空间分布具体情况详见表5-4。根据云南省第三次国土调查（2019年），云南省湿地面积总计39939.65公顷，占全省国土调查总面积的0.10%。湿地率在全国各省市中排名第29位，湿地率较低。森林沼泽859.38公顷，灌丛沼泽205.22公顷，沼泽草地3998.31公顷，内陆滩涂32939.51公顷，沼泽地1937.04公顷，分别占比2.15%、0.51%、10.01%、82.47%、4.85%，见图5-4。

表 5-4　2019 年云南省湿地资源空间分布 　　　　　　　　　（单位：公顷）

行政区域	森林沼泽	灌丛沼泽	沼泽草地	内陆滩涂	沼泽地	合计
昆明市	435.02	17.08	335.80	1836.11	251.04	2875.05
曲靖市	0.00	0.00	285.62	1456.08	46.01	1787.71
玉溪市	42.30	78.69	213.56	1475.95	2.48	1812.98
保山市	0.00	0.00	0.00	2622.53	185.09	2807.62
昭通市	0.00	6.99	400.81	1699.03	10.62	2117.45
丽江市	53.17	87.40	605.99	2061.72	0.00	2808.28
普洱市	0.00	0.00	14.46	3909.88	0.00	3924.34
临沧市	0.00	0.00	0.00	2086.43	0.00	2086.43
楚雄彝族自治州	6.86	0.60	103.78	4381.68	10.25	4503.17
红河哈尼族彝族自治州	0.00	0.00	0.00	1967.19	132.29	2099.48
文山壮族苗族自治州	0.00	0.00	130.35	293.84	21.59	445.97
西双版纳傣族自治州	0.00	3.28	9.19	459.62	0.00	472.09
大理白族自治州	319.89	0.00	222.81	2105.72	1099.75	3748.17
德宏傣族景颇族自治州	0.00	11.18	11.51	2094.81	0.00	2117.5
怒江傈僳族自治州	0.00	0.00	73.62	1834.30	0.00	1907.92
迪庆藏族自治州	2.14	0.00	1590.81	2654.62	177.92	4425.49
云南省	859.38	205.22	3998.31	32939.51	1937.04	39939.65

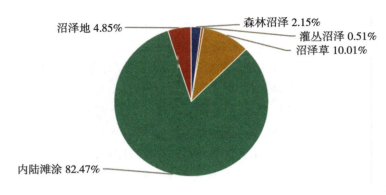

图 5-4　2019 年云南省湿地地类分类

　　根据云南省第二次湿地资源调查公报（2014 年），云南省湿地共有 4 个湿地类，14 个湿地型，是我国内陆湿地类型最多的省份之一。其中，自然湿地（包括湖泊湿地、河流湿地、沼泽湿地）占湿地总面积的 69.67%，人工湿地占湿地总面积的 30.33%。省内的湿地资源形成了以河流湿地为主、人工湿地和湖泊湿地为辅、沼泽湿地为补充的分布格局。

　　湿地资源具有如下特点：①云南湿地生态系统具有变异敏感度高、空间转移能力强、稳定性差等生态脆弱性特征，是环境阈值较小的脆弱生态系统。湖泊湿地平均深度低，集水区面积及径流量小，受高原气候的影响蒸发量常高于汇水量，湖面极易萎缩消失，多为封闭型和半封闭型，受污染自净能力较其他湖泊弱，易受面源污染而富营养化；河流湿地的河谷地区多为干热性或干暖性气候，植被稀疏，水土流失严重，是生态系统的脆弱地段；高原湿地在空间上相互隔离，有利于物种分化却不利于种群扩散，物种多样性丰富，但在一定单位面积内的物种种类相对集中，单个物种种群数量较小且栖息地较为狭窄，遭到干扰和破坏后极易处于濒危状态；沼泽湿地面积小而分散，大多处于海拔 3000 米以上的区域，水源补给方式较为单一，极易受到气候变暖、干旱等自然因素的影响而萎缩甚至消失。②云南省湿地生态功能重要性突出，价值高，但保护率偏低。云南省地处长江、珠江、澜沧江、红河、怒江、伊洛瓦底江六大国内、国际河流的上游或源头，是我国乃至北半球生物多样性的关键地区，也是南北动植物区系交汇的重要区域，在全国具有十分重要的生态地位，是我国西南生态安全屏障的重要组成部分。湿地在涵养水源、净化水体、调节小气候、调蓄洪水、防止自然灾害、碳汇功能、减轻侵蚀及生物多样性保护等方面发挥着极高的生态功能。境内六大水系具有巨大的储水功能，是"中国水塔"和"亚洲水塔"的重要组成部分，为长江、珠江、澜沧江等流域提供了稳定、丰富的水源补给，对其中下游水位调节和水量均衡发挥着重要作用，具有极高的生态区位。此外，云南沼泽湿地是温室气体的重要储存库，对区域碳循环以及大气温室气体平衡起着重要作用。占云南国土面积0.1%的湿地多位于少数民族集聚地区，农牧交错带，周边承载着近 2000 万人口生产及生活，为区域经济发展和社会稳定提供了物质基础和环境保障。

　　但是，当前湿地保护仍面临严峻的形势。目前云南省的湿地保护率仅 36.55%。滇东北地区沼泽化草甸消失超过 40%；人工湿地率增加 23.95%，自然湿地人工化的显著增加，对湿地生态服务功能和生物多样性造成了影响；高原湿地受污染状况依然严重，25% 的湿地存在污染威胁，且治理难度大；湿地资源过度利用，28% 的湿地外来生物入侵严重，超过 50% 的沼泽和沼泽化草甸过度放牧，近 18% 的湿地仍然存在无序旅游和不规范开发现象；湿地面山及汇水区森林植被的保护和恢复任务仍然十分艰巨。这些因素的存在，使得湿地生态系统整体功能呈现退化趋势，同时对湿地生物多样性构成巨大威胁。

6. 水资源

云南河流众多，有大小河流 600 多条，径流面积在 1000 平方千米以上的河流有 180 多条，分属长江、珠江、红河、澜沧江、怒江和伊洛瓦底江六大水系。其中，红河和珠江发源于省内，其余为过境河流，除金沙江、南盘江外，其余均为国际河流。云南省境内的六大河流分属长江、珠江、西南诸河三个水资源一级区。按入海的位置可分为太平洋和印度洋两大水系。澜沧江、红河、珠江、长江注入太平洋，属太平洋水系；怒江、伊洛瓦底江注入印度洋，属印度洋水系。

(1) 长江流域：云南省属长江流域的有金沙江石鼓以上、金沙江石鼓以下、乌江及宜宾至宜昌 4 个水资源二级区，流域经过迪庆州、丽江市、大理州、楚雄市、昆明市、曲靖市和昭通市七个州(市)。

(2) 珠江流域：云南省流入珠江的河流有南盘江、北盘江和西洋江，径流面积为 5.861 万平方千米。其中，南盘江 4.318 万平方千米，北盘江 0.559 万平方千米，西洋江 0.984 万平方千米，涉及曲靖市、昆明市、玉溪市、红河州、文山州五个州(市)。南盘江是珠江的上游，发源于云南省曲靖市沾益县的马雄山，南经曲靖市、陆良县、宜良县、华宁县、弥勒市等县(市)，在开远市小龙潭处转向东北，至罗平县流入广西；北盘江在南盘江流域北面，在云南省内流域面积较小，在云南省境内干流称格湘河，下游经可渡河进入北盘江，于贵州境内汇入珠江干流；西洋江(右江水系)在南盘江流域南面，云南省境内干流称驮娘江，在文山剥隘处进入广西，经郁江汇入珠江干流。

(3) 西南诸河：西南诸河在云南省境内有红河、澜沧江、怒江、伊洛瓦底江四大水系，均属国际河流。位于云南省西部及南部，径流面积 21.51 万平方千米，其中红河 7.42 万平方千米，澜沧江 8.85 万平方千米，怒江 3.34 万平方千米，伊洛瓦底江 1.90 万平方千米。红河发源于云南大理州巍山县的茅草哨，流经云南省大理州、楚雄市、昆明市、玉溪市、红河州、文山市、普洱市七个州(市)，干流上段称元江，在我国境内长 692 千米，经河口之后流入越南，最终注入太平洋北部湾。干流澜沧江发源于青藏高原的唐古拉山北麓，自西藏进入云南，向南流经迪庆州、怒江州、丽江市、大理州、保山市、临沧市、普洱市、西双版纳州八个州(市)，由勐腊县出境流入老挝后称湄公河，干流在云南境内长 1170 千米。

怒江又名潞江，发源于青藏高原唐古拉山南麓，自西藏进入云南，穿越云南省怒江州、保山市、大理州、临沧市、德宏州、普洱市 6 个州(市)，从芒市流入缅甸后称萨尔温江，在云南境内干流长 677 千米。伊洛瓦底江发源于西藏，自怒江州贡山县迪布里进入云南,又从该县的马库流往缅甸,干流在云南省境内仅80千米。

(4)高原湖泊:全省共有天然湖泊40多个,多数为断陷型湖泊,主要分布在滇西北和滇中一、二级支流源头分水岭地带;湖泊水面总面积1066平方千米,总蓄水量约300亿立方米;水面面积大于1平方千米的湖泊有30余个。泸沽湖、程海、滇池、阳宗海、星云湖、抚仙湖、杞麓湖、异龙湖、洱海是著名的九大高原湖泊。滇池是云南省水面面积最大的湖泊,水面面积309平方千米,蓄水量15.6亿立方米;抚仙湖是全国第二深淡水湖泊,最大水深158.9米,平均水深95.2米,最大蓄水量206.2亿立方米;洱海蓄水量为28.8亿立方米(表5-5)。

表5-5 云南省九大高原湖泊特性表

湖泊名称	流域	湖泊面积 (平方千米)	平均水深(米)	最大水深(米)	容积 (亿立方米)	多年平均水资源量 (亿立方米)
滇池	长江	309.00	4.40	10.00	15.60	5.41
洱海	澜沧江	249.40	10.50	20.90	28.80	8.52
抚仙湖	珠江	216.60	95.20	158.90	206.20	0.66
星云湖	珠江	34.20	5.90	9.50	2.02	0.63
阳宗海	珠江	30.00	20.00	29.70	6.04	0.47
杞麓湖	珠江	37.30	4.00	6.80	1.68	0.35
异龙湖	珠江	34.00	2.90	3.70	1.16	0.35
程海	长江	76.90	25.70	35.00	19.50	0.09
泸沽湖	长江	51.30	40.30	93.50	20.72	0.67

7. 国家公园

党的十八届三中全会明确提出建立国家公园体制。2017年9月26日,中共中央办公厅、国务院办公厅印发《建立国家公园体制总体方案》,方案中明确国家公园是指"由国家批准设立并主导管理,边界清晰,以保护具有国家代表性的大面积自然生态系统为主要目的,实现自然资源科学保护和合理利用的特定陆地或海洋区域"。

云南省国家公园的建立经历了研究探索、建设试点及体制试点三个阶段。云南省的国家公园研究与探索始于20世纪90年代。2006年,云南省人民政府在滇西北旅游现场办公会上正式做出"探索建立国家公园新型生态保护模式"的战略部署。2008年6月,原国家林业局批准云南为国家公园建设试点省,遵循"保护优先,合理利用"的原则,探索具有中国特色的国家公园建设和发展思路,并出台了《云南省人民政府关于推进国家公园建设试点工作的意见》,明确国家公园"是由政府划定和管理的保护地","是实现资源有效保护和合理利用的有效区域"。为增强政府决策的科学性,云南省成立国家公园管理机构,建立国家公园专家委员会,用于各项重大政策、决策出台前,先行开展研究。如2008年,

"云南省国家公园立法可行性研究"项目为《云南省国家公园管理条例》的制定奠定了基础，提供了强有力的支撑；2010年，"云南省国家公园特许经营研究"项目为《香格里拉普达措国家公园特许经营项目管理办法(试行)》提供了各条款的设立参考。此外，国家公园生态补偿研究、社区带动模式研究等一系列项目的开展，也为国家公园的管理政策制定提供了科学的依据。2009年，云南省人民政府批准实施《云南省国家公园发展规划纲要(2009—2020年)》，根据资源情况对全省国家公园建设体系做出总体布局，提出"自上而下"的国家公园设立方式，并按照规划持续推进13处国家公园实体建设(表5-6)。

表5-6 云南省人民政府批准的13处国家公园试点概况　　　　（单位：平方千米）

国家公园名称	行政区域	试点面积	批准时间
香格里拉普达措	迪庆州香格里拉市	602.10	2007年
丽江老君山	丽江市玉龙县	1085.00	2009年
西双版纳	西双版纳州景洪市、勐海县、勐腊县	2854.12	2009年
梅里雪山	迪庆州德钦县	961.28	2009年
普洱	普洱市思茅区	216.23	2009年
高黎贡山	保山市隆阳区、腾冲县、龙陵县	1009.60	2011年
南滚河	临沧市沧源县、耿马县	519.39	2011年
大围山	红河州河口县、屏边县、个旧市、蒙自市	392.17	2013年
楚雄哀牢山	楚雄州楚雄市、南华县、双柏县	—	2016年
白马雪山	迪庆州德钦县、维西县	—	2016年
大山包	昭通市昭阳区	—	2016年
怒江大峡谷	怒江州泸水市、福贡县、贡山县	—	2016年
独龙江	怒江州贡山县	—	2016年

注：国家启动国家公园体制试点工作后，按照国家的要求，云南省停止了国家公园建设试点，楚雄哀牢山、白马雪山、大山包、怒江大峡谷、独龙江停止了总体规划的报批和试点工作，因此无试点范围面积。

云南省为指导国家公园建设管理工作规范、有序地推进，印发了《国家公园申报指南》和《国家公园管理评估指南》等政策性文件。云南省出台了全国首部国家公园地方立法《云南省国家公园管理条例》，丽江老君山和香格里拉普达措2个国家公园颁布施行了管理条例或管理办法，实现依法管理。在国家层面尚未启动政策研究、国内尚无成功经验可供借鉴的情况下，云南省借鉴国际理念和相关研究成果，制定和发布了《国家公园基本条件》《国家公园资源调查与评价技术规程》等10项地方推荐性标准(表5-7)。

表 5-7 云南省制定和发布的国家公园相关技术标准统计

技术标准名称	标准号	标准内容	适用范围	批准日期	实施日期	标准状态
国家公园 基本条件	DB53/T 298—2009	规定了国家公园的术语和定义、功能、基本条件及评价	国家公园的建设和管理	2009-11-16	2010-03-01	现行
国家公园 资源调查与评价技术规程	DB53/T 299—2009	规定了国家公园资源调查与评价的内容、程序、方法和技术要求	国家公园范围内的资源调查与评价	2009-11-16	2010-03-01	现行
国家公园 总体规划技术规程	DB53/T 300—2009	规定了国家公园总体规划编制的基本方法、内容的技术性和原则性要求	国家公园总体规划的编制	2009-11-16	2010-03-01	现行
国家公园 建设规范	DB53/T 301—2009	规定了国家公园的建设规模与项目布局、功能、基本条件及评价	国家公园的工程建设项目	2009-11-16	2010-03-01	现行
高黎贡山国家公园生态旅游景区建设及管理规范	DB53/T 372—2012	规定了高黎贡山国家公园生态旅游景区的术语和定义、景区建设和管理	高黎贡山国家公园生态旅游景区	2012-02-15	2012-04-01	现行
自然保护区与国家公园生物多样性 监测技术规程 第1部分：森林生态系统及野生动植物	DB53/T 391—2012	规定了自然保户区与国家公园范围为森林的植被覆盖及土地覆被类型、植被、野生植物、野生动物、环境要素和外来入侵植物的监测，监测数据的整理，监测报告的编写等要求	自然保护区与国家公园生物多样性监测	2012-03-15	2012-05-01	现行
自然保护区与国家公园巡护技术规程	DB53/T 392—2012	规定了自然保护区与国家公园管理范围内巡护的目的、分类和程序、基本要求、巡护和巡护成果等技术要求	云南省范围内自然保护区与国家公园的巡护工作	2012-03-15	2012-05-01	现行

续表

技术标准名称	标准号	标准内容	适用范围	批准日期	实施日期	标准状态
国家公园管理评估规范	DB53/T 535—2013	规定了国家公园管理评估的基本要求、指标体系及权重、评估分值计算、评估等级、评估成果等要求	国家公园管理的评估	2013-12-10	2014-02-10	现行
国家公园 标志系统设置指南	DB53/T 785—2016		国家公园标志系统的规范建设	2016-09-10	2016-12-01	现行
国家公园解说系统规划技术规程	DB53/T 976—2020	规定了国家公园解说系统规划的基本要求、解说现状调查、解说主题、解说媒介布局及要求、投资估算、保障措施、规划文件组成等	国家公园解说系统的规划	2020-04-26	2020-07-26	现行

党的十八届三中全会后，国家发展和改革委员会牵头开展全国的国家公园体制试点工作，2015 年发布《建立国家公园体制试点方案》，普达措国家公园被纳入试点区，标志着云南省的国家公园探索与实践进入国家体制试点阶段。2020 年，我国已全面完成国家公园体制试点任务，主要包括国家公园试点验收和正式设立。经过国家公园体制试点工作，我国在管理体制机制、生态保护模式、社区融合发展等方面取得了积极成效。2021 年 10 月，在中国昆明举行的联合国《生物多样性公约》缔约方大会第 15 次会议（COP15）上，正式设立三江源、大熊猫、东北虎豹、海南热带雨林、武夷山 5 个首批国家公园，保护面积达 23 万平方千米，涵盖了我国陆地区域 30% 的国家重点保护野生动植物种类（杨尧等，2021）。

二、国土空间格局

立足云南省自然环境的资源禀赋，将自然环境特色要素按重要山脉、典型高山峡谷、六大水系、九大高原湖泊、生态屏障(生态安全带)、生态廊道、世界自然遗产地、自然保护地、自然风景类旅游景区九个类型分类整理，再按世界级、国家级、省级、州（市）级、区(县)级（景区按 5A、4A、3A)分级汇总，厘清资源本底，详见表5-8。

表 5-8　云南省自然环境特色要素分类表

类型	要素细分
重要山脉	高黎贡山、怒山、云岭、无量山、哀牢山、乌蒙山
典型高山峡谷	怒江、澜沧江和金沙江峡谷
六大水系	金沙江(长江上游)、南盘江(珠江上游)、红河(在云南称为元江)、澜沧江(湄公河上游)、怒江(萨尔温江上游)、伊洛瓦底江(在云南境内有独龙江、大盈江、瑞丽江)
九大高原湖泊	滇池、抚仙湖、洱海、阳宗海、星云湖、杞麓湖、异龙湖、程海、泸沽湖
重要生态功能区	3 个生态屏障(青藏高原南缘滇西北高山峡谷生态屏障、哀牢山—无量山山地生态屏障和南部边境热带森林生态屏障);2 个生态安全带(金沙江澜沧江红河干热河谷、东南部喀斯特地带);6 个生态廊道(怒江生物多样性保护屏障、迪庆-丽江生物多样性保护廊道、元江生物多样性保护廊道、普洱-西双版纳生物多样性保护廊道、滇东南水土保持廊道、滇东北-滇中水土保持廊道)
其他重要区域	3 个世界自然遗产(三江并流保护区、中国南方喀斯特之云南石林、澄江化石遗址)
	370 个自然保护地:国家级 141 个、省级 114 个、州(市)级 56 个、区(县)级 59 个
	自然风景类旅游景区:5A 级 4 家、4A 级 38 家、3A 级 26 家

依据自然环境特色要素分类表,将涉及的自然环境要素以点状形式在省域地理空间上进行空间落位,运用"地理集中指数"的分析方法和"核密度分析法",对省域范围内自然环境特色要素的数据进行空间分析,全省自然环境特色要素的空间分布呈现全域覆盖的态势,对要素进行整合修正后,进而划分自然环境特色要素的"集中分布区"或"集中分布廊道"。全省自然环境特色要素的集聚态势整体呈现"五区六廊"的格局。具体分布区域如下:

(一)五大要素集中分布区

1. 滇中区域

滇中区域是以高原湖盆为主的自然资源聚集区,涉及昆明市、曲靖市、玉溪市、楚雄州等州(市)。该区是全省较大高原湖泊和较大坝区最集中的区域,包含滇池、抚仙湖、阳宗海、星云湖、杞麓湖 5 个面积大于 30 平方千米的高原湖泊。该区生态环境良好,包含滇东北-滇中水土保持廊道中的轿子雪山-滇中高原湖泊群水源涵养廊道。

2. 滇西、滇西北区域

滇西、滇西北区域分为高原湖盆、高山叠翠、横断山脉、热带中山宽谷等自然资源聚集区,涉及大理州、丽江市、迪庆州、怒江州、保山市、德宏州等州(市)。该区自然环境优良，大部分区域为云南省"三屏两带"中的青藏高原南缘西北高山峡谷生态屏障和哀牢山-无量山山地生态屏障内，包含怒江生物多样性保护廊道、迪庆-丽江生物多样性保护廊道。由于地势复杂，地貌特征多样，以自然地理环境划分为4个自然资源聚集区。高原湖盆自然资源聚集区，该区包含了洱海1个面积大于30平方公里的高原湖泊。具有代表性的自然资源大理苍山、玉龙雪山、玉龙黎明-老君山、巍山红河源国家级地质公园，洱源西湖、鹤庆东草海国家湿地公园，苍山洱海、无量山国家级自然保护区，巍宝山、清华洞、弥渡东山、灵宝山国家级森林公园等众多自然保护地；宾川鸡足山、丽江黑龙潭等自然风景类景区。高山叠翠自然资源聚集区，该区地处青藏高原东南边缘部分，为横断山脉北部的高山高原峡谷地貌，平均海拔4000米，现代山岳冰川发达。具有代表性的自然资源有三江并流世界自然遗产地；普达措国家公园、白马雪山国家级自然保护区、飞来寺国家森林公园等自然保护地；梅里雪山、虎跳峡、蓝月山谷、香格里拉大峡谷等自然风景类景区。横断山脉自然资源聚集区，该区地势大体呈北高南低倾斜的云南高原中北部分，为横断山脉中部的中山山原峡谷，地势起伏较大，包含怒江高山峡谷，云龙、兰坪高中山原，保山、腾冲中山盆谷等地貌区。具有代表性的自然资源有三江并流世界自然遗产地；云南高黎贡山国家级自然保护区，腾冲火山国家地质公园，青华海、南底河、箐花甸国家湿地公园，来凤山、新生桥国家森林公园等自然保护地；腾冲火山热海等自然风景类景区。热带中山宽谷自然资源聚集区，该区地处云南高原西部边缘，以中低山、山间盆地和河谷为主，海拔较低，盆谷地多而宽广。具有代表性的自然资源有瑞丽江—大盈江国家级风景名胜区、盈江国家湿地公园、章凤国家森林公园等自然保护地。

3. 滇南、滇西南区域

滇南、滇西南区域分为热带中山盆谷、中山山原盆谷、干热河谷等自然资源聚集区，涉及西双版纳州、临沧市、普洱市、红河州等州（市）。该区自然环境优良，部分区域位于云南省"三屏两带"中的南部边境热带森林生态屏障。哀牢山-无量山山地生态屏障和金沙江、澜沧江、红河干热河谷地带内，包含元江生物多样性保护廊道、普洱-西双版纳生物多样保护廊道。以自然地理环境划分为3个自然资源聚集区。①热带中山盆谷自然资源聚集区，该区地处云南高原南部边缘，以中低山、山间盆地为主，海拔较低，盆谷地多而宽广。具有代表性的自然资源有西双版纳、纳版河流域国家级自然保护区以及西双版纳国家森林公园等自然保护地；有原始森林公园、野象谷、望天树等自然风景类景区。②中山山原盆谷区自然资源聚集区，该区地势北高南低，地势起伏较大，坝子少。具有代表性的自然资源有无量山、哀牢山、金平分水岭、黄连山、南滚河、永德大雪山国家级自然保护区，普洱五湖国家湿地公园，双江古茶山、太阳河、墨江、澜沧、五老山国家森林公园，沧源佤山、耿马南汀河、临沧大雪山风景名胜区，勐梭龙潭水利风景区等众多自然保护地。③干热河谷自然资源聚集区，该区地势也呈北高南低，以高原盆地、河谷地貌为主，盆地发达，地势起伏较为缓和。具有代表性的自然资源有大围山、元江国家级自然保护区，红河哈尼梯田，石屏异龙湖、长桥海国家湿地公园，河口花鱼洞国家森林公园，建水、南溪河风景名胜区等自然保护地，建水燕子洞、南洞—凤凰谷等自然风景类景区。

4. 滇东区域

滇东区域是以喀斯特地貌为主的自然资源聚集区，涉及曲靖市、文山州、红河州等州（市）。该区以中山高原为主，盆地发达，岩溶地貌面积较大，大部分区域位于云南省"三屏两带"中的东南部喀斯特地带内，包含滇东南水土保持廊道。该区具有代表性的自然资源有文山国家级自然保护区，泸西阿庐、罗平生物群国家地质公园，鲁布革、博吉金国家森林公园，黄草洲国家湿地公园，丘北普者黑国家级风景名胜区等众多自然保护地；九龙瀑布、多依河、菌子山、凤凰谷等多个自然风景类景区。

5. 滇东北区域

滇东北区域是以中山山原河谷为主的自然资源聚集区，主要涉及昭通市。该区地处云南高原东北侧与四川盆地西南缘连接过渡部位，东南连接黔西北高原，地势由北渐次降低，部分区域位于云南省"三屏两带"中的金沙江、澜沧江、红河干热河谷地带内，包含滇东北-滇中水土保持廊道中的乌蒙山-大山包珠江源水源涵养廊道。该区具有代表性的自然资源有乌蒙山、药山、大山包黑颈鹤、长江上游珍稀特有鱼类国家级自然保护区，铜锣坝、天星国家森林公园，盐津豆沙关、彝良小草坝、大关黄连河风景名胜区等众多自然保护地。

（二）六条重要生态廊道

（1）怒江生物多样性保护廊道：其一为高黎贡山-小黑山生物走廊带，包含独龙江国家级自然保护区、高黎贡山国家级自然保护区、碧罗雪山、小黑山省级自然保护区；其二为大盈江生物多样性廊道，包含铜壁关自然保护区、瑞丽江-大盈江自然保护区，主要保护物种为白眉长臂猿、怒江金丝猴。

（2）迪庆-丽江生物多样性保护廊道：其一为云岭-白马雪山-西藏芒康生物走廊带，包含白马雪山国家级自然保护区、三江并流世界遗产（白马雪山片区、红山片区、千湖片区、老君山片区等）、云岭省级自然保护区；其二为老君山-苍山水源涵养廊道，包含老君山地质公园、苍山洱海自然保护区，主要保护物种为滇金丝猴。

（3）元江生物多样性保护廊道：为哀牢山-无量山-黄连山生物走廊带，包含无量山国家级自然保护区、哀牢山国家级自然保护区，主要保护物种为绿孔雀。

（4）普洱-西双版纳生物多样性保护廊道：为普洱-西双版纳生物走廊带，包含普洱-西双版纳亚洲象国家公园，主要保护物种为亚洲象。

（5）滇东南水土保持廊道：为文山-富宁水土保持廊道，包含普者黑风景名胜区、文山省级自然保护区、富宁驮娘江省级自然保护区。

（6）滇东北-滇中水土保持廊道：其一为乌蒙山-大山包-珠江源水源涵养廊道，包含乌蒙山国家级自然保护区、大山包国家级自然保护区、珠江源省级自然保护区；其二为轿子雪山-滇中高原湖泊群水源涵养廊道，包含轿子雪山国家级自然保护区、会泽黑颈鹤自然保护区、滇中高原湖泊群，主要保护物种为黑颈鹤。

第二节　土地利用现状

一、近年土地利用现状

（一）2018 年土地变更调查现状

2018 年云南省土地变更调查总面积为 57478 万亩，其中林地面积最大，为 34502.35 万亩，占比 60.03%；其次为耕地，为 9313.66 万亩，占比 16.20%，具体情况详见表 5-9。

表 5-9　云南省 2018 年土地利用现状统计

地 类 名 称	面积(万亩)	比例(%)
耕地(01)	9313.66	16.20
园地(02)	2438.74	4.24
林地(03)	34502.35	60.03
草地(04)	4460.20	7.76
城镇村及工矿用地(20)	1322.14	2.30
交通运输用地(10)	563.83	0.98
水域及水利设施用地(11)	1053.77	1.83
其他土地(12)	3823.66	6.65
合计	57478.35	99.99

按照农用地、建设用地及未利用地"三大类"进行地类统计，2018 年云南省农用地面积为 53779.14 万亩，占全省国土调查总面积的 93.56%；建设用地面积为 1519.38 万亩，占全省国土调查总面积的 2.64%；未利用地面积为 2179.84 万亩，占全省国土调查总面积的 3.79%，详见图 5-5。

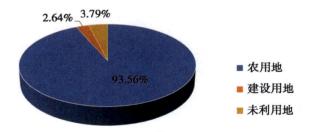

图 5-5　2018 年全省"三大类"地类现状占比情况

从州（市）分布情况统计可知，农用地占比较高的有普洱市（12.06%）、红河州（8.45%）、文山州（7.73%），占比较低的德宏州（2.97%）、怒江州（3.65%）、玉溪市（3.88%）；建设用地占比较高的有昆明市（15.68%）、曲靖市（12.02%）、红河州（9.29%），占比较低的怒江州（0.9%）、迪庆州（1.45%）、西双版纳州（3.12%）；未利用地占比较高的有文山州（20.70%）、迪庆州（17.73%）、曲靖市（10.75%），占比较低的西双版纳州（0.80%）、德宏州（1.05%）、保山市（1.18%），详见表5-10。

表 5-10　云南省 2018 年"三大类"地类现状统计表　　　　　单位：万亩

行政区	国土调查总面积	农用地		建设用地		未利用地	
		面积	比例（%）	面积	比例（%）	面积	比例（%）
云南省	57478.35	53779.14	100.00	1519.38	100.00	2179.84	100.00
昆明市	3151.88	2777.45	5.16	238.25	15.68	136.18	6.25
曲靖市	4340.24	3923.22	7.30	182.61	12.02	234.41	10.75
玉溪市	2241.32	2085.49	3.88	79.40	5.23	76.43	3.51
保山市	2859.32	2727.02	5.07	92.75	6.10	39.56	1.81
昭通市	3365.97	3195.58	5.94	103.04	6.78	67.34	3.09
丽江市	3083.16	2926.41	5.44	50.61	3.33	106.14	4.87
普洱市	6639.91	6488.27	12.06	92.67	6.10	58.97	2.71
临沧市	3543.02	3419.99	6.36	73.05	4.81	49.98	2.29
楚雄彝族自治州	4265.76	4069.79	7.57	103.17	6.79	92.80	4.26
红河哈尼族彝族自治州	4825.92	4546.17	8.45	141.13	9.29	138.62	6.36
文山壮族苗族自治州	4711.13	4156.25	7.73	103.73	6.83	451.14	20.70
西双版纳傣族自治州	2864.41	2799.47	5.21	47.40	3.12	17.54	0.80
大理白族自治州	4244.92	4034.69	7.50	119.43	7.86	90.80	4.17
德宏傣族景颇族自治州	1675.84	1596.65	2.97	56.36	3.71	22.83	1.05
怒江傈僳族自治州	2187.68	1963.31	3.65	13.70	0.90	210.66	9.66
迪庆藏族自治州	3477.88	3069.39	5.71	22.07	1.45	386.42	17.73

（二）云南省第三次全国国土调查现状（2019 年）

按照 2019 年云南省第三次全国国土调查现状（城镇、村庄不打开统计，即城市、建制镇、村庄范围内的耕地不纳入现状耕地的底数，下同）。云南省国土调查总面积为 57479

万亩，其中，林地面积最大，为 37453.45 万亩，占比 65.16%；其次为耕地，为 8093.32 万亩，占比 14.08%（表 5-11）。

表 5-11　2019 年云南省第三次全国国土调查现状统计表

地类名称	面积（万亩）	比例（%）
湿地（01）	59.66	0.10
耕地（02）	8093.32	14.08
园地（03）	3858.24	6.71
林地（04）	37453.45	65.16
草地（05）	1984.33	3.45
城镇村及工矿用地（20）	1610.59	2.80
交通运输用地（10）	789.62	1.37
水域及水利设施用地（11）	912.72	1.59
其他土地（12）	2717.06	4.73
合计	57479.00	99.99

2019 年第三次全国国土调查数据按照用地用海分类与《土地管理法》"三大类"对照表进行统计，云南省国土调查总面积为 57479 万亩，农用地面积为 54446.46 万亩，占全省国土调查总面积的 94.72%；建设用地面积为 1950.07 万亩，占全省国土调查总面积的 3.39%；未利用地面积为 1082.47 万亩，占全省国土调查总面积的 1.88%，详见图 5-6。

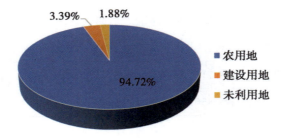

图 5-6　2019 年云南省第三次全国国土调查"三大类"地类现状占比情况

从州（市）分布情况统计可知，农用地占比较高的有普洱市（11.88%）、红河州（8.46%）、文山州（8.33%），占比较低的有德宏州（2.92%）、怒江州（3.74%）、玉溪市（3.83%）；建设用地占比较高的有昆明市（13.36%）、曲靖市（12.17%）、红河州

（8.86%），占比较低的有怒江州（1.16%）、迪庆州（1.64%）、西双版纳州（2.99%）；未利用地占比较高的有迪庆州（34.32%）、怒江州（11.84%）、昆明市（6.81%），占比较低的有德宏州（1.50%）、西双版纳州（1.52%）、临沧市（1.99%），详见表5-12。

表5-12　2019年云南省第三次全国国土调查"三大类"地类统计表　　（单位：万亩）

行政区	国土调查总面积	农用地		建设用地		未利用地	
		面积	比例（%）	面积	比例（%）	面积	比例（%）
云南省	57479.00	54446.46	100.00	1950.07	100.00	1082.47	100.00
昆明市	3151.94	2817.58	5.17	260.62	13.36	73.74	6.81
曲靖市	4340.40	4069.39	7.47	237.37	12.17	33.64	3.11
玉溪市	2241.23	2082.95	3.83	98.20	5.04	60.08	5.55
保山市	2859.26	2712.09	4.98	119.01	6.10	28.15	2.60
昭通市	3365.92	3178.84	5.84	156.76	8.04	30.33	2.80
丽江市	3083.20	2944.37	5.41	67.14	3.44	71.69	6.62
普洱市	6639.89	6468.50	11.88	126.49	6.49	44.89	4.15
临沧市	3543.13	3419.05	6.28	102.58	5.26	21.50	1.99
楚雄彝族自治州	4265.78	4106.15	7.54	130.00	6.67	29.63	2.74
红河哈尼族彝族自治州	4826.09	4603.71	8.46	172.74	8.86	49.64	4.59
文山壮族苗族自治州	4711.17	4535.19	8.33	140.07	7.18	35.90	3.32
西双版纳傣族自治州	2864.40	2789.59	5.12	58.35	2.99	16.47	1.52
大理白族自治州	4245.25	4018.42	7.38	155.89	7.99	70.94	6.55
德宏傣族景颇族自治州	1675.78	1589.11	2.92	70.40	3.61	16.27	1.50
怒江傈僳族自治州	2187.71	2037.01	3.74	22.57	1.16	128.13	11.84
迪庆藏族自治州	3477.85	3074.51	5.65	31.89	1.64	371.45	34.32

（三）2020年国土变更调查现状

按照2020年国土变更调查（城镇、村庄不打开）统计表（表5-13），云南省国土调查总面积为57479万亩，其中林地面积最大，为37417.28万亩，占比65.10%；其次为耕地，为8067.50万亩，占比14.04%。

表 5-13　2020 年云南省国土变更调查地类现状统计表

地 类 名 称	面积(万亩)	比例(%)
湿地(00)	57.42	0.10
耕地(01)	8067.50	14.04
园地(02)	3878.35	6.75
林地(03)	37417.28	65.10
草地(04)	1976.74	3.44
城镇村及工矿用地(20)	1628.99	2.83
交通运输用地(10)	809.99	1.41
水域及水利设施用地(11)	924.29	1.61
其他土地(12)	2718.44	4.73
合计	57479.00	100.00

2020 年国土变更调查数据按照用地用海分类与《土地管理法》"三大类"对照表进行统计，云南省国土调查总面积为 57479 万亩，农用地面积为 54406.10 万亩，占全省国土调查总面积的 94.65%；建设用地面积为 1985.95 万亩，占全省国土调查总面积的 3.46%；未利用地面积为 1086.95 万亩，占全省国土调查总面积的 1.89%，详见图 5-7。

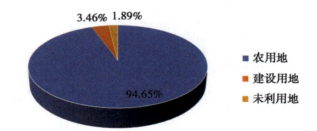

3.46% 1.89%

94.65%

■ 农用地
■ 建设用地
■ 未利用地

图 5-7　2020 年云南省全省"三大类"地类现状占比情况

从州（市）分布情况统计可知，农用地占比较高的有普洱市（11.89%）、红河州（8.45%）、文山州（8.33%），占比较低的有德宏州（2.92%）、怒江州（3.74%）、玉溪市（3.83%）；建设用地占比较高的有昆明市（13.29%）、曲靖市（12.13%）、红河州（9.00%），占比较低的怒江州（1.15%）、迪庆州（1.63%）、西双版纳州（3.00%）；未利用地占比较高的有迪庆州（34.14%）、怒江州（11.81%）、昆明市（6.90%），占比较低的有德宏州（1.48%）、西双版纳州（1.51%）、临沧市（1.98%），详见表5-14。

表5-14　2020年云南省"三大类"地类现状统计表　　　　　（单位：万亩）

行政区	国土调查总面积	农用地		建设用地		未利用地	
		面积	比例（%）	面积	比例（%）	面积	比例（%）
云南省	57479.00	54406.10	100.00	1985.95	100.00	1086.95	100.00
昆明市	3151.94	2813.14	5.17	263.84	13.29	74.97	6.90
曲靖市	4340.40	4065.91	7.47	240.87	12.13	33.62	3.09
玉溪市	2241.23	2081.53	3.83	99.69	5.02	60.01	5.52
保山市	2859.26	2710.45	4.98	120.58	6.07	28.23	2.60
昭通市	3365.92	3175.36	5.84	160.29	8.07	30.27	2.78
丽江市	3083.20	2943.23	5.41	68.41	3.44	71.55	6.58
普洱市	6639.89	6466.18	11.89	128.96	6.49	44.75	4.12
临沧市	3543.13	3416.43	6.28	105.22	5.30	21.48	1.98
楚雄彝族自治州	4265.78	4099.15	7.53	132.94	6.69	33.69	3.10
红河哈尼族彝族自治州	4826.09	4597.77	8.45	178.81	9.00	49.51	4.55
文山壮族苗族自治州	4711.17	4533.17	8.33	142.15	7.16	35.84	3.30
西双版纳傣族自治州	2864.40	2788.40	5.13	59.56	3.00	16.44	1.51
大理白族自治州	4245.25	4015.87	7.38	158.40	7.98	70.98	6.53
德宏傣族景颇族自治州	1675.78	1588.67	2.92	70.97	3.57	16.14	1.48
怒江傈僳族自治州	2187.71	2036.42	3.74	22.93	1.15	128.35	11.81
迪庆藏族自治州	3477.85	3074.42	5.65	32.32	1.63	371.12	34.14

（四）2021年国土变更调查现状

按照2021年国土变更调查（城镇、村庄不打开）统计表（表5-15），云南省国土调查总面积为57479万亩，其中林地面积最大，为37360.78万亩，占比65.00%；其次为耕地，为8075.21万亩，占比14.05%。

表 5-15　2021 年云南省国土变更调查地类现状统计表

地 类 名 称	面积(万亩)	比例(%)
湿地(00)	55.88	0.10
耕地(01)	8075.21	14.05
园地(02)	3877.28	6.75
林地(03)	37360.78	65.00
草地(04)	1968.56	3.42
城镇村及工矿用地(20)	1643.56	2.86
交通运输用地(10)	826.8	1.44
水域及水利设施用地(11)	939	1.63
其他土地(12)	2731.93	4.75
合计	57479.00	100.00

2021 年国土变更调查数据按照用地用海分类与《土地管理法》"三大类"对照表进行统计，云南省国土调查总面积为 57479 万亩，农用地面积为 54382.71 万亩，占全省国土调查总面积的 94.61%；建设用地面积为 2012.96 万亩，占全省国土调查总面积的 3.50%；未利用地面积为 1083.33 万亩，占全省国土调查总面积的 1.88%（图 5-8）。

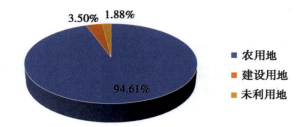

图 5-8　2021 年云南省全省"三大类"地类现状占比情况

从州（市）分布情况统计可知，农用地占比较高的有普洱市（11.89%）、红河州（8.45%）、文山州（8.33%），占比较低的有德宏州（2.92%）、怒江州（3.74%）、玉溪市（3.83%）；建设用地占比较高的有昆明市（13.29%）、曲靖市（12.07%）、红河州（8.98%），占比较低的有怒江州（1.13%）、迪庆州（1.64%）、西双版纳州（3.13%）；未利用地占比较高的有迪庆州（34.24%）、怒江州（11.85%）、昆明市（6.83%），占比较低的有德宏州（1.49%）、西双版纳州（1.52%）、临沧市（1.98%），详见表 5-16。

表 5-16 2021 年云南省"三大类"地类现状统计表 （单位：万亩）

行政区	国土调查总面积	农用地		建设用地		未利用地	
		面积	比例（%）	面积	比例（%）	面积	比例（%）
云南省	57479.00	54382.71	100.00	2012.96	100.00	1083.33	100.00
昆明市	3151.94	2810.50	5.17	267.44	13.29	74.00	6.83
曲靖市	4340.40	4063.98	7.47	243.05	12.07	33.37	3.08
玉溪市	2241.23	2080.67	3.83	100.65	5.00	59.92	5.53
保山市	2859.26	2709.28	4.98	121.8	6.05	28.18	2.60
昭通市	3365.92	3177.23	5.84	160.29	7.96	28.40	2.62
丽江市	3083.20	2942.11	5.41	69.58	3.46	71.51	6.60
普洱市	6639.89	6464.72	11.89	130.47	6.48	44.70	4.13
临沧市	3543.13	3414.59	6.28	107.06	5.32	21.49	1.98
楚雄彝族自治州	4265.78	4097.52	7.53	134.76	6.69	33.50	3.09
红河哈尼族彝族自治州	4826.09	4595.89	8.45	180.75	8.98	49.45	4.56
文山壮族苗族自治州	4711.17	4531.64	8.33	143.71	7.14	35.82	3.31
西双版纳傣族自治州	2864.40	2784.89	5.12	63.1	3.13	16.42	1.52
大理白族自治州	4245.25	4011.83	7.38	162.2	8.06	71.22	6.57
德宏傣族景颇族自治州	1675.78	1587.38	2.92	72.3	3.59	16.09	1.49
怒江傈僳族自治州	2187.71	2036.54	3.74	22.79	1.13	128.37	11.85
迪庆藏族自治州	3477.85	3073.92	5.65	33.03	1.64	370.91	34.24

（五）2022 年土地利用情况

按照 2022 年国土变更调查（城镇、村庄不打开）统计表（表 5-17），云南省国土调查总面积为 57479 万亩，其中林地面积最大，为 37453.24 万亩，占比 65.16%；其次为耕地，为 7930.09 万亩，占比 13.80%。

表 5-17 2022 年云南省国土变更调查地类现状统计表

地 类 名 称	面积（万亩）	比例（%）
湿地（00）	54.39	0.09
耕地（01）	7930.09	13.80
园地（02）	3943.86	6.86
林地（03）	37453.24	65.16
草地（04）	1967.17	3.42

续表

地 类 名 称	面积(万亩)	比例(%)
城镇村及工矿用地(20)	1655.52	2.88
交通运输用地(10)	841.64	1.46
水域及水利设施用地(11)	947.75	1.65
其他土地(12)	2685.34	4.67
合计	57479.00	100.00

1. 耕地现状

(1)现状耕地情况:依据 2022 年度国土变更调查成果,云南省现状耕地总面积为7930.09 万亩,稳定耕地面积为 6307.16 万亩,不稳定耕地面积为 1622.93 万亩。

(2)耕地保护目标情况:按照国家下达云南省耕地 7858 万亩的保护目标要求,全省在7930 万亩现状耕地中扣除可不纳入耕地保护目标的情形,其余耕地均需纳入耕地保护目标,全省共带位置确定耕地保护目标 7858 万亩(见表 5-18)。其中,划定最多的是曲靖市、文山州和红河州,分别为 1185 万亩、922 万亩和 894 万亩;划定最少的是迪庆州,为 74万亩。

表 5-18　耕地保护目标划定情况统计表　　　　　　　(单位:万亩)

行政区名称	划定耕地保护目标
云南省	7858.46
昆明市	563.19
曲靖市	1184.59
玉溪市	293.53
保山市	383.62
昭通市	640.58
丽江市	268.4
普洱市	623.31
临沧市	530.41
楚雄彝族自治州	492.33
红河哈尼族彝族自治州	893.56
文山壮族苗族自治州	921.71
西双版纳傣族自治州	170.18
大理白族自治州	515.7

续表

行政区名称	划定耕地保护目标
德宏傣族景颇族自治州	217.16
怒江傈僳族自治州	86.04
迪庆藏族自治州	74.15

（3）永久基本农田保护情况：2022 年，在"三区三线"划定工作中，自然资源部下发的云南省稳定耕地有 6307.16 万亩，最终划定永久基本农田 5731 万亩（表 5-19），其中最多的是曲靖市、文山州和红河州，分别为 923 万亩、685 万亩和 644 万亩；划定最少的是怒江州，为 38 万亩。

表 5-19　永久基本农田划定情况统计表　　　　　（单位：万亩）

行政区名称	划定永久基本农田
云南省	5731.25
昆明市	453.59
曲靖市	928.09
玉溪市	224.72
保山市	282.83
昭通市	398.33
丽江市	216.68
普洱市	418.75
临沧市	323.54
楚雄彝族自治州	366.05
红河哈尼族彝族自治州	643.50
文山壮族苗族自治州	685.15
西双版纳傣族自治州	133.27
大理白族自治州	393.44
德宏傣族景颇族自治州	174.47
怒江傈僳族自治州	38.01
迪庆藏族自治州	50.82

2. 林地现状

（1）林地空间及森林覆盖率现状情况：据 2022 年国土变更调查（城镇、村庄不打开）统计，云南省国土调查总面积为 57479 万亩。其中，林地面积为 37453.24 万亩，占全省国土调查总面积的 65.16%；据国家林草局下发的 2021 年森林覆盖率数据统计，现状森林覆盖面积（含乔木林、竹林和 16 个经济树种）为 31755 万亩，森林覆盖率为 55.25%。

（2）规划造林绿化空间情况：根据 2022 年云南省造林绿化空间成果统计分析，云南省规划造林绿化空间调查评估成果面积为 1838 万亩（表 5-20），其中，用于提质改造的灌木林地和其他林地 1766 万亩，能有效增加林地面积的非林地有 72 万亩；从森林覆盖率来看，造林绿化空间成果中已纳入森林覆盖率计算范围面积为 614 万亩，未纳入森林覆盖率计算面积为 1224 万亩。

表 5-20　规划造林绿化空间成果统计表　　　　　　　（单位：万亩）

行政区	合计	灌木林地和其他林地	非林地
云南省	1838.41	1766.63	71.78
昆明市	93.66	87.81	5.85
曲靖市	188.41	180.38	8.03
玉溪市	65.72	65.12	0.60
保山市	33.16	32.73	0.44
昭通市	183.81	180.99	2.82
丽江市	120.27	117.05	3.22
普洱市	12.98	12.57	0.41
临沧市	38.78	38.25	0.52
楚雄州	149.85	147.81	2.05
红河州	270.46	253.16	17.30
文山州	401.28	388.27	13.01
西双版纳州	17.93	17.66	0.26
大理州	137.98	136.19	1.79
德宏州	5.35	5.11	0.24
怒江州	39.20	37.09	2.11
迪庆州	79.58	66.44	13.14

(六)"三大类"地类现状情况

2022 年国土变更调查数据按照用地用海分类与《土地管理法》"三大类"对照表进行统计,云南省国土调查总面积为 57479 万亩。其中,农用地面积为 54369.04 万亩,占全省国土调查总面积的 94.59%;建设用地面积为 2029.06 万亩,占全省国土调查总面积的 3.53%;未利用地面积为 1080.90 万亩,占全省国土调查总面积的 1.88%,详见图5-9。

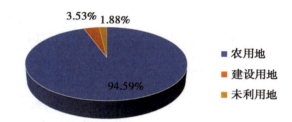

图 5-9　2022 年云南省全省"三大类"地类现状占比情况

从州(市)分布情况统计可知,农用地占比较高的有普洱市(11.89%)、红河州(8.45%)、文山州(8.33%),占比较低的有德宏州(2.92%)、怒江州(3.75%)、玉溪市(3.83%);建设用地占比较高的有昆明市(13.28%)、曲靖市(12.11%)、红河州(8.98%),占比较低的有怒江州(1.12%)、迪庆州(1.65%)、西双版纳州(3.12%);未利用地占比较高的有迪庆州(34.24%)、怒江州(11.88%)、昆明市(6.83%),占比较低的有德宏州(1.48%)、西双版纳州(1.52%)、临沧市(1.98%),详见表5-21。

表 5-21　2022 年"三大类"地类现状统计表 　　　　　　　　(单位:万亩)

行政区	国土调查总面积	农用地		建设用地		未利用地	
		面积	比例(%)	面积	比例(%)	面积	比例(%)
云南省	57479.00	54369.04	100.00	2029.06	100.00	1080.90	100.00
昆明市	3151.94	2808.74	5.17	269.37	13.28	73.82	6.83
曲靖市	4340.40	4061.43	7.47	245.80	12.11	33.17	3.07
玉溪市	2241.23	2080.33	3.83	101.19	4.99	59.72	5.53
保山市	2859.26	2708.69	4.98	122.44	6.03	28.13	2.60
昭通市	3365.92	3176.31	5.84	161.44	7.96	28.17	2.61
丽江市	3083.20	2942.10	5.41	69.61	3.43	71.48	6.61

行政区	国土调查总面积	农用地		建设用地		未利用地	
		面积	比例(%)	面积	比例(%)	面积	比例(%)
普洱市	6639.89	6463.80	11.89	131.25	6.47	44.84	4.15
临沧市	3543.13	3412.83	6.28	108.96	5.37	21.35	1.98
楚雄州	4265.78	4097.06	7.54	135.59	6.68	33.14	3.07
红河州	4826.09	4594.62	8.45	182.23	8.98	49.24	4.56
文山州	4711.17	4530.07	8.33	145.33	7.16	35.77	3.31
西双版纳州	2864.40	2784.73	5.12	63.25	3.12	16.42	1.52
大理州	4245.25	4010.55	7.38	163.61	8.06	71.09	6.58
德宏州	1675.78	1586.89	2.92	72.85	3.59	16.04	1.48
怒江州	2187.71	2036.61	3.75	22.70	1.12	128.40	11.88
迪庆州	3477.85	3074.28	5.65	33.45	1.65	370.12	34.24

二、2019—2022 年土地利用变化分析

(一)基于"三调"的土地利用变化情况(2019—2022 年)

1. 国土变更调查现状地类变化情况

基于 2019—2022 年云南省现状地类的变化情况(表 5-22)分析可知:

湿地 2019—2022 年均呈递减趋势,从 2019 年的 59.66 万亩递减至 2022 年的 54.39 万亩,共减少了 5.27 万亩,变化幅度为 8.83%。

耕地除了 2021 年比 2020 年增加 7.71 万亩,其余三年均呈递减趋势。其中,2022 年较 2021 年减少较多,共减少 145.12 万亩。2019 年至 2022 年期间,耕地总体呈减少趋势,共减少了 163.23 万亩,耕地流出较多。

园地除了 2021 年比 2020 年减少 1.07 万亩,其余三年均呈递增趋势。其中,2022 年较 2021 年增加较多,共增加 66.58 万亩。2019 年至 2022 年期间,园地总体呈增加趋势,共增加了 85.62 万亩。

林地 2019—2021 年呈递减趋势,两年共减少 92.67 万亩,2021—2022 年呈递增趋势。其中,2022 较 2021 年增加 92.46 万亩。2019 年至 2022 年期间,林地总体面积变化不大,维持平衡稳定。

表 5-22 2019—2022 年云南省现状地类变化情况统计表

（单位：万亩）

地类	面积				年度变化情况						2019—2022 年变化情况	
	2019 年	2020 年	2021 年	2022 年	2019—2020 年		2020—2021 年		2021—2022 年		差异值	变化幅度
					差异值	变化幅度	差异值	变化幅度	差异值	变化幅度		
湿地	59.66	57.42	55.88	54.39	-2.24	3.75%	-1.54	2.68%	-1.49	2.67%	-5.27	8.83%
耕地	8093.32	8067.50	8075.21	7930.09	-25.82	0.32%	7.71	0.10%	-145.12	1.80%	-163.23	2.02%
园地	3858.24	3878.35	3877.28	3943.86	20.11	0.52%	-1.07	0.03%	66.58	1.72%	85.62	2.22%
林地	37453.45	37417.28	37360.78	37153.21	-36.17	0.10%	-56.5	0.15%	92.46	0.25%	-0.21	0.00%
草地	1984.33	1976.74	1968.56	1967.17	-7.59	0.38%	-8.18	0.41%	-1.39	0.07%	-17.16	0.86%
城镇村及工矿用地	1610.59	1628.99	1643.56	1655.52	18.40	1.14%	14.57	0.89%	11.96	0.73%	44.93	2.79%
交通运输用地	789.62	809.99	826.80	841.64	20.37	2.58%	16.81	2.08%	14.84	1.79%	52.02	6.59%
水域及水利设施用地	912.72	924.29	939.00	947.75	11.57	1.27%	14.71	1.59%	8.75	0.93%	35.03	3.84%
其他土地	2717.06	2718.44	2731.93	2685.34	1.38	0.05%	13.49	0.50%	-46.59	1.71%	-31.72	1.17%

注：年度差异值 = 本期值 - 上年同一时期值；

年度变化幅度 = | 本期值 - 上年同一时期值 | / 上年同一时期值×100%；

2019—2022 年差异值 = 2022 年数值 - 2019 年同一时期值；

2019—2022 年变化幅度 = | 2022 年数值 - 2019 年同一时期值 | /2019 年同一时期值×100%。

草地 2019—2022 年均呈递减趋势，从 2019 年的 1984.33 万亩递减至 2022 年的 1967.17 万亩，共减少 17.16 万亩，变化幅度为 0.87%，变化较小。

城镇村及工矿用地 2019—2022 年均呈递增趋势，变化幅度为 0.73%～1.14%；从 2019 年的 1610.59 万亩递增至 2022 年的 1655.52 万亩，共增加 44.93 万亩，变化幅度为 2.79%。

交通运输用地 2019—2022 年均呈递增趋势，变化幅度为 1.79%～2.58%；从 2019 年的 789.62 万亩递增至 2022 年的 841.64 万亩，共增加 52.02 万亩，变化幅度为 6.59%。

水域及水利设施用地 2019—2022 年均呈递增趋势，变化幅度为 0.93%～1.59%；从 2019 年的 912.72 万亩递增至 2022 年的 947.75 万亩，共增加 35.03 万亩，变化幅度为 3.84%。

其他土地 2019—2021 年呈递增趋势，两年共增加 14.87 万亩；2021—2022 年呈递减趋势，2022 较 2021 年共减少 46.59 万亩。

2019—2022 年云南省现状地类变化情况如图 5-10 所示。

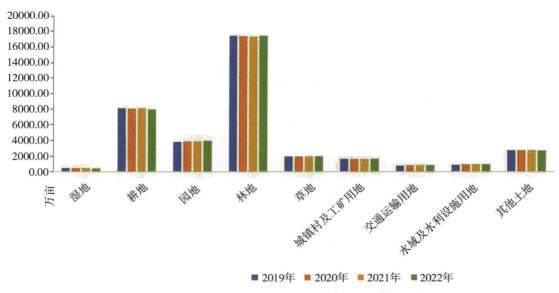

图 5-10　2019—2022 年云南省现状地类变化情况图

2. "三大类"地类变化情况

从 2019—2022 年农用地、建设用地及未利用地面积变化趋势来看，云南全省农用地面积呈逐年递减趋势，2022 年较 2019 年面积减少 77.42 万亩，减少率为 0.14%；全省建设用地面积呈逐年递增趋势，2022 年较 2019 年面积增加 78.99 万亩，增加率为 4.05%；全省未利用地面积除 2019—2020 年增加 4.48 万亩，2020—2022 年呈递减趋势，减少量为 6.05 万亩，2022 年较 2019 年面积共减少 1.57 万亩，减少率为 0.15%，详见表 5-23 和图 5-11。

表 5-23　2019—2022 年云南省"三大类"地类变化情况统计表　　　（单位：万亩）

地类	2019 年	2020 年	2021 年	2022 年	2019—2022 年变化情况	
					差异值	变化幅度
农用地	54446.46	54406.1	54382.71	54369.04	−77.42	0.14%
建设用地	1950.07	1985.95	2012.96	2029.06	78.99	4.05%
未利用地	1082.47	1086.95	1083.33	1080.9	−1.57	0.15%

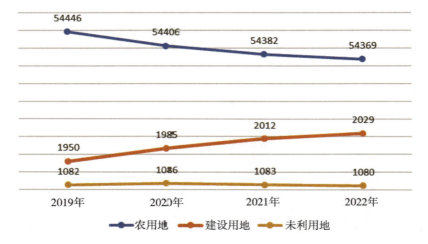

图 5-11　2019—2022 年云南省"三大类"地类变化情况图

　　农用地与建设用地面积呈此消彼长的关系，未利用地作为农用地和建设用地的补充来源。

　　(1)农用地变化情况：从州(市)农用地变化情况(表 5-24、图 5-12)可知，2019—2022年，各州(市)农用地面积总体均为减少，面积减少较多的为楚雄州(9.09 万亩)、红河州(9.09 万亩)、昆明市(8.84 万亩)、曲靖市(7.96 万亩)、大理州(7.87 万亩)，减少率较大的为昆明市(0.31%)、楚雄州(0.22%)、曲靖市(0.20%)、红河州(0.20%)及大理州(0.20%)。面积减少较少的为迪庆州(0.23 万亩)、怒江州(0.40 万亩)、德宏州(2.22 万亩)，减少率较小的为迪庆州(0.01%)、怒江州(0.02%)、普洱市(0.07%)。

　　昭通市 2020—2021 年农用地面积增加 1.87 万亩。

　　怒江州 2020—2022 年农用地面积逐年递增，增加量分别为 0.12 万亩、0.07 万亩。

　　迪庆州 2021—2022 年农用地面积增加 0.36 万亩。

表 5-24　2019—2022 年云南省各州 (市) 农用地变化情况统计表　　　（单位：万亩）

行政区	2019 年	2020 年	2021 年	2022 年	2019—2022 年变化情况	
					差异值	变化幅度
昆明市	2817.58	2813.14	2810.50	2808.74	-8.84	0.31%
曲靖市	4069.39	4065.91	4063.98	4061.43	-7.96	0.20%
玉溪市	2082.95	2081.53	2080.67	2080.33	-2.62	0.13%
保山市	2712.09	2710.45	2709.28	2708.69	-3.4	0.13%
昭通市	3178.84	3175.36	3177.23	3176.31	-2.53	0.08%
丽江市	2944.37	2943.23	2942.11	2942.10	-2.27	0.08%
普洱市	6468.5	6466.18	6464.72	6463.80	-4.7	0.07%
临沧市	3419.05	3416.43	3414.59	3412.83	-6.22	0.18%
楚雄彝族自治州	4106.15	4099.15	4097.52	4097.06	-9.09	0.22%
红河哈尼族彝族自治州	4603.71	4597.77	4595.89	4594.62	-9.09	0.20%
文山壮族苗族自治州	4535.19	4533.17	4531.64	4530.07	-5.12	0.11%
西双版纳傣族自治州	2789.59	2788.40	2784.89	2784.73	-4.86	0.17%
大理白族自治州	4018.42	4015.87	4011.83	4010.55	-7.87	0.20%
德宏傣族景颇族自治州	1589.11	1588.67	1587.38	1586.89	-2.22	0.14%
怒江傈僳族自治州	2037.01	2036.42	2036.54	2036.61	-0.4	0.02%
迪庆藏族自治州	3074.51	3074.42	3073.92	3074.28	-0.23	0.01%

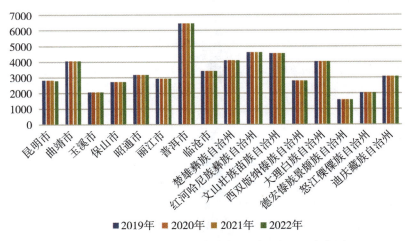

图 5-12　2019—2022 年云南省各州 (市) 农用地变化图

除昭通市、怒江州、迪庆州外，其余州（市）2019—2022 年农用地面积呈逐年递减趋势。

（2）建设用地变化情况：从州（市）建设用地变化情况（表 5-25、图 5-13）可知，2019—2022 年，各州（市）建设用地面积总体均为增加，面积增加较多的为红河州（9.49 万亩）、昆明市（8.75 万亩）、曲靖市（8.43 万亩）、大理州（7.72 万亩），增加率较大的为西双版纳州（8.40%）、临沧市（6.22%）、红河州（5.49%）、大理州（4.95%）。面积增加较少的为怒江州（0.13 万亩）、迪庆州（1.56 万亩）、德宏州（2.45 万亩），增加率较小的为怒江州（0.58%）、保山市（2.88%）、昭通市（2.99%）。

昭通市 2020—2021 年建设用地面积不变。

怒江州 2020—2022 年建设用地面积逐年减少，减少量分别为 0.14 万亩、0.09 万亩。

除昭通市、怒江州外，其余州（市）2019—2022 年建设用地面积呈逐年递增趋势。

表 5-25　2019—2022 年云南省各州（市）建设用地变化情况统计表　（单位：万亩）

行政区	2019 年	2020 年	2021 年	2022 年	2019—2022 年变化情况	
					差异值	变化幅度
昆明市	260.62	263.84	267.44	269.37	8.75	3.36%
曲靖市	237.37	240.87	243.05	245.80	8.43	3.55%
玉溪市	98.20	99.69	100.65	101.19	2.99	3.04%
保山市	119.01	120.58	121.80	122.44	3.43	2.88%
昭通市	156.76	160.29	160.29	161.44	4.68	2.99%
丽江市	67.14	68.41	69.58	69.61	2.47	3.68%
普洱市	126.49	128.96	130.47	131.25	4.76	3.76%
临沧市	102.58	105.22	107.06	108.96	6.38	6.22%
楚雄彝族自治州	130.00	132.94	134.76	135.59	5.59	4.30%
红河哈尼族彝族自治州	172.74	178.81	180.75	182.23	9.49	5.49%
文山壮族苗族自治州	140.07	142.15	143.71	145.33	5.26	3.76%
西双版纳傣族自治州	58.35	59.56	63.10	63.25	4.90	8.40%
大理白族自治州	155.89	158.40	162.20	163.61	7.72	4.95%
德宏傣族景颇族自治州	70.40	70.97	72.30	72.85	2.45	3.48%
怒江傈僳族自治州	22.57	22.93	22.79	22.70	0.13	0.58%
迪庆藏族自治州	31.89	32.32	33.03	33.45	1.56	4.89%

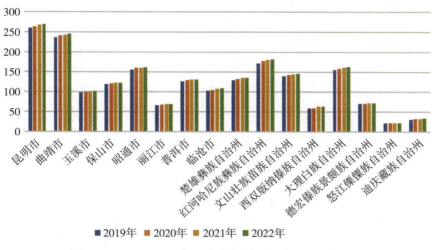

图 5-13　2019—2022 年云南省各州(市)建设用地变化图

(3)未利用地变化情况:从州(市)未利用地变化情况(表 5-26、图 5-14)可知,2019—2022 年,昆明市、楚雄州、大理州及怒江州未利用地面积有所增加,增加量分别为 0.08 万亩、3.51 万亩、0.15 万亩、0.27 万亩,增加率分别为 0.11%、11.85%、0.21%、0.21%。其余州(市)未利用地面积总体均为减少,面积减少较多的为昭通市(2.16 万亩)、迪庆州(1.33 万亩)、曲靖市(0.47 万亩),减少率较大的为昭通市(7.12%)、德宏州(1.41%)、曲靖市(1.40%);面积减少较少的为保山市(0.02 万亩)、普洱市(0.05 万亩)、西双版纳州(0.05 万亩),减少率较小的为保山市(0.07%)、普洱市(0.11%)、丽江市(0.29%)、西双版纳州(0.30%)。

昆明市、楚雄州 2019—2022 年未利用地面积先增后减,整体呈增加趋势,共分别增加 0.08 万亩、3.51 万亩。2019—2020 年未利用地面积分别增加 1.23 万亩、4.06 万亩。2020—2022 年未利用地面积逐年降低,分别共减少 1.15 万亩、0.55 万亩。

保山市 2019—2022 年未利用地面积先增后减,整体呈减少趋势,共减少 0.02 万亩。2019—2020 年未利用地面积增加 0.08 万亩。2020—2022 年未利用地面积逐年减少,共减少 0.10 万亩。

普洱市 2019—2022 年未利用地面积先减后增,整体呈减少趋势,共减少 0.05 万亩。2019—2021 年未利用地面积逐年减少,共减少 0.19 万亩。2021—2022 年未利用地面积增加 0.14 万亩。

临沧市 2019—2022 年未利用地面积先减后增再减,整体呈减少趋势,共减少 0.15 万亩。2019—2020 年未利用地面积减少 0.02 万亩。2020—2021 年未利用地面积增加 0.01 万亩。2021—2022 年未利用地面积减少 0.14 万亩。

西双版纳州 2019—2022 年未利用地面积先减后保持不变，整体呈减少趋势，共减少 0.05 万亩。2019—2021 年未利用地面积逐年降低，共减少 0.05 万亩。2021—2022 年未利用地面积保持不变。

大理州 2019—2022 年未利用地面积先增后减，整体呈增加趋势，共增加 0.15 万亩。2019—2021 年未利用地面积逐年增加，共增加 0.28 万亩。2021—2022 年未利用地面积减少 0.13 万亩。

曲靖市、玉溪市、昭通市、丽江市、红河州、文山州、德宏州及迪庆州 2019—2022 年未利用地面积呈逐年递减趋势，怒江州呈逐年递增趋势。

表 5-26　2019—2022 年云南省各州（市）未利用地变化情况统计表　（单位：万亩）

行政区	2019 年	2020 年	2021 年	2022 年	2019—2022 年变化情况	
					差异值	变化幅度
昆明市	73.74	74.97	74.00	73.82	0.08	0.11%
曲靖市	33.64	33.62	33.37	33.17	-0.47	1.40%
玉溪市	60.08	60.01	59.92	59.72	-0.36	0.60%
保山市	28.15	28.23	28.18	28.13	-0.02	0.07%
昭通市	30.33	30.27	28.40	28.17	-2.16	7.12%
丽江市	71.69	71.55	71.51	71.48	-0.21	0.29%
普洱市	44.89	44.75	44.70	44.84	-0.05	0.11%
临沧市	21.50	21.48	21.49	21.35	-0.15	0.70%
楚雄州	29.63	33.69	33.50	33.14	3.51	11.85%
红河州	49.64	49.51	49.45	49.24	-0.40	0.81%
文山州	35.90	35.84	35.82	35.77	-0.13	0.36%
西双版纳州	16.47	16.44	16.42	16.42	-0.05	0.30%
大理州	70.94	70.98	71.22	71.09	0.15	0.21%
德宏州	16.27	16.14	16.09	16.04	-0.23	1.41%
怒江州	128.13	128.35	128.37	128.40	0.27	0.21%
迪庆州	371.45	371.12	370.91	370.12	-1.33	0.36%

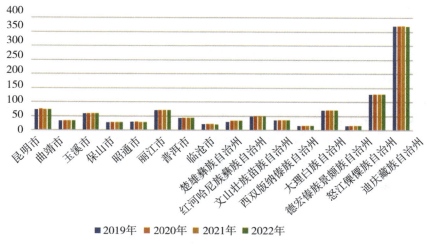

图 5-14　2019—2022 年云南省各州（市）未利用地变化图

第三节　国土空间规划情况

一、总体规划情况

（一）规划目标

根据云南省国土空间规划（2021—2035 年），规划目标为：到 2035 年，空间格局更加优化。农业空间安全稳定、生态空间山清水秀、城乡生活空间品质宜居的"美丽云南"国土空间新格局全面形成。到 2050 年，全面支撑建成富强民主文明和谐美丽的社会主义现代化新云南。

1. 空间格局更加优化

主体功能区布局进一步优化，"三区三线"空间布局稳步提升，与现代化相适应的区域协调发展新格局基本形成。自然资源节约集约利用水平显著提升，单位国内生产总值建设用地使用面积累计下降不少于 40%。市场化、多元化生态保护补偿机制基本健全。独具特色的"七彩云南"魅力空间格局基本建成，"美丽云南"国土空间开发保护新格局有力支撑高质量跨越式发展。

2. 农业空间安全稳定

高原特色农业现代化体系全面建成，绿色农产品供给能力进一步提升。耕地"三位一体"保护新格局全面形成，严守 7857 万亩的耕地保护任务和 5709 万亩的永久基本农田保护红线，坝区 90% 以上的优质稳定耕地划入永久基本农田实施特殊保护。

3. 生态空间山清水秀

国家西南生态安全屏障作用更加牢固，生态保护红线面积不低于 11.32 万平方千米。以国家公园为主体的自然保护地体系全面建成，优质生态产品供给满足人民美好生活需要，自然保护地面积占国土面积比例不低于 20%。生物多样性保护全面提升，生态系统质量和稳定性进一步提高。

4. 城乡生活空间品质宜居

空间协调有序的城镇体系全面建成，形成现代化的昆明都市圈和 12 个城镇圈。以人为本的城乡生活圈全面形成，与城乡融合发展相适应的城乡要素合理配置机制体制更加健全，乡村振兴取得决定性进展，宜居宜业和美乡村全面建成。

(二)国土空间新格局

按照耕地和永久基本农田、生态保护红线、城镇开发边界的优先顺序统筹划定落实三条控制线。在国土空间管控指标约束下，统筹优化农业、生态、城镇空间格局，协调空间利用发展需求，解决相关矛盾问题，满足未来发展战略空间需要，构建以"五区三屏一群"为主体的国土空间总体格局，塑造"五区四带"农业空间格局，构建"三屏两带六廊多点"的生态安全格局，构建"一圈一群两翼一带"的城镇空间格局。

1. 构建以"五区三屏一群"为主体的国土空间总体格局

落实国家主体功能区战略，以"三区三线"划定成果为基础，优化形成区域互补的主体功能区格局。巩固东部高原、西部高原、乌蒙山、西南部、东南部五个农产品主产区，提高重要农产品保障能力。筑牢青藏高原东南缘、哀牢山-无量山、南部边境三大生态屏障，提升重要地区生态系统功能。将滇中城市群建设成为云南省高质量发展的核心支撑。落实国家战略部署，发挥地区比较优势，立足资源禀赋和经济社会发展实际，依据资源环境承载能力和国土空间开发适宜性评价、"三区三线"划定等成果，优化形成"3+5"主体功能分区布局。"3"为以县(市、区)为单元划分农产品主产区、重点生态功能区和城市化地区。在 3 类主体功能区的基础上，叠加确定重点小城镇、自然景观保护功能区、边境地区、历史文化资源富集区、能源资源富集区等 5 个其他功能区。

2. 塑造"五区四带"农业空间格局

严格落实国家农产品主产区格局，细化落实以粮食生产功能区和重要农产品生产保护区为重点的国家粮食安全产业带建设要求，以耕地和永久基本农田为依托，基于水土资源条件、粮食和主要农产品生产能力的空间格局，塑造"五区四带"农业空间格局。

(1)五区：①东部高原粮食主产区，涉及昆明市、玉溪市、曲靖市等州(市)，坝区相对集中，以服务滇中城市群为目标发展现代农业，综合提升农产品质量和多功能价值，严格控制农业用水，重点保障水稻、玉米等粮食作物种植，适度发展油菜、花卉、蔬菜、畜禽、烤烟，形成一批优质化、品牌化、专业化基地。②西部高原粮食主产区，涉及大理州、楚雄州等州(市)，坝区相对集中，重点保障水稻、玉米等粮食作物种植，鼓励采用轮作、间作、套作方式，适度发展水果、坚果、畜禽、烤烟，发展节水农业，建设一批特色现代农业基地。③乌蒙山粮食主产区，涉及昭通市、曲靖市等州（市），从河谷、坝区到高寒山区立体农业特征明显，适度降低农业开发强度，重点保障小麦、玉米等粮食作物种植，适度发展水果、中药材、畜禽业，建设一批特色现代农业基地。④西南部粮食主产区，涉及德宏傣族景颇族自治州（以下简称"德宏州"）、保山市、临沧市等州（市），呈现中山宽谷地形，从河谷、坝区到山区垂直气候和立体农业特征明显，光、热、水条件良好，重点保障水稻种植，提升水稻复种比例，提高粮食产量和质量，适度发展茶叶、橡胶、咖啡、水产、坚果和相关农产品加工，带动边境地区农村经济社会发展。⑤东南部粮食主产区，涉及红河州、文山州等州（市），坝区面积较大，光热条件良好，重点保障水稻、小麦、玉米等粮食作物种植，改进粮食生产条件和耕作水平，提升粮食产量和质量，适度发展糖料蔗、蔬菜、水果、中药材、畜禽和相关农产品加工业，建设一批特色现代农业基地。

（2）四带：①金沙江河谷特色农产品产业带，涉及丽江市、楚雄州等州（市），从河谷盆地到山区呈现明显的立体农业特征，发展节水农业，重点发展水果、坚果、蔬菜业，加强与四川省合作，共同建设长江上游特色农产品基地。②怒江河谷特色农产品产业带，涉及怒江州、保山市、德宏州等州（市），重点发展咖啡、水果、中药材、香料业，扩大产业规模、提升品质、打造品牌。③澜沧江河谷特色农产品产业带，涉及临沧市、普洱市、西双版纳傣族自治州（以下简称"西双版纳州"）等州（市），重点发展茶叶、橡胶、咖啡、水果、蔬菜业，打造绿色农产品品牌。④红河河谷特色农产品产业带，涉及玉溪市、红河州等州（市），重点发展橡胶、咖啡、茶叶、水果、花卉业，建设一批特色现代农业基地。

3. 构建"三屏两带六廊多点"的生态安全格局

严格落实国家确定的重点生态功能区格局，筑牢国家"三区四带"生态安全屏障，结合生态环境保护新形势和新要求，构建"三屏两带六廊多点"的生态安全格局。

（1）三屏：①青藏高原东南缘生态屏障，位于喜马拉雅山南延余脉滇西横断山脉地带，涉及迪庆州、怒江州、丽江市、保山市等4个州（市），重点保护独特的生态系统和生物多样性，发挥涵养大江大河水源和调节气候的功能。②哀牢山-无量山生态屏障，位于云南中西部，是青藏高原横断山脉南端的两支山脉，处于横断山系和云南省高原两大地理区域的接合部，涉及大理州、红河州、普洱市、玉溪市等州（市），重点保护天然植被和生物多样性，加强石漠化和水土流失综合防治，发挥保障滇中区域生态安全的作用。③南部边境生态屏障，位于云南省西南边境地区，涉及临沧市、普洱市、西双版纳州、红河州、文山州等州（市），重点保护热带雨林和珍稀濒危物种，防止有害物种入侵，发挥保障云南省乃至全国生态安全的作用。

（2）两带：①以金沙江为主的干热河谷地带，包括金沙江、怒江、红河、澜沧江及其主要支流的流域范围，涉及昆明市、楚雄州、大理州、丽江市、曲靖市、昭通市、怒江州、保山市、临沧市、普洱市、红河州等州（市），重点加强植被恢复和水土流失防治，发挥维护长江、怒江、红河、澜沧江下游地区生态安全的作用。②滇东滇东南石漠化带，位于云南省东南部，是典型的喀斯特岩溶区，涉及曲靖市、红河州、文山州等州(市)，重点加强植被恢复和水土流失防治，发挥维护珠江上游地区生态安全的作用。

(3)六廊：保障重要生态功能区域的联通性，其中：①怒江生物多样性保护廊道，联通青藏高原东南缘生态屏障与南部边境生态屏障；②迪庆-丽江生物多样性保护廊道，联通老君山至云岭山脉一带；③元江生物多样性保护廊道，联通永德大雪山、新平哀牢山、绿春黄连山一带；④普洱-西双版纳生物多样性保护廊道，沿澜沧江联通普洱至西双版纳生物走廊；⑤滇东南水土保持廊道，联通滇东滇东南石漠化带、南部边境生态屏障以及广南八宝自然保护区；⑥滇东北-滇中水土保持廊道，联通昭通乌蒙山、金沙江干热河谷地带、东南部喀斯特地带、寻甸黑颈鹤自然保护区及滇中高原湖泊群。

(4)多点：以改善局部地区生态环境和保护生物多样性为主要任务，推进滇池、抚仙湖、洱海等九大高原湖泊，以及丽江老君山、盈江铜壁关、永德大雪山、新平哀牢山、绿春黄连山、广南八宝、昭通乌蒙山、寻甸黑颈鹤栖息地等重要生态节点建设。

4. 构建"一圈一群两翼一带"的城镇空间格局

严格落实国家"两横三纵"城镇化战略格局，构建"一圈一群两翼一带"的城镇空间格局。

(1)一圈：昆明都市圈，以昆明中心城区为中心，辐射带动周边区域，推动形成昆明都市圈。加快城际铁路、城际轨道等交通基础设施建设，形成快速、便捷、智能的1小时通勤圈。坚持"规划共绘、基础共联、资源共享、产业共兴、环境共建"，加快推进昆明与滇中新区融合发展，推进昆(明)玉(溪)同城化发展。建设先进制造业集群和现代服务业集群，提升产业基础高级化、产业链现代化水平，构建云南省高质量发展的强大引擎。

(2)一群：滇中城市群，推进昆明市、曲靖市、玉溪市、楚雄州及红河州北部7个县(市、区)协同发展，建设滇中城市群，促进滇中崛起，成为云南省高质量发展的核心支撑、面向南亚东南亚辐射中心的核心区、通达南亚东南亚及印度洋的综合枢纽、西部地区重要经济增长极、高原生态宜居城市群。

(3)两翼：①滇西城镇群，构建支撑云南省对外开放的西翼，以大理州、保山市为核心，联动德宏州、丽江市和临沧市培育滇西城镇群，推进滇西一体化，建设滇西地区增长极，发挥在云南省经济发展中的带头支撑作用，建成著名休闲旅游目的地、孟中印缅经济走廊的重要枢纽。②滇东北城镇群，构建支撑云南省对内开放合作的东北翼，推进昭阳区、鲁甸县一体化进程，培育滇东北地区增长极，辐射带动滇东北开发，建成融入长江经济带发展、成渝地区双城经济圈建设的重要链接点。提升城镇群承载能力，引导人口、产业等聚集，加快推进大关县、盐津县等县城整体避险搬迁。

(4)一带：沿边城镇带，以8个沿边州(市)所属25个边境县(市)为重点，培育沿边城镇带，推进"腹地城市—沿边县城—口岸城镇"联动发展，提升沿边地区的发展能力和开放水平，强化对缅甸、老挝、越南开放前沿阵地的作用。

二、"三区三线"划定情况

耕地是粮食生产的命根子。优先把最优质、最精华的稳定耕地划入永久基本农田,积极引导城镇、村庄、产业向坝区边缘和宜建山地发展,采取"长牙齿"的硬措施严惩违法违规占耕行为,努力构建云岭特色山水田城村形态,全面夯实粮食安全根基。生态兴则文明兴。以筑牢国家西南生态安全屏障为出发点和落脚点,聚焦云南生物多样性价值,着力优化全省生态空间格局,明确"自然保护地+保护廊道+节点"相结合的生物多样性保护网络,将生态服务功能极重要、极脆弱敏感的区域划入生态保护红线。城市既是经济载体,也是文化容器。坚持尊重自然地理格局、人口变化趋势、城镇化发展特征和存量建设用地现状,合理划定全省城镇开发边界,充分预留重点区域、重大项目"双重"空间,优化形成"一圈一群、两翼一带"的城镇空间格局,全力支撑经济社会发展。2022 年 4 月 27 日,全国"三区三线"划定工作电视电话会议召开。4 月 29 日,自然资源部下发《全国"三区三线"划定规则》,标志着全国"三区三线"划定工作正式启动。云南省结合实际,2022 年 3 月,提前开展"三区三线"试划工作。5 月 9 日,省自然资源厅印发《云南省国土空间规划"三区三线"划定规则》,统筹"三区三线"划定,保障三条控制线精准落地、精确上图。10 月 14 日,自然资源部发函正式启用云南省"三区三线"成果数据。

(一)"三线"划定的格局

落实最严格的生态环境保护制度、耕地保护制度和节约用地制度,将三条控制线作为调整经济结构、规划产业发展、推进城镇化不可逾越的红线,夯实云南省永续发展基础。以"多规合一"的国土空间规划为载体,立足于优化国土空间开发保护格局,围绕推动生态优先、绿色发展为导向的高质量发展目标,统筹划定生态保护红线、永久基本农田、城镇开发边界三条控制线,协同优化城镇、农业、生态空间格局。结合生态保护红线和自然保护地评估调整、永久基本农田核实整改等工作,提出省域三条控制线的总体格局。

(二)"三线"划定的成果

在 2022 年"三区三线"划定工作中,共确定耕地保护目标 7858.46 万亩;划定永久基本农田 5731.25 万亩(坝区划定 1512.13 万亩);划定生态保护红线 17018.51 万亩(11.35 万平方公里),占云南省国土面积比例为 29.68%;划定城镇开发边界面积 628.53 万亩,为现状城镇建设用地的 1.30 倍。

1. 耕地保护红线

(1)现状耕地情况:依据 2020 年度国土变更调查成果,云南省现状耕地(城镇村不打开统计)面积为 8066.88 万亩,其中稳定耕地面积为 6378.80 万亩,不稳定耕地面积为1688.08 万亩。

(2)耕地保护目标确定:耕地保护目标是由 2020 年度国土变更调查(城镇不打开统计)耕地扣除不纳入保护目标耕地后确定。扣除后全省耕地保护目标面积为 7858.46 万亩。

2. 永久基本农田

全省划定永久基本农田面积为 5731.25 万亩，划定坝区永久基本农田为 1512.13 万亩。详细情况见表 5-27。

表 5-27　云南省永久基本农田划定情况统计表　　　　（单位：万亩）

行政区名称	全域划定情况		坝区永久基本农田划定情况	
	面积	比例(%)	面积	比例(%)
云南省	5731.25	90.34	1512.13	90.40
昆明市	453.59	90.20	146.44	88.01
曲靖市	928.09	90.32	348.77	91.34
玉溪市	224.72	90.25	52.06	90.04
保山市	282.83	90.39	77.50	91.10
昭通市	398.33	90.27	31.63	88.85
丽江市	216.68	90.29	35.46	90.05
普洱市	418.75	90.20	42.44	90.01
临沧市	323.54	90.86	38.32	90.51
楚雄州	366.05	90.27	110.92	90.93
红河州	643.50	90.28	149.12	90.04
文山州	685.15	90.39	170.88	90.80
版纳州	133.27	90.28	64.25	90.62
大理州	393.44	90.49	132.21	90.54
德宏州	174.47	90.41	106.61	90.39
怒江州	38.01	90.66	1.50	72.46
迪庆州	50.82	89.86	4.01	90.11

3. 生态保护红线

（1）原生态保护红线划定情况：2019 年 8 月，在国家统一安排部署下，云南省完成了生态保护红线评估调整工作，于 2021 年 6 月上报国家。评估调整后的生态保护红线总面积为 17140.44 万亩，占云南省国土面积的 29.82%。

（2）优化调整情况：根据云南省自然资源厅关于《在全省开展国土空间规划"三区三线"划定工作的函》（云自然资函〔2022〕345 号），生态保护红线划定规则在 2021 年 6 月已上报国务院的生态保护红线的基础上，对云南省生态保护红线进行了调整，其中，自然保护地核心保护区外连片稳定耕地的调整，重大项目、矿业权、城镇、村庄、开发区等类型按规则进行调出，在整体调整后，全省生态保护红线总面积为 17018.50 万亩，占全省国土总面积的 29.61%。具体情况见表 5-28。

表 5-28　云南省生态保护红线 2022 年优化调整情况统计表　　　（单位：万亩）

行政区名称	国土面积	2022 年优化调整后生态红线面积	
		面积	比例（%）
云南省	57479.00	17018.50	29.61
昆明市	3151.94	641.21	20.34
曲靖市	4340.40	921.02	21.22
玉溪市	2241.23	579.24	25.84
保山市	2859.26	697.19	24.38
昭通市	3365.92	733.21	21.78
丽江市	3083.20	1081.27	35.07
普洱市	6639.89	1652.98	24.89
临沧市	3543.13	886.39	25.02
楚雄州	4265.78	1082.35	25.37
红河州	4826.09	1142.81	23.68
文山州	4711.17	1172.45	24.89
版纳州	2864.40	1214.83	42.41
大理州	4245.25	1196.40	28.18
德宏州	1675.78	486.72	29.04
怒江州	2187.71	1330.44	60.81
迪庆州	3477.85	2200.00	63.26

评估调整后的生态保护红线，经过云南省自然资源厅、云南省林业和草原局在两项工作中多次协调统一规划，自然保护地整合优化预案成果全部纳入评估调整后的生态保护红线，按照生态系统服务功能，评估调整后的生态保护红线分为生物多样性保护、水土保持、水源涵养三大类型，妥善处理了永久基本农田、生态保护红线、城镇开发边界的相互交叉重叠问题，云南省生态保护红线空间分布格局不变，仍然维持"三屏两带"的生态保护空间格局，同时筑牢国家西南生态安全屏障。

4. 城镇开发边界

（1）现状基数：按照云南省 2020 年国土变更调查数据城镇、村庄不打开统计，全省现状城镇建设用地面积为 332.22 万亩。

（2）城镇开发边界划定结果：根据划定成果，本次全省共划定城镇开发边界628.53万亩，划定倍数为现状城镇建设用地的1.30倍，其中集中建设区617.99万亩，弹性发展区10.54万亩，全省各州（市）的具体划定情况见表5-29。

表5-29　云南省城镇开发边界划定情况统计表 　　　　　（单位：万亩）

| 行政区名称 | 现状城镇建设用地面积 | 城镇开发边界 | | | | 扣除现状建设用地后城镇开发边界面积 | 扩展系数 |
		小计	集中建设区面积	弹性发展区面积	特别用途区		
云南省	332.22	628.53	617.99	10.54	0	100.98	1.30
昆明市	92.62	166.96	166.96	0.00	0	27.75	1.29
曲靖市	32.12	60.84	60.51	0.33	0	9.61	1.29
玉溪市	17.09	38.38	38.38	0.00	0	5.01	1.29
保山市	17.51	31.95	31.95	0.00	0	5.13	1.29
昭通市	15.06	29.69	29.64	0.05	0	4.51	1.29
丽江市	10.01	19.07	19.07	0.00	0	2.93	1.29
普洱市	12.67	26.23	25.70	0.53	0	3.71	1.29
临沧市	10.86	22.49	22.07	0.41	0	3.18	1.29
楚雄州	18.98	33.16	32.99	0.18	0	5.56	1.29
红河州	34.5	61.25	56.87	4.38	0	10.25	1.29
文山州	16.23	32.84	32.51	0.33	0	4.76	1.29
版纳州	12.39	26.47	24.21	2.26	0	5.60	1.45
大理州	22.67	40.18	39.24	0.94	0	6.64	1.29
德宏州	13.46	26.41	25.76	0.65	0	4.13	1.30
怒江州	2.14	4.80	4.71	0.10	0	0.63	1.29
迪庆州	3.91	7.79	7.41	0.38	0	1.60	1.41

三、耕地和林地后备资源补充空间划定情况

（一）划定背景及意义

根据自然资源部办公厅《关于开展全国耕地后备资源调查评价工作的通知》（自然资办发〔2021〕47号）、自然资源部国家林业和草原局《关于在国土空间规划中明确造林绿化空

间的通知》(自然资发〔2021〕198号)等相关要求,2022年云南省结合实际,开展了耕地后备资源调查评价和造林绿化空间调查评估工作。自然资源部组织开展的耕地后备资源调查评价仅考虑未利用地195万亩开发作为占补平衡后备资源,缺少进出平衡后备资源;造林绿化空间1838万亩中仅72万亩属增加有效林地面积,其余均是在原灌木林和其他林地中提质改造。综合考虑云南省严峻的耕地保护和生态保护形势,为落实"藏粮于地、藏粮于技"的粮食安全战略,同时筑牢我国西南生态安全屏障,在国土"三调"的基础上进一步摸清云南省耕地和林地后备资源情况,充分挖掘耕地和林地后备资源空间,为保障重大建设项目占用耕地和林地提供要素保障,2023年3月,云南省自然资源厅、云南省林业和草原局下发《关于开展耕地和林地后备资源补充空间划定有关工作的函》(云自然资函〔2023〕59号),进一步统筹协调解决耕地后备资源与林地后备资源空间上的矛盾冲突,加快推进市、县、乡国土空间规划编制和规划"一张图"系统建设。同时为确保至2035年云南省完成耕地保护目标、实现森林覆盖率预期目标,云南省还在已报自然资源部耕地后备资源调查评价和造林绿化空间成果以外区域寻找耕地和林地后备资源补充空间(以下简称"两空间")。

(二)划定原则

1. 坚持最严格的耕地保护制度

为贯彻落实国家粮食安全战略,确保《云南省国土空间规划(2021—2035)》(以下简称"规划")确定的7858万亩的耕地保护目标任务不减少,有效缓解耕地保护与城镇发展的矛盾,结合耕地占补平衡、进出平衡等相关政策,摸清补充耕地潜力状况,划定耕地占补平衡和进出平衡的补充后备空间。

2. 坚持最严格的生态环境保护制度

为筑牢我国西南生态安全屏障,力争云南省规划至2035年森林覆盖率61%的预期目标得以实现,在造林绿化空间成果的基础上,协同划定林地后备空间。

3. 坚持国土空间的唯一性,实现"多规合一"

通过盘清"两空间"解决规划耕地和林地空间冲突问题,为各级国土空间规划以及国土空间生态修复和林地保护利用专项规划的编制奠定基础。

(三)划定总体要求

1. 统一底图底数

在2020年国土变更调查成果(城镇、村庄不打开)底版上,将耕地后备资源调查评价和造林绿化空间调查评估成果图斑扣减后作为工作底图(以下简称"工作底图"),开展"两空间"划定,坡度采用云南省第三次全国国土调查坡度图,将划定成果统一纳入国土空间规划"一张图",为今后补充耕地和林地提供科学依据。

2. 实事求是,因地制宜

依据资源本底条件,本着"宜耕则耕、宜林则林、耕地优先"的原则,科学合理划定"两空间",确保空间上不相互冲突。

3. 统筹协调各类空间，解决冲突矛盾

"两空间"的划定要处理好与"三区三线"、公益林、退耕还林、重要湿地、九大高原湖泊、高标准农田、河湖范围、国有林场、饮用水水源地一级保护范围、近期拟实施的重大建设项目、矿业权等的空间协调关系，确保"两空间"划定的科学性、合理性和可操作性。

(四) 工作流程

1. 优先划定耕地后备资源补充空间

(1) 提取耕地后备资源理论图斑。以"工作底图"为基础，在坡度小于 25 度的区域内提取果园、其他园地、灌木林地、其他林地、设施农用地作为耕地后备资源理论图斑。

(2) 扣减限制性因素图斑。在理论图斑的基础上，从空间上依次扣减"三区三线"划定的耕地保护目标、生态保护红线、城镇开发边界及已建成的高标准农田、已实施的土地整治范围、自然保护地、公益林、天然林、重要湿地、国有林场、森林覆盖率计算范围、已实施 15 度至 25 度重要水源地和陡坡梯田退耕还林还草范围、近期拟实施的重大建设项目范围、饮用水水源地一级保护范围、九大高原湖泊湖滨生态红线范围及河湖范围主河槽和 5 年一遇洪水水位线范围后，剔除面积小于 400 平方米的图斑。

(3) 综合确定耕地后备资源补充空间。结合"双评价"成果，参照《云南省耕地后备资源调查评价技术方案》开展耕地后备资源宜耕性评价，将宜耕区域作为耕地后备资源补充空间。

(4) 划分耕地后备资源类别。将"二调"为耕地的宜耕区域划为耕地进出平衡后备资源，剩余的划为耕地占补平衡后备资源。

2. 划定林地后备资源补充空间

(1) 确定林地后备资源理论图斑。以"工作底图"为基础提取坡度 25 度以上已实施退耕还林范围内坡耕地 (不含梯田)、已实施退耕还林范围外未纳入耕地保护目标坡耕地 (不含梯田) 果园、橡胶园、其他园地，再将已实施退耕还林范围 15~25 度重要水源地内坡耕地及国有林场范围内 25 度以下的园地一并作为林地后备资源理论图斑。

(2) 扣减限制性因素图斑。以理论图斑为基础，从空间上依次扣减"三区三线"划定的耕地保护目标、城镇开发边界及自然保护地核心保护区、已建成的高标准农田、已实施的土地整治范围、森林覆盖率计算范围、近期拟实施的重大建设项目范围、河湖范围主河槽和 5 年一遇洪水水位线范围后，剔除面积小于 400 平方米的图斑。

(3) 综合确定林地后备资源补充空间。在扣减限制性因素图斑的基础上，增加耕地后备资源补充空间评价为不宜耕非林地图斑，参照《云南省造林绿化空间调查评估技术方案》开展适宜性评估，将宜林区域作为林地后备资源补充空间。

3. 地方增补后备资源

(1) 耕地后备资源增补。结合地方实际，将 25 度以下未纳入森林覆盖率计算范围的桉树 (土地承包经营权范围内) 橡胶园坑塘水面及其他矿山修复治理范围，参照本划定规则进行评价，将宜耕区域纳入耕地后备资源补充空间。

（2）林地后备资源增补。结合地方实际，将未划入耕地后备资源的矿山修复治理范围，参照本划定规则进行评估，将宜林区域纳入林地后备资源补充空间。

（五）划定成果分析

1. 耕地后备资源补充空间划定成果

全省共划定耕地后备资源补充空间 1193.57 万亩，见表 5-30，其中进出平衡后备资源为 585.65 万亩，占补平衡后备资源为 607.92 万亩。（数据截止于 2024 年 5 月）

表 5-30 耕地后备资源补充空间平衡类型统计表 　　　　　（单位：万亩）

行政区名称	合计	进出平衡	占补平衡
云南省	1193.57	585.65	607.92
昆明市	61.25	38.96	22.29
曲靖市	75.54	39.29	36.25
玉溪市	60.28	37.21	23.07
保山市	95.97	52.35	43.62
昭通市	51.95	35.52	16.44
丽江市	57.95	26.31	31.64
普洱市	143.65	54.56	89.09
临沧市	124.87	65.06	59.81
楚雄州	98.05	41.16	56.89
红河州	112.74	53.69	59.05
文山州	77.68	45.18	32.50
版纳州	78.47	18.31	60.16
大理州	112.20	56.86	55.34
德宏州	34.23	16.49	17.74
怒江州	5.46	2.77	2.70
迪庆州	3.25	1.94	1.32

（1）耕地后备资源补充空间图斑来源情况：从图斑来源（表 5-31）来看，省级下发图斑总面积 1234.89 万亩，其中核实纳入 645.62 万亩，不纳入 589.27 万亩，地方增补耕地后备资源共 547.95 万亩。

（2）耕地后备资源补充空间州（市）分布情况：从州（市）分布（图 5-15）来看，耕地后备资源补充空间最多的是普洱市、临沧市、红河州和大理州，分别为 143.65 万亩、124.87 万亩、112.74 万亩和 112.20 万亩；最少的是迪庆州、怒江州，分别为 3.25 万亩、5.46 万亩。

表 5-31　耕地后备资源补充空间图斑来源统计表　　　（单位：万亩）

行政区	耕地后备资源补充空间总计
云南省	1193.57
昆明市	61.25
曲靖市	75.54
玉溪市	60.28
保山市	95.97
昭通市	51.95
丽江市	57.95
普洱市	143.65
临沧市	124.87
楚雄州	98.05
红河州	112.74
文山州	77.68
西双版纳州	78.47
大理州	112.20
德宏州	34.23
怒江州	5.46
迪庆州	3.25

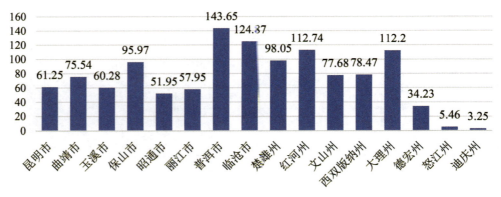

图 5-15　耕地后备资源补充空间州(市)分布柱状图

（3）耕地后备资源补充空间地类情况：从地类现状（表 5-32）来看，其中园地 718.30 万亩（果园 438.56 万亩，茶园 58.65 万亩，橡胶园 63.62 万亩，其他园地 157.48 万亩），林地 426.64 万亩（乔木林地 164.64 万亩，竹林地 4.81 万亩，灌木林地 166.50 万亩，其他林地 90.69 万亩），采矿用地 3.70 万亩，设施农用地 22.19 万亩，其他地类 22.73 万亩。

表 5-32 耕地后备资源补充空间分地类统计表

（单位：万亩）

行政区	总计	园地					林地					采矿用地	设施农用地	其他地类
		小计	果园	茶园	橡胶园	其他园地	小计	乔木林地	竹林地	灌木林地	其他林地			
云南省	1193.57	718.30	438.56	58.65	63.62	157.48	426.64	164.64	4.81	166.50	90.69	3.70	22.19	22.73
昆明市	61.25	35.86	22.40	0.02	0	13.44	19.23	4.26	0.04	6.07	8.86	0.65	3.52	1.98
曲靖市	75.54	30.90	17.29	0	0	13.60	37.81	5.38	0.03	23.74	8.66	0.98	3.06	2.78
玉溪市	60.28	45.56	39.65	0.55	0	5.36	11.12	1.17	0	7.86	2.09	0.30	2.43	0.86
保山市	95.97	49.85	26.53	13.59	0.05	9.69	44.36	27.42	0.65	8.35	7.93	0.13	1.13	0.50
昭通市	51.95	24.16	11.75	0.47	0	11.94	26.79	12.39	0.93	11.09	2.37	0.15	0.53	0.32
丽江市	57.95	39.46	27.38	0.16	0	11.93	16.35	0.83	0.10	9.23	6.19	0.12	0.52	1.50
普洱市	143.65	70.78	21.30	0.01	23.20	26.27	68.65	49.82	1.40	10.92	6.50	0.04	1.43	2.76
临沧市	124.87	88.48	35.71	35.75	10.91	6.11	34.68	23.32	1.31	6.71	3.35	0.03	1.02	0.65
楚雄州	98.05	46.62	38.47	0.23	0	7.92	45.24	16.49	0.02	19.11	9.61	0.18	1.73	4.27
红河州	112.74	79.29	67.45	0.65	0.58	10.61	30.10	7.12	0.20	15.73	7.06	0.28	1.82	1.26
文山州	77.68	25.32	10.11	0.01	0.04	15.16	51.03	8.35	0.01	30.18	12.49	0.10	1.18	0.04
版纳州	78.47	66.88	30.34	5.03	27.16	4.35	8.03	1.73	0.09	2.58	3.63	0.07	1.47	2.03
大理州	112.20	90.38	71.72	1.52	0	17.13	16.51	1.95	0.03	10.14	4.40	0.58	1.52	3.21
德宏州	34.23	20.84	15.34	0.65	1.68	3.17	12.28	3.13	0	2.48	6.67	0.02	0.66	0.43
怒江州	5.46	1.89	1.43	0	0	0.45	3.44	1.19	0.01	1.64	0.60	0.02	0.08	0.04
迪庆州	3.25	2.03	1.68	0	0	0.36	1.01	0.07	0	0.67	0.27	0.04	0.08	0.09

（4）耕地后备资源补充空间坡度情况：从坡度分析情况（表 5-33）来看，坡度 15 度以下的有 631.32 万亩，占比 53%；坡度 15~25 度的有 562.25 万亩，占比 47%。

表 5-33　耕地后备资源补充空间坡度分析统计表　　　　　（单位：万亩）

行政区名称	坡　　度	
	坡度 15 度以下	坡度 15~25 度
云南省	631.32	562.25
昆明市	46.78	14.47
曲靖市	56.96	18.58
玉溪市	33.02	27.26
保山市	47.55	48.43
昭通市	18.74	33.21
丽江市	34.43	23.52
普洱市	50.91	92.74
临沧市	37.71	87.16
楚雄州	67.32	30.72
红河州	65.42	47.32
文山州	36.67	41.01
版纳州	43.67	34.8
大理州	70.39	41.81
德宏州	18.24	15.99
怒江州	1.83	3.63
迪庆州	1.66	1.59

2. 林地后备资源补充空间划定成果

（1）林地后备资源补充空间图斑来源情况：林地后备资源补充空间共划定 658.51 万亩，图斑来源包括省级下发评价纳入、耕地后备评价不宜耕非林地图斑纳入和地方增补三部分，见表 5-34。（数据截止于 2024 年 5 月）

表 5-34　林地后备资源补充空间成果图斑来源统计表　　　　　（单位：万亩）

行政区	林地后备资源补充空间总计
云南省	658.51
昆明市	14.49
曲靖市	7.54
玉溪市	17.61
保山市	22.64

续表

行政区	林地后备资源补充空间总计
昭通市	60.18
丽江市	26.43
普洱市	71.74
临沧市	55.67
楚雄州	35.95
红河州	98.13
文山州	35.13
西双版纳州	113.49
大理州	75.72
德宏州	16.79
怒江州	4.71
迪庆州	2.29

（2）林地后备资源补充空间州（市）分布情况：从州（市）分布（图5-16）来看，林地后备资源补充空间最多的是版纳州、红河州、大理州和普洱市，分别为113.49万亩、98.13万亩、75.72万亩和71.74万亩；最少的是迪庆州和怒江州，分别为2.29万亩和4.71万亩。

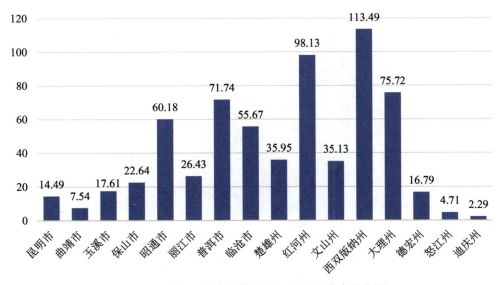

图5-16　林地后备资源补充空间州（市）分布柱状图

（3）林地后备资源补充空间地类情况：从地类情况（表5-35）来看，其中耕地91.01万亩（坡度25度以上未纳入耕地保护目标坡耕地），园地566.51万亩（果园311.46万亩、茶园56.03万亩、橡胶园72.38万亩、其他园地126.64万亩），采矿用地0.99万亩。

表5-35 林地后备资源补充空间分地类统计表

(单位：万亩)

行政区	总计	耕地				园地					采矿用地
		小计	水田	水浇地	旱地	小计	果园	茶园	橡胶园	其他园地	
云南省	658.51	91.01	0.02	0.06	90.93	566.51	311.46	56.03	72.38	126.64	0.99
昆明市	14.49	0.06	0	0	0.06	14.42	12.37	0	0	2.05	0
曲靖市	7.54	1.14	0.01	0	1.12	6.20	4.68	0	0	1.51	0.21
玉溪市	17.61	4.59	0	0.03	4.56	12.99	12.55	0.01	0	0.43	0.03
保山市	22.64	0.03	0	0	0.03	22.56	17.33	0	0.02	5.21	0.06
昭通市	60.18	20.45	0	0	20.45	39.60	13.42	0	0	26.19	0.13
丽江市	26.43	3.06	0	0	3.06	23.34	14.80	0	0	8.54	0.02
普洱市	71.74	1.80	0.01	0	1.80	69.94	26.59	0.40	22.85	20.10	0
临沧市	55.84	30.41	0	0.01	30.41	25.25	16.59	0.01	4.72	3.94	0
楚雄州	35.95	2.43	0	0	2.43	33.52	31.24	0	0	2.28	0
红河州	98.13	9.68	0	0.02	9.66	88.38	64.31	0.02	16.81	7.24	0.07
文山州	35.13	7.83	0	0	7.83	27.25	8.96	0	0.04	18.24	0.06
版纳州	113.49	4.62	0	0	4.62	108.87	19.64	55.59	27.30	6.34	0
大理州	75.72	3.94	0	0	3.93	71.48	52.04	0	0	19.44	0.31
德宏州	16.79	0.03	0	0	0.03	16.66	12.62	0	0.63	3.41	0.09
怒江州	4.71	0.02	0	0	0.02	4.69	3.26	0	0	1.43	0
迪庆州	2.29	0.93	0	0	0.93	1.36	1.05	0	0	0.31	0

(六) 划定成效分析

在国家耕地后备资源调查评价和造林绿化空间成果以外区域，全省共划定耕地后备资源补充空间 1193.57 万亩，划定林地后备资源补充空间 658.51 万亩，弥补了后备资源空间的不足，保障了云南省今后土地整治和造林绿化的用地空间，为云南省耕地保护任务完成和森林覆盖率目标得以实现夯实了基础，细化落实了国家粮食安全和生态安全战略。"两空间"的划定一定程度上解决了耕地和林地空间抢占地盘的问题。一是耕地后备资源补充空间将生态保护红线(含自然保护地)、退耕还林、公益林、重要湿地、国有林场、天然林、森林覆盖率等林地管理属性范围，作为耕地后备限制性因素扣减，确保耕地后备资源补充空间不占用重要林地空间，在开发耕地的同时确保生态安全；二是林地后备资源补充空间将耕地保护目标(含永久基本农田)、已建成高标准农田、已实施土地整治、土地承包经营权范围作为林地后备限制性因素扣减，确保林地后备资源补充空间与重要农业空间不交叉重叠。"两空间"的划定将城镇开发边界、村庄建设边界、光伏板区、工业用地红线、合法建设用地、河湖范围主河槽和 5 年一遇洪水水位线等作为限制性因素扣减，确保城镇和村庄发展空间得以落实，同时保障河道行洪安全。

"两空间"划定耕地占补平衡后备资源 607.92 万亩，为建设用地占用耕地落实"占补平衡"提供空间保障，在经济发展的同时确保耕地数量不减少、质量不降低，为经济社会快速平稳高质量发展夯实了基础。"两空间"划定耕地进出平衡后备资源 585.64 万亩，为耕地转进提供了空间保障，耕地进出平衡是对占补平衡的拓宽与补充，是有效解决耕地"非粮化"问题的重要途径，是耕地保护的创新之举。同时，近两年耕地流出问题严峻，耕地后备资源补充空间划定为部分无法就地恢复、需异地补足整改提供空间保障，有效缓解了耕地流出整改的工作压力。云南结合实际，以坡度 25 度为分界线，将 25 度以下区域优先作为耕地后备资源，25 度以上区域作为林地后备资源，在尊重自然的前提下，本着"因地制宜、耕地优先"的原则，合理、科学划定"两空间"，探索出了一条"耕地下山、林地上山"的实现路径。

四、工业用地红线划定情况

(一) 划定背景及内涵

1. 划定背景

为保障云南省工业发展空间，促进园区经济发展，规范工业项目用地管理，优化工业用地空间布局，引导工业集聚发展，提高节约集约用地水平，结合自然资源部于 2022 年 11 月 16 日印发的《关于完善工业用地供应政策支持实体经济发展的通知》(自然资发〔2022〕201 号)，明确要求在国土空间规划中划定工业用地控制线，稳定工业用地总量。《云南省人民政府工作报告(2021 年)》中提出"划定工业用地红线和产业用地范围"，并安排省自然资源厅具体落实该项工作。为保障全省工业产业健康发展，云南省工业用地红线划定由省级层面统筹开展，充分借鉴相关省市经验，并结合云南省实际，明确概念定义、划定流程、调整规则、监督管理及职责分二等要求，强化工业用地管控措施，切实加大云南省工业产业用地保障力度。

2. 工业用地红线内涵

工业用地红线是指为保障云南省工业用地需求，在国土空间规划中划定的，需严格保护的以工业用途为主导的区块范围线，是国土空间规划的重要组成部分。本书所称工业用地指《国土空间调查、规划、用途管制用地用海分类指南（试行）》"二级类"中的"工业用地"（代码1001），具体包括：一类工业用地（100101）、二类工业用地（100102）、三类工业用地（100103），以及地方出台政策支持的其他类型工业用地。工业用地红线分为工业用地保障线和工业用地拓展线。

（1）工业用地保障线是在城镇开发边界内，为保障工业用地合理需求，应严格管控的工业用地管理底线。

（2）工业用地拓展线是在城镇开发达界外，为工业长远发展预留的空间，在未来优先划入城镇开发边界内工业用地保障线的范围线。

（二）划定规则

1. 划定总体要求

（1）守住自然生态安全边界，不得占用永久基本农田、生态保护红线、饮用水水源保护区、公益林、重要湿地、生态退耕区、历史文化保护范围、河湖保护范围、九大高原湖泊湖滨生态红线和湖泊生态黄线范围等区域，并与耕地、林地后备资源空间做好衔接，不得交叉重叠。

（2）运用好"双评价"成果，以自然资源和生态本底为基础，结合城镇发展方向，综合考虑工业用地与居住、交通运输等各类用地之间的关系，并与能源、通信、供水、环保以及其他基础设施规划建设做好衔接，促进工业企业与周边城镇在公共服务设施和基础设施等方面共建、共享。

（3）确保安全生产，尽可能避让地质灾害极高和高风险区、地震断裂带、洪涝风险易发区、采矿塌陷区、重要矿产资源压覆区，确实无法避让的应充分论证，并明确解决措施。

（4）工业用地红线内应以工业用地为主导，为工业生产配套的仓储、公共管理与公共服务、公用设施、商业服务业、交通运输、绿地与开敞空间等用地，可同步划入工业用地红线范围。

2. 分类划定情形

1）不得划入工业用地红线情形

（1）产业基础薄弱，经研究近期（3~5年）不再保留的工业用地（由地方在划定时自行甄别）。

（2）2020年度国土变更调查成果显示为工业用地，但目前已停工停产，计划进行"退二进三"调整的工业用地。

（3）2020年度国土变更调查成果显示为工业用地，但相关法定规划中不再保留的现状工业用地。

（4）不符合产业政策导向、安全生产和环保要求，淘汰、落后、产能过剩、布局散乱等，以及已明确不批复实施的相关法定规划中的工业用地。

（5）2020年度国土变更调查为工业用地，但实际现状为其他地类，规划用途不再属于工业用地的。

（6）2020年度国土变更调查成果显示为工业用地，相关法定规划中仍为工业用地，但已纳入和计划纳入城市更新改造项目，不再保留工业生产用途的工业用地。

2）应划尽划情形

扣除不得划入工业用地红线情形后，在符合国土空间用途管制要求的前提下，涉及下列情形的工业用地原则上必须划入工业用地红线范围：

（1）全省以发展工业为主的经济技术开发区、高新技术产业开发区、产业园区、边（跨）境经济合作区、海关特殊监管区域等各级各类园区及产业集聚区中的集中连片工业用地应划定工业用地红线。

（2）国土空间规划中确定的，集中连片布局的工业用地应划定工业用地红线。

（3）规模以上工业企业、全省百强工业企业、骨干产业链企业等重要企业的工业用地应划定工业用地红线。

（4）现状经营状况良好、近期(3~5年)确需保留的、面积规模达到划入标准的企业工业用地应划定工业用地红线。

（5）2020年度国土变更调查为其他地类，但实际现状使用功能为工业地类，且达到集中连片要求的应划定工业用地红线。

（6）属地政府已批准，暂未进行建设的存量工业用地应划定工业用地红线。

（7）符合国民经济和社会发展规划、产业园区总体规划及有关专项规划的新增工业用地、重点工业项目意向用地以及其他对未来国民经济和产业发展有重大保障作用的工业备用地可划定工业用地红线。

3. 划定技术指标要求

1）工业用地保障线划定

各县(市、区)原则上应将城镇开发边界内80%以上的规划工业用地划入工业用地保障线，划入比例无法达到80%指标要求的，由州(市)统筹平衡。

城镇开发边界内的现状(包括已供未用)工业用地根据应划尽划原则划入工业用地保障线。

单一且闭合的工业用地保障线规模原则上不小于1公顷，其中工业用地面积占该红线范围面积的比例不低于50%。

2）工业用地拓展线划定

各县（市、区）根据应划尽划原则将城镇开发边界外的现状（包括已供未用）工业用地和规划工业用地划入工业用地拓展线。

单一且闭合的工业用地拓展线规模原则上不小于3公顷，其中工业用地面积占该红线范围面积的比例不低于50%。

3）主要控制指标计算规则

（1）规划工业用地划入工业用地保障线比例计算规则：

$$x = \frac{a}{b} \tag{5-1}$$

式中，a——城镇开发边界内划入工业用地红线的规划工业用地规模；

　　　b——城镇开发边界内国土空间总体规划确定的工业用地总规模；

　　　x——城镇开发边界内规划工业用地划入工业用地保障线比例，原则上不低于80%。

（2）单个工业用地红线范围内工业用地面积比例计算规则：

$$y = \frac{c}{d} \tag{5-2}$$

式中，c——单个工业用地红线范围内工业用地面积之和；

　　　d——单个工业用地红线范围的面积；

　　　y——单个工业用地红线范围内工业用地面积比例，不得低于50%。

数据、数据管理和数据处理是在学习数据库之前与数据库技术密切相关的三个基本概念。

4）与各类管控线的协调规则

为了解决盲目撑大拓展线规模以及未充分衔接各类管控线的问题，结合全省工业用地规模预测、城镇开发边界可拓展空间和地区工业产业发展需求等要素，制定工业用地红线与各类控制线协调规则，见表5-36。

表 5-36　工业用地红线与各类控制线协调规则表

序号	类别	保障线	拓展线	备　注
1	生态保护红线	×	×	
2	永久基本农田	×	×	
3	河湖范围	×	×	
4	九大高原湖泊湖滨生态红线和湖泊生态黄线	×	×	

续表

序号	类别	保障线	拓展线	备 注
5	饮用水水源一级保护区	×	×	
6	重要湿地	×	×	
7	公益林	✓	×	
8	造林绿化空间	×	×	允许以"开天窗"的形式进行避让
9	耕地后备最终国家图斑	×	×	
10	耕地保护目标	✓	□	(1) 涉及城镇开发边界交界处集中连片的耕地保护目标按"有条件"方式划入拓展线; (2) 支撑及依据包括但不限于:国民经济发展规划、国土空间规划、产业园区规划等; (3) 核实占用后是否有补划空间。
11	耕地后备资源补充空间	—	□	支撑及依据包括但不限于:国民经济发展规划、国土空间规划、产业园区规划等。
12	林地后备资源补充空间	—	□	
13	退耕还草	✓	□	
14	退耕还林	✓	□	

注:1. ×表示该红线类型划定时必须避让;

2. ✓表示该红线类型划定时不需要避让;

3. □表示原则上集中连片的不占用,占用时需满足备注要求;

4. —表示该项不存在;

5. 各州(市)根据国土空间总体规划中划定的历史文化保护范围,对工业用地红线划定方案进行复核,确保方案不得占用历史文化保护范围。

6. 调整后工业用地红线划定方案仍涉及占用需避让相关管控线的,形成问题清单,省级审查会上报统一协调。

(三)划定成果情况

全省共划定的工业用地红线图斑数为 5504 块,总面积为 211.38 万亩,占全省国土总面积的 0.37%。从各州(市)划定情况来看,昆明、玉溪、曲靖、红河等州(市)工业用地红线划定规模均超过了 100 平方公里。其中,昆明市划定规模最高,为 45.23 万亩;曲靖市第二,为 32.90 万亩;红河州第三,为 24.28 万亩。而迪庆州、怒江州、丽江州、德宏州等工业基础薄弱地区划定规模相对较低。其中,迪庆州最低,仅为 1.02 万亩。工业用地红线总体布局基本符合现阶段云南省工业产业发展实际。

工业用地保障线划定规模为 117.56 万亩,工业用地保障线内工业用地共计 97.79 万亩,占工业用地保障线规模的 83.18%。其中,现状保留的工业用地 42.66 万亩,规划新增工业用地(含其他用地用途变更为工业用地的)55.13 万亩。

工业用地拓展线划定规模为 93.82 万亩,工业用地拓展线内工业用地(预测)78.04 万亩。其中,现状保留的工业用地 0.95 万亩,其他规划工业用地(按工业用地保障线内工业用地占比均值 83%预测)71.10 万亩。各州(市)划定规模见表 5-37。

表 5-37　云南省工业用地红线划定情况汇总表　　　　　　　　　(单位:公顷)

序号	行政区	工业用地红线划定规模	工业用地保障线		工业用地拓展线	
			划定规模	占工业用地红线的比例(%)	划定规模	占工业用地红线的比例(%)
	云南省	140922.58	78375.95	55.62	62546.63	44.38
1	昆明市	30153.19	22080.22	73.23	8072.97	26.77
2	曲靖市	21933.74	11096.25	50.59	10837.49	49.41
3	玉溪市	13038.86	7621.91	58.46	5416.95	41.54
4	红河州	16184.87	9240.11	57.09	6944.76	42.91
5	保山市	6351.44	3435.42	54.09	2916.02	45.91
6	楚雄州	7718.62	4076.91	52.82	3641.71	47.18
7	大理州	9623.97	4017.29	41.74	5606.68	58.26
8	德宏州	3844.37	1996.87	51.94	1847.50	48.06
9	迪庆州	681.82	344.64	50.55	337.17	49.45
10	丽江市	2242.80	1105.12	49.27	1137.67	50.73
11	临沧市	4254.64	2003.13	47.08	2251.51	52.92
12	怒江州	680.01	208.02	30.59	471.99	69.41
13	普洱市	4765.40	2056.70	43.16	2708.70	56.84
14	文山州	7704.74	4032.73	52.34	3672.01	47.66
15	西双版纳州	4551.44	2045.20	44.94	2506.24	55.06
16	昭通市	7192.67	3015.42	41.92	4177.26	58.08

(四)划定成效

系统梳理了开发区规划范围与管控线的冲突问题,涉及与永久基本农田、生态保护红线和河湖保护范围等管控线重叠的区域,保障了较高比例(80.05%)的开发区规划工业用地。其中,城镇开发边界内保障了 95.90%的规划工业用地划入工业用地保障线,城镇开发边界外保障了 56.60%的规划工业用地划入工业用地拓展线。通过限制工业用地拓展线规模,进一步系统梳理辖区内,尤其是开发区内工业用地及项目情况,倒逼地方结合实际做减法、做取舍，加强引导工业生产项目向园区集中，提高产业聚集度，促进高质量发展。

本章参考文献

[1]郭辉军，杨芳.云南国家公园：探索、实践与展望[J].自然保护地，2021，1（1）：13-21.

[2]杨尧，朱永明.我国正式设立首批国家公园[J].生态经济，2021，37（12）：9-12.

[3]云南省林业和草原局.云南省国家公园管理条例[J].云南林业，2016，37（1）：17-18.

第六章

云南省国土空间用途管制分区准入

第一节　农田保护区准入

农田保护区是为保障国家粮食安全，依法确定不得擅自占用或改变用途、实施特殊保护的永久基本农田集中区域。云南省耕地资源的基本情形就是人多地少，人均耕地少，耕地后备资源不足。耕地作为国家最为宝贵的资源，是农村发展和农业现代化的根基命脉，是国家粮食安全的根本保证。永久基本农田是耕地的精华，集中资源、集聚力量对永久基本农田实行特殊单独的保护，有利于巩固提升粮食综合生产能力，确保谷物基本自给、口粮绝对安全，是实施"藏粮于地、藏粮于技"战略的重大举措。耕地保护需要站在国家战略安全的高度，确保中国人的饭碗牢牢地端在自己手上。

一、准入原则

农田保护区是永久基本农田相对集中需要严格保护的区域，在准入时必须按照严格保护、量质并重、有序生产、永续利用的基本准入原则。

（一）严格保护

要确保永久基本农田的主要用途是农业生产，任何用途变更或开发都必须以维护土地的农业功能为优先考虑，坚决防止耕地非农化，杜绝乱占耕地建房的情况发生，保护好永久基本农田不受非农用途的侵占。

（二）量质并重

要确保土地的数量不受侵占和破坏，还需要关心土地的质量和健康，不能过度利用和开发，以促进农业的可持续发展，实现农地资源的有效保护和利用。

（三）有序生产

面对严峻的粮食安全问题，要坚决防止耕地"非农化""非粮化"，保护农田资源，确保粮食生产的持续性和稳定性，有效保障农田资源的合理利用和保护，维护粮食安全和农业可持续发展，实现农业与生态环境的协调发展，为乡村振兴战略的顺利实施提供有力支持。

(四)永续利用

这一原则强调了在保护农田资源的同时，必须注重实现农地资源的可持续利用和发展，注重土地资源的更新和管理。永续利用要求对土地资源进行合理管理，保持土地的肥力和生产力。通过轮作轮熟、耕作制度改革、土壤保护等措施，保护土壤结构，提高土地的肥力和保水保肥能力，确保土地资源的持续利用。同时，加强土地资源的调查、监测和评估，科学合理规划土地利用，确保土地资源的永续利用。

二、政策分析

农田保护区重点用于粮食生产和保障粮食安全，应坚持保护优先的原则，在制定农田保护区准入原则时重点考虑对永久基本农田的强制保护措施，因此不对农田保护区制定正面清单，仅制定负面清单以达到对农田保护区实行最严格保护制度的初衷。

负面清单主要依据《中华人民共和国土地管理法》（以下简称《土地管理法》）、《中华人民共和国土地管理法实施条例》《自然资源部 农业农村部 国家林业和草原局关于严格耕地用途管制有关问题的通知》等文件。

《土地管理法》第三十三条对永久基本农田的概念进行了定义，具体包括以下几种类型：

经国务院农业农村主管部门或者县级以上地方人民政府批准确定的粮、棉、油、糖等重要农产品生产基地内的耕地；有良好的水利与水土保持设施的耕地，正在实施改造计划以及可以改造的中、低产田和已建成的高标准农田；蔬菜生产基地；农业科研、教学试验田；国务院规定应当划为永久基本农田的其他耕地。

永久基本农田上不得种植除以上类型之外的其他作物，因此在制定农田保护区负面清单时，依据《自然资源部 农业农村部 国家林业和草原局关于严格耕地用途管制有关问题的通知》相关规定，永久基本农田不得转为林地、草地、园地等其他农用地及农业设施建设用地，保证永久基本农田只被用作种植粮食作物，坚决不能改变其耕地属性，为粮食安全提供基础保障。

另外，永久基本农田作为保障国家粮食安全的底线，必须杜绝"非农化"和"非粮化"。耕地"非农化"是指耕地被用于农业生产以外的生产经营活动，如占用耕地造林绿化、违法建房、挖湖造景等。耕地"非粮化"是指在耕地上种植非粮食作物的行为，如占用耕地种植果树林木、进行水产养殖以及将耕地随意撂荒等。为杜绝发生此类违法违规占用耕地的情况，稳定粮食生产，依据《国务院办公厅关于坚决制止耕地"非农化"行为的通知》《国务院办公厅关于防止耕地"非粮化"稳定粮食生产的意见》，保证永久基本农田和其他耕地的基础用途，只能用作种植粮食作物。同时在制定农田保护区负面清单时，着重提出禁止占用永久基本农田种植苗木、草皮等用于绿化装饰以及其他破坏耕作层的植物等相关行为。但是，当有确实无法避让永久基本农田的建设项目需要占用永久基本农田时，需对建设项目的类型进行严格审核和限制，具体参考《自然资源部关于进一步做好用地用海要素保障的通知》，明确允许占用永久基本农田的重大建设项目范围。

三、准入依据及清单

农田保护区主要为永久基本农田集中区，主要用于粮食生产，原则上严禁开发建设活动，符合法定条件的重点项目难以避让永久基本农田的，必须进行严格论证并按照有关要求调整补划。农田保护区以严格保护永久基本农田为主，以限制准入和禁止清单方式进行反向约束，不再制定正面清单，法律另有规定的除外。准入政策依据详见表6-1。

表 6-1　农田保护区准入政策依据

一级分区	二级分区	政　策　文　件
农田保护区	／	(1)《中华人民共和国土地管理法》(2019年修正)； (2)《中华人民共和国土壤污染防治法》； (3)《中华人民共和国土地管理法实施条例》(2021年修订)； (4)《国务院办公厅关于坚决制止耕地"非农化"行为的通知》(国办发明电〔2020〕24号)； (5)《国务院办公厅关于防止耕地"非粮化"稳定粮食生产的意见》(国办发〔2020〕44号)； (6)《自然资源部农业农村部国家林业和草原局关于严格耕地用途管制有关问题的通知》(自然资发〔2021〕166号)； (7)《自然资源部关于进一步做好用地用海要素保障的通知》(自然资发〔2023〕89号)； (8)《国土资源部关于全面实行永久基本农田特殊保护的通知》(国土资规〔2018〕1号)； (9)《自然资源部关于做好占用永久基本农田重大建设项目用地预审的通知》(自然资规〔2018〕3号)； (10)《自然资源部农业农村部关于加强和改进永久基本农田保护工作的通知》(自然资规〔2019〕1号)； (11)《自然资源部关于规范临时用地管理的通知》(自然资规〔2021〕2号)。

(一)限制准入清单

根据《自然资源部关于进一步做好用地用海要素保障的通知》，明确农田保护区允许占用永久基本农田重大建设项目范围为：

(1)党中央、国务院明确支持的重大建设项目(包括党中央、国务院发布文件或批准规划中明确具体名称的项目和国务院批准的项目);

(2)中央军委及其有关部门批准的军事国防类项目;

(3)纳入国家级规划(指国务院及其有关部门颁布)的机场、铁路、公路、水运、能源、水利项目;

(4)省级公路网规划的省级高速公路项目;

(5)按《关于梳理国家重大项目清单加大建设用地保障力度的通知》要求,列入需中央加大用地保障力度清单的项目;

(6)原深度贫困地区、集中连片特困地区、国家扶贫开发工作重点县省级以下基础设施、民生发展等项目。

(二)禁止准入清单

(1)在永久基本农田集中区域,不得新建可能造成土壤污染的建设项目;已经建成的,应当限期关闭拆除。

(2)不得在区内建窑、建坟、挖沙、采石、取土、采矿、堆放固体废弃物或者进行其他破坏基本农田的活动。严禁违规占用耕地从事非农建设,严禁占用永久基本农田发展林果业和挖塘养鱼。

(3)严禁占用永久基本农田种植苗木、草皮等用于绿化装饰以及其他破坏耕作层的植物;严禁占用永久基本农田挖湖造景、建设绿化带。

(4)严禁新增占用永久基本农田建设畜禽养殖设施、水产养殖设施和破坏耕作层的种植业设施。

(5)不得在一般耕地上挖湖造景、种植草皮;不得违规超标准在铁路、公路等用地红线外,以及河渠两侧、水库周边占用一般耕地种树建设绿化带;未经批准不得占用一般耕地实施国土绿化,经批准实施的,应当在"三调"底图和年度国土变更调查结果上明确实施位置;严格控制新增农村道路、畜禽养殖设施、水产养殖设施和破坏耕作层的种植业设施等农业设施建设用地使用一般耕地,确需使用的,应经批准并符合相关标准。

禁止占用、破坏区内基本农田及其配套设施,禁止倾倒垃圾、渣土等废弃物和排放未经处理的废水、废气等破坏基本农田的行为。

第二节　乡村发展区准入

乡村发展区是指除农田保护区外,以满足农林牧渔等农业发展以及农民集中生活和生产配套为主的区域。本乡村发展区由四个分区构成,包括村庄建设区、一般农业区、林业发展区和牧业发展区。

村庄建设区是指城镇开发边界外，规划重点发展的村庄用地区域。村庄建设区内是农村村民居住和从事各种生产的聚居点，应当坚持合理布局、节约用地的原则，实现经济效益、社会效益和环境效益的统一。村庄建设区根据《土地管理法》《土地管理法实施条例》《关于坚决制止耕地"非农化"防止耕地"非粮化"稳定发展粮食生产的意见》等法律法规、文件的要求进行管控。

一般农业区是以农业生产发展为主要利用功能导向划定的区域，主要用于粮食、棉、油、糖、蔬菜等农产品及饲草饲料的生产。一般农业区中的耕地按照《土地管理法》《土地管理法实施条例》《关于坚决制止耕地"非农化"防止耕地"非粮化"稳定发展粮食生产的意见》等法律法规、文件的要求进行管空。

林业发展区是以规模化林业生产为主要利用功能导向划定的区域，在提高经济效益、提升环境质量方面占有重要地位。林业发展区依据《森林法》《草原法》《占用征用林地审核审批管理规范》等法律法规、文件的要求进行管控。

牧业发展区是以草原畜牧业发展为主要利用功能导向划定的区域，牧业发展区根据《草原法》《草原征占用审核审批管理规范》等法律法规、文件的要求进行管控。

一、准入原则

(一)适度开发

在乡村发展区的用地规划中，生态优先是基本原则。要保护生态环境，合理规划和利用土地资源，确保乡村生态系统的良好运行。在注重经济效益的同时，也要对资源适度开发，促进生态保护与乡村发展的有机结合。

(二)保护优先

乡村发展区中不仅包括保障农民生产、生活的村庄建设用地，也包括部分林地和牧地范围，因此需要乡村发展区内仍要以保护为先，保护并修复乡村生态系统，维护生物多样性，提升生态服务功能，保障农业生产和居民生活的生态环境质量，提升乡村景观价值和生态价值，更好地保障农民权益。

(三)社会效益

在乡村发展区用地管制中，应充分考虑社会公益性需求，确保基础配套设施、公共服务设施的合理配置，以满足居民日常生活和发展需求。同时，合理规划文化、教育、医疗、交通等公共设施，提升乡村居民生活质量，也应注重保护和传承乡村的传统文化和历史遗产，合理规划乡村文化设施用地，促进乡村文化振兴。鼓励保护传统建筑、景观和民俗风情，提升乡村发展的文化内涵和吸引力。

二、政策分析

针对集中连片的建设用地，以城镇开发边界内外进行区分，针对城镇开发边界外，规划重点发展的村庄用地区域为村庄建设区。村庄建设区的建设主要以村庄规划是否覆盖为依据，已批准村庄规划覆盖的区域，村庄建设区的准入应符合村庄规划的要求。村庄规划未覆盖的区域，各项村庄建设用地和各类配套设施用地应优先利用闲置地和荒废地，尽量少占耕地。为优先发展农业农村，全面推进乡村振兴的决策部署，村庄建设区必须顺应农村产业发展规律，保障农村一二三产业融合发展合理用地需求，也要兼顾耕地保护理念，依据《自然资源部 国家发展改革委 农业农村部关于保障和规范农村一二三产业融合发展用地的通知》《云南省自然资源厅 云南省发展和改革委员会 云南省农业农村厅关于保障和规范农村一二三产业融合发展用地的实施意见》的相关要求，对农村产业发展进行有序的引导和管控，以保持村庄内的用地合理、有序发展。

一般农业区主要是以农业生产发展为主要利用功能导向划定的区域，主要用于粮、棉、油、糖、蔬菜等农产品及饲草饲料的生产。农田保护区是永久基本农田相对集中且需要严格保护的区域，一般农业区以一般耕地为主，管控要求相较于农田保护区而言较为宽松，但依据《土地管理法》《土地管理法实施条例》，仍然坚决杜绝乱占耕地的行为。一般农业区内，在符合国土空间规划和其他相关规划的前提下，允许农业设施建设用地准入，涉及占用耕地的，还需依法办理农用地转用审批和供地手续。

林业发展区和牧业发展区分别是以规模化林业生产和牧业发展为主要利用功能导向划定的区域。在林业发展区内，用途管制的含义是保证林地只用来发展林业和生态建设，不得擅自改变林地用途。因此，在制定准入原则时，除了参考林地管理的基本法则《森林法》外，还主要参考了《占用征用林地审核审批管理规范》，严格审核林地转为建设用地和其他农用地的行为。牧业发展区主要通过对草地的开发强度、占用原则进行限制，并对放牧强度进行要求，以保证使家畜对草原的影响维持在一定的阈值范围内，同时使草原始终保持旺盛的自然修复能力，保持生态系统的稳定，实现草畜平衡。主要参考文件有《中华人民共和国草原法》《草原征占用审核审批管理办法》等。

三、准入依据及清单

乡村发展区是以农民生活、农林业生产为主导用途的国土空间，占地面积较大，原则上以限制准入清单和禁止清单相结合的方式进行管控。准入政策依据详见表6-2。

表 6-2　乡村发展区管制依据

一级分区	二级分区	政 策 文 件
乡村发展区	村庄建设区	(1)《乡村建设行动实施方案》; (2)《自然资源部 国家发展改革委 农业农村部关于保障和规范农村一二三产业融合发展用地的通知》(自然资发〔2021〕16 号); (3)《云南省自然资源厅 云南省发展和改革委员会 云南省农业农村厅关于保障和规范农村一二三产业融合发展用地的实施意见》(云自然资〔2021〕82 号); (4)《国务院办公厅关于坚决制止耕地"非农化"行为的通知》(国办发明电〔2020〕24 号)。
	一般农业区	(1)《中华人民共和国土地管理法》(2019 年修正); (2)《中华人民共和国土地管理法实施条例》(2021 年修订); (3)《自然资源部 农业农村部 国家林业和草原局关于严格耕地用途管制有关问题的通知》(自然资发〔2021〕166 号); (4)《自然资源部办公厅关于过渡期内支持巩固拓展脱贫攻坚成果同乡村振兴有效衔接的通知》(自然资办发〔2022〕45 号); (5)《自然资源部 国家发展改革委 农业农村部关于保障和规范农村一二三产业融合发展用地的通知》(自然资发〔2021〕16 号)。
	林业发展区	(1)《中华人民共和国森林法》; (2)《自然资源部关于加强国土空间详细规划工作的通知》(自然资发〔2023〕43 号); (3)《云南省建设项目使用林地指南》; (4)《建设项目使用林地审核审批管理办法》; (5)《国家林业和草原局关于印发建设项目使用林地审核审批管理规范的通知》(林资规〔2021〕5 号); (6)《国家林业局关于印发占用征用林地审核审批管理规范的通知》(林资发〔2003〕139 号)。
	牧业发展区	(1)《草原征占用审核审批管理办法》; (2)《中华人民共和国草原法》。

(一) 限制准入清单

1. 村庄建设区

(1)已批准村庄规划覆盖的区域,村庄建设区的准入应符合村庄规划的要求;村庄规划未覆盖的区域,各项村庄建设用地和各类配套设施用地应优先利用闲置地和荒废地,尽量少占耕地,新增建设用地应符合规划确定的人均村庄建设用地规模和范围要求,优先保障农村宅基地和公共服务设施用地的建设需求,宅基地建设应依法落实"一户一宅"要求,遵守地方宅基地建设标准。

（2）在符合国土空间规划和其他相关规划要求的前提下，村庄建设区允许准入：

a.农业加工型（一二产融合），利用工业工程技术、装备、设施等改造、加工传统农产品，采用机械化、自动化、智能化的管理方式发展高效农业、加工农业、植物工厂、仓储保鲜冷链、产地低温直销配送等建设项目；

b.农旅融合型（一三产融合），农业与服务业相互渗透，在发展种植养殖业的同时利用农业景观和生产活动，全方位开发农业观光、休闲、度假、康养等项目；工服融合型（二三产融合），农产品加工等二产向旅游项目等三产拓展，以生产过程、建筑风貌、产品展示为主要参观内容开发的体验项目，以文化创意活动带动农产品加工的建设项目；

c.全产业链型（一二三产融合），开发农产品加工、电子商务、就地消费、生态休闲、农耕文化、旅游观光等多种功能，使农村一二三产业融合发展，体现生产保供、生态涵养、生活休闲等建设项目；

d.积极保障国家农村产业融合发展示范园、纳入省级创建名单的乡村振兴示范园（田园综合体）发展项目。

2.一般农业区

（1）一般农业区内严格控制新增农村道路、畜禽养殖设施、水产养殖设施和破坏耕作层的种植业设施等农业设施建设用地使用一般耕地。确需使用的，应经批准并符合相关标准。

（2）在符合国土空间规划和其他相关规划的前提下，一般农业区允许准入利用农村本地资源开展农产品初加工、发展休闲观光旅游而必需的配套设施建设。可在不占用永久基本农田和生态保护红线、不突破国土空间规划建设用地指标等约束条件、不破坏生态环境和乡村风貌的前提下，在村庄建设边界外安排少量建设用地，实行比例和面积控制，并依法办理农用地转用审批和供地手续。

3.林业发展区

（1）各类建设项目不得使用Ⅰ级保护林地。

（2）国务院批准、同意的建设项目，国务院有关部门和省级人民政府及其有关部门批准的基础设施、公共事业、民生建设项目，可以使用Ⅱ级及其以下保护林地。

（3）国防、外交建设项目，可以使用Ⅱ级及其以下保护林地。

（4）县（市、区）和设区的市、自治州人民政府及其有关部门批准的基础设施、公共事业、民生建设项目，可以使用Ⅱ级及其以下保护林地。

（5）战略性新兴产业项目、勘查项目、大中型矿山、符合相关旅游规划的生态旅游开发项目，可以使用Ⅱ级及其以下保护林地。其他工矿、仓储建设项目和符合规划的经营性项目，可以使用Ⅲ级及其以下保护林地。

（6）符合城镇规划的建设项目和符合乡村规划的建设项目，可以使用Ⅱ级及其以下保护林地。

（7）符合自然保护区、森林公园、湿地公园、风景名胜区等规划的建设项目，可以使用自然保护区、森林公园、湿地公园、风景名胜区范围内Ⅱ级及其以下保护林地。

（8）公路、铁路、通信、电力、油气管线等线性工程和水利水电、航道工程等建设项目配套的采石（沙）场、取土场使用林地按照主体建设项目使用林地范围执行，但不得使用Ⅱ级保护林地中的有林地。其中，在国务院确定的国家所有的重点林区（以下简称"重点国有林区"）内，不得使用Ⅲ级以上保护林地中的有林地。

（9）上述建设项目以外的其他建设项目可以使用Ⅳ级保护林地。

上述（2）（3）（7）项以外的建设项目使用林地，不得使用一级国家级公益林地。

4. 牧业发展区

（1）在符合国土空间规划和其他相关规定使家畜对草原的影响维持在一定的阈值范围内，同时使草原始终保持旺盛的自然修复能力，保持生态系统的稳定，实现草畜平衡前提下，牧业发展区允许在草原上修建直接为草原保护和畜牧业生产服务的工程设施，由县级以上人民政府草原行政主管部门批准；修筑其他工程，需要将草原转为非畜牧业生产用地的，必须依法办理建设用地审批手续。直接为草原保护和畜牧业生产服务的工程设施是指：

a. 生产、贮存草种和饲草饲料的设施；

b. 牲畜圈舍、配种点、剪毛点、药浴池、人畜饮水设施；

c. 科研、试验、示范基地；

d. 草原防火和灌溉设施。

（2）进行矿藏开采和工程建设，应当不占或者少占草原。

（3）确需征收、征用或者使用草原的，必须经省级以上人民政府草原行政主管部门审核同意后，依照有关土地管理的法律、行政法规办理建设用地审批手续。

（4）需要临时占用草原的，应当经县级以上地方人民政府草原行政主管部门审核同意，临时占用草原的期限不得超过两年，并不得在临时占用的草原上修建永久性建筑物、构筑物；占用期满，用地单位必须恢复草原植被并及时退还。

（5）在草原上从事采土、采砂、采石等作业活动，应当报县级人民政府草原行政主管部门批准。

（6）开采矿产资源的，应当依法办理有关手续。在草原上开展经营性旅游活动，应当符合国土空间规划和其他相关规划，并不得侵犯草原所有者、使用者和承包经营者的合法权益，不得破坏草原植被。

（二）禁止准入清单

1. 村庄建设区

（1）严禁集中连片的城镇开发建设，严禁以农村一二三产业融合发展为名开发商品住宅、别墅、酒店、公寓等房地产项目。

（2）严禁在农用地转用报批中占多批少、应转未转。

（3）严禁擅自将农村一二三产业融合发展用地改变用途或分割转让转租。

（4）严格控制村庄建设用地规模，禁止非农建设项目无序分布，基层村一般不安排工业用地，有计划地引导村镇工业向城镇和中心村集聚。

2. 一般农业区

（1）禁止占用耕地建窑、建坟或者擅自在耕地上建房、挖砂、采石、采矿、取土等。

（2）严禁违规占用耕地进行农村产业建设，遏制耕地"非农化"，防止耕地"非粮化"，不得造成耕地污染。

（3）严禁以设施农业为名，占用耕地违法违规建设与农业发展无关的设施；严禁在农业大棚内违法占用耕地建设住宅、餐饮、娱乐等非农设施。

3. 林业发展区

（1）禁止毁林开垦、采石、采砂、采土以及其他毁坏林木和林地的行为。

（2）禁止各类建设占用规划确定的永久性绿地，禁止带有严重污染的项目进入区内建设，人均用地指标应严格控制在国家规定的标准以内，不得随意突破。

（3）禁止将天然林地转为人工林地。

4. 牧业发展区

（1）禁止在荒漠、半荒漠和严重退化、沙化、盐碱化、石漠化、水土流失的草原以及生态脆弱区的草原上采挖植物和从事破坏草原植被的其他活动。

（2）不允许在风沙区、陡坡地、水土流失区以及规定的禁止开垦区内开垦耕地、林地和牧草地，已经开垦并造成沙化或者严重水土流失的，应当限期封闭，责令责任者恢复植被。一般农地区内过度开垦、围垦的地区和其他生态脆弱地区的陡坡地应当退耕还林、还草、还湖。

第三节　生态保护区准入

生态保护区指具有特殊重要生态功能或生态敏感脆弱、必须强制性严格保护的陆地和海洋自然区域，包括陆域生态保护红线、海洋生态保护红线集中划定的区域。生态保护红线指在生态空间范围内有特殊重要生态功能、必须强制性严格保护的区域，是保障和维护国家生态安全的底线和生命线，通常包括具有重要水源涵养、生物多样性保护、水土保持、防风固沙、海岸生态稳定等功能的生态功能重要区域，以及水土流失、土地沙化、石漠化、盐渍化等生态环境敏感脆弱区域。

一、准入原则

(一) 坚守底线，严格管控

牢固树立底线意识，严禁任意改变生态保护红线用途，杜绝不合理开发建设活动对生态保护红线的破坏，相关规划要符合生态保护红线空间管控要求，不符合的要及时进行调整。空间规划编制要将生态保护红线作为重要基础，发挥生态保护红线对于国土空间开发的底线作用。

（二）保护为主，禁止开发

生态保护红线原则上按禁止开发区域的要求进行管理。严禁不符合主体功能定位的各类开发活动，严禁任意改变用途。

（三）分级管控，有限准入

生态保护红线可分为自然保护地核心保护区和自然保护地核心保护区外两个保护等级。自然保护地核心保护区是指国家公园和自然保护区的核心保护区，除满足国家特殊战略需要的有关活动外，原则上禁止人为活动。自然保护地核心保护区外除满足国家特殊战略需要的有关活动外，原则上禁止开发性、生产性建设活动，仅允许对生态功能不造成破坏的有限人为活动。

二、政策分析

（一）国家层面

生态保护区是指具有特殊重要生态功能或生态敏感脆弱、必须强制性严格保护的陆地和海洋自然区域，包括陆域生态保护红线、海洋生态保护红线集中划定的区域。

陆域生态保护红线内不仅包括由国家公园、自然保护区、自然公园共同构成的自然保护地，还包括重要湿地、一级国家级公益林、饮用水水源地一级保护区等重要生态空间，见表6-3。针对这些区域我国立法体系中已有一系列相关法律法规，如《中华人民共和国湿地保护法》《中华人民共和国森林法》《中华人民共和国海洋环境保护法》《中华人民共和国自然保护区条例》《风景名胜区条例》等，这些法律法规为构建完备的生态保护红线法规制度体系、开展严格的生态保护红线管控工作奠定了较好的法治基础。

表6-3　我国陆域生态保护红线构成情况

陆域生态保护红线构成		主要生态系统及生态区域
自然保护地	国家公园	一级国家级公益林、重要湿地、冰川及永久积雪、自然岸线、极小种群物种分布栖息地、饮用水水源地一级保护区等
	自然保护区	
	自然公园	
生态功能极重要、生态极脆弱区域		
具有潜在重要生态价值的区域		

2019年，中共中央办公厅、国务院办公厅相继印发了《关于建立以国家公园为主体的

自然保护地体系的指导意见》《关于在国土空间规划中统筹划定落实三条控制线的指导意见》，明确了自然保护地体系建设和三条控制线划定的原则和要求。2022 年，自然资源部会同生态环境部、国家林业和草原局出台了《关于加强生态保护红线管理的通知（试行）》（以下简称"142 号文"），规范了生态保护红线内允许有限人为活动的具体类型和管理要求，以及国家重大项目占用的具体情形和审批程序，明确了相关部门的监管职责（表 6-4、表 6-5）。

表 6-4　国家层面出台的主要文件

发布机构	文　件
中共中央办公厅、国务院办公厅	《关于建立以国家公园为主体的自然保护地体系的指导意见》
中共中央办公厅、国务院办公厅	《关于在国土空间规划中统筹划定落实三条控制线的指导意见》
自然资源部办公厅、生态环境部办公厅	《关于开展生态保护红线评估工作的函》
自然资源部 生态环境部 国家林业和草原局	《关于加强生态保护红线管理的通知（试行）》

表 6-5　生态保护红线管理要求

管理原则	管理要求
严格规范 有限人为活动	（1）生态保护红线内，自然保护地核心保护区原则上禁止人为活动。 （2）自然保护地核心保护区外，严格禁止开发性、生产性建设活动，在符合法律法规的前提下，仅允许对生态功能不造成破坏的有限人为活动（不视为占用生态保护红线），涉及新增建设用地、用海用岛审批的，报批时附具省级人民政府符合生态保护红线内允许有限人为活动的认定意见；不涉及新增建设用地、用海用岛审批的，按有关规定进行管理，无明确规定的由省级人民政府制定具体监管办法。
严格占用生态 保护红线审批	除允许的有限人为活动之外，确需占用生态保护红线的国家重大项目（不含新增填海造地和新增用岛），按规定由自然资源部进行用地用海预审后，报国务院批准。用地用海报批时，附具省级人民政府基于国土空间规划"一张图"和用途管制要求的不可避让论证意见，说明占用生态保护红线的必要性节约集约和减缓生态环境影响措施。 （1）国家重大项目新增填海造地、新增用岛确需在生态保护红线内实施的，省级人民政府应同步编制生态保护红线调整方案，调整方案随项目用地用海申请一并报国务院批准。 （2）占用生态保护红线的国家重大项目，应严格落实生态环境分区管控要求，依法开展环境影响评价。 （3）生态保护红线内允许的有限人为活动和国家重大项目占用生态保护红线涉及临时用地的，按照自然资源部关于规范临时用地管理的有关要求，参照临时用地占用永久基本农田规定办理，严格落实恢复责任。

续表

管理原则	管理要求
稳妥有序处理历史遗留问题	(1)生态保护红线经国务院批准后,对需逐步有序退出的矿业权等,由省级人民政府按照尊重历史、实事求是的原则,结合实际制定退出计划,明确时序安排、补偿安置、生态修复等要求,确保生态安全和社会稳定。 (2)鼓励有条件的地方通过租赁、置换、赎买等方式,对人工商品林实行统一管护,并将重要生态区位的人工商品林按规定逐步转为公益林。 (3)零星分布的已有水电、风电、光伏、海洋能设施,按照相关法律法规规定进行管理,严禁扩大现有规模与范围,项目到期后由建设单位负责做好生态修复。

(二)地方层面

在国家层面明确的生态保护红线管理要求的基础上,各地结合实际,坚持原则性与灵活性相结合,细化了生态保护红线管控要求。截至目前,浙江、江西、上海、山东、安徽、四川、贵州、陕西、海南、广西、天津等多个省(自治区、直辖市)已出台生态保护红线管控细则,见表6-6。

表6-6　地方层面出台的主要文件

省份	发布机构	文件
浙江	浙江省人民政府办公厅	《关于加强生态保护红线监管的实施意见》
江西	江西省自然资源厅、生态环境厅、林业局	《关于加强生态保护红线管理工作的通知》
上海	上海市规划和自然资源局	《关于落实"上海2035",进一步加强四条控制线实施管理的若干意见》
山东	山东省自然资源厅、生态环境厅	《关于加强生态保护红线管理的通知》
安徽	安徽省自然资源厅、生态环境厅、林业局	《转发〈自然资源部 生态环境部 国家林业和草原局 关于加强生态保护红线管理的通知(试行)〉》
四川	四川省自然资源厅、生态环境厅、林业和草原局	《关于转发〈关于加强和规范生态保护红线管理的通知(试行)〉的通知》
贵州	贵州省自然资源厅、生态环境厅、林业局	《关于印发〈贵州省生态保护红线监管办法(试行)〉的通知》
陕西	陕西省自然资源厅、生态环境厅、林业局	《关于加强生态保护红线管理的通知(试行)》
海南	海南省人民代表大会常务委员会	《关于修改〈海南省生态保护红线管理规定〉的决定》
广西	广西壮族自治区自然资源厅、生态环境厅、林业局、海洋局	《关于印发〈广西生态保护红线监管方法(试行)〉的通知》
天津	天津市人民代表大会常务委员会	《关于加强生态保护红线管理的决定》

（三）云南省层面

1. 生态保护红线相关政策

2018 年 6 月，《云南省人民政府关于发布云南省生态保护红线的通知》（云政发〔2018〕32 号）正式发布。将自然保护区、国家公园、森林公园的生态保育区和核心景观区、风景名胜区的一级保护区（核心景区）、地质公园的地质遗迹保护区、世界自然遗产地的核心区和缓冲区、湿地公园的湿地保育区和恢复重建区、重点城市集中式饮用水水源保护区的一二级保护区、水产种质资源保护区的核心区、九大高原湖泊的一级保护区、牛栏江流域水源保护核心区和相关区域、重要湿地、极小种群物种分布栖息地、原始林、国家一级公益林、部分国家二级公益林及省级公益林、部分天然林、相对集中连片的草地、河湖自然岸线和海拔 3800 米以上区域，以及科学评估结果为生态功能极重要区和生态环境敏感极重要区划入生态保护红线。

为贯彻落实 142 号文精神及相关规定，加强生态保护红线监督管理，严守生态安全底线，2023 年 8 月，云南省自然资源厅发布了《关于加强生态保护红线管理的通知（试行）》，明确了生态保护红线范围内有限人为活动准入目录，对有限人为活动审批管理、国家重大项目占用生态保护红线用地审批、临时用地办理等关键内容作出了明确要求，意义十分重大。

2. 自然保护地相关政策

2020 年 6 月云南省委办公厅、云南省人民政府办公厅印发《关于建立以国家公园为主体的自然保护地体系的实施意见》，明确提出国家公园和自然保护区实行分区管控，原则上核心保护区内禁止人为活动，一般控制区内限制人为活动。自然公园原则上按一般控制区管理，限制人为活动。对于达不到建立国家公园、自然保护区和自然公园条件，但有原始林、湿地片段，具有重要保护价值的珍稀濒危野生动植物集中分布区域，按照公益治理、社区治理、共同治理等思路，引导民间机构、社区或个人参与保护，建立健全政府、社会组织和公众共同参与自然保护地保护管理的长效机制。国家、省重大工程项目确需占用自然保护地的，严格按照有关规定和程序报批后实施。

2021 年 9 月修正的《云南省自然保护区管理条例》明确了自然保护区可以分为核心区、缓冲区和实验区。核心区禁止任何单位和个人进入。因科学研究确需进入的，应当依法获得批准；不得建设任何生产设施。核心区内原有居民确有必要迁出的，由自然保护区所在地的县级以上人民政府予以妥善安置。缓冲区经自然保护区管理机构批准可以进入从事科学研究观测活动；不得建设任何生产设施。实验区不得建设污染环境、破坏资源或者景观的生产设施。开展参观、旅游活动的，由自然保护区管理机构编制方案，方案应当符合自然保护区管理目标，不得开设与自然保护区保护方向不一致的参观、旅游项目。自然保护区内部未分区的，依照核心区和缓冲区的规定管理。

3. 九大高原湖泊相关政策

为切实保护九大高原湖泊，云南省研究出台了《云南省人民政府关于九大高原湖泊"三区"管控的指导意见》，划定了九大高原湖泊"两线"（湖滨生态红线、湖泊生态黄线）、"三区"（生态保护核心区、生态保护缓冲区、绿色发展区）。

湖滨生态红线是具有生态功能的湿地、林地、草地、耕地、荒地（未利用地）等湖滨空间的管控边界线，是维系湖泊生态安全的生命线。

湖泊生态黄线是实现湖泊生态扩容增量、维持生态系统稳定的缓冲空间管控边界线，是严禁开发建设的控制线。

生态保护核心区是流域生态安全格局体系的核心区域，是湖泊生态空间管控最严格的主导功能区，禁止开展与生态保护无关的建设活动，实现清零留白，恢复自然生态。生态保护核心区实行正面清单管控：全面排查实物指标、全面退出无关设施、全面甄别分类处置、严格管控建设活动、严格污染防控与治理、严格落实耕地用途管制、严格执行取水许可制度、加快实施生态补水、加快完善湖泊监测体系建设、加快提升生态系统服务功能。

生态保护缓冲区是湖泊的重要保护区域，是严禁开发建设的区域，以生态修复为重点，提高湖泊生态环境承载能力。生态保护缓冲区实行负面清单管控：禁止人口迁入、禁止新增建设项目、禁止扩大建设规模、禁止破坏生态空间、禁止水资源浪费、禁止新增排污口、禁止污水直排、禁止生产生活垃圾无序处置、禁止"大药大肥"方式种植、禁止规模化养殖。

绿色发展区是控制开发利用强度、调整开发利用方式、实现流域保护和开发利用协调发展的区域，以提升生态涵养功能、促进富民就业为重点，完善生态补偿和后期管护机制，建设生态特色城镇和美丽乡村，构建绿色高质量发展的生产生活方式。绿色发展区应科学确定人口和城镇建设规模、严格管控建设用地总规模、统筹加快"两污"治理、全面提高用水效率、加快开展面源污染治理、持续推进高标准农田建设、深入推进水权水价改革、全力发展绿色低碳循环经济、大力推进流域生态修复、积极探索生态保护补偿机制。

4. 湿地相关政策

为了加强对湿地的保护，恢复和发挥湿地功能，促进湿地资源的可持续利用，2013年9月云南省第十二届人民代表大会常务委员会第五次会议通过了《云南省湿地保护条例》，规定湿地范围内禁止：擅自新建、改建、扩建建筑物、构筑物；开垦、填埋、占用湿地，擅自改变湿地用途；倾倒、堆置废弃物、排放有毒有害物质或者超标废水；擅自挖砂、采石、取土、烧荒，采矿、采挖泥炭；规模化畜禽养殖；投放、种植不符合生态要求的生物物种；破坏湿地保护设施、设备；乱扔垃圾；制造噪声影响野生动物栖息环境；擅自猎捕野生动物；非法捕捞鱼类及其他水生生物。在湿地范围内的建设项目，应当与湿地的景观相协调，不得破坏湿地生态系统结构与功能。建设单位和施工单位应当制定污染防治和生态保护方案，并采取有效措施保护周围景物、水体、植被、野生动植物资源和地形地貌。

《云南省人民政府办公厅关于贯彻落实湿地保护修复制度方案的实施意见》提出严格湿地用途管理。按照主体功能定位确定各类湿地功能，实施负面清单管理。加强土地利用总体规划、城乡总体规划、第三轮矿产资源规划和湿地保护规划等规划间的衔接，严格土地用途管制和土地规划、矿产资源规划控制。合理确定湿地有关资源利用的强度和时限，避免对湿地生态要素、生态过程、生态服务功能等方面造成破坏，为湿地休养生息留足生态空间。实行严格的湿地范围内建设项目审批制度。禁止擅自改变湿地用途，因重大基础设施、重大民生保障项目建设等需要调整的，经批准后，依法办理供地手续，用地单位要按照"先补后占、占补平衡"的原则，负责恢复或重建与所占湿地面积和质量相当的湿地。强化已有矿业权管理，积极探索已有矿业权逐步退出湿地范围的机制。在湿地范围内的已有矿业权，依法不予办理扩大勘查开采范围、扩大生产规模、变更勘查开采矿种和变更开采方式等有关变更登记手续，依法不予受理探矿权转为采矿权申请。已有矿业权到期，未征得湿地主管部门同意的，依法不予办理矿业权登记手续。

《云南省省级湿地公园建设管理办法》规定省级湿地公园实行分区管理。应当划定湿地保育区；根据保护、管理和资源合理利用的需要，可以划定恢复重建区和合理利用区。湿地保育区除开展保护、科研、监测等必需的保护管理活动外，不得开展任何与湿地生态系统保护管理无关的其他活动；恢复重建区可以开展与恢复湿地和培育相关活动；合理利用区鼓励开展以生态展示、科普教育为主的宣教活动，可以开展不破坏湿地生态系统结构和功能的生态体验和管理服务活动。除国家、省另有规定外，省级湿地公园内禁止：开(围)垦、占用、填埋或者排干湿地，擅自改变湿地用途；破坏野生动物栖息地迁徙通道，滥采滥捕野生动植物；在湿地公园及其周边拦截湿地水源，影响湿地合理水位或者截断湿地公园水系与外围水系的联系，破坏鱼类洄游通道；挖砂、采矿、采石、烧荒、采挖泥炭；擅自放牧、捕捞、取土、取水、放生；擅自引入外来物种；开展涉及房地产、度假村、宾馆、会所、高尔夫球场、风力发电、光伏发电、商业性取水等任何不符合主体功能定位的建设和开发活动；在湿地保育区和恢复重建区范围内建设露营地和露营设施；破坏湿地保护设施设备，擅自移动省级湿地公园界桩、界标；倾倒有毒有害物质、废弃物和垃圾；其他破坏湿地及其生态功能的活动。

5. 森林相关政策

《云南省森林条例》规定，森林实行分类经营管理。防护林、特种用途林按照生态公益林经营管理；用材林、经济林、薪炭林按照商品林经营管理。生态公益林应当严格管护，不得随意砍伐，并实行森林生态效益补偿制度。

《云南省公益林管理办法》明确公益林分为国家级公益林和地方公益林，地方公益林包括省级公益林、州(市)级公益林和县(市、区)级公益林。规定公益林实行"总量控制、区域稳定、动态管理、增减平衡"的管理机制。经批准公布的公益林区划界定成果，任何单位和个人不得擅自调整。国家级和省级公益林动态管理应当遵循责、权、利相统一的原则，确需调出的应当不影响整体生态功能，保持集中连片。同一地块，一经调出，不得再次申请补进。国有国家级和省级公益林，原则上不得调出。集体和个人所有的一级国家级公益林，原则上不得调出。但对已确权到户的苗圃地、竹林地，其林权权利人要求调出的，可以按照本办法的相关规定调出。集体和个人所有的二级国家级公益林、省级公益林，林权权利人要求调出的，可以按照本办法的相关规定调出。

《云南省国有林场管理办法》规定禁止擅自改变国有林场林地用途。严格控制建设项目占用国有林场林地。因国家和省重点建设项目以及基础设施、民生工程和公益性项目确需占用国有林场林地的，所收林地补偿费应当全额用于流转非国有土地以补充被占用的国有林地。其他经营性项目确需占用国有林场林地的，在不破坏生态、保证国有林场集中连片完整性的前提下，实行占补平衡，先补后占，并依法办理审批手续，按规定足额支付林地补偿费、林木补偿费、森林植被恢复费、安置补偿费和职工社会保障费用。国有林场内，禁止下列行为：非法采伐、毁坏树木、蚕食林地，毁林采种、开垦、烧荒，非法采石、采砂、取土及其他毁林行为；倾倒建筑、工业、医疗、生活等垃圾和废弃物，排放污染物；新建高尔夫球场，新建、扩建坟墓，擅自新建、改建、扩建建筑物和构筑物；在禁火区吸烟和使用明火，在非指定区域生火烧烤、焚烧香烛、燃放烟花爆竹；法律法规禁止的其他行为。未经国有林场同意，在国有林场内不得擅自进行下列活动：种植、养殖、放牧、采脂、砍柴、挖树兜、剥树皮，摆摊设点，露营，野炊，设置汽车营地；猎捕野生动物，采挖、采集野生植物；拉接或者埋设水、电、气、网等管线，修筑便道；拍摄电影电视，举办文艺演出，组织体育、旅游等群体性活动。国有林场可以根据资源条件和发展需要科学合理盘活森林资源，可以与国有企业或者社会资本开展合作，开发林产品，发展林下经济及森林旅游、森林康养等特色产业，但不得破坏森林资源、影响生态安全、造成国有资产流失。

6. 六大水系相关政策

云南的六大水系分别是长江水系、珠江水系、元江水系、澜沧江水系、怒江（萨尔温江）水系、伊洛瓦底江水系。

《中华人民共和国长江保护法》规定，禁止在长江流域重点生态功能区布局对生态系统有严重影响的产业。禁止重污染企业和项目向长江中上游转移。禁止在长江干支流岸线一公里范围内新建、扩建化工园区和化工项目。禁止在长江干流岸线三公里范围内和重要支流岸线一公里范围内新建、改建、扩建尾矿库；但是以提升安全、生态环境保护水平为目的的改建除外。禁止在长江流域禁止采砂区和禁止采砂期从事采砂活动。禁止在长江流域河湖管理范围内倾倒、填埋、堆放、弃置、处理固体废物。禁止违法利用、占用长江流域河湖岸线。

《云南省长江经济带发展负面清单指南实施细则（试行）》针对各类功能区、各类保护区、工业布局提出了十七条禁止清单。

《云南省西双版纳傣族自治州澜沧江流域保护条例（修订）》规定，澜沧江干流河道管理范围两侧100米以内，除生态环境保护设施、航道设施外，不得新建、改建、扩建建筑物、构筑物。在澜沧江水域保护范围内禁止下列行为：弃置、堆放阻碍行洪的物体，种植阻碍行洪的林木及高秆作物；弃置沉船、设置碍航渔具等；擅自在水域内建设建（构）筑物；排放超过国家标准的废水；倾倒尾矿、渣土等废弃物和危险化学品；航行船只直接排放生产生活污水、污物和废油等；倾倒生活垃圾，抛弃病、死畜禽；在航道内种植水生植物；网箱养殖和规模化畜禽养殖；在禁渔区和禁渔期内捕鱼；炸鱼、毒鱼、电力捕鱼；捕杀、捕捞和经营列入国家、省二级以上保护名录的野生水生动物。在澜沧江流域生态公益林地范围内禁止下列行为：采伐天然林、水土保持林、水源林、风景林；种植粮食或者其他短期经济作物；在海拔 950 米以上地带开发种植橡胶等经济林木；破坏重要的自然景观、溶洞等；砍伐、破坏或者移植古树名木；在幼林地、特种用途林地和封山育林区放牧；猎捕野生动物或者破坏其生息繁衍的场所和条件。在澜沧江流域禁止开发区内禁止下列行为：打井、钻探、开采地下资源；采砂、采石（矿）、取土、填土、淘金；开垦、爆破；擅自进行考古发掘；在限制开发区内从事上述活动，应当按照法定程序报有关部门批准。

三、准入依据及清单

生态保护区以保护为主，主要制定限制类清单，按照有限人为活动的相关情形进行准入。其准入政策依据见表 6-7。

表 6-7 生态保护区准入政策依据表

一级分区	分类	政策文件
生态保护区	自然保护地核心保护区	（1）中共中央办公厅 国务院办公厅印发《关于划定并严守生态保护红线的若干意见》； （2）中共中央办公厅 国务院办公厅印发《关于建立以国家公园为主体的自然保护地体系的指导意见》（中办发〔2019〕42 号）； （3）中共中央办公厅 国务院办公厅印发《关于在国土空间规划中统筹划定落实三条控制线的指导意见》（厅字〔2019〕48 号）； （4）自然资源部 国家林业和草原局《关于做好自然保护区范围及功能分区优化调整前期有关工作的函》（自然资函〔2020〕71 号）。
	自然保护地核心保护区外	（1）自然资源部 生态环境部 国家林业和草原局《关于加强生态保护红线管理的通知（试行）》（自然资发〔2022〕142 号）； （2）云南省自然资源厅 云南省生态环境厅 云南省林业和草原局《关于加强生态保护红线管理工作的通知》（云自然资〔2023〕98 号）。

(一) 允许准入清单

自然保护地核心保护区是指国家公园和自然保护区的核心保护区。自然保护地核心保护区除满足国家特殊战略需要的有关活动外，原则上禁止人为活动。因国家重大基础设施、重大民生保障项目建设等需要调整的，由省级政府组织论证，提出调整方案，经环境保护部、国家发展改革委会同有关部门提出审核意见后，报国务院批准。因国家重大战略资源勘查需要，在不影响主体功能定位的前提下，经依法批准后予以安排勘查项目。

(二) 限制准入清单

自然保护地核心保护区外除满足国家特殊战略需要的有关活动外，原则上禁止开发性、生产性建设活动。仅允许上述允许准入清单及以下对生态功能不造成破坏的有限人为活动(表6-8)。

表 6-8　有限人为活动准入清单

序号	准入类别	准入目录
1	管护巡护、保护执法、科学研究、调查监测、测绘导航、防灾减灾救灾、军事国防、疫情防控等活动及相关的必要设施修筑。	(1)管护巡护、保护执法、科学研究、调查监测、测绘导航、水文及气象监测等活动； (2)防灾减灾救灾、应急抢险等活动； (3)抵边联防等军事国防设施(检查站、哨所、瞭望台等)、疫情防控等必要设施修筑； (4)烈士纪念、战争遗址保护等必要设施修筑及维护； (5)守边固边、抵边村因国防需要开展村庄建设。
2	原住居民和其他合法权益主体，允许在不扩大现有建设用地、耕地、水产养殖规模和放牧强度(符合草畜平衡管理规定)的前提下，开展种植、放牧、捕捞、养殖等活动，修筑生产生活设施。	(1)符合县级国土空间总体规划或村庄规划的服务于原住居民和其他合法权益主体基本生产生活需要的住房、供电、供水、供气、供暖、通信、交通、污水处理、垃圾储运等生产生活基础设施建设、维护和改造； (2)开展种植、放牧、捕捞、养殖等活动。
3	经依法批准的考古调查发掘、古生物化石调查发掘、标本采集和文物保护活动。	(1)考古调查发掘、古生物化石调查发掘和保护活动； (2)非破坏性科学研究观测及必要的设施建设； (3)标本采集和文物保护活动。
4	按规定对人工商品林进行抚育采伐，或以提升森林质量、优化栖息地、建设生物防火隔离带等为目的的树种更新，依法开展的竹林采伐经营。	按规定对人工商品林进行抚育采伐，或以提升森林质量、优化栖息地、建设生态及防火隔离带等为目的的树种更新，依法开展的竹林采伐经营。

序号	准入类别	准入目录
5	不破坏生态功能的适度参观旅游、科普宣教及符合相关规划的配套性服务设施和相关的必要公共设施建设及维护。	(1)供电、供水、供气、供暖、通信、交通(含步道、栈道、绿道等)等基础设施建设及维护； (2)污水处理、垃圾储运、公共厕所、观景台、标识标志牌等公共服务设施建设及维护； (3)符合相关规划的游客服务中心、生态停车场、索道、休憩休息、科普宣传、文化宣教、安全防护、应急避难、医疗救护、电子监控以及其他必要的旅游配套设施等建设及维护。
6	必须且无法避让、符合县级以上国土空间规划的线性基础设施、通信和防洪、供水设施建设和船舶航行、航道疏浚清淤等活动；已有的合法水利、交通运输等设施运行维护改造。	(1)铁路、公路、航道、轨道、桥梁、隧道、步道、廊道、绿道，油气(燃气)、供水管线等线性基础设施； (2)输电线塔基、通信基站等小面积零星分散建设项目用地； (3)引水调水、提水等供水设施； (4)航道基础设施、码头等与通航有关的设施； (5)航道、水库、河道的疏浚清淤及治理，防洪治涝等工程； (6)已有的合法水利、交通运输等设施运行维护、锚地改造。
7	地质调查与矿产资源勘查开采。	(1)基础地质调查和战略性矿产资源远景调查等公益性工作； (2)铀矿勘查开采活动，可办理矿业权登记； (3)已依法设立的油气探矿权继续勘查活动，可办理探矿权延续、变更(不含扩大勘查区块范围)、保留、注销，当发现可供开采油气资源并探明储量时，可将开采拟占用的地表范围依照国家相关规定调出生态保护红线； (4)已依法设立的油气采矿权不扩大用地范围，继续开采，可办理采矿权延续、变更(不含扩大矿区范围)、注销； (5)已依法设立的矿泉水和地热采矿权，在不超出已经核定的生产规模、不新增生产设施的前提下继续开采，可办理采矿权延续、变更(不含扩大矿区范围)、注销； (6)已依法设立和新立铬、铜、镍、锂、钴、锆、钾盐、(中)重稀土矿等战略性矿产探矿权开展勘查活动，可办理探矿权登记，因国家战略需要开展开采活动的，可办理采矿权登记。 　上述勘查开采活动，应落实减缓生态环境影响措施，严格执行绿色勘查、开采及矿山环境生态修复相关要求。

序号	准入类别	准入目录
8	依据县级以上国土空间规划和生态保护修复专项规划开展的生态修复。	符合县级以上国土空间规划和生态保护修复专项规划的以下工程： (1) 矿山生态治理恢复、重要生态廊道网络构建、热带森林保育等生态工程； (2) 退耕还林还草、生物多样性保护、水源涵养等生态工程； (3) 有害生物和外来物种入侵防治； (4) 河道湖泊整治、河堤修复、流域水环境保护、湿地保护修复等治理； (5) 防护林建设、古树名木树种保护等综合治理修复； (6) 地质灾害防治、防洪防护安全、水土保持与石漠化综合治理等工程； (7) 九大高原湖泊生态保护修复、自然保护地建设及野生动植物保护修复工程； (8) 国土空间规划和生态保护修复专项规划确定的其他生态修复行为。
9	根据我国相关法律法规和与邻国签署的国界管理制度协定(条约)开展的边界边境通视道清理以及界务工程的修建、维护和拆除工作。	根据我国相关法律法规和与邻国签署的国界管理制度协定(条约)开展的边界边境通视道清理以及界务工程的修建、维护和拆除工作。
10	法律法规规定允许的其他人为活动。	法律法规规定允许的其他人为活动。
备注	依照法律法规和国家有关规定，生态保护红线准入目录至少每五年进行一次评估和更新。	

第四节　生态控制区准入

生态控制区是指生态保护红线外，需要予以保留原貌、强化生态保育和生态建设、限制开发建设的陆地和海洋自然区域。

一、准入原则

(一) 保护为主，限制开发

生态控制区以生态保护与修复为主导用途，原则上按限制开发区域的要求进行管理。

在不降低生态功能、不破坏生态系统且符合空间准入、强度控制和风貌管控要求的前提下，可进行适度的开发利用和结构布局调整。

(二) 分类保护，有限准入

生态控制区按照限制准入清单及禁止准入清单管理，禁止清单按照具体保护类型实行分类保护，若同一生态保护空间兼具 2 种以上类别，按最严格的要求落实监管措施。

二、政策分析

(一) 国家层面

第一次提出建设生态文明是在 1978 年，党的十一届三中全会开始规划制定《森林法》《草原法》《环境保护法》等法律。2012 年，中国共产党第十八次全国代表大会做出"大力推进生态文明建设"的战略决策，2014 年修订完成了《中华人民共和国环境保护法》，2016 年第一次修订了《海洋环境保护法》《水污染防治法》《大气污染防治法》《水土保持法》《森林法》《草原法》《渔业法》《土地管理法》《水法》《矿产资源法》。

2015 年 3 月，中共中央 国务院出台《关于加快推进生态文明建设的意见》，将国土空间开发格局进一步优化、生态文明重大制度基本确立列入主要目标，要求自然资源资产产权和用途管制、生态保护红线、生态保护补偿、生态环境保护管理体制等关键制度建设取得决定性成果。同年 9 月，中共中央 国务院印发《生态文明体制改革总体方案》，提出建立国土空间开发保护制度，健全国土空间用途管制制度，将用途管制扩大到所有自然生态空间，划定并严守生态红线，严禁任意改变用途，防止不合理开发建设活动对生态红线的破坏。为落实《关于加快推进生态文明建设的意见》《生态文明体制改革总体方案》要求，原国土资源部于 2017 年印发《自然生态空间用途管制办法 (试行)》(国土资发 [2017] 33 号) 及《自然生态空间用途管制试点方案》，在福建、江西、河南、海南、贵州、青海等 6 省各选择 2~3 个市县开展试点工作，先行在试点地区实施《自然生态空间用途管制办法 (试行)》，以点带面探索自然生态空间用途管制方法，为形成可复制、可推广的自然生态空间用途管控经验，推进自然资源管理体制改革，健全国土空间用途管制制度，促进生态文明建设做出实践探索。

在自然生态空间的管控方式上，《关于建立国土空间规划体系并监督实施的若干意见》要求：在城镇开发边界外的建设，按照主导用途分区，实行"详细规划+规划许可"和"约束指标+分区准入"的管制方式。因地制宜制定用途管制制度，为地方管理和创新活动留有空间。《自然生态空间用途管制办法 (试行)》规定：国家对生态空间依法实行区域准入和用途转用许可制度，严格控制各类开发利用活动对生态空间的占用和扰动，确保依法保护的生态空间面积不减少，生态功能不降低，生态服务保障能力逐渐提高。

在自然生态空间的管控内容上，《生态文明体制改革总体方案》规定：应建立国家公园体制、建立天然林保护制度、建立草原保护制度、建立湿地保护制度、建立沙化土地封禁保护制度、健全矿产资源开发利用管理制度。《自然生态空间用途管制办法（试行）》从管控原则、三区互相转化利用、禁止项目、限制项目四个方面对自然生态空间进行规定。

（二）地方层面

根据《自然生态空间用途管制办法（试行）》及《关于建立以国家公园为主体的自然保护地体系的指导意见》的试点情况及其他省份国土空间用途管制研究进度，本节对比分析江西省、江苏省、浙江省、安徽省四省经验，借鉴四省的生态空间管控规则，形成限制准入清单，并归纳出 9 种不同类型和保护对象的禁止准入清单。

2020 年 1 月，江西省发布《江西省自然生态空间用途管制试行办法》，把自然生态空间分为生态保护红线和一般生态空间，其中一般生态空间采用准入管理，允许在不降低生态功能、不破坏生态系统的前提下，进行适度开发利用和结构布局调整。位于一般生态空间内的山岭，严禁商品住宅及工业等开发建设；在符合空间准入、强度控制和风貌管控要求的前提下，允许适度农林牧生产、民生项目、基础设施、生态旅游等活动。同年 1 月，江苏省发布《江苏省生态空间管控区域规划》（苏政发〔2020〕1 号），将生态空间分为国家级生态保护红线和生态空间管控区域两级，归纳出生态空间内 15 种不同类型和保护对象，根据其所在分级，实行共同与差别化的管控措施。2024 年 10 月，浙江省起草了《浙江省国土空间用途管制规则（试行）》（印发），将生态空间分为生态保护区、生态控制区两个大类，对陆域生态控制区鼓励依据国土空间规划及其他相关规划，按照自然恢复为主、人工修复为辅的原则，实施生态修复工程，提升生态功能。严格限制农业开发占用生态控制区，在不涉及林地、水域和天然牧草地的前提下，经评估有利于提升生态功能的，可依据国土空间规划或其他相关规划开展土地整治新增耕地。严控新增建设占用生态控制区，建设用途准入应符合国土空间规划和其他相关规划。各类风景名胜区等必要的配套设施建设、符合区域功能定位的旅游服务设施、道路交通基础设施、水利市政基础设施、公益性设施以及其他必要的特殊设施建设必须占用的，需做好选址论证，严格控制建筑规模与开发强度。陆域生态控制区内原有的各种不符合生态保护要求、防洪安全的生产、开发活动应当逐步退出，并进行生态修复。退出不应对生态环境造成重大影响；对区内主要保护对象及其栖息地环境造成的负面影响轻微或可控；符合国土空间规划和其他相关规划。现有的围湖造田，应当按照国家规定的防洪标准进行治理，逐步退田还湖。对国有林场和坡度 25 度以上已经开垦种植的林地要逐步还林。对于现状建设，应当进行评估后制定分类处置方案：对于违法建设和经评估对生态保护存在不利影响的，应当逐步退出；对于历史形成的合法现状建设用地，经评估对生态环境无影响的，可予以保留，但不得随意改变用途或进行改扩建。

三、准入依据及清单

生态控制区与生态保护区的主体保护功能有所区别，虽然生态控制区也同样强调主体保护，但该区域还要发挥生态建设与地方发展建设的综合功能，因此主要制定负面清单及禁止类清单，对不能准入的行为或项目类型予以明确。生态控制区准入政策依据见表 6-9。

表 6-9　生态控制区准入政策依据表

一级分区	政 策 文 件
生态控制区	(1)《云南省人民政府关于发布云南省生态保护红线的通知》(云政发〔2018〕32 号); (2)《中华人民共和国森林法》(2019 年 12 月修订); (3)《国家级森林公园管理办法》(国家林业局第 27 号令); (4)《国家级森林公园总体规划规范》(LY/T 2005); (5)《国家级公益林管理办法》(林资发〔2017〕34 号); (6)《风景名胜区条例》(2016 年修订); (7)《风景名胜区管理通用标准》(GB/T 34335—2017); (8)《国家地质公园规划编制技术要求》(国土资发〔2016〕83 号，2019 年 1 月 3 日国家林业和草原局公告 2019 年第 1 号修改); (9)《国家湿地公园管理办法》(林湿发〔2017〕150 号); (10)《湿地保护管理规定》(国家林业局第 48 号令); (11)《饮用水水源保护区污染防治管理规定》(2010 年修正); (12)《水产种质资源保护区管理办法》(2016 年修订); (13)云南省人民政府《关于九大高原湖泊"三区"管控的指导意见》(云政发〔2022〕25 号); (14)《中华人民共和国草原法》(2002 年修订); (15)《中华人民共和国野生动物保护法》(2022 年修订); (16)水利部《关于加强河湖水域岸线空间管控的指导意见》(水河湖〔2022〕216 号); (17)中共云南省委 云南省人民政府《关于"湖泊革命"攻坚战的实施意见》(2021 年)。

(一)禁止准入清单

根据云南省生态保护区内需要予以保留原貌、强化生态保育和生态建设、限制开发建设的具体情况，对风景名胜区、森林公园、湿地公园、地质公园、饮用水水源地二级保护区、水产种质资源保护区、生态公益林、九大高原湖泊八类保护对象实行差别化管控要求，制定禁止清单如下：

1. 风景名胜区

(1)禁止开山、采石、开矿、开荒、修坟立碑等破坏景观、植被和地形地貌的活动；禁止修建储存爆炸性、易燃性、放射性、毒害性、腐蚀性物品的设施。

(2)禁止建设破坏景观、污染环境、妨碍游览的设施。

(3)在珍贵景物周围和重要景点上，除必须保护的设施外，不得增建其他工程设施。

2. 森林公园

(1)禁止毁林开垦和毁林采石、采沙、采土以及其他毁林行为。

(2)禁止在森林公园内建设工矿企业及其他污染环境、破坏资源或者景观的建设项目和设施。

(3)禁止擅自占用、征收、征用或者转让森林公园经营范围内的林地。

(4)禁止擅自在森林公园设立商业网点。

(5)禁止在森林公园内新建坟墓或扩大已建坟墓的范围。

(6)禁止在森林公园内排放超标的污染物和倾倒固体废物、危险废物。

(7)国家级森林公园总体规划批准前，在森林公园内新建永久性建筑、构筑物等人工设施。

3. 湿地公园

(1)禁止擅自征收、占用国家湿地公园的土地。

(2)禁止在湿地公园内从事以下活动：

a. 开(围)垦、填埋或者排干湿地；

b. 截断湿地水源；

c. 挖沙、采矿；

d. 倾倒有毒有害物质、废弃物、垃圾；

e. 从事房地产、度假村、高尔夫球场、风力发电、光伏发电等任何不符合主体功能定位的建设项目和开发活动；

f. 破坏野生动物栖息地和迁徙通道、鱼类洄游通道，滥采滥捕野生动植物；

g. 引入外来物种；

h. 擅自放牧、捕捞、取土、取水、排污、放生；

i. 其他破坏湿地及其生态功能的活动。

4. 地质公园

(1)禁止在地质遗迹保护区内及可能对地质遗迹造成影响的一定范围内进行采石、取土、开矿、放牧、砍伐以及其他对保护对象有损害的活动。

(2)禁止未经管理机构批准，在保护区范围内采集标本和化石。

(3)禁止在地质遗迹保护区内修建与地质遗迹保护无关的厂房或其他建筑设施。

5．饮用水水源地二级保护区

（1）禁止新建、扩建排放含持久性有机污染物和含汞、镉、铅、砷、硫、铬、氰化物等污染物的建设项目。

（2）禁止新建、扩建化学制浆造纸、制革、电镀、印制线路板、印染、染料、炼油、炼焦、农药、石棉、水泥、玻璃、冶炼等建设项目。

（3）禁止排放省人民政府公布的有机毒物控制名录中确定的污染物。

（4）禁止建设高尔夫球场、废物回收(加工)场和有毒有害物品仓库、堆栈，或者设置煤场、灰场、垃圾填埋场；新建、扩建对水体污染严重的其他建设项目，或者从事法律、法规禁止的其他活动。

（5）禁止设置排污口。

（6）禁止从事危险化学品装卸作业或者煤炭、矿砂、水泥等散货装卸作业。

（7）禁止设置水上餐饮、娱乐设施(场所)，从事船舶、机动车等修造、拆解作业，或者在水域内采砂、取土。

（8）禁止围垦河道和滩地，从事围网、网箱养殖，或者设置屠宰场；新建、改建、扩建排放污染物的其他建设项目，或者从事法律法规禁止的其他活动。

6．水产种质资源保护区

（1）禁止在特别保护期内从事捕捞、爆破作业以及其他可能对保护区内生物资源和生态环境造成损害的活动。

（2）禁止在水产种质资源保护区内从事围湖造田、围海造地或围填海工程。

（3）禁止在水产种质资源保护区内新建排污口。

7．生态公益林

（1）禁止砍柴、采脂和狩猎；禁止挖砂、取土和开山采石。

（2）禁止野外用火；禁止修建坟墓。

（3）禁止排放污染物和堆放固体废物。

（4）禁止其他破坏生态公益林资源的行为。

8．九大高原湖泊

1）生态保护核心区

（1）禁止不按照规划开展维护、修复和提升生态功能的活动；

（2）禁止垃圾、污水入湖。

2）生态保护缓冲区

（1）禁止人口迁入。除原户籍人口自然增长及符合人口迁移政策的情况外，原则上人口只出不进，小区、村庄建设面积只减不增。

（2）禁止新增建设项目。禁止新增工业项目、商品住宅等项目，坚决退出违规违建项目。严禁审批高污染、高耗水、高耗能项目。

（3）禁止扩大建设规模。集镇空间只减不增，鼓励空间内的产业逐步退出。严格控制村庄建设用地规模，原则上只减不增。

（4）禁止破坏生态空间。严格控制各类开发利用活动对生态空间的占用和扰动，确保依法保护的湿地、林地、草地、耕地、荒地（未利用地）等生态空间面积不减少、生态功能不降低，生态服务保障能力逐渐提高。

（5）禁止新增排污口。严格实行排污口登记制度，规范排污许可管理和排污口设置，除城镇污水集中处理设施排污口外不新增入河排污口，逐步取缔原有入河排污口（原有城镇污水集中处理设施排污口除外）。

（6）禁止污水直排。

（7）禁止生产生活垃圾无序处置。

（8）禁止"大药大肥"方式种植。

（9）禁止规模化养殖。

3）绿色发展区

湖泊面山区域严禁连片房地产开发。

（二）限制准入清单

在禁止准入的 7 种保护对象以外的区域，实行限制准入，限制准入清单分为有限人为活动限制准入和新增建设限制准入两类。

1. 人为活动限制准入

生态控制区准入清单除生态保护区允许开展的有限人为活动外，在符合现行法律法规的前提下，生态空间管控区域还允许开展以下对生态功能不造成破坏的有限人为活动：

（1）种植、放牧、捕捞、养殖等农业活动；

（2）保留在生态空间管控区域内且无法搬迁退出的居民点建设以及非居民单位生产生活设施的运行和维护；

（3）现有且合法的农业、交通运输、水利、旅游、安全防护、生产生活等各类基础设施及配套设施的运行和维护；

（4）必要且无法避让的殡葬、宗教设施建设、运行和维护；

（5）经依法批准的国土空间综合整治、生态修复等；

（6）经依法批准的各类矿产资源勘查活动和矿产资源开采活动；

（7）适度的船舶航行、车辆通行、祭祀、经批准的规划观光旅游活动等；

（8）法律法规允许的其他人为活动。

单个用地面积不超过 100 平方米的输变电工程塔基、风力发电设施、通信基站、安全环保应急设施、水闸泵站、导航站（台）、输油（气、水）管道及其阀室、增压（检查）站、耕地质量监测站点、环境监测站点、水文施测站点、测量标志、农村公厕等基础设施项目，涉及生态空间管控区域的，经县级以上人民政府评估对生态环境不造成明显影响的，视为符合生态空间管控要求。

2. 新增建设限制准入

生态控制区严格控制新增建设占用及农业开发占用。限制准入是指在符合生态控制区生态环境容量、符合国土空间规划及其他相关规划和严格控制规划指标、使用功能等前提下，有条件准入的建设项目。建设项目必须占用生态控制区的，应做好选址论证，严格控制建筑规模与开发强度。准入清单如下：

（1）允许开设适度的、与保护方向一致的生态养殖、林下经济、生态休闲、科普宣教、自然体验、森林康养等建设项目；

（2）允许各类风景名胜区等必要的配套设施建设、符合区域功能定位的旅游服务设施、道路交通基础设施、水利市政基础设施、公益性设施以及其他必要的特殊设施建设；

（3）生态保护区准入清单内允许准入的活动；

（4）涉及地质调查、勘查、开采与矿业权差别化管理要求根据自然资函〔2020〕861号文等法律法规的规定执行。

第五节　城镇发展区准入

2020年9月，自然资源部印发《市级国土空间总体规划编制指南（试行）》，将城镇发展区定义为城镇集中开发建设并可满足城镇生产、生活需要的区域，是城镇开发边界围合的范围。城镇发展区主要用于城镇建设，是允许开展城镇开发建设行为的核心区域，应实现详细规划全覆盖，按照详细规划进行精细化管理，限制农业生产、土地整治和村庄建设。城镇开发边界内的建设实行"详细规划+规划许可"的管制方式，按照城镇集中建设区、城镇弹性发展区和特别用途区进行分类管理。

一、准入原则

城镇发展区准入应遵循以下原则：

一是新立项目须符合《产业结构调整指导目录（2024年本）》和《自然资源开发利用限制和禁止目录》相关规定，对于"两目录"规定的限制类产业须严格审核审批。

二是项目建设必须符合国土空间规划、详细规划以及各级各类专项规划和行业规划，优化城镇空间布局。

三是合理开发利用，严格落实刚性指标约束、有效利用弹性约束调整，做到刚柔并济，既要分析论证用地指标，体现土地节约集约，又要优化完善功能布局，做到用有所效。

四是公共利益优先，确保公众权益得到充分保障，优先保障并支持各类公共设施规划建设，不断完善公共设施服务水平，着力提升城镇空间品质。

二、政策分析

(一) 原土地利用规划层面

1. 《土地管理法》

《土地管理法》第四条规定："国家实行土地用途管制制度。严格限制农用地转为建设用地，控制建设用地总量，对耕地实行特殊保护。"《土地管理法》未对城镇发展区的具体准入规则做出规定，但提出了控制建设用地总量，下级规划应依据上一级规划编制，建设用地规模不得超过上一级规划的控制指标，通过指标约束的方式对建设用地的准入实行总量控制。

2. 《市县乡级土地利用总体规划编制指导意见》

2009 年，原国土资源部提出，要划定城乡建设用地管制边界和管制区域，以限制城镇及农村建设规模的扩大，并制定了《市县乡级土地利用总体规划编制指导意见》（以下简称《意见》）。《意见》指出市县乡级土地利用总体规划要划定城乡建设用地边界、扩展边界、禁止建设边界、允许建设区、有条件建设区、限制建设区和禁止建设区，明确建设用地布局原则、空间管制要素及其划定要求和各分区的管制规则。明确允许建设区内土地主导用途为城、镇、村或工矿建设发展空间，区内新增城乡建设用地受规划指标和年度计划指标约束，应统筹增量与存量用地，促进土地节约集约利用；有条件建设区内土地符合规定的，可依程序办理建设用地审批手续，同时相应核减允许建设区用地规模；限制建设区内土地主导用途为农业生产空间，是开展土地整理复垦开发和基本农田建设的主要区域，区内禁止城、镇、村建设，严格控制线性基础设施和独立建设项目用地；禁止建设区内的土地主导用途为生态与环境空间保护，严格禁止与主导功能不相符的各项建设。

"三界四区"是土地利用总体规划中对建设用地的管制体系，由土地管理部门结合指标规模的计划性手段对建设用地进行调控。其中城乡建设用地扩展边界是允许建设区和有条件建设区的边界，规划期内的建设用地可在不超过指标规模的情况下在城乡建设用地扩展边界内选择布局用地。在原土地利用规划体系中，市（地）级、县级及乡（镇）《编制规程》中都明确了允许建设区、有条件建设区、限制建设区与禁止建设区、规模边界、拓展边界与禁建边界。并且对管制分区与管制边界的划定提出了进一步的要求，明确了"四区"的管制规则，但管制要求较为宏观，管制内容单一、效力有限。

(二) 原城市规划层面

1. 《中华人民共和国城乡规划法》

第十七条规定："城市总体规划、镇总体规划的内容应当包括禁止、限制和适宜建设的地域范围。"从法律层面规定划定禁建区、限建区、适建区的要求，并规定建设单位在城市、镇规划区内进行项目建设的应当申请建设用地规划许可证、建设工程规划许可证；在乡、村庄规划内进行建设的，建设单位须向相关部门申请合法乡村建设规划许可证，构建了"一书三证"规划许可制度，标志着以"三区四线"（禁建区、限建区、适建区；城市绿线、城市蓝线、城市紫线、城市黄线）和"一书三证"（建设项目选址意见书；建设用地规划许可证、建设工程规划许可证、乡村建设规划许可证）管理为标志的城乡规划空间管制体系得以确立。城乡规划许可是依据城乡规划对其在行政许可范围内的建设活动进行约束，是城市建设发展及建设项目落地的重要抓手。

2.《城市规划编制办法》

2006 年，建设部发布了《城市规划编制办法》（以下简称《办法》）。《办法》指出，各级城市人民政府在组织编制城市规划时应当研究中心城区空间增长边界，确定建设用地规模和建设用地范围，划定禁建区、限建区、适建区，并制定各分区的空间管制措施。

禁建区除生态保护与修复工程、水资源保护工程，文化自然遗产保护、森林防火、应急救援、军事与安全保密设施，必要的旅游交通、通信等基础设施外，禁止从事与所在区域生态环境保护无关的建设活动。限建区严格控制有损生态系统服务的开发建设活动，除生态保护与修复工程，文化自然遗产保护、森林防火、应急救援、军事与安全保密设施，必要的农村生活及配套服务设施、垦殖生产基础设施，以及经市人民政府同意的公共基础设施、公园和生态型旅游休闲设施外，不得进行其他项目建设。适建区是城市发展建设优先选择的区域，应根据资源环境条件，集约节约利用土地，科学、合理、有序安排各项建设。

3.《城市绿线管理办法》

城市绿线，是指城市各类绿地范围的控制线。主要是对城市绿线范围内的建设活动进行管控，包括绿线的划定、绿线范围内允许的建设内容、建设过程中需向自然资源部门申请规划许可以及绿线调整应办理的审批手续。

4.《城市蓝线管理办法》

城市蓝线，是指城市规划确定的江、河、湖、库、渠和湿地等城市地表水体保护和控制的地域界线。主要是对城市蓝线范围内的建设活动进行管控，包括蓝线的划定、蓝线范围内允许的建设内容、建设过程中需向自然资源部门申请规划许可以及蓝线调整应办理的审批手续。

5.《城市紫线管理办法》

城市紫线，是指国家历史文化名城内的历史文化街区和省、自治区、直辖市人民政府公布的历史文化街区的保护范围界线，以及历史文化街区外经县级以上人民政府公布保护的历史建筑的保护范围界线。主要是对城市紫线范围内的建设活动进行管控，包括紫线的划定、紫线范围内允许的建设内容、建设过程中需向自然资源部门申请规划许可以及紫线调整应办理的审批手续。

6.《城市黄线管理办法》

城市黄线，是指对城市发展全局有影响的，城市规划中确定的、必须控制的城市基础设施用地的控制界线。主要是对城市黄线范围内的建设活动进行管控，包括黄线的划定、黄线范围内允许的建设内容、建设过程中需向自然资源部门申请规划许可以及黄线调整应办理的审批手续。

城市总体规划中的"三区四线"存在规定功能不足，缺乏对三个分区的进一步定义与解释以及各个分区具体的准入条件与管控措施，难以直接满足规划管理与土地使用管理的需求等问题。

(三) 国土空间规划层面

1.《中共中央 国务院关于建立国土空间规划体系并监督实施的若干意见》(中发〔2019〕18 号)

2019 年中共中央 国务院发布《中共中央 国务院关于建立国土空间规划体系并监督实施的若干意见》(中发〔2019〕18 号)，是国土空间规划领域的纲领性文件。《若干意见》指出："健全用途管制制度。以国土空间规划为依据，对所有国土空间分区分类实施用途管制。在城镇开发边界内的建设，实行'详细规划+规划许可'的管制方式；在城镇开发边界外的建设，按照主导用途分区，实行'详细规划+规划许可'和'约束指标+分区准入'的管制方式。"提出了在城镇开发边界内外实行差异化管控的要求，从国家层面明确了城镇开发边界内外建设活动的管制方式。

2.《自然资源部关于做好城镇开发边界管理的通知(试行)》(自然资发〔2023〕193 号)

2023 年 10 月，自然资源部印发《自然资源部关于做好城镇开发边界管理的通知(试行)》(以下简称《通知》)，《通知》指出：各地要进一步深化城镇开发边界内规划用地安排，细化功能分区和用地布局，引导城镇建设用地向城镇开发边界内集中，城镇开发边界外不得进行城镇集中建设，不得规划建设各类开发区和产业园区，不得规划城镇居住用地。可在城镇开发边界外规划布局有特定选址要求的零星城镇建设用地。这是国家层面出台的首个关于城镇开发边界管理的政策性文件。《通知》要求进一步细化城镇开发边界内的功能分区和用地布局，规定城镇建设向城镇开发边界内集中，规定了禁止在城镇开发边界外进行城镇建设、布局各类开发区和产业园区，允许布局少量具有特定选址要求的零星城镇建设用地。

三、准入依据及清单

城镇发展区的主体功能是为城镇的集中建设发展提供必要的空间和基础设施，因区域内功能用途复杂繁多，在准入时不仅要符合主体功能原则，还要符合城市建设各项管理办法，如城市绿线、蓝线、紫线、黄线等管理要求。同时，在管制时有详细的规划指标作为用途实施的准入依据，如开发强度指标等。

城镇发展在准入时分为城镇开发边界范围内的准入和城镇开发边界范围外的零星城镇建设用地准入（因其零星建设用地纳入城镇开发边界规模进行管理）。城镇发展区的准入是为了科学发展、节约集约用地，因此准入清单以正面准入为主。下面介绍城镇发展区准入政策依据。

（一）准入依据

准入政策依据见表 6-10。

表 6-10　城镇发展区准入政策依据

一级分区	二级分区	准　入　依　据
城镇发展区	城镇集中建设区	（1）《中华人民共和国土地管理法》； （2）《中华人民共和国城乡规划法》； （3）《城市规划编制办法（2005）》； （4）《城市绿线管理办法》； （5）《城市蓝线管理办法》； （6）《城市紫线管理办法》； （7）《城市黄线管理办法》； （8）《市县乡级土地利用总体规划编制指导意见》； （9）《产业结构调整指导目录》； （10）《自然资源开发利用限制和禁止目录》； （11）《中共中央 国务院关于建立国土空间规划体系并监督实施的若干意见》（中发〔2019〕18号）； （12）《自然资源部关于做好城镇开发边界管理的通知（试行）》（自然资发〔2023〕193号）； （13）《城市用地分类与规划建设用地标准》GB 50137—2011； （14）《城市居住区规划设计标准》GB 50180—2018； （15）《建筑气候区划标准》GB 50178—1993； （16）《工业项目建设用地控制标准》； （17）《云南省国土空间详细规划编制技术导则》； （18）《云南省市县国土空间规划分区与用途分区分类指南》
	边界外零星城镇建设用地	（1）《中共中央 国务院关于建立国土空间规划体系并监督实施的若干意见》（中发〔2019〕18号）； （2）《自然资源部关于做好城镇开发边界管理的通知（试行）》（自然资发〔2023〕193号）

199

（二）城镇开发边界范围内的集中建设准入

城镇集中建设区是为了满足城镇居民生产、生活需要集中连片建设的区域，是在城镇开发边界内允许开展城镇开发建设行为的核心区域。城镇集中建设区内在符合国土空间规划和其他相关规划的前提下，采用"详细规划+规划许可"的方式可准入各类城镇建设行为，对城镇建设用地的总体和单项指标严格管控，同时，加强与水体保护线、绿地保护线、基础设施建设控制线、历史文化保护线（城市"四线"）的协同管控。优先使用存量建设用地，引导城镇低效用地再开发，提高建设用地使用效率，落实建设用地标准控制制度，开展节约集约用地评价，推广应用节地技术和节地模式。

城镇集中建设区下分8类三级分区：居住生活区、综合服务区、商业商务区、工业发展区、物流仓储区、绿地休闲区、交通枢纽区和战略预留区。

1. 居住生活区

居住生活区是规划确定的城市中主要居住功能的总体空间结构与布局，需协调好与周边功能区、路网系统的关系，为详细规划提供土地用途分类依据。

居住生活区以居住用地为主，在确保居住用地和各项居住配套设施用地之和比例不低于70%的情况下，兼容公共服务设施用地、绿化与广场用地、商服用地。禁止新增工业用地、物流仓储用地。

准入要求：居住生活区内应构建健康、宜居的生活环境，提供完善、便捷的日常生活服务功能。在保障主要功能导向的前提下，鼓励多元功能的适度混合，避免重大妨害功能的干扰；对详细规划提出准入的土地用途，明确各类用地的规模指标、强度指标和可兼容比例；对区内住宅建筑、公共服务设施、绿地、道路系统等建设提出控制要求。居住生活区建筑密度、建筑限高、容积率、绿地率等刚性指标可根据所属的城市密度分区、建筑气候区划、上位规划、居住区规划设计标准等规范确定，在详细规划层面对居住生活区的建设准入提出要求。如云南属Ⅳ、Ⅴ气候区，建筑密度最大值参考范围应为22%～43%；建筑限高根据住宅建筑平均层数类别确定，居住生活区内低层、多层Ⅰ类、多层Ⅱ类、高层Ⅰ类、高层Ⅱ类住宅建筑高度控制最大值不应超过18m、27m、36m、54m、80m；容积率应控制在0.8～3.1范围内，绿地率不应低于25%，对不满足刚性指标要求的不予准入。

2. 综合服务区

综合服务区是规划确定的城市中主要公共管理、公共服务、商业、服务业等功能的总体空间布局。

综合服务区以公共管理与公共服务设施用地、商服用地为主，兼容绿地与广场用地、居住用地。公共管理与公共服务设施用地比例不应低于70%。原则上禁止新增工业用地、物流仓储用地。

准入要求：综合服务区是城市提供公共服务、商业服务的核心空间，综合服务功能应集约紧凑，满足服务等级、规模及类型要求，对详细规划提出准入的土地用途，明确各类用地的规模指标、强度指标和可兼容比例；对区内文教体卫、商业服务、绿地、道路系统等建设提出控制要求。综合服务区建筑密度、建筑限高、容积率、绿地率等刚性指标可根据所属的城市密度分区、上位规划、公共设施建设标准等规范确定，对综合服务区的建设准入提出要求。如云南省城市规划人均公共管理与公共服务用地面积不应小于5.5平方米/人，公共管理与公共服务用地建筑密度上限值控制范围为30%~50%；容积率控制在1.5~3.0范围内，绿地率不得低于35%等，对于不满足刚性约束的建设不予准入。

3. 商业商务区

商业商务区是规划确定的城市中主要商业服务业、商务办公集中等功能的总体空间布局，明确城市各级公共服务体系，指导详细规划的土地用途规划与开发管控。

商业商务区以公共管理与公共服务设施用地、商服用地为主，兼容绿地与广场用地、居住用地。商服用地比例不宜低于60%。禁止新增工业用地、物流仓储用地。

准入要求：综合服务区是城市提供公共服务、商业服务的核心空间，综合服务功能应集约紧凑，满足服务等级、规模及类型要求，对详细规划提出准入的土地用途，明确各类用地的规模指标、强度指标和可兼容比例；对区内文教体卫、商业服务、绿地、道路系统等建设提出控制要求。商业商务区建筑密度、建筑限高、容积率、绿地率等刚性指标可根据所属的城市密度分区、上位规划、商业建筑建设标准等规范确定，对商业商务区的建设准入提出要求。如商业服务业用地建筑密度上限值不得高于60%，容积率控制4.0以内，绿地率不得低于20%等，对于不满足刚性约束的建设不予准入。

4. 工业发展区

工业发展区是规划确定的城市中主要工业功能的总体空间布局，主要为由工业用地红线围合而成的范围。工业发展区以工业用地为主，在工业用地不低于70%的情况下，兼容少量为工业生产配套的仓储、公共服务、商业服务、市政公用、环保、道路交通设施、绿地与广场等用地。

工业发展区内可适当配套用于保障工业发展的配套仓储、公共管理与公共服务、公用设施、商业服务业、交通运输、绿地与开敞空间等用地。禁止在工业发展区内规划建设与工业配套无关的商品房、娱乐康体、文化旅游、社会福利等设施。

准入要求：工业发展区统筹安排城市生产性功能，提升生产运行效率，严格遵守环保要求，降低工业生产功能对城市居住、公共环境、交通等的干扰，保障其他城市功能有序运行；对详细规划提出准入的土地用途，明确各类用地的规模指标、强度指标和可兼容比例；对区内不同类型工业的安全防护提出控制要求，以及产城融合建设的具体规定。工业发展区建筑密度、建筑限高、容积率、绿地率等刚性指标可根据所属的城市密度分区、建筑气候区划以及《工业项目建设用地控制指标》等规范确定，对工业发展区的建设准入提出要求。如对工业用地投资强度做出规定，一类工业用地容积率不得低于2.0，二类工业用地容积率为1.0~1.5，建筑系数大于40%，建筑高度不高于40米等，对于不满足工业项目建设用地刚性约束指标的不予准入。

5. 物流仓储区

物流仓储区是规划确定的城市中以物流仓储及其配套产业为主要功能导向的区域，应与周边其他功能区协调好交通组织的关系，为详细规划提供用途分类指导依据。

物流仓储区以物流仓储用地为主，可适当布局为产业服务的商服用地。其内部土地用途以物流仓储用地为主，比例不应低于75%。禁止在物流仓储区内规划建设与产业布局无关的商品房、娱乐康体、文化旅游、社会福利等设施。

准入要求：物流仓储区统筹安排城市物流仓储功能，降低物流仓储功能对城市交通、居住、公共环境等的干扰，保障其他城市功能有序运行；对详细规划提出准入的土地用途，明确各类用地的规模指标、强度指标和可兼容比例；对区内不同类型物流仓储用地的安全防护提出控制要求。

6. 绿地休闲区

绿地休闲区是规划确定的城市中主要公共开放空间的总体结构与布局，保障市民日常公共活动所需的绿地与广场空间，满足城市卫生、隔离和安全防护等功能的需求。

绿地休闲区以公园绿地、防护绿地和广场绿地为主，适当布局为绿色休闲服务的公共管理与公共服务用地、公用设施用地。在绿色与开敞空间用地比例不低于90%的情况下，可兼容少量商服用地、公共管理与公共服务设施用地。禁止新增工业用地、物流仓储用地。

准入要求：绿地休闲区安排好点、线、面结合的城市绿地系统结构，为市民提供便捷可达、充足友好的游憩休闲空间，并确保相互干扰的功能区的防护隔离；对详细规划提出准入的土地用途，明确各类用地的规模指标、强度指标和可兼容比例；对区内公园绿地、广场用地、防护绿地的总体规模与服务半径提出控制要求。

7. 交通枢纽区

交通枢纽区是规划确定的城市中占地规模较大的、多种交通运输方式交会的大型综合交通枢纽，需协调好城市内外的交通集散、路网配套、换乘衔接等关系，并与周边功能区保持良好的防护隔离。

交通枢纽区以铁路用地、公路用地、港口用地、机场用地等区域基础设施用地以及道路与交通设施用地(城镇道路用地、城镇轨道交通用地、交通枢纽用地、交通场站用地)为主，在交通运输用地比例不低于80%的情况下，适当兼容仓储用地、商服用地和居住用地。

准入要求：交通枢纽区应确定好机场、港口、铁路客货运站等重要交通设施的选址落位，统筹好与周边交通线网的接驳以及多种运输方式的联乘联运，有序引导基于交通枢纽的物流产业发展；对详细规划提出准入的土地用途，明确区内的交通、服务、物流、居住等各类用地的规模指标；对该分区周围的防护隔离提出控制要求，尽可能降低交通噪声等对城市居住、公共环境的干扰。

8. 战略预留区

战略预留区是对城市发展产生重大影响的、尚具有不确定性的战略性功能进行空间预留，并对区内一切建设行为加强预先管控。

战略预留区以用途待定用地及现状用地为主。其内部的土地用途以实际发生的建设行为为主。

准入要求：战略预留区应在充分论证的基础上划定。战略预留区应明确规定主要的战略性功能指引，严格管控区内的一切建设行为。待开发意向明确后，依据相关发展要求，在详细规划中细化具体的土地用途与空间布局。

(三) 城镇开发边界外零星城镇建设用地

城镇开发边界外不得进行城镇集中建设，不得规划建设各类开发区和产业园区，不得规划城镇居住用地。在落实最严格的耕地保护、节约用地和生态环境保护制度的前提下，结合城乡融合、区域一体化发展和旅游开发、边境地区建设等合理需要，在城镇开发边界外可规划布局有特定选址要求的零星城镇建设用地，零星城镇建设用地规模不得超过新增城镇建设用地规模的 10%，并相应调减城镇开发边界内规划的新增城镇建设用地规模。

目前，云南省正在研究制定城镇开发边界的管理细则，按照《自然资源部关于做好城镇开发边界管理的通知(试行)》(自然资发〔2023〕193 号)的具体要求，结合云南实际，拟定在城镇开发边界范围外规划布局有特定选址要求的零星城镇建设用地正面准入清单。以下类型允许纳入零星城镇建设用地：

有邻避要求确需零星布局的危化品仓储(含民爆仓库和油库，不含炸药库)、储备库(不含粮食储备库)、搅拌站、垃圾受纳/消纳场(飞灰处理厂)等用地；有特定选址要求确需零星布局的半山酒店、旅游配套设施、加油加气充电站等用地；具有联络作用的城市(镇)道路、交通场站(站前广场)等用地；为化解历史遗留问题，在城镇开发边界划定成果正式启用前已建成的教育、医疗卫生、社会福利等公共管理与公共服务用地。

第六节　矿产能源发展区准入

矿产能源发展区是为适应国家能源安全与矿业发展的需要而划定的重要陆域采矿区、战略性矿产储量区等区域。矿产资源开发利用空间具有特殊性，矿产资源有的赋存在地下，其赋存的空间可能与国土空间中的主体功能区产生交叉重叠；同时，赋存状态与环境形成相互影响，地下矿产资源的开采会对地上的耕地、林地、草地、园地、建设用地等产生较大影响；矿产能源发展有阶段性，分为勘查、开采、修复三大阶段。因此在准入时既要考虑矿的类型、利用阶段，又要考虑与矿产能源发展区交叉重叠空间的相关管控要求。

一、准入原则

矿产能源发展区的准入需要符合国土空间规划和矿产资源总体规划的双重规划要求。

准入过程中要严格国土空间用途管制，衔接区域"三区三线"，优化矿产资源勘查开发布局，落实最严格的耕地保护和节约集约用地保护制度，落实"三区三线"管控要求，尽量不占和少占耕地，合理避让永久基本农田和生态保护红线。在城镇保护开发边界内的采矿用地，还应符合所在区域的控制性详细规划。矿产能源发展区要合理开发利用，优化资源配置，严格落实刚性指标约束，有效利用弹性约束调整，做到刚柔并济，既要分析论证用地指标，体现土地节约集约，又要优化完善功能布局，做到用有所效。

矿山的开发必须坚持节约资源和保护环境的基本国策，实行"保护、开发、利用"并重的方针，实现经济效益及生态效益的统一，牢固树立生态文明理念，加强资源开发规划和管理，严格准入条件，引导资源规模化集约化开发，提高资源节约和综合利用水平，强化生态保护和环境整治，推进绿色发展、循环发展、低碳发展，实现资源开发与城市发展的良性互动。矿产资源的开采利用，需要进行科学规划，区分矿种类型、开采方式、利用阶段，合理安排开采顺序和方式，最大限度地减少对环境的影响，落实好矿产资源开发规划，以矿产资源方面的法律法规作为准入的基本依据，强化矿产资源开发与监督管理相结合，加强法制建设，保障国家对矿产资源的所有权益。在开采和利用矿产资源过程中，要以可持续发展为出发点，兼顾经济、社会和环境的协调发展。这意味着在追求经济效益的同时，也要考虑到社会和环境的长期利益。

二、政策分析

（一）以矿产资源总体规划为依据进行管控

矿产的开发和利用应遵循《中华人民共和国矿产资源法》《矿产资源开采登记管理办法》等相关法律法规，确保矿产资源的合法开采和合理利用。同时，需要加大对矿产资源开采的监管和执法力度，打击非法采矿和破坏生态环境的行为。矿产能源发展区的管控主要依据工矿用地管控方式，落实耕地保护和节约集约用地制度，严格落实国土空间规划和"三区三线"等管控要求，尽量不占和少占耕地，合理避让永久基本农田和生态保护红线。在城镇保护开发边界内的采矿用地，还应符合所在区域的控制性详细规划。

矿产资源总体规划作为专项规划，主要通过勘查规划区块和开采规划区块落实重点勘查区和重点开采区的空间格局，同时明确重点矿种矿山最低开采规模。矿产资源从周期上主要包括探矿勘查（勘查、战略矿藏储备区）、矿产开采（露天开采、地下开采）和矿区生态修复三个不同阶段，不同阶段有不同的管控要求。同时，对矿产资源还应根据矿种类型、战略要求、储量程度等进行分级、分类管控。矿产能源发展区在管控时，下一步建议的细化分区管控方式，针对矿产资源类型与阶段进行差别化用途管制，并制定允许、限制和禁止准入清单。

（二）采矿用地的取得方式及政策要求

采矿用地在用地用海分类中属于工矿用地，是指独立于居民点之外的采矿、采石、采砂(沙)场，砖瓦窑等地面生产用地及尾矿堆放用地。采矿用地属于建设用地的范畴，矿山企业在永久使用时应按照取得建设用地的管理要求及程序进行报批使用。有的采矿用地建设在历史矿山或者国有工厂上，可使用存量建设用地。涉及占用农民集体所有土地的，还须由国家进行征收，履行法律规定的土地征收相关程序。

在取得方式上，采矿用地根据矿产类型和国家管控要求，有的通过划拨方式取得，经营性的则都通过出让方式有偿取得建设用地。当然，对于能源设施类的用地，其作为公益性质，根据《划拨用地目录》的规定，对国家重点扶持的能源、交通、水利等基础设施用地允许以划拨方式取得；符合《划拨用地目录》的石油天然气设施用地、煤炭设施用地、电力设施用地等能源设施类用地也以划拨方式取得。

采矿用地的设立条件是实行重要地区限制采矿制度和重要矿床不得压覆原则。矿产资源的开采尤其是地下矿产资源的开采，将对开采地周边的地理、环境产生较大影响，因此，国家规定了重要地区限制采矿的制度。如《矿产资源法》第二十条规定，非经国务院授权的有关主管部门同意，不得在港口、机场、国防工程设施圈定的地区以内，不得在重要工业区、大型水利工程设施、城镇市政工程设施附近一定距离以内，不得在铁路、重要公路两侧一定距离以内，不得在国家划定的自然保护区、重要景区以及国家重点保护的不能移动的历史文物和名胜古迹所在地开采矿产资源。

综上所述，采矿用地作为采矿及其附属设施建设使用，在管理时受矿产和土地政策的双重管理，用地方面作为建设用地管理或者对矿山进行复垦，矿产方面需要对开采的矿床办理合法采矿手续，保障采矿用地既是"合法矿"又是"合法地"。2023年2月24日，自然资源部办公厅发布的《关于修订土地卫片执法图斑合法性判定规则的通知》(自然资办函〔2023〕337号)中进一步明确了采矿用地的判定规则，采矿用地应当按照《土地管理法》《自然资源部关于做好采矿用地保障的通知》(自然资发〔2022〕202号)等法律法规和政策性文件要求，办理建设用地审批手续。未办理的，判定为新增非农建设违法用地。按照《自然资源部关于做好采矿用地保障的通知》要求，矿产资源规划应当做好与国土空间规划的衔接，并在国土空间规划总体规划中明确安全底线管控要求，合理安排采矿项目新增用地的布局、规模和时序，列出采矿项目并纳入国土空间总体规划重点建设项目清单，将采矿用地布局纳入国土空间规划"一张图"，作为审批采矿用地的规划依据。

三、准入依据及清单

矿产能源发展区作为结合云南实际制定的用途管制分区，在准入时要考虑云南的矿产能源发展特点与布局，因矿产能源发展区内除了矿产开采建设，还有各类的生产、生活、保护等功能及需求，准入清单根据矿产能源发展区内的各自功能需求结合其他一级用途管制分区制定出允许、限制、禁止等三类准入清单。矿产能源发展区政策依据见表6-11。

表 6-11　矿产能源发展区准入政策依据

一级分区	政　策　文　件
矿产能源 发展区	(1)《中华人民共和国土地管理法》(2019 年修订); (2)《中华人民共和国土地管理法实施条例》(2021 年修订); (3)《中华人民共和国矿产资源法》; (4)中华人民共和国矿产资源法实施细则 (5)《矿产资源开采登记管理办法》; (6)《自然资源部关于做好采矿用地保障的通知》(自然资发〔2022〕202 号); (7)《自然资源部关于进一步做好用地用海要素保障的通知》(自然资发〔2023〕89 号); (8)《关于修订土地卫片执法图斑合法性判定规则的通知》(自然资办函〔2023〕337 号)

(一)允许准入清单

在符合国土空间规划和其他相关规划的前提下,矿产能源发展区允许矿产资源的勘探、开采、初加工以及相关的配套设施建设。

在符合国土空间规划和其他相关规划的前提下,矿产能源发展区允许开展农用地整理和其他土地整治工程的实施,鼓励生态修复和生态建设工程。

(二)限制准入清单

1. 重点勘查区

重点勘查区比较特殊,根据矿产勘查开采技术特点,矿产勘查的范围广,地表的用地属性多样,经常涉及生态保护或者耕地保护区域,所以应当结合国家其他政策管控要求进行区分管理更为适合。

管控区应结合国家、省、市(县)的管控要求,对地质遗迹保护范围、自然保护区、森林公园、湿地公园、风景名胜区、一二级国家公益林地、永久性生态公益林地、Ⅰ级和Ⅱ级保护林地、饮用水水源保护区、泉域重点保护区、重要河流保护区、不可移动文物保护区等禁止、限制勘查开采区域进行准入管控。防止新设立、延续的政策管控区与各类保护区重叠,减少资源勘查开发行为对重要生态区、文物保护单位的损害。

对于永久基本农田、一般农田,探矿行为应进行限制,在不影响基本农田、一般农田耕种的前提下,完成探矿后不转为采矿权的应当及时按相关标准复垦土地、恢复植被。

参照自然保护区核心保护区,已经依法设立的矿产勘查、油气矿业权可以继续勘查;在自然保护区一般控制区,已经依法设立的矿产勘查、油气矿业权可以继续勘查、开采,但不得扩大生产区域范围。

矿业相关管线建设确需穿(跨)越自然保护地、泉域重点保护区、饮用水水源保护区、文物保护区的,建设单位应当采用无害化穿(跨)越方式,同时加强项目施工和运营期间的监督管理。

2. 重点开采区

重点开采区设定约束指标,具体约束指标为:对涉矿林业区、涉矿农业区、涉矿牧业区，根据生产开采期间的底线约束条件(如图斑指标不下降，质量通过货币补偿或后期治理)和生产开采后期的治理约束条件(如图斑指标不下降，治理恢复为原质量)，进行专项的指标量化管理。

(1)涉矿林业区：结合不同的林地管控要求，落实年度监管计划。如采矿行为造成林地质量下降，应进行相应的经济林补偿、公益林和天然林补划工作。

(2)涉矿农业区：结合永久基本农田、基本农田储备区一般耕地、园地等管控要求，落实年度监管计划。如采矿行为造成耕地质量下降，应进行相应的经济补偿。开采行为造成永久基本农田、永久基本农田储备区、一般耕地、园地等功能灭失的，应进行相关补划工作。

(3)涉矿牧业区：结合不同的牧业管控要求，落实年度监管计划。如采矿行为造成生态环境或牧草质量下降，应进行相应的补偿、补划工作。对于涉矿村庄的撤并，需细化专项划拨流量指标的使用政策。

(三)禁止准入清单

重点勘查区和重点开采区在符合国土空间规划和其他相关规划的前提下，不符合准入规则、影响矿产能源勘探和开采的用途不允许准入。在符合国土空间规划和其他相关规划的前提下，重点勘查区和重点开采区允许矿产资源的勘探、开采、初加工以及相关的配套设施建设。在整个矿产能源发展区内禁止大规模的城镇建设。

本章参考文献

[1]住房和城乡建设部. 城市居住区规划设计标准 GB 50180—2018[S]. 北京：中国建筑工业出版社，2018.

[2]住房和城乡建设部. 城市用地分类与规划建设用地标准 GB 50137—2011[S]. 北京：中国建筑工业出版社，2011.

第七章
云南省国土空间用途转换规则

第一节　农用地与建设用地转换规则

　　农用地是保障农民最基本的生产生活用地，具有保护粮食安全、维护社会稳定等复合功能。由于土地的有限性和稀缺性，市场配置土地资源会导致土地流向经济利益最大化的领域，从而忽视了最原始的农业生产价值。我国人多地少的基本国情决定了必须对农用地施行用途管制，防止农用地"非农化"、耕地"非粮化"，严格管控耕地流出，形成具有刚性约束力的转用规则，推动乡村产业用地和建设用地布局合理有序发展。一般建设项目应在国土空间规划的城镇村范围内实施，国家批准的单独选址重大建设项目难于避让耕地和永久基本农田的，应依法办理农用地征转手续，严格落实永久基本农田占用补划和耕地占补平衡。因此，农用地与建设用地的转换，必须刚柔并济，既要突出永久基本农田等耕地红线的刚性管控要求，又要兼顾乡村振兴产业发展用地要素的保障，合理有序地安排建设用地。

一、农用地转为建设用地

（一）转用原则

　　农用地是指直接用于农业生产的土地，包括耕地、林地、草地、农田水利用地、养殖水面等。建设用地是指建造建筑物、构筑物的土地，包括城乡住宅和公共设施用地、工矿用地、交通水利设施用地、旅游用地、军事设施用地等。

　　农用地转为建设用地的基本原则如下：①农用地及转用的建设用地必须符合国土空间规划、林地保护利用规划、自然保护地规划以及各级各类专项规划、行业规划；②保护耕地落实耕地占补平衡责任，防止农用地"非农化"、耕地"非粮化"，严格管控耕地流出，有效保护耕地与永久基本农田；③保障农民权益，对需要转用的农用地以及地上附着物、青苗、建构筑物进行补偿，有效保障农民权益；④坚持生态环境保护，对具有重要生态功能性、生态敏感性区域中的农用地严格保护；⑤合理开发利用，转用的建设用地要分析论证其用地规模与标准，体现土地节约集约；⑥支持地方经济产业振兴，合理布局有序发展；⑦落实建设用地计划管理，按照地方发展规划合理有效配置年度新增建设用地计划指标。

（二）转用政策

为了加强土地管理，保护、开发土地资源，合理利用土地，切实保护耕地，根据《土地管理法》第四十四条规定，建设占用土地，涉及农用地转为建设用地的，应当办理农用地转用审批手续。涉及的主要政策如下：

1. 占补平衡

1）原有占补平衡政策

根据《中共中央 国务院关于加强耕地保护和改进占补平衡的意见》（中发〔2017〕4号）、《国土资源部关于改进管理方式切实落实耕地占补平衡的通知》（国土资规〔2017〕13号）的有关要求，强化耕地保护意识，强化土地用途管制，强化耕地质量保护与提升，坚决防止耕地占补平衡中补充耕地数量不到位、补充耕地质量不到位的问题，坚决防止占多补少、占优补劣、占水田补旱地的现象。

各类非农业建设占用耕地的，县级人民政府、农村集体经济组织和建设项目用地单位必须按"先补后占"和"占一补一、占优补优、占水田补水田"的要求履行补充耕地义务。

严格落实耕地占补平衡责任，完善耕地占补平衡责任落实机制。非农建设占用耕地的，建设单位必须依法履行补充耕地义务，无法自行补充数量、质量相当耕地的，应当按规定足额缴纳耕地开垦费。地方各级政府负责组织实施土地整治，通过土地整理、复垦、开发等推进高标准农田建设，增加耕地数量、提升耕地质量，以县域自行平衡为主、省域内调剂为辅、国家适度统筹为补充，落实补充耕地任务。各省（自治区、直辖市）政府要依据土地整治新增耕地平均成本和占用耕地质量状况等，制定差别化的耕地开垦费标准。对经依法批准占用永久基本农田的，缴费标准按照当地耕地开垦费最高标准的两倍执行。

2）占补平衡制度改革与新政策要求

随着耕地保护提高到了国家战略的高度，国家将耕地保护目标作为省长责任制考核内容，耕地保护已经成为用途管制中的核心内容之一，为的是适应以国土空间规划为基础的管制新要求和支撑发展建设要素保障的新形势，改进建设项目耕地占补平衡管控方式。

根据《关于进一步改进优化能源、交通、水利等重大建设项目用地组卷报批工作的通知》（自然资发〔2024〕36号），应改进建设项目耕地占补平衡管控方式。非农建设占补平衡实行差别化管控，对新一轮国土空间规划确定的耕地保护目标高于上一轮规划确定的耕地保护目标的省份以及机构改革前已批复新一轮省级总体规划的，在现状稳定耕地不低于新一轮规划确定的耕地保护目标的前提下，建设项目办理农用地转用审批时不再挂钩补充耕地，但建设单位应通过缴纳耕地开垦费或自行垦造方式落实补充耕地义务。对新一轮国土空间规划确定的耕地保护目标低于上一轮规划确定的耕地保护目标的省份，将省域内稳定利用耕地净增加量作为下年度非农建设允许占用耕地规模上限，以县级行政区为单位建立非农建设补充耕地储备库，将符合条件的补充耕地纳入储备库形成补充耕地指标，专项用于建设项目用地报批时挂钩使用。

根据习近平总书记关于改革完善耕地占补平衡制度的有关要求，2024 年将加快推进改革落地实施，将各类对耕地的占用纳入"大占补"统一管理。以"三区三线"划定成果为基础，全面建立实施以耕地总量动态平衡为核心，国家管总量、省级负总责、市县抓落实的占补平衡新机制。调整完善的占用耕地补偿制度，将以往非农建设占用耕地落实占补平衡扩展到各类占用耕地均要落实占补平衡，由"小占补"变为"大占补"；统筹盐碱地等未利用地、其他农用地、低效闲置建设用地等各类非耕地作为补充耕地来源，新增加的可以长期稳定利用的耕地，用于落实补充耕地任务。坚持"以补定占"，在实现耕地总量动态平衡的前提下，以省域内稳定利用耕地净增加量作为下年度补充耕地指标和允许占用耕地规模的上限。2024 年末，自然资源部 农业农村部出台《关于改革完善耕地占补平衡管理的通知》（自然资发〔2024〕204 号文），其中明确了以省域耕地总量动态平衡为核心的占补平衡新机制，对严格落实补充耕地责任做出明确要求，对补充各类耕地资源进行统筹，对强化补充耕地质量进行刚性约束，以年度国土变更调查、补充耕地质量鉴定等成果为基础，实施省级行政区域耕地总量动态平衡、质量稳定监督管理。

2. 永久基本农田占用与补划

农用地转为建设用地时，在符合可以占用永久基本农田条件下，需要对占用的永久基本农田完成永久基本农田补划工作。

根据《土地管理法》《自然资源部关于进一步做好用地用海要素保障的通知》（自然资发〔2023〕89 号）、《自然资源部关于做好占用永久基本农田重大建设项目用地预审的通知》（自然资规〔2018〕3 号）、《自然资源部 农业农村部关于加强和改进永久基本农田保护工作的通知》（自然资规〔2019〕1 号）的有关要求，明确占用永久基本农田的建设项目范围为：

①党中央、国务院明确支持的重大建设项目（包括党中央、国务院发布文件或批准规划中明确具体名称的项目和国务院批准的项目）；②中央军委及其有关部门批准的军事国防类项目；③纳入国家级规划（指国务院及其有关部门颁布）的机场、铁路、公路、水运、能源、水利项目；④省级公路网规划的省级高速公路项目；⑤按《关于梳理国家重大项目清单加大建设用地保障力度的通知》（发改投资〔2020〕688 号）要求，列入需中央加大用地保障力度清单的项目；⑥原深度贫困地区、集中连片特困地区、国家扶贫开发工作重点县省级以下基础设施、民生发展等项目。

占用永久基本农田补划要求：重大建设项目占用永久基本农田的，按照"数量不减、质量不降、布局稳定"的要求进行补划，占用 15°以下耕地的须补足 15°以下耕地，占用水田的必须补足水田，补划的永久基本农田必须是坡度小于 25 度的稳定耕地，占用坝区永久基本农田的需要补划坝区永久基本农田；对于补划的永久基本农田需要考虑布局要求，应做到与现状耕地集中连片。占用城镇周边永久基本农田的，原则上在城镇周边范围内补划，经实地踏勘论证确实难以在城镇周边补划的，按照空间由近及远、质量由高到低的要求进行补划。重大建设项目用地预审和审查中要严格把关，切实落实最严格的节约集约用地制度，尽量不占或少占永久基本农田；重大建设项目在用地预审时不占永久基本农田、用地审批时占用的，按有关要求报自然资源部用地预审。线性重大建设项目占用永久基本农田用地预审通过后，选址发生局部调整、占用永久基本农田规模和区位发生变化的，由省级自然资源主管部门论证审核后完善补划方案，在用地审查报批时详细说明调整和补划情况。非线性重大建设项目占用永久基本农田用地预审通过后，所占规模和区位原则上不予调整。

3. 林地使用许可

建设项目占用林地的，应当符合林地保护利用规划，确保林地保有量不减少，并依法办理建设项目使用林地手续。

根据《中华人民共和国森林法》，国家保护林地，严格控制林地转为非林地，实行占用林地总量控制，确保林地保有量不减少。各类建设项目占用林地不得超过本行政区域的占用林地总量控制指标。

建设项目占用林地，应当符合林地保护利用规划。确需使用林地但不符合林地保护利用规划的，应严格依照《国家林业和草原局关于印发〈建设项目使用林地审核审批管理规范〉的通知》（林资规〔2021〕5 号）和《云南省林业和草原局关于进一步规范县级林地保护利用规划、林地"一张图"调整有关事项的通知》（云林资源〔2019〕4 号）的要求，先调整林地保护利用规划，再办理建设项目使用林地手续。矿藏勘查、开采以及其他各类工程建设，应当不占或者少占林地；确需占用林地的，应当经县级以上人民政府林业主管部门审核同意，依法办理建设用地审批手续。建设项目使用林地必须符合国土空间规划、林地保护利用规划、自然保护地规划和县级以上人民政府批准的各类专项规划，同时结合建设项目立项的级别（国家、省级、地方）、性质（基础设施、公共事业、民生建设、国防、外交等），按照《建设项目使用林地审核审批管理办法》（国家林业局令第 35 号）和《建设项目使用林地审核审批管理规范》（林资规〔2021〕5 号）的规定，确定用地范围和等级，依法办理涉林手续。

《自然资源部办公厅国家林业和草原局办公室关于加强协调联动进一步做好建设项目用地审查和林地审核工作的通知》（自然资办发〔2021〕18 号）规定：①国务院批准农用地转用和土地征收的建设项目，涉及使用林地的，由省级自然资源主管部门将用地报批材料、林业和草原主管部门作出的行政许可决定一并报自然资源部，自然资源部完成用地审查后按要求上报国务院批准用地；②省级人民政府批准农用地转用（含国务院委托和授权审批用地）的建设项目，涉及使用林地的，具有林地审核权限的林业和草原主管部门作出行政许可决定后，应同时抄送有关省级自然资源主管部门。用地审查、林地审核通过的，省级自然资源主管部门按要求上报省级人民政府批准用地。

经审核同意使用林地的建设项目，准予行政许可决定书的有效期为两年，建设项目用地单位取得使用林地许可后，在许可有效期内到自然资源部门办理建设用地许可完善相关用地手续（自然资源部门不办理建设用地手续的除外），涉及林木采伐的依法办理林木采伐许可证。

4. 设施农业用地管理

农用地转为建设用地时，涉及设施农业用地的应符合设施农业的管理规定；设施农业用地与耕地相关时，还需要按照耕地保护的有关政策共同执行。

根据《自然资源部 农业农村部关于设施农业用地管理有关问题的通知》（自然资规〔2019〕4号），设施农业属于农业内部结构调整，可以使用一般耕地，不需落实占补平衡。种植设施不破坏耕地耕作层的，可以使用永久基本农田，不需补划；破坏耕地耕作层，但由于位置关系难以避让永久基本农田的，允许使用永久基本农田但必须补划。养殖设施原则上不得使用永久基本农田，涉及少量永久基本农田确实难以避让的，允许使用但必须补划。

设施农业用地涉及永久基本农田使用和补划的，应在设施农业用地协议签订前，由县级自然资源主管部门会同农业农村主管部门对使用和补划情况进行踏勘，出具踏勘意见，落实补划地块。县级自然资源主管部门根据踏勘意见填写永久基本农田使用和补划情况表，做到补划与使用的永久基本农田面积相等、地类相同、质量相当，使用和补划信息纳入永久基本农田监测监管系统管理。设施农业用地被非农建设占用的，应依法办理建设用地审批手续，原地类为耕地的，应落实耕地占补平衡；原为永久基本农田的，应符合占用永久基本农田相关规定。

5. 湿地占补平衡

农用地转为建设用地涉及占用湿地时，根据《湿地保护管理规定》，建设项目应当不占或者少占湿地，经批准确需征收、占用湿地并转为其他用途的，用地单位应当按照"先补后占、占补平衡"的原则，依法办理相关手续。

（三）转用程序

农用地转为建设用地是将农业生产转为建设发展最为重要的方式。农用地转为建设用地的程序包括：建设项目用地预审与选址（包含规划的符合性）、项目立项与设计、配置用地计划指标、确定用地地类与权属、落实耕地占补平衡、落实相关补偿费用、编制农用地转用方案并组织用地报批。

1. 建设项目用地预审与选址

根据项目建设特点和要求，项目建设用地单位提出用地需求。由地方政府主导，建设项目行业主管部门牵头，发展改革、自然资源、生态环境、林草等部门参与，组织现场踏勘，依据各类规划和行业管理规定，指导拟订项目初步选址方案。

根据《自然资源部关于进一步做好用地用海要素保障的通知》（自然资发〔2023〕89号）、《关于明确用地预审工作要点规范报部初审报告格式的通知》（自然资用途管制函〔2022〕45号）等文件要求，建设项目选址确定后，法律法规规定需要办理建设项目选址意见书及需办理用地预审的项目，由建设项目用地单位向自然资源主管部门申请办理用地预审与选址意见书。

其中，建设项目涉及占用永久基本农田，或允许有限人为活动之外的国家重大项目确需占用生态保护红线的，由自然资源部预审。符合原贫困地区政策占用永久基本农田或属于生态保护红线内对生态功能不造成破坏的有限人为活动的，由省级自然资源主管部门预审。

不涉及上述事项的，原则上依据项目可行性研究报告审批、项目申请报告（书）核准或项目备案层级，实行同级预审，其中需国务院及其有批准权的投资主管等部门批准的建设项目，下放至省级自然资源主管部门预审。省级自然资源主管部门不得将承担的部下放预审权再行授权委托。

用地预审权限在省级以下的，可以由有批准权的自然资源主管部门根据本地区项目审批（核准、备案）授权委托有关规定，视情确定建设项目用地预审与选址意见书办理的层级和权限。

2. 项目立项与设计

项目在选址后应开展立项与设计工作。根据项目类型、重要程度、投资额度等将项目分为批准、核准、备案等三种立项方式。设计分为项目初步设计、施工图设计等。项目的立项文件与设计文件是项目农用地转用报批的依据。

此外，除不涉及新增建设用地、在土地利用总体规划确定的城镇建设用地范围内使用已批准建设用地进行建设的项目可不进行用地预审外，其余的审批类项目在可研阶段办理预审；核准类项目在申请报告核准前办理预审；备案类项目在完成备案手续后办理预审。

3. 配置年度新增建设用地计划指标

项目在用途转变前需要配置新增建设用地计划指标。新增建设用地计划指标需要依据国民经济和社会发展计划、国家区域政策、产业政策、土地利用总体规划以及土地利用变更调查成果等确定。

批准使用的建设用地应当符合土地利用年度计划。凡不符合土地利用总体规划、国家区域政策、产业政策和供地政策的建设项目，不得安排土地利用年度计划指标。

4. 确定用地地类与权属

农用地转为建设用地时需要确定项目用地的地类与权属，主要是进行勘测定界。建设项目用地土地勘测定界，是指实地界定建设项目拟占用土地的范围、权属、测定界址位置、核实土地利用现状、计算用地总面积等工作。勘测定界由自然资源主管部门或建设项目用地单位委托具有相应测绘资质的技术单位开展，为用地审批提供科学、准确的基础数据。勘测定界界址点坐标文件、坐标数据、逻辑等格式应符合规范要求；实地调查应与最新年度国土变更调查地类进行比对核实，在确保地类真实性的前提下，综合考虑地类来源的合理、合法性；权属调查应在拟用土地权属单位负责人及相关人员的配合下对权属界线进行现场认定。

5. 落实占补平衡

各类非农业建设占用耕地的，县级人民政府、农村集体经济组织和建设项目用地单位必须按"先补后占"和"占一补一、占优补优、占水田补水田"的要求履行补充耕地义务。建设项目单位难以自行补充数量、质量相当耕地的，应当委托项目所在地的县级人民政府代为补充，并缴纳补充耕地费用。各地按"县域自行平衡为主、州（市）调剂为辅、省级适度调剂为补充"的原则落实耕地占补平衡。

6. 落实相关补偿费用

建设项目用地报批前，县级人民政府及建设项目用地单位应按规定落实相关费用，包括土地补偿费、安置补助费、农村村民住宅补偿费及其他地上附着物和青苗补偿费、被征地农民基本养老保障专项资金、新增建设用地土地有偿使用费、申请省级以上统筹补充耕地的补充耕地费用等规费。征收农用地的土地补偿费、安置补助费按照省人民政府制定并公布的全省区片综合地价执行，区片综合地价应当至少每三年进行调整或者重新公布一次。征收农村村民住宅、其他地上附着物和青苗等的补偿标准，由省人民政府制定。

7. 编制农用地转用方案并组织用地报批

用地报批是建设项目用地的法定程序，是农用地转用程序中最关键的环节。建设项目用地预审与选址意见书办理完成，建设项目用地单位取得投资审批主管部门审批（核准、备案）和初步设计批复后，向建设项目所在地的县级自然资源主管部门申请建设项目用地。县级自然资源主管部门收到建设项目用地申请后，按照农用地转用、土地征收用地报批相关要求组织报件，建设项目用地申请材料齐全、符合条件的，由县级人民政府负责组织编制农用地转用方案，报有批准权的人民政府批准。建设项目用地单位按照要件清单和格式要求备齐报件资料后，由县级自然资源主管部门按程序审查上报。县级自然资源主管部门按照云南省土地征收农用地转用审批管理相关要求，通过"云南省国土空间用途管制与监管系统"，按照县级组卷、市级审查、省级审批的流程上报审批；涉及国务院审批权限的，由省级政府审查后上报国务院审批。涉密项目按相关规定办理。

（1）单独选址项目用地，是指在国土空间规划确定的城市和村庄、集镇建设用地范围外选址建设的项目用地，包括交通、能源、水利、矿山、军事设施等建设项目。报件资料包括州（市）人民政府的请示、农用地转用方案、州（市）自然资源主管部门的审查报告等14项。

（2）城市（镇）批次用地，是指在国土空间规划确定的城市、集镇建设用地范围内，为实施该规划而将农用地转为建设用地的，按照土地利用年度计划分批次由原批准国土空间规划的机关批准的建设用地。报件资料包括州（市）人民政府的请示、农用地转用方案、州（市）自然资源主管部门的审查报告、纳入国民经济和社会发展年度计划的证明材料等9项。

（3）村庄批次用地，是指在国土空间规划确定的村庄建设用地范围内，为实施该规划而将农用地转为建设用地的，按照土地利用年度计划分批次由原批准国土空间规划的机关批准的建设用地。报件资料包括县（市、区）人民政府的请示、农用地转用方案、县（市、区）自然资源主管部门的审查报告等6项。其中农村宅基地用地按照相关规定办理。

确需分期建设的项目，可根据可行性研究报告确定的方案或可行性研究批复中明确的分期建设内容，分期申请建设用地。线性基础设施建设项目正式报批用地时，可根据用地报批组卷进度，以州（市）分段报批用地。

二、建设用地转为农用地

建设用地转为农用地主要是土地复垦。建设用地转为农用地的主体是将未利用或利用效率低下的建设用地盘活利用，将建设用地拆旧并复垦为农用地，尤其是复垦为耕地，增加耕地指标，可以有效优化农村产业布局与结构，改善农村生产生活条件，提高节约集约用地水平，优化城乡用地布局。在方式上主要通过土地综合整治中的增减挂钩完成。

(一) 转用原则

建设用地转为农用地的基本原则如下：①坚决维护国土空间规划的严肃性，国土空间规划是土地综合整治的基本依据，要坚持规划先行、依法依规、稳定空间格局；②合理复垦利用，科学合理论证，要坚持优化农村产业结构布局，促进耕地保护和土地集约节约利用，改善农村人居环境，助推乡村全面振兴；③切实维护群众合法权益，要充分听取和尊重当地群众意愿，有关实施方案经批准后要及时公布并长期公开，接受群众监督。实施整治活动时，要运用好村民议事决策机制，坚决防范少数人说了算、多数人被代表的问题，确属农民自愿对住宅拆旧建新的，腾退的宅基地指标应优先保障本村农民住宅建设，确有节余的，方可按照增减挂钩相关规定进行流转。

(二) 转用政策

1. 全域土地综合整治政策

根据《自然资源部关于开展全域土地综合整治试点工作的通知》(自然资发〔2019〕194号)的要求，以科学合理规划为前提，以乡镇为基本实施单元(整治区域可以是乡镇全部或部分村庄)，整体推进农用地整理、建设用地整理和乡村生态保护修复，优化生产、生活、生态空间格局，促进耕地保护和土地集约节约利用，改善农村人居环境，助推乡村全面振兴。建设用地整理主要是统筹农民住宅建设、产业发展、公共服务、基础设施等各类建设用地，有序开展农村宅基地、工矿废弃地以及其他低效闲置建设用地整理，优化农村建设用地结构布局，提升农村建设用地使用效益和集约化水平，支持农村新产业新业态融合发展用地。

2. 复垦修复存量采矿用地政策

云南省作为矿业大省、有色金属王国，对存量采矿用地进行复垦修复再利用，是对建设用地转为农用地(尤其是耕地或林地)的主要方式之一，也是对整合土地资源，增加耕地保有量、林地保有量的重要措施之一。根据《自然资源部关于做好采矿用地保障的通知》(自然资发〔2022〕202号)的要求，地方政府和采矿企业可以通过将采矿项目新增用地与复垦修复存量采矿用地相挂钩，解决计划指标和耕地占补平衡问题。鼓励使用复垦修复腾退指标办理用地手续。

存量采矿用地复垦修复应因地制宜、实事求是确定土地用途，由地方自然资源主管部门会同有关部门依据相关法律法规、技术标准、合同约定等进行验收。通过验收的复垦修复地块，经年度国土变更调查或日常变更机制认定地类和面积后，方可挂钩使用。原则上应先复垦修复再使用腾退指标。

(三)转用程序

1. 增减挂钩土地复垦程序

城乡建设用地增减挂钩(以下简称"增减挂钩")是指将现有农村建设用地进行拆除和复垦，使用复垦腾退的建设用地指标在保障农民安置用地后，再将节余的建设用地指标有偿流转到其他地区用于城镇建设和地方发展，最终实现城乡建设用地总量不增加，耕地面积不减少，质量不降低，城乡用地布局更合理。

增减挂钩项目根据需要设置拆旧复垦区和建新区(含安置点)，相应的增减挂钩项目实施方案包括拆旧复垦安置方案和建新方案。编制拆旧复垦方案时应依据下达地方的增减挂钩指标，在年内完成拆旧复垦的实施方案编制并进行申报。申报的实施方案经过初审、审查、批复、备案等流程，应在3个月内启动项目实施，2年内完成拆旧复垦并通过验收。

2. 复垦修复存量采矿用地程序

在市县乡镇国土空间总体规划下要明确能源矿产资源安全底线管控要求，合理安排采矿项目新增用地的布局、规模和时序，对采矿项目新增建设用地和存量采矿用地(包括义务人灭失的历史遗留废弃采矿用地、存在义务人的已办理建设用地审批手续的采矿用地)复垦修复作出空间安排。在符合"三区三线"管控规则的前提下，将与复垦修复挂钩的采矿项目用地布局纳入国土空间规划"一张图"，作为审批采矿项目新增用地规划的依据。

采矿企业可对本企业在本地区依法取得的采矿用地进行或对本地区历史遗留废弃采矿用地进行复垦修复并使用腾退指标，新增建设用地面积不得高于复垦修复为农用地的面积。存量采矿地复垦修复由地方自然资源主管部门会同有关部门依据相关法律法规、技术标准、合同约定等进行验收。通过验收的复垦修复地块，经年度国土变更调查或日常变更机制认定地类和面积后，方可挂钩使用。原则上应先复垦修复、再使用腾退指标。

第二节　农用地内部转换规则

农用地内部的转换主要分为耕地以外的农用地转为耕地、耕地转换为除耕地以外的其他农用地、耕地以外的农用地互相转换。为落实最严格的耕地保护制度，农用地内部的用途转换是以耕地作为主体的转入转出，农用地内部的用途转换是平衡粮食安全保障、生态保护、农业产业结构布局间的关系，提高农业综合生产能力。

一、转用原则

农用地内部用途转换的基本原则：①农用地各地类的转换与利用必须符合国土空间规

划、林地保护利用规划、自然保护地规划以及各级各类专项规划、行业规划；②落实耕地保护责任，防止农用地"非农化"，严格管控耕地流出，耕地转换为其他农用地落实"进出平衡"、不得将永久基本农田转为其他农用地使用；③有效保障农民权益，对需要转用的农用地以及地上附着物、青苗、建构筑物按有关要求进行补偿；④坚持生态环境保护，对具有重要生态功能性、生态敏感性区域中的农用地严格保护；⑤支持地方乡村振兴发展，合理优化地方产业布局。

二、转用政策

1. "进出平衡"

2021 年，自然资源部出台了"进出平衡"政策，在 2021 年 5 月至 2024 年 6 月中，国家为解决非粮化的问题，尤其是管理耕地转为其他的农用地问题进行探索实施。在农用地内部的转用政策在"大占补"政策和细则未出台前主要通过"进出平衡"完成。耕地"进出平衡"是指农用地内部的耕地与其他农用地及农业设施建设用地之间的转换，"进出平衡"保障了农用地整体数量不下降，优化了农用地结构布局，提高了耕地质量及农业综合生产能力，实现了保护粮食安全、建设生态文明等的可持续协同发展。根据《关于开展 2021 年违法违规占用耕地重点问题整治的通知》和《关于严格耕地用途管制有关问题的通知》（自然资发〔2021〕166 号）的有关要求，为守住 18 亿亩耕地红线，确保可以长期稳定利用的耕地不再减少，有必要根据本级政府承担的耕地保有量目标，对耕地转为其他农用地及农业设施建设用地实行年度"进出平衡"，即除国家安排的生态退耕、自然灾害损毁难以复耕、河湖水面自然扩大造成耕地永久淹没外，耕地转为林地、草地、园地等其他农用地及农业设施建设用地的应当通过统筹林地、草地、园地等其他农用地及农业设施建设用地整治为耕地等方式，补足同等数量、质量的可以长期稳定利用的耕地。"进出平衡"首先在县域范围内落实，县域范围内无法落实的，在市域范围内落实；市域范围内仍无法落实的，在省域范围内统筹落实。

耕地"进出平衡"由于涉及农用地内部的耕地与其他农用地及农业设施建设用地之间的转换，因此涉及"一进"和"一出"两方面的工作内容："进"是将林地、草地、园地等其他农用地及农业设施建设用地转为耕地，拓宽了补充耕地的渠道和方式，缓解了因后备资源不足导致的补充耕地的压力，能够切实保障国家粮食生产安全；"出"是将耕地转为林地、园地、草地等其他农业地或农业设施建设用地，保持农用地内部地类结构的动态平衡，优化农业产业结构，有利于保护生物多样性，形成人与自然和谐发展的现代化建设新格局。随着耕地政策的不断探索与改革，耕地"大占补"政策出台，"进出平衡"也在 2024 年末退出历史的舞台，这是对耕地保护的又一次深化，对耕地管制的又一次革新。

2. "大占补"政策

2024 年 6 月 1 日，国家正式实施《粮食安全保障法》，其中第十一条明确各类占用耕地行为都将依法补充与所占用耕地数量相等、质量相当的耕地。可以说，耕地占补平衡由

"小占补"即将步入"大占补"时代。因此，对于农用地内部除耕地以外的农用地要转为耕地，需按"大占补"规则严格落实占补平衡。2024年全国自然资源工作会议明确："要将非农建设、农业结构调整、造林种树等各类对耕地的占用，统一纳入占补平衡管理。"坚持"以补定占"，实行年度"算大账"，以省域内稳定利用耕地净增加量作为下年度非农建设允许占用耕地规模上限。坚持"增总量、大开发"，推动耕地统筹将盐碱地等未利用地、低效闲置建设用地以及适宜恢复为耕地的其他农用地等各类非耕地资源作为补充耕地的来源，新增加的可以长期稳定利用的耕地用于落实补充耕地任务。

3. 农业设施管理

由于农用地内部的转用涉及农业设施用地的用途转换，因此还涉及农业设施用地的相关管理规定。根据《自然资源部 农业农村部关于设施农业用地管理有关问题的通知》（自然资规〔2019〕4号），设施农业属于农业内部结构调整，可以使用一般耕地，不需落实占补平衡。种植设施不破坏耕地耕作层的，可以使用永久基本农田，不需补划；破坏耕地耕作层，但由于位置关系难以避让永久基本农田的，允许使用永久基本农田但必须补划。养殖设施原则上不得使用永久基本农田，涉及少量永久基本农田确实难以避让的，允许使用但必须补划。设施农业用地不再使用的，必须恢复原用途。设施农业用地被非农建设占用的，应依法办理建设用地审批手续，原地类为耕地的，应落实占补平衡。

三、转用程序

农用地内部的转用主要分为三类：耕地以外的农用地转为耕地、耕地转换为除耕地以外的其他农用地、耕地以外的农用地互相转换。

1. 耕地以外的农用地转为耕地

耕地以外的农用地转为耕地是"进出平衡中"的"进"，是将林地、草地、园地等其他农用地及农业设施建设用地，通过土地综合整治手段整治为耕地。可以分为两种情形：①主动调入，先立项再实施工程整治变更为耕地；②被动调入，已整治为耕地但还未纳入耕地图斑的，则需要变更用地类型，将图斑调入耕地。调入耕地的数量、质量必须高于或等同于调出的耕地数量、质量。

耕地以外的农用地转为耕地需要符合有关行业规划，符合耕地开垦要求，保证耕地的入库。涉及林地、草地整治为耕地的需经依法依规核定后纳入方案。县级人民政府组织编制年度耕地"进出平衡"总体方案并组织实施，其中涉及农村集体土地的，经承包农户签字同意，由发包方向乡镇人民政府申报；其他土地由实施单位或经营者向乡镇人民政府申报，乡镇人民政府提出落实耕地"进出平衡"的意见，并报县级人民政府纳入年度耕地"进出平衡"总体方案后实施。

2. 耕地转换为除耕地以外的其他农用地

耕地转换为除耕地以外的其他农用地是"进出平衡"中的"出"，是将耕地转为林地、草地、园地等其他农用地及农业设施建设用地。可以分为两种情形：①主动调出，先审批后变更，比如规划做公园、农业设施用地、果园等；②被动调出，已变更后补审批，比如在卫星影像图上发现现在是公园、农业设施建设用地或者是防护林等，不是耕地图斑的，则需要补办审批手续，变更用地类型，将图斑调出耕地。

耕地可以转为林地、草地、园地等其他农用地及农业设施建设用地，但不能挖湖造景、种植草皮；挖湖造景、种植草皮将破坏耕地耕作层，对土壤造成严重损坏，使土壤难以复耕。

涉及承包耕地转为林地等其他地类的，经批准后，乡镇人民政府应当指导发包方依法与承包农户重新签订或变更土地承包合同，以及变更权属证书。在此过程中应当坚持依法办事、公平、公开、公正原则，坚持"先确权，后变更"的原则，保障发包方与承包农户的权益。

3. 耕地以外的农用地转换

耕地以外的农用地转换应当符合"转入""转出"各地类的垦造、开发、建设管理的有关要求。如林地资源的"占补平衡"要求、草原的占用管理及开发管理规定、设施农用地的建设管理规定等。

第三节　建设用地内部的转换规则

建设用地的内部转换主要是依据国土空间规划所划定的城镇开发边界、村庄建设边界，在开发建设边界范围内改变建设用地的具体用途。同时，城镇开发边界和村庄建设边界范围外还有存量的建设用地，建设用地的用途也可以由于公众利益或其他的需要改变原有的建设用途。建设用地的内部转换主要以国土空间规划中的总体规划、详细规划为依据，用途转换也是为了更加适应地方用地需求，提高土地利用效率，使空间内的用途布局与规模更加合理。

一、城镇开发边界内的建设用地用途转换

城镇开发边界是在国土空间规划中划定的，一定时期内指导和约束城镇发展，在其区域内可以进行城镇集中开发建设，重点完善城镇功能的区域边界。城镇开发边界内可分为城镇集中建设区、城镇弹性发展区和特别用途区。根据《云南省市县国土空间规划分区与用途分区分类指南》，城镇开发边界内国土用途主要分为城镇居住用地、城镇公共管理与公共服务用地、城镇商业服务业用地、城镇工矿用地、城镇仓储用地、城镇交通与运输用地、城镇公用设施用地、城镇绿地与开敞空间用地等。在现实用地需求中，城镇开发边界内建设用地用途也会发生调整，相应的控制性详细规划也将做调整。为保障国土空间规划的有效实施，有必要规范城镇开发边界内的建设用地用途调整。

（一）转用原则

城镇开发边界内的建设用地用途调整应遵循以下原则：①建设用地用途必须符合国土

空间规划、城市总体规划、控制性详细规划以及各级各类专项规划、行业规划；②合理开发利用，严格落实刚性指标约束、有效利用弹性约束调整，做到刚柔并济，既要分析论证用地指标，体现土地节约集约，又要优化完善功能布局，做到用有所效；③依法审批，无重大情况变化不轻易调整，严格履行规划法定调整程序，坚决维护规划的严肃性、权威性，用途的调整必须符合城市、城镇的总体规划；④公共利益优先，确保公众权益得到充分保障，优先保障并支持各类公共设施规划建设，不断完善公共设施服务水平，着力提升城镇空间品质。

（二）转用政策

2023 年自然资源部发布《关于做好城镇开发边界管理的通知（试行）》（自然资发〔2023〕193 号），其中明确各地要结合市县国土空间规划编制审批实施，进一步深化城镇开发边界内规划用地安排，细化功能分区和用地布局，统筹存量用地和增量用地、地上空间和地下空间，合理安排城镇建设用地规模、结构、布局和时序，使城镇开发边界划定成果精准落地实施。

城镇建设用地要向城镇开发边界内集中，促进城镇集约集聚建设，提高土地节约集约利用水平。城镇开发边界外不得进行城镇集中建设，不得规划建设各类开发区和产业园区，不得规划城镇居住用地。在落实最严格的耕地保护、节约用地和生态环境保护制度的前提下，结合城乡融合、区域一体化发展和旅游开发、边境地区建设等合理需要，在城镇开发边界外可规划布局有特定选址要求的零星城镇建设用地，并依据国土空间规划，按照"三区三线"管控和城镇建设用地用途管制要求，纳入国土空间规划"一张图"严格实施监督。同时对城镇开发边界进行全生命周期严格规范管理。城镇开发边界发生变化的，省级自然资源主管部门应及时向部汇交数据（附审查认定文件、矢量数据等），检验合格纳入国土空间基础信息平台和国土空间规划"一张图"实施监督信息系统并反馈省级自然资源主管部门后，方可作为规划管理和用地用海审批的依据。

（三）转用程序

城镇开发边界内的建设用地用途转换主要程序是对项目所涉及的规划进行调整。根据项目的用途以及需要调整的情形，可能调整城市总体规划、控制性详细规划、修建性详细规划。城镇开发边界内的建设用地用途调整分为不予调整、重大调整、一般调整。

1. 不予调整

除因国家重大战略调整、重大项目建设或行政区划调整的以外，属于以下情形之一的，不予调整：①不符合技术标准规范，取消或减少公益性设施用地或建筑面积的；②已经依法出让并取得不动产权证书的经营性用地未满两年的。

2. 重大调整

重大调整主要是规划其他用途的用地调整为居住用地、商业服务业用地的，以及居住用地、商业服务业用地之间优化调整用地性质的（含用地性质比例）。

重大调整应当遵守以下程序进行：①组织编制详细规划机关对必要性进行论证，征求规划地段内利害关系人的意见；②组织编制机关应当提出专题报告，报原审批机关同意后，方可组织编制修改方案；③组织编制机关对修改方案组织审查，充分听取专家、部门、公众意见，并经市县规划委员会审议通过后，依法报批。

3．一般调整

一般调整主要是：①规划其他用途用地调整为公益性用地，以及在满足技术标准规范和设施承载力要求的前提下，公益性用地之间优化调整用地性质（含用地性质比例）的；②在符合功能相容、环保要求及不对周边生产生活环境造成干扰的前提下，规划其他用途调整为工业用地、仓储用地以及工业用地、仓储用地之间优化调整用地性质（含用地性质比例）的。

一般调整应当遵守以下程序进行：①组织编制详细规划机关对必要性进行论证，合并编制专题报告和修改方案，征求规划地段内利害关系人的意见；②组织编制机关对修改方案组织审查，充分听取专家、部门、公众意见，并经市县规划委员会审议通过后，依法报批。

2024 年 9 月 30 日，云南省自然资源厅印发《关于进一步做好城镇开发边界管理的通知（试行）》（云自然资〔2024〕604 号），文件要求了在确保城镇建设用地规模和城镇开发边界扩展倍数不突破的前提下，有 7 类情形可对城镇开发边界进行局部优化。其中包括重大战略项目、政策调整、防灾减灾、耕地和永久基本农田核实处置、全域土地综合整治、零星城镇建设用地等。符合零星城镇建设用地的类型包括危化品仓储、搅拌站、垃圾消纳、半山酒店、旅游配套设施、联络城市的交通场站、化解历史遗留问题情形等。

二、村庄建设边界内的建设用地用途转换

村庄建设边界内的建设用地用途转换主要是村集体在农民自愿前提下，将有偿收回的闲置宅基地、废弃建设用地转变为符合村庄建设发展的新的建设用地用途，以盘活未利用或利用效率低下的建设用地，支持乡村发展。村庄建设边界内的建设用地用途转换主要在公益性建设用地与集体经营性建设用地之间进行。村庄建设边界内建设用地多为集体性质。

（一）转用原则

1．定义

村庄建设边界，是指在一定时期内，可以进行村庄开发建设及需要重点管控的国土空间范围，是规划相对集中的农村居民点建设用地以及因村庄建设和发展需要必须实行规划控制的区域。

村庄建设用地，是指在村庄内部进行各项非农业建设所使用的集体土地，包括乡村公益事业用地和公共设施用地、村庄产业用地，以及农村居民住宅用地。

宅基地，是指农村村民用于建造住宅及其附属设施的集体建设用地，包括住房、附属用房和庭院等用地。

宅基地用途变更，是指在农民自愿前提下，对闲置农村宅基地进行整治，按照国土空间规划和国家规定的批准权限，经过审查批准后改变其用途为其他建设用地的行为。

2. 村庄建设用地类型

村庄建设边界范围内的建设用地类型主要包括以下五类(从利用性质可分为宅基地、公益性用地、经营性用地):

(1)农村村民住宅用地;

(2)现代种养业,农产品加工业,农产品流通业,乡村制造、农田水利设施建设和手工艺品业,乡村休闲旅游业,乡村新型服务业、乡村新产业新业态等乡村产业用地;

(3)农村道路、农村供水保障、乡村清洁能源、农村物流体系、农村人居环境整治、乡村信息基础设施等乡村公共基础设施用地;

(4)乡(镇)村公共设施、公益事业建设用地;

(5)国家生态安全屏障保护与修复,草原保护与修复,湿地保护与修复,重点流域环境综合治理,荒漠化、石漠化、水土流失综合治理,农村土地综合整治,重大地质灾害隐患治理等乡村生态保护与修复用地。

3. 转用原则

村庄建设边界内建设用地用途转换的基本原则:①规划引领,先规划、后实施,通盘考虑土地利用、产业发展、居民点布局、人居环境整治、生态保护和历史文化传承,不得违反国土空间规划进行各类开发建设活动。②坚持底线,保护优先。落实最严格的耕地保护制度、生态环境保护制度和节约集约用地制度,强化底线约束,优先保障生态安全、粮食安全、国土安全。③依法审批,无重大情况变化不轻易调整,严格履行规划法定调整程序,坚决维护规划的严肃性、权威性,用途的调整必须符合国土空间规划、村庄规划及相关专项规划和用途管制。④严控总量、盘活存量。正确处理资源保护与开发利用的关系,严控建设用地总量,严格执行建设用地标准,统筹利用存量和新增建设用地,优化资源配置,提高资源开发利用效率,促进高质量发展。对乡村闲置校舍、厂房、废弃地等进行整治,合理使用闲置土地,盘活建设用地用于支持乡村发展。⑤充分保障农民权益,充分尊重农民意愿,依法保障农民土地合法权益和农村建设用地需求,村集体需在农民自愿前提下,依法、有偿收回闲置宅基地、废弃的集体公益性建设用地。

(二)转用政策

为支持乡村振兴,推进村庄建设科学性、统筹性,自然资源部于2023年11月发布《乡村振兴用地政策指南(2023年)》(自然资办发〔2023〕48号),其中明确城镇国土空间详细规划和村庄规划的编制(修编)和审批是开发建设、乡村建设行动以及实施乡村建设规划许可等的法定依据,要对村庄建设实现规划全覆盖管理。在村庄建设用地的保障中,要统筹县城、乡镇、村庄规划建设,明确村庄分类布局。推进县域产业发展、基础设施、公共服务、生态环境保护等一体规划,加快形成县乡村功能衔接互补的建管格局。科学编制村庄规划,允许在不改变县级国土空间规划主要控制指标的情况下,优化调整村庄各类用地布局。涉及永久基本农田和生态保护红线调整的,严格按国家有关规定执行,调整结果依法落实到村庄规划中。严格落实"一户一宅",引导农村宅基地集中布局。在县、乡级国土空间规划和村庄规划中，要为农村村民住宅建设用地预留空间，已有村庄规划的，要严格落实。没有村庄规划的，要统筹考虑宅基地规模和布局，与未来规划做好衔接。强化县城综合服务能力，把乡镇建成服务农民的区域中心，统筹布局村基础设施、公益事业设施和公共设施。对于适用简易审批的村庄建设项目，使用集体建设用地开展建设的，项目单位无须办理建设项目用地预审与选址意见书。

（三）转用程序

1. 村庄规划调整

根据《中共中央 国务院关于建立健全城乡融合发展体制机制和政策体系的意见（2019年4月15日）》有关要求，"按照国家统一部署，在符合国土空间规划、用途管制和依法取得前提下，允许农村集体经营性建设用地入市，允许就地入市或异地调整入市；允许村集体在农民自愿前提下，依法把有偿收回的闲置宅基地、废弃的集体公益性建设用地转变为集体经营性建设用地入市。"

1）总体程序

村庄建设边界内的建设用地用途转换是指按照国土空间规划和国家规定的批准权限，经过审查批准后将公益性或经营性用途的建设用地转换为经营性或公益性用途。在转用时主要是根据村庄规划的有关情况进行规划或调整。程序上可分为以下两种情形：

（1）暂未编制村庄规划的，在今后编制时经过合理性论证，将其纳入"多规合一"实用性村庄规划，规划其用途为其他建设用地，并上报规划成果，由县（市、区）自然资源部门组织相关部门进行技术审查后，报县（市、区）人民政府审批，审批通过后可依据"多规合一"实用性村庄规划成果进行用地报批。

（2）已经编制村庄规划的，改变现有规划用途需进行"多规合一"实用性村庄规划局部调整，村庄规划属于详细规划，其调整程序应参照控制性详细规划调整程序。

2）村庄规划调整情形

云南省在制定村庄规划动态调整试行细则时，明确了如下动态调整情形，具有下列情形之一，对村庄发展定位、功能布局、用地结构等产生重大影响，可以对村庄规划进行修改：①上位国土空间规划（永久基本农田、生态保护红线、城镇开发边界、村庄类型等）、专项规划发生重大变化，确需修改规划的；②行政区划调整确需修改规划的；③国家和省重大战略实施、重大政策调整、州（市）以上人民政府或投资主管部门批准的重大项目建设，确需修改规划的；④因灾害预防、抢险避灾、灾后恢复重建等防灾减灾确需修改规划的；⑤因全域土地综合整治或增减挂钩建新，确需修改规划的；⑥列入中国传统村落、云南省传统村落或省级以上历史文化名村的村庄，因保护发展要求确需修改规划的；⑦经体检评估确需修改规划的；⑧法律法规规定的其他情形确需修改规划的。

3）具体调整程序

（1）由乡、镇人民政府对规划修改的必要性进行论证，形成专题报告或体检评估报告，向原审批机关提出村庄规划修改申请；原审批机关同意后，组织编制规划修改方案。

（2）由乡、镇人民政府按照相关规范要求编制规划修改方案，村内公示 30 日，经村民委员会审议、村民会议或者村民代表大会同意，报县级自然资源主管部门组织相关部门及专家审查。

（3）由乡、镇人民政府将完善后的规划修改方案，报请原审批机关审批，进行规划成果公告及入库备案。为提高编审效率，因上位国土空间规划中永久基本农田、生态保护红线、城镇开发边界等底线发生变化或已有指标来源的增减挂钩建新导致的规划修改，可简化有关程序。

2. 核发村庄建设规划许可

城镇开发边界内使用集体土地进行建设的，可依据国土空间详细规划核发建设工程规划许可证。村庄建设边界范围内依据依法批准的村庄规划核发乡村建设规划许可证。

对标准厂房等建设项目，在不违反市场公平竞争原则的前提下，鼓励土地供应阶段同步核发规划许可，实施"带方案供应"。其中，以出让方式配置国有建设用地使用权的，国有建设用地使用权出让合同签订后，一并核发建设用地规划许可证、建设工程规划许可证；以划拨方式配置国有建设用地使用权的，一并核发国有建设用地划拨决定书、建设用地规划许可证与建设工程规划许可证。

农村村民住宅用地，由乡镇政府审核批准，鼓励地方将乡村建设规划许可证由乡镇发放，并以适当方式公开。在乡、村庄规划区内使用原有宅基地进行农村村民住宅建设的，可按照省（区、市）有关规定办理规划许可。在尊重乡村地域风貌特色的前提下，鼓励各地提供农村村民住宅、污水处理设施、垃圾储运、公厕等简易的通用设计方案，并简化乡村建设规划许可的审批流程。

三、城镇村庄开发建设边界外的建设用地用途转换

城镇开发边界及村庄建设范围外的建设用地用途转换情形较为复杂，主要有以下三种常见的类型：①边界外的存量建设用地盘活使用，如废弃矿场盘活光伏建设、国有农场盘活工业项目建设；②因基础设施项目建设需要将边界外的建设用地进行用途转换，如将边界外的宅基地转为道路用地，将部分的村庄建设用地转为供水、供电设施等相关公益性用地；③结合城乡融合、区域一体化发展和旅游开发、边境地区建设等合理需要，将边界范围外已存在的零星建设用地纳入国土空间规划并进行使用。现阶段，对边界外的建设用地用途转换在盘活存量建设用地和公益性以单独选址形式报批的建设用地在程序上基本上按照调规或者用地报批的形式进行转用。下一步，将对城镇开发边界及村庄建设范围外的建设用地用途转换开展更为细致的研究，对边界外具有经营性质的建设用地内部有效的转换机制和路径进行探索和实施。

根据《自然资源部关于做好城镇开发边界管理的通知（试行）》（自然资发〔2023〕193号），城镇开发边界外不得进行城镇集中建设，不得规划建设各类开发区和产业园区，不得规划城镇居住地。在落实最严格的耕地保护、节约用地和生态环境保护制度的前提

下，结合城乡融合、区域一体化发展和旅游开发、边境地区建设等合理需要，在城镇开发边界外可规划布局有特定选址要求的零星城镇建设用地，并依据国土空间规划，按照"三区三线"管控和城镇建设用地用途管制要求，纳入国土空间规划"一张图"严格实施监督。涉及的新增城镇建设用地纳入城镇开发边界扩展倍数统筹核算，等量缩减城镇开发边界内的新增城镇建设用地，确保城镇建设用地总规模和城镇开发边界扩展倍数不被突破。同时，在城镇开发边界外，依据依法批准的村庄规划核发乡村建设规划许可证；未编制村庄规划的，可依县或乡镇"通则式"的国土空间规划管理规定，核发乡村建设规划许可证。

第四节　未利用地用途转换规则

《中华人民共和国土地管理法》第四条规定，国家实行土地用途管制制度，将土地分为农用地、建设用地和未利用地。未利用地是指农用地和建设用地以外的土地。未利用地的用途转换主要分为未利用地开发为农用地和未利用地开发为建设用地两大类。

一、未利用地分类和开发原则

(一) 未利用地分类

根据《第三次全国国土调查技术规程》（TD/T 1055—2019）及《国土空间规划调查、规划、用途管制用地用海分类指南(试行)》，本研究按照《国土空间规划调查、规划、用途管制用地用海分类指南(试行)》分类标准，所指未利用地包括沿海滩涂、内陆滩涂、其他沼泽地、河流水面、湖泊水面、冰川及永久积雪、盐碱地、沙地、裸土地、裸岩石砾地。具体分类见表7-1。

表 7-1　未利用地分类表

一级类名称	二级类名称	二级类代码	含　义
湿地	其他沼泽地	0504	指除森林沼泽、灌丛沼泽和沼泽草地外，地表经常过湿或有薄层积水，生长沼生或部分沼生和部分湿生、水生或盐生植物的土地，包括草本沼泽、苔藓沼泽、内陆盐沼等
	沿海滩涂	0505	指沿海大潮高潮位与低潮位之间的潮浸地带，包括海岛的滩涂，不包括已利用的滩涂
	内陆滩涂	0506	指河流、湖泊常水位至洪水位间的滩地，时令河、湖洪水位以下的滩地，水库正常蓄水位与洪水位间的滩地，包括海岛的内陆滩地，不包括已利用的滩地

续表

一级类名称	二级类名称	二级类代码	含　义
陆地水域	河流水面	1701	指天然形成或人工开挖河流常水位岸线之间的水面，不包括被堤坝拦截后形成的水库区段水面
	湖泊水面	1702	指天然形成的积水区常水位岸线所围成的水面
	冰川及永久积雪地	1706	指表层被冰雪常年覆盖的土地
其他土地	盐碱地	2304	指表层盐碱聚集、生长天然耐盐碱植物的土地，不包括沼泽地和沼泽草地
	沙地	2305	指表层为沙覆盖、植被覆盖度≤5%的土地，不包括滩涂中的沙地
	裸土地	2306	指表层为土质，植被覆盖度≤5%的土地，不包括滩涂中的泥滩
	裸岩石砾地	2307	指表层为岩石或石砾，其覆盖面积≥70%的土地，不包括滩涂中的石滩

（二）未利用地开发原则

未利用地开发应遵循以下几点原则：①未利用地开发应在国土空间总体规划划定的可开垦的区域内，经依法批准后进行；禁止毁坏草原开垦耕地，禁止围湖造田和侵占江河滩地；未利用的转用必须符合国土空间规划、林地保护利用规划、自然保护地规划等各级各类专项规划、行业规划。②科学论证评估、有效合理开发，开垦未利用的土地，必须经过科学论证和评估，符合相关法律法规要求，符合相关环境评价标准，符合节约集约用地要求。③有效保障农民权益，对开发后的农用地有效保障农民权益。④在保护和改善生态环境、防止水土流失和土地荒漠化的前提下，鼓励开发未利用的土地；适宜开发为农用地的，应当优先开发成农用地。⑤坚持生态环境保护，对具有重要生态功能性、生态敏感性区域中的未利用地严格保护。⑥支持地方乡村振兴发展，合理优化地方产业布局。

二、未利用地开发为农用地

根据未利用地的分类，未利用地的开发管理要求也不同，若未利用地所在区域为有重要生态功能性、生态敏感性区域是禁止开发利用的，应当保留湿地或水域等的生态功能性。未利用地开发农用地主要为开发耕地、林地、农业设施用地等。开发中既要符合原未利用地地类的有关管理规定，又需符合开发新地类的建设要求，耕地开垦、造林绿化、农业设施建设都有详细的建设管理规范和要求。

(一)湿地开发管理

根据《中华人民共和国湿地保护法》及《湿地保护管理规定》，国家严格控制占用湿地。建设项目应当不占或者少占湿地，经批准确需征收、占用湿地并转为其他用途的，用地单位应当按照"先补后占、占补平衡"的原则，依法办理相关手续。因湿地大多位于生态保护的范围内，湿地主要以保护和限制开发为主，如有特殊项目及情形，应严格符合生态保护、自然保护及不同湿地管理的准入要求。

除因防洪、航道、港口或者其他水工程占用河道管理范围及蓄滞洪区内的湿地外，经依法批准占用重要湿地的单位应当根据当地自然条件恢复或者重建与所占用湿地面积和质量相当的湿地；没有条件恢复、重建的，应当缴纳湿地恢复费。缴纳湿地恢复费的，不再缴纳其他相同性质的恢复费用。湿地恢复费缴纳和使用管理办法由国务院财政部门会同国务院林业草原等有关部门制定。

(二)陆地水域开发管理

根据水利部《关于加强河湖水域岸线间管控的指导意见》(水河湖〔2022〕216号)，按照保护优先的原则，合理划分岸线保护区、保留区、控制利用区和开发利用区，严格管控开发利用强度和方式。要将岸线保护与利用规划融入"多规合一"国土空间规划体系。

严格依法依规审批涉河建设项目。严格按照法律法规以及岸线功能分区管控要求等，对跨河、穿河、穿堤、临河的桥梁、码头、道路、渡口、管道、缆线、取水、排水等涉河建设项目，遵循确有必要、无法避让、确保安全的原则，严把受理、审查、许可关，不得超审查权限，不得随意扩大项目类别，严禁未批先建、越权审批、批建不符。

严格管控各类水域岸线利用行为。河湖管理范围内的岸线整治修复、生态廊道建设、滩地生态治理、公共体育设施、渔业养殖设施、航运设施、航道整治工程、造(修、拆)船项目、文体活动等，依法按照洪水影响评价类审批或河道管理范围内特定活动审批事项办理许可手续。严禁以风雨廊桥等名义在河湖管理范围内开发建设房屋。城市建设和发展不得占用河道滩地。光伏电站、风力发电等项目不得在河道、湖泊、水库内建设。在湖泊周边、水库库汊建设光伏、风电项目的，要科学论证，严格管控，不得布设在具有防洪、供水功能和水生态、水环境保护需求的区域，不得妨碍行洪通畅，不得危害水库大坝和堤防等水利工程设施安全，不得影响河势稳定和航运安全。各省(自治区、直辖市)可结合实际依法依规对各类水域岸线利用行为作出具体规定。

(三)盐碱地开发管理

2022年中央一号文件要求，"积极挖掘潜力增加耕地，支持将符合条件的盐碱地等后备资源适度有序开发为耕地。研究制定盐碱地综合利用规划和实施方案。分类改造盐碱地，推动由主要治理盐碱地适应作物向更多选育耐盐碱植物适应盐碱地转变。支持盐碱地、干旱半干旱地区国家农业高新技术产业示范区建设"。2023年中央一号文件继续强调，"持续推动由主要治理盐碱地适应作物向更多选育耐盐碱植物适应盐碱地转变，做好盐碱地等耕地后备资源综合开发利用试点"。

按照"宜农则农、宜牧则牧、宜渔则渔、宜林则林"的原则，科学确定其他土地用途，合理设置工程项目，配套建设必要的生产、生态基础设施，保障其他土地综合利用依法依规有序推进。

盐碱地转变为耕地的，应建立新增耕地项目储备库，防止因单纯追求经济利益而放松生态保护要求。各市、县级政府根据本行政区域盐碱地等耕地后备资源状况，结合水资源匹配情况，因地制宜，科学合理确定土地整治项目区域，建立项目储备库，开展盐碱地等耕地后备资源综合利用须从项目储备库中选取。

三、未利用地开发为建设用地

未利用地转为建设用地使用也是用途转用开发建设中最主要的方式，是在生态环境保护要求下对未利用的土地进行建设以提高土地利用效率与价值，体现土地的节约集约。需要注意的是，未利用地转为建设用地时需要判定未利用地是否在重要生态功能性区域、生态敏感性区域，未利用地中的湿地、水域大多位于自然保护区、生态保护红线、水源保护地的范围内，涉及此类情形的主要是以保护和限制开发利用为主。因此，未利用地的开发应判别是否符合上述情形，若属于可开发利用的范围，未利用地在转用前必需先符合国土空间用途管制的准入要求。

在转用程序上，未利用地转为建设用地的程序与农用地转为建设用地的转用程序一致。程序包括：建设项目用地预审与选址（包含规划的符合性）、项目立项与设计、配置用地计划指标、确定用地地类与权属、落实湿地"占补平衡"、落实相关费用、编制转用方案并开展用地报批手续的准备。

第八章
云南省国土空间用途管制实施

第一节　国土空间用途管制实施程序

国土空间用途管制的实施是对空间域内全要素进行全流程的管制。管制要素既有自然资源又有人文社会资源，管制的实施主要围绕"生产、生活、生态"三个功能主体在空间域的规划、计划、使用、评价、监管等。全流程的空间用途管制是以国土空间规划所划分出的具体功能区块进行全生命周期的管控，管控实施包含"空间调查评价—规划许可—指标配置与管理—用途转换—建设许可—绩效评价—监督管理"7个阶段。从周期上看，管制实施的过程也是一个项目从"规划选址—使用—建设—监督评价"的过程，一个项目的管理贯穿在管制的各个阶段。从管制程序阶段上理解管制实施即前端调查规划、中端建设使用、后端监督评价，三个阶段的把握是空间用途管制的有效的路径，是管制许可性、有效性重要环节的把控。

一、空间调查评价阶段

对一个空间区块的管制首先需对空间区块（即管制对象）进行调查评价。调查评价是管制的基础，也是管制程序的第一个阶段，对空间域内基础调查评价、对管制对象调查评价是用途有效管制的必要条件。调查评价是对空间管制对象调查、监测、统计、分析，是空间用途管制实施的数据基础、前期条件、必要路径，通过调查评价可以掌握真实准确的空间基础数据与情况，为科学规划、合理利用、有效保护空间资源提供保障。

空间调查包括空间区块现状调查、空间区块权属调查、空间区块条件调查、专项调查等。空间利用现状及变化情况调查包括空间区块的具体地类、位置、面积、分布等内容；空间区块权属及变化情况调查包括空间区块的所有权、使用权、经营权等内容；空间区块条件调查包括空间区块的自然条件、社会经济条件、相邻区块间的关系等内容；专项调查包括永久基本农田调查、自然保护区动态监测与调查、湿地资源调查、耕地后备资源调查、林地后备资源调查、土地利用动态遥感监测、具体项目的勘测定界等。

由于管制的目的是对资源的保护与利用，涉及的主体是人，人的生产生活建设围绕在土地要素上，因此在具体的空间调查实施上以全国土地调查以及年度变更调查成果为数据底数。国家根据国民经济和社会发展需要，依据《土地调查条例》规定，每10年进行一次全国土地调查。现在云南省用途管制使用基础数据成果是根据《国务院关于开展第三次全国土地调查的通知》(国发〔2017〕48号)，国务院决定自2017年起开展第三次全国土地调查，形成以2019年12月31日为标准时点的全国土地利用现状数据；管制许可阶段具体的使用数据是在第三次全国土地调查基础上最新的年度变更调查数据。为落实以主体功能区规划为管制方式，协调保护与开发的关系，对永久基本农田、生态保护红线范围需要重点调查。永久基本农田调查包括调查永久基本农田数量、水田、质量、分布(包括是否涉及坝区)和保护状况等。生态保护红线的保护范围调查包括调查保护范围、保护类型、保护条件、有限人为活动等。

空间评价包括空间资源评价、国土空间开发适宜性评价、资源环境承载力评价、生态环境评价、土地综合整治评价等。空间评价是国土空间规划、规划许可条件、用途转换方式、监督的依据与基础。

二、规划许可阶段

国土空间总体规划的许可是用途管制实施的先行环节。用途管制从制度实施层面及制度重要节点来看，总体规划许可阶段就是国土空间的准入环节。从规划实施的角度，规划许可阶段对于用途管制实施就是规划实施的首要步骤，是对总体规划的统筹约束。省、市、县国土空间总体规划的一级分区主要围绕永久基本农田保护、生态保护红线保护、城市有序性发展、矿产能源限制性发展等方面形成主体功能的管制，二三级分区对主体功能管制进行了细化和约束。因此，总体规划许可阶段主要针对国土空间开发保护目标，国土空间开发强度，建设用地规模，生态保护红线控制，耕地保有及永久基本农田保护，城镇体系布局，城市、都市圈的重要空间结构，生态屏障、生态廊道和生态系统保护格局，重大基础设施网络布局，城乡公共服务设施配置，地方特色历史文化保护，乡村空间布局等进行约束与管制要求等。用途管制在该阶段实施时，主要判断需要发展利用的区块是否符合生态保护红线、永久基本农田的保护管理要求；是否可以在城镇开发边界范围内或外进行建设；需计划建设的区块是否符合城市空间结构、主要布局、服务设施配置等，这是管制主体把握、宏观把握的过程。

从一个建设项目实施的全流程来看，规划许可阶段在项目可行性研究、选址与用地预审等环节以总体规划约束各项目的用地条件。云南省在对建设项目可行性研究的环节(项目立项环节)实施考虑以下几个方面：可行性研究编制单位、项目设计单位依据国土空间规划科学合理选址，不占或少占耕地、永久基本农田，尽量避让生态保护红线、历史文化保护红线和地质灾害风险区，符合九大高原湖泊管控规则，并充分考虑是否压覆重要矿产资源等情形。建设单位可向立项单位同级的发展改革等行业主管部门、自然资源、林业草原、生态环境、地震等部门发出邀请，通过书面征求意见或召开会议等形式，联合提出选址选线意见。

选址与用地预审环节：选址位于经依法批准的国土空间规划确定的城市和村庄、集镇建设用地范围外的建设项目，整合选址论证、占用耕地踏勘论证、节地评价、不可避让生态保护红线论证等，由建设项目用地单位统一编制节约集约用地论证分析专章，向用地预审同级的自然资源主管部门申请论证。自然资源主管部门重点针对专章中占用耕地及永久基本农田的必要性、用地规模和功能分区的合理性、不可避让生态保护红线的充分性、节地水平的先进性等提出审核意见。建设项目选址确定后，法律法规规定需要办理建设项目选址意见书及需办理用地预审的项目，由建设项目用地单位向自然资源主管部门申请办理用地预审与选址意见书。建设项目用地预审与选址意见书实行分级预审和分级核发。城镇开发边界范围内，以划拨方式供应国有土地使用权的建设项目需办理规划选址，国家有关部门审批、核准的建设项目，由省自然资源厅核发；省级及以下有关部门审批、核准的建设项目由县(市、区)自然资源主管部门核发用地预审与选址意见书。城镇开发边界范围外涉及新增建设用地的，以划拨方式供应国有土地使用权的建设项目需办理用地预审和规划选址，核发用地预审与选址意见书；以有偿方式供应土地的建设项目须办理用地预审，核发用地预审与选址意见书。国家有关部门立项的由省自然资源厅核发；省级及以下有关部门立项的由立项单位同级的自然资源主管部门核发。

三、指标配置与管理阶段

指标配置与管理是国土空间用途管制实施的重要手段，指标管理的核心是有计划、有控制地对耕地保护和地方开发建设作出量化的具体安排，通过项目跟着规划走、指标跟着计划走、要素跟着项目走，对项目合理配置相应指标，控制建设项目无序开发，保障耕地保有的底线要求。传统的土地利用计划管控采用"增量控制+计划配置"的思路(赵毓芳等，2023)，国土空间用途管制的指标管理新思路应是"统筹增量与存量+规划配置+指标考核"。

指标管理的核心指标是新增建设用地指标、存量建设用地指标、补充耕地指标。总体编制需要统筹地方建设计划和重点项目安排，按照国土空间规划的布局与规模要求进行全国性统筹计划编制，国家对各省下达相应指标并对重大项目单独计划性配置，省级对指标进行层层分解并在省级预留统筹和弹性的指标空间。指标配置执行时，对已确定的项目按照耕地占补平衡要求，在不低于地方耕地保有量的总要求下，在新增耕地指标库里统筹耕地占补平衡所需指标；区分重点保障性项目，重点保障项目在项目条件具备符合管制要求的条件下由国家直接配置新增建设用地指标，非重点保障项目由分解到地方的新增建设用地指标进行使用或由省市两级进行指标统筹保障。指标配置完成后，按年度、半年度、季度对指标实施情况进行评估考核，考核评估着重于指标的季度、年度执行情况，并对下一季度或年度作出计划性调整安排；对指标执行的全流程施行监督，指标按项目配置完成后监督是否产生指标闲置、指标交叉等问题，从指标监督角度控制批而未供土地的产生与处置。

四、用途转换阶段

用途转换是国土空间用途管制实施的核心环节，主要目的在于对土地性质与用途功能的许可管理。空间用途管制是以功能为主导的规划性管制，用途转换就是在符合规划的条件下，根据功能需求和发展保护需要，将原有的土地用途转换为新的土地用途，具体实施的方式就是规划调整与用地报批。对于已经符合规划的项目，农用地、未利用地要转为建设用地的，组织用地报批有关材料，编制农用地转用方案及相关请示，逐级报省级人民政府批准。对于不符合规划的项目，农用地、未利用地要转为建设用地的，按照项目的准入条件，编制土地用途调整方案（即规划调整方案）；涉及永久基本农田的完成永久基本农田补划工作，涉及生态保护红线的完成有限人为活动或不可避让性的论证并报省政府批准，同时组织完成用地报批中勘测定界、占补平衡、地灾危险性评估、重要矿产资源压覆性查询与审批、林地许可、违法用地处置等工作，编制农用地转用方案及相关请示，逐级报省级人民政府批准；对于土地征收权限在国务院的，农用地转用方案等用地报批材料上报自然资源部，土地征收请示报国务院；对建设用地内部具体用途转换的，需要按照法律程序由地方行政规委会调整规划并批复。上述不同类型的用途转换流程完成后，方可进入建设许可的环节。

五、建设许可阶段

国土空间用途管制建设许可阶段是在农用地和未利用地转换为建设用地后，对建设实施的具体要求进行许可的阶段。建设许可包含建设用地规划许可、建设工程规划许可、乡村建设规划许可。根据《国务院办公厅关于全面实行行政许可事项清单管理的通知（2023年版）》，建设许可的"三证"属于自然资源部门主管的行政许可事项，未依法依规取得建设许可，不得实施新建、改建、扩建工程。在用途管制实施时，建设许可就是将土地规划用途实施为具体建设项目的过程，是将各级各类规划传导至规划落地建设的有效手段，是管制具体成效的体现。实施建设许可，是行政力作为用途管制主导力的体现，许可是行政过程，通过行政将建设相关的内容进行统筹与协调，保障从规划至建设的统一，也是将建设内容以具体指标的形式进行约束，形成统一性、节约集约性的用地建设。

建设用地规划许可是根据节约集约和城镇开发的管控要求，核定建设用地的土地用途、位置、面积、允许建设的范围，并按划拨、出让的不同方式予以核发许可证。建设工程规划许可是确认有关建设工程符合城市规划要求的法律凭证，是办理建设工程施工许可证、进行规划验线和验收、商品房销（预）售及房屋产权登记等的法定条件，是对建设工程按设计施工的具体要求，建设工程的具体地块按照开发强度的具体指标进行建设。乡村建设规划许可是按照村庄规划，促进乡村发展的具体实施建设的行政许可手段。

六、绩效评价阶段

国土空间用途管制的绩效评价是对用途管制效果、管制环节、管制运行等综合评价的阶段，是空间用途管制实施全流程中"体检"的环节，通过对管制开展绩效评价，可以有效保护耕地与生态，发挥空间资源利用效能，强化土地节约集约，调高空间功能区经济利用价值。在实施绩效评价时，要针对空间用途管制的具体管理需求和方向，确定绩效评价目标、评价内容和具体评价指标。评价内容包括耕地保护、生态保护、生态效益、农用地利用、土地供应、土地开发、土地资源资金管理等。评价指标包括约束性指标、执行性指标、效果性指标、经济性指标、合规性指标几个方面。在评价过程中，根据地方不同管理部门确定的评价目标，对具体评价指标加以权重，可以采用建立评价表打分的方式或者将管制成效按定性定量结合的方式进行综合性评价。评价需要把握底线约束性指标是否按目标任务完成，执行程序是否合规、科学、有效，效果上在耕地保护与粮食增产、土地开发整理、资源安全、空间结构、社会经济发展等是否有具体成效，合规性上是否存在管理不规范、违法用地处置效率是否低下、用途管制的整改落实是否到位等。评价的结论与建议有助于完善下一步的用途管制内容、优化管制程序、提高管制成效，通过评价结果压实地方责任，协同各层级、各部门保障空间用途管制高效、科学地进行。

七、监督管理阶段

国土空间用途管制的监督管理是在用途管制实施中的"体检+问诊+治疗"环节，是用途管制结果合法性、合规性、有效性、有序性的保障。管制主体是政府和公众，客体是通过管制内容获得空间资源利益的对象，手段在实施时围绕行政管理、法制强制、经济约束、社会监督、科技监管等几个方面。监督管理实施时，政策管理上按法律规定逐级分部门在重点环节进行审批监督，按年度开展"双随机、一公开"，严格对管制过程、管制执行、管制结果等进行"体检"；法律上对于发生的违法用地行为及时制止和处置，按照规划符合性、程序符合性、对象权益、耕地保护、主观情形等分类精细化处置并体现法律的威慑力；经济上通过财政、市场、财税、罚款等进行管制的成效性约束；科技上，开展全流程、全周期的科技性管理，如通过年度、季度、动态的卫片监管，避免违反用途管制要求的行为，对产生的违法用地内容及时发现、及时处置，以提高管制效率、确保管制成效。

第二节　云南省国土空间用途管制问题案例与建议

随着云南省国土空间用途不断优化调整，在云南省独有的国土空间背景下，地方日益发展的需求与实际用地保障间也存在一些矛盾。通过实地调研、行政咨询、会谈交流等多样形式，汇总出云南省在采矿用地、第一、二、三产业融合用地、市政道路用地、村庄建设用地、设施农用地等方面存在一定的用途管制问题，本章节选取7个较典型问题案例进行具体分析，并给出细化的用途管制建议。

一、采矿用地问题

问题案例：云南省是矿业大省、有色金属王国，矿产资源分布广泛、矿种类型多样，云南省对采矿用地需求大，涉及的采矿用地管制问题也具有代表性。云南属于高原高海拔地区，地形陡峭，以有色金属为主的矿产资源大多距离城镇开发边界及村庄建设边界较远，矿区建设相关的用地无法划入城镇开发和村庄建设的两个边界线内，因不符合国土空间规划、采矿用地为非公益性无法征收等问题，造成云南省合法采矿权非法用地问题突出。

现行用途管制政策：根据《自然资源部关于做好采矿用地保障的通知》（自然资发〔2022〕202号）："合理安排采矿项目新增用地的布局、规模和时序，对采矿项目新增建设用地和存量采矿用地（包括义务人灭失的历史遗留废弃采矿用地、存在义务人的已办理建设用地审批手续的采矿用地）复垦修复作出空间安排，列出采矿项目清单。在符合'三区三线'管控规则的前提下，将采矿项目用地布局纳入国土空间规划'一张图'，作为审批采矿项目新增用地的规划依据。采矿项目新增用地依法依规办理农用地转用审批手续，采矿企业可对本企业在本地区（省域范围内，下同）依法取得的采矿用地进行复垦修复并使用腾退指标，也可对本地区历史遗留废弃采矿用地进行复垦修复并使用腾退指标，新增建设用地面积不得高于复垦修复为农用地的面积。"目前，从国家已出台的政策来看，国家对新增采矿用地倡导的是矿业生产后及时复垦，对新增采矿用地未给出较为明确的合法用地路径，矿业开采周期较长，造成土地现状调查在多年度变更数据中形成大量未完善手续的采矿用地，同时对存量采矿缺少矿业周期和分类管理等问题的考虑。同时，云南省采矿用地的详细保障政策也未出台，在此背景下，云南省采矿用地方面的非法用地现状难以消除。

用途管制建议：采矿按类型分为露天采矿、地下采矿，采矿用地按功能区分为露天开采区、堆矿区、矿洞口、道路、选厂、配套管理用房、尾矿库、爆炸物仓库、污水处理区等。建议按功能区和矿种类型并结合矿业权管理有关规定区分管控。一是明确管制原则，未取得合法采矿权的采矿用地不予保障。二是强化国土空间规划分区管制，在能矿发展区作为一级管制分区的基础上，根据云南省矿产资源规划，对采矿用地单另划定矿产资源的规划建设边界，在符合"三区三线"管控规则的前提下，将采矿项目用地布局纳入国土空间规划"一张图"，作为审批采矿项目新增用地的规划依据。三是细化采矿区内的具体功能划分，分功能分别管制：①对合法采矿权内的露天开采区、堆矿区、道路、矿洞口、尾矿库、污水处理区，建议不需办理建设用地手续，以采矿权证为支撑依据，根据采矿权证内储量、开采有效期等要求，提前划定用地范围并缴纳土地复垦保证金，建设完成后按照复垦方案进行生态修复，同时尾矿库、污水处理区还应符合环保管理要求；②对合法采矿权内的选厂、配套管理用房、仓库等永久建设用地，因矿业开采建设周期较长，建议以采矿规划建设边界为依据按单独选址项目办理农用地转用手续，战略性重要矿产资源还应按《土地管理法》第四十五条第（二）项能源基础设施建设依法进行土地征收。四是强化永久用地、临时用地、矿山生态修复的综合管制手段：①采矿区外道路建议按临时用地管理，以采矿有效期为依据，延长临时用地管理年限，超出有效期后应按复垦方案复垦复绿；②对矿山建设快要到尾期的采矿用地，及时评估，开展矿山采矿用地可行性利用方案，可以使用采矿用地发展光伏或建设支持乡村振兴发展的工业用地、仓储用地，也可以编制生态修复可行性方案，将永久性的采矿建设用地转为耕地、林地等农用地，增加耕地或林地指标，实现指标的灵活管制。

二、城镇开发边界外的市政道路用地问题

问题案例：城镇开发边界内鼓励发挥城市周边重要生态功能空间和连片优质耕地对城市"摊大饼"式扩张的阻隔作用，促进形成多中心、组团式的空间布局。云南省某州（市）的组团式发展城市，用于连接城市各组团区块的市政道路无法完全划入城镇开发边界。市政道路根据功能需求一般路宽 45~55m，由于城镇开发边界范围外难以将市政道路作为市政项目进行立项，交通主管部门将其列入交通路网规划依据不充分。若按普通道路进行单独选址报批，用地报批审查时因市政道路的路基过宽，功能性也非高速公路，但需求的用地标准远超出高速公路 I、II 级路的路基宽度用地标准，无法按照高速公路进行用地保障，因此该类在城镇开发边界范围外连接组团区块的市政道路用地保障困难。

现行用途管制政策：根据《公路工程项目建设用地指标》（建标〔2011〕124 号）："II 类地形区：高速公路六车道路基宽度用地标准为 34.5m，一级公路六车道路基宽度用地标准 33.5m。"城镇开发边界范围外的市政道路用地参考此用地标准难以满足市政道路的宽度需求。

用途管制建议：建议在单独选址的项目中对此类市政道路予以正面清单，对未划入城镇开发边界但具有连接集中城市发展区块的市政道路可以按市政道路进行立项并纳入市级交通路网规划，同时在用地规模与标准的审查时按市政道路有关用地标准进行审查，并以单独选址的形式保障市政道路用地。

三、一二三产业融合用地问题

问题案例：按照乡村振兴及农村一二三产业融合发展的要求，必须满足村庄规划同时使用存量建设用地发展。但是由于项目选址或者项目特殊性距离城镇、村庄较远，甚至位于远郊独立地带的园地、林地等，既不能纳入城镇开发边界，也不能纳入村庄建设边界，用地性质也不符合单独选址要求，造成项目用地无法保障，例如农产品加工、文旅项目、半山酒店、加油站等。云南省在一二三产业融合用地方面的代表性问题主要有三大类型：①农产品加工用地(如茶叶、咖啡加工，初加工按照设施农用地)一般邻近农产品生产地，距离村庄建设边界较远，无法划入村庄建设边界内造成用地无法保障；②农村文旅项目、半山酒店、旅游设施(建议点状供地)等距离村庄较远，既不能纳入城镇开发边界，也不能纳入村庄建设边界，园地、林地用地性质也不符合单独选址要求，无法满足单选要求，造成无报批和用地保障难；③云南地形高差较大，县、乡间的道路距离较长，部分县、乡、村集中建设发展的用地外建设加油站非常必要，但该类加油站用地由于其特殊性位于远离村庄及城市的远郊独立地带，并且难以划入城镇开发边界和村庄建设边界，用地性质也不符合单独选址要求，导致该类加油站用地项目无法办理用地手续。

用途管制现行政策：《自然资源部国家发展改革委农业农村部关于保障和规范农村一二三产业融合发展用地的通知》(自然资发〔2021〕16号)、《自然资源部关于加强村庄规划促进乡村振兴的通知》(自然资办发〔2019〕35号)、《国务院关于促进乡村产业振兴的指导意见》(国发〔2019〕12号)、《自然资源部关于做好城镇开发边界管理的通知(试行)》(自然资发〔2023〕193号)中提出，在落实最严格的耕地保护、节约用地和生态环境保护制度的前提下，结合城乡融合、区域一体化发展和旅游开发、边境地区建设等合理需要，在城镇开发边界外可规划布局有特定选址要求的零星城镇建设用地。

用途管制有关建议：在符合国土空间规划及相关底线要求的前提下，应对地方较为突出的典型用地问题制定相应的正面准入清单，国土空间用途管制在符合国土空间规划的背景下可参考按照法无禁止即可为的法律原则，以准入清单作为项目合规性的具体保障。项目根据不同的类型可分别按照城镇批次或者单独选址进行农用地转用。对于土地的征收问题可采用两种方案：方案一是城镇开发边界外的一二三产用地由于多为经营性，在农用地转用后按集体经营性建设用地予以实施；方案二是可对城镇开发边界外的零星城镇建设用地纳入1.3倍的城镇规模统一管理，将已划定入库零星城镇建设用地视为纳入城镇开发边界，按单独的成片开发方案解决土地征收的问题。在地方制定准入清单时，建议符合公共利益需要的加油站、支持乡村振兴且属于村镇重点性的文旅和农产相关用地等可以列入正面准入用地类型。在细化用途管制的实施过程中，对于正面清单类项目，建议带方案进行立项及审查，在项目选址、规模、期限的合理性、必要性等方面进行深入论证，重点审查需要在开发边界外选址的必要性。分类制定准入项目的控制性指标，将建设项目分类管控，针对建设项目采用论证、预审、审批等多种空间准入的审查手段；在满足上述要求的前提下，建议按单选或者城镇外批次用地保障项目落地建设，城镇开发边界和村庄建设边界外按照总量控制原则，给予各地方一定的建设用地规模，以州（市）为单位可以进行综合统筹但不得超过规定的规模上限。

结合云南实际，制定城镇开发边界范围外的正面准入清单，配置少量城镇开发边界和村庄建设边界外的一二三产业融合类用地指标，各县区统筹各地发展需要支持乡村建设，在符合正面准入清单、配置建设用地指标后予以用地保障，这对云南乡村发展建设十分重要。

四、村庄建设边界内部存量建设用地问题

问题案例：云南某县乡农村原有学校由于撤点并校等原因，导致村庄内部部分教育用地闲置，现需盘活农村闲置土地，想将闲置的教育用地等集体公益性建设用地转变为商业服务业用地等集体经营性建设用地，但目前未有较好的转用规则及路径。

用途管制现行政策：《中共中央 国务院关于建立健全城乡融合发展体制机制和政策体系的意见（2019 年 4 月 15 日）》指出：按照国家统一部署，在符合国土空间规划、用途管制和依法取得前提下，允许农村集体经营性建设用地入市，允许就地入市或异地调整入市；允许村集体在农民自愿前提下，依法把有偿收回的闲置宅基地、废弃的集体公益性建设用地转变为集体经营性建设用地入市。

用途管制有关建议：根据《中共中央 国务院关于建立健全城乡融合发展体制机制和政策体系的意见》，废弃的集体公益性建设用地可以转变为集体经营性建设用地，但前提是需符合国土空间规划和用途管制。现学校属于集体公益性建设用地，需要在国土空间规划中重新调整其用途。已经编制村庄规划但用地性质为公益性事业、公共设施用地的，需进行规划调整，村庄规划属于详细规划，其调整程序应符合控制性详细规划的调整程序。如新编制的村庄规划中，已经将公益性事业、公共设施用地调整为经营性用途用地，则应补充必要性论证，由村庄规划原审批机关同意后，组织专家论证，并按程序进行批前公示，必要时应组织听证。完成批准程序后应按程序进行公布，报送审批时，应附论证、公示意见及针对意见的处理结果，需要组织听证，应附听证材料。未编制村庄规划的，应做纳入村庄规划承诺，并提供必要性论证。

五、村庄建设边界外未利用的农村宅基地盘活问题

问题案例：云南省因地形原因，地势起伏较大，云南某市县大部分自然村分布零散，在划定村庄建设边界时，5~6 户的居民住宅无法划定村庄建设边界，现状边界外的未利用宅基地缺少规划依据无法盘活而被乡村振兴产业使用。

用途管制现行政策：根据《云南省村庄建设边界划定工作指引（试行）》《云南省"多规合一"实用性村庄规划编制指南（试行）》中提出的"无法满足原则上 30 户以上相对集中的自然村（集中居民点）应划定相对完整的村庄建设边界或原则上单条村庄建设边界闭合线面

积不小于 5 亩"的条件，若强行将其扩大到 5 亩，又会突破村庄规划建设用地总规模不超过现状村庄建设用地总规模 1.1 倍的限制。

用途管制有关建议：一是用地较为零散不集中的可通过增减挂钩形式腾挪建设用地指标并复垦为耕地；二是对支持乡村振兴产业的边界外建设用地根据用地性质，按照集体经营性建设用地予以保障；三是对扩建的建设用地，对扩建部分针对乡村振兴产业类型，列入允许正面准入的清单，强化与乡村整体发展有关的乡村边界外的发展规划，并按要求办理农用地转用手续，以此盘活闲置建设用地支持乡村振兴。

六、园地上架空搭建观光帐篷和休憩地问题

问题案例：云南多地为创新旅游形式，在茶园、果园等园地或其他有旅游发展价值的农用地上架空搭建观光帐篷、休憩地，架空区下未破坏种植条件，但卫片影像中将其判定为违法用地，因多数园地等远离或未能划入村庄建设边界，结合茶园、果园开发的新型旅游方式的架空型设施，无法完善农用地转用和土地征收手续。

用途管制有关建议：一是需明确不得在耕地、公益林、湿地、草地上搭建观光帐篷、休憩地；二是建议园地中架空搭建观光帐篷、休憩地的，明确架空搭建要求，在不影响作物生长或地方生态的情况下，不判定为违法用地状态；三是对园地边界处单独架空的平台可以按农业设施用地管理。

七、设施农用地备案问题

问题案例：云南某乡镇村，某农户集体结合市场需求调整种植、养殖类型，想要将原设施农用地的用途进行改变，需要将一部分设施农用地变为园地。按照现行的设施农业用地管理规定，未有明确的设施农用地具体用途的变更办法以及将设施农用地转为其他类型的农用地进行使用的办法。

用途管制现行政策：按照《自然资源部 农业农村部关于设施农业用地管理有关问题的通知》（自然资规〔2019〕4 号）的要求，市、县自然资源主管部门会同农业农村主管部门负责设施农业用地日常管理。国家、省级自然资源主管部门和农业农村主管部门负责通过各种技术手段进行设施农业用地监管。设施农业用地由农村集体经济组织或经营者向乡镇政府备案，乡镇政府定期汇总情况后汇交至县级自然资源主管部门。涉及补划永久基本农田的，须经县级自然资源主管部门同意后方可动工建设。

用途管制有关建议：针对仅改变设施农用地用途，不改变农用地性质的情况，建议以农村集体向当地乡镇政府进行申请与备案，并明确所要改变的用途、面积、位置等相关信息。推进设施农用地全省系统库建设，并将省级信息平台推送至各县乡具体使用，将设施农用地的管理更加系统化、规范化。同时，在其中明确入库信息和设施农用地用途变更程序，让地方政府做到有据可依，同时遏制部分乡村将设施农用地作为建设用地使用的行为。

第三节　国土空间土地利用指标管理

土地利用计划是土地用途管制在时间和规模上的具体要求和安排。土地按照用途划分为农用地、建设用地和未利用地，土地利用的指标管理按照三大地类围绕国土空间下土地发展与保护的主体要求展开。一方面是空间发展，围绕建设用地指标展开；另一方面是空间保护，围绕耕地指标以及其他农用地利用指标如林地指标等展开。我国实行的是土地利用计划管理制度，指标以量化的形式体现用途管制的具体安排，在用途管制的过程中也通过指标来评价及修正管制的执行过程，通过指标的变化分析引导用途管制政策的调整与完善。因此，土地利用指标管理上体现以下要点：指标的计划性、指标的导向性、指标的分解与配置、指标变化量分析、指标与政策的相关性、用途管制过程对指标的影响等。

根据《土地利用年度计划管理办法》（国土资源部令第66号）第四条，土地利用计划指标主要包含新增建设用地计划指标（包括新增建设用地总量和新增建设占用农用地及耕地指标）、土地整治补充耕地计划指标、耕地保有量计划指标、城乡建设用地增减挂钩指标和工矿废弃地复垦利用指标。这些指标是落实耕地保护及占补平衡、控制建设用地规模等政策的重要抓手。从用途管制角度分析，主要从耕地变化量、建设用地变化量、耕地与建设用地相互转换的变化量三个方面体现出对土地用途转化的管控。

从指标分类看，土地利用指标主要分为耕地有关指标和建设用地有关指标。指标利用阶段主要分为计划性指标、实际性指标。从指标变化上分为总量指标、增量指标、存量指标。计划性指标从功能出发侧重于规划约束性的引导，实际性指标侧重于耕地与建设用地具体措施实施的评价。因此，对土地利用计划指标的管理主要有以下几个目的：一是严格落实耕地保护制度，确保耕地保有量不降低，压实地方耕地保护责任；二是严控建设用地增量，遏制无序开发建设；三是按计划、分阶段，在国土空间规划实施中对每5个年度节点预留城镇开发建设的增量空间，使城镇开发建设有序进行；四是提高土地利用效率，强化土地盘活利用，推进耕地后备资源建设、全域土地综合整治（包括增减挂钩）、工矿废弃地复垦等举措。

一、建设用地相关指标管理

建设用地指标体现用途管制过程中建设用地变化的具体情况以及与建设有关政策的指标变化情况。建设用地指标的管理原则是控制总量和增量、盘活存量，促进土地节约集约、提高土地利用效率。从管理指标变化的角度出发，主要管理三个方面：建设用地增量、建设用地存量、建设用地计划量。

(一)建设用地增量

建设用地增量指的是新增建设中由农用地和未利用地转为建设用地所增加的规模。用途管制的基本原则之一是坚持土地节约集约,因此在增量管理上应科学合理制定土地利用计划,严格控制建设用地总量和建设用地增量。在指标管理的过程中,主要以需求引导和供给调节合理地确定新增建设用地规模,以国土空间规划和土地利用年度计划对新增建设用地规模、结构和时序安排进行调控。为控制建设用地增量,有以下管理措施:

1. 强化规划约束与引导,以总量控增量

管理建设用地增量指标时,要以国土空间规划的约束内容为前提,每个省、市、县三级依据国土空间规划内容,按照城镇发展、基础设施建设等需要,对行政单元内建设用地总量进行限制,通过规划中的总量约束达到控制增量的目的。同时,用国土空间规划的布局与规模引导建设用地的具体功能性用途,避免土地利用粗放、功能混乱,减少新增建设用地闲置的情形。

2. 优化建设用地指标分解,以保障控增量

建设用地指标在管理时由上级政府向下级政府进行分解,通过优化建设用地规模指标分解,建立建设用地指标利用与保障的优先级,以先保障、后统筹的方式提升建设用地的利用效能,从而控制建设用地增量。

刘阳等建立了"一先、一落、二保、三统筹"的新增建设用地规模分解模型(刘阳等,2022)。"一先":提前划分省厅备案的已批未建用地和复垦腾挪用地;"一落":落实已明确的区域重大基础设施;"二保":优先保障社会民生设施与城市重点发展;"三统筹":统筹市级预留用地、乡村振兴用地和县(市、区)综合评估。结合分解模型,基于各市、县上报的新增建设用地规模需求,由省、市进行识别、校核,"自下而上"进行规模预测与统计,同时构建市、县多因子评价体系,采用层次分析法测算市、县占比,按照实际认定规模结合对应测算的指标模型进行新增建设用地规模分解,可以科学、有效地控制建设用地增量,发挥建设用地指标的最大效能。

3. 优化建设项目选址,以项目控增量

项目的建设用地规模包含两部分:现状建设用地规模(包含存量建设用地)、新增建设用地规模。建设用地规模主要为保障社会民生设施、城市重点发展、乡村振兴建设,新增建设用地占比项目用地规模的大部分。因此,从项目主体出发,通过优化选址、节约用地,减少占用农用地(尤其耕地、林地)、未利用地,多使用存量建设用地,可以直接控制建设用地增量。以项目控增量可以更主动、更直接、更精准地控制建设用地总量,从而管理城市发展的用地强度。

(二)建设用地存量

建设用地存量是指现状建设用地以及现状属于批而未供、闲置土地、城镇村低效用地、到期收回的国有建设用地等建设用地规模总和。存量建设用地的指标管理围绕未利用或利用效率低下的建设用地,通过减少建设用地存量,提高土地利用效率。减少建设用地

存量的方式有两种：一是通过盘活建设用地，改变闲置或利用效率低的用地状态，在符合规划或调整规划的前提下，转变为发挥城市功能的建设用地使用；二是"增存挂钩"，通过将新增建设用地计划指标分配与存量建设用地消化相挂钩，消除批而未供和闲置土地。

1. 盘活存量

建设用地存量的产生主要是因为土地供应、资金、建设、权属变更、收益等方面的原因，根据不同的存量建设用地类型，盘活利用方式主要包括整治、改善、重建、置换、提升等。为盘活存量，根据不同的存量建设用地类型，确定用地主体，分析开发方式，找准在开发环节的主要矛盾和问题，在政策方式、资金保障、建设改造、权属模式等方面的措施上推进存量的消除。

（1）批而未供的盘活：通过确定供地主体和供地方式，对确不需要的用地或不具备供地条件用地按流程撤销批文。对具备供地条件的土地，推进供地项目的规划、计划、手续、条件、程序，以政策引导和会商协调推进供地项目落地。

（2）闲置土地的盘活：有针对性地分析项目规划条件、建设周期、建设条件、土地资金、出让合同。对需要调整规划的重新办理；对确需延长开工的可延长1年；对确需核销的收回土地使用权；对存在资金问题的可拓宽开发资金渠道、申请财政补助、调整资金开发模式促进收益共享等；对需要调整用途的，在调整规划、缴纳土地价款、落实项目资金、重签出让合同后，予以调整并开始建设。

（3）低效用地盘活：通过分析土地建设利用现状，分析低效原因（主要包括建设设施低效、渠道低效、生产低效、运营低效、实施低效、利用低效等），通过生产技术升级、扩容改造、企业重组、转型创新、配置更新、补偿收回、末位腾退、协议置换等方式，具体推进低效用地向高效用地转变或低效用地腾退用地指标。

2. "增存挂钩"

"增存挂钩"是统筹计划利用建设用地增量与存量的用地指标，从而减少建设用地的存量、控制建设用地的增量。"增存挂钩"主要举措是根据《自然资源部关于健全建设用地"增存挂钩"机制的通知》（自然资规〔2018〕1号），以土地利用方式转变推进土地节约集约，各级自然资源主管部门分解下达新增建设用地计划，把批而未供和闲置土地数量作为重要测算指标，逐年减少批而未供、闲置土地多和处置不力地区的新增建设用地计划安排。各地区处置批而未供和闲置土地时需要明确具体任务和奖惩要求，对两项任务均完成的省份，国家在安排下一年度计划时，将在因素法测算结果基础上，再奖励10%新增建设用地计划指标；对于任一项任务未完成的省份，核减20%新增建设用地计划指标。

为有效消除批而未供和现状土地，云南省出台了《云南省加强批而未供和闲置土地处置三年行动方案（2022—2024年）》，坚持存量土地处置与计划指标配置、成片开发方案审查、建设用地审批等相挂钩，严格落实"增存挂钩"机制。在《云南省开发区振兴三年行动（2023—2025年）》中明确提出全省开发区批而未供土地、闲置土地处置率分别不低于25%、30%，倒逼开发区加大存量土地盘活力度。同时，云南省自然资源厅正在研究拟制《云南省开发区土地出让和利用专项整治行动方案》，重点对全省开发区范围内批而未供土地、闲置土地、违法违规出让土地、违法用地等问题开展专项整治，进一步强化开发区用地管理，全面提升土地利用效率。

云南省鼓励和支持重点开发区、产业区实行弹性年期出让、长期租赁、先租后让、租让结合等供地模式，积极引导工业企业根据实际需求缩短占地年期，避免因产业发展周期和用地时间不匹配造成土地低效利用。为加快土地二级市场建设，上线运行了云南省土地二级市场交易服务系统，促进二级市场交易规范化和便利化。推进土地预告登记转让，未完成开发投资总额25%的，允许先行签订建设用地使用权转让合同，依法办理预告登记，促进存量土地以转让方式进入市场流通，实现盘活利用。

（三）建设用地计划量

《土地利用年度计划管理办法》第五条规定，"土地利用年度计划中，新增建设用地计划指标，依据国民经济和社会发展计划、国家区域政策、产业政策、土地利用总体规划以及土地利用变更调查成果等确定。"建设用地指标在管理时，要深化城镇开发边界内规划用地安排，细化功能分区和用地布局，统筹存量用地和增量用地以及地上空间和地下空间，合理安排城镇建设用地规模、结构、布局和时序。建设用地的指标与城镇建设用地规模及城镇开发边界扩展倍数有关，建设用地指标的计划性源于在基准年的城镇建设规模上设定一定的增量扩展系数，为未来预留城镇建设发展的空间。国务院关于《云南省国土空间规划（2021—2035年）》的批复（国函〔2024〕10号）中明确"到2035年，云南省城镇开发边界扩展倍数控制在基于2020年城镇建设用地规模的1.3倍以内；单位国内生产总值建设用地使用面积下降不少于40%"。各类城镇建设所需要的用地（包括能源化工基地等产业园区、围填海历史遗留问题区域的城镇建设或产业类项目等）均需纳入全省（区、市）规划城镇建设用地规模和城镇开发边界扩展倍数统筹核算，不得擅自突破城镇建设用地规模和城镇开发边界扩展倍数。

根据自然资源部印发的《关于在经济发展用地要素保障工作中严守底线的通知》（自然资发〔2023〕90号）、《关于做好城镇开发边界管理的通知（试行）》（自然资发〔2023〕193号）：市县国土空间规划实施中，要避免"寅吃卯粮"，在城镇开发边界内的增量用地使用上，为"十五五""十六五"期间至少留下35%、25%的增量用地。在年度增量用地使用规模上，至少为每年保留五年平均规模的80%，其余可以用于年度间调剂，但不得突破分阶段总量控制，以便为未来发展预留合理空间。坚决杜绝擅自突破年度计划指标、破坏自然和历史文化遗产资源等各类建设行为。

二、耕地相关指标管理

耕地指标是耕地的保有量、增量、减量、节余量、计划量。耕地指标管理是用途管制中体现耕地保护主体目标的具体措施，通过耕地指标管理，严格耕地保护，确保耕地保有量不减少、耕地质量不降低、耕地布局稳定、耕地效益发挥。根据《土地利用年度计划管理办法》第五条，"土地整治补充耕地计划指标，依据土地利用总体规划、土地整治规划、建设占用耕地、耕地后备资源潜力和土地整治实际补充耕地等情况确定。耕地保有量计划指标，依据国务院向省、自治区、直辖市下达的耕地保护责任考核目标确定。城乡建设用地增减挂钩指标和工矿废弃地复垦利用指标，依据土地利用总体规划、土地整治规划等专项规划和建设用地整治利用等工作进展情况确定。"因此，耕地指标的管理主要在四个方面：补充耕地指标管理(占补平衡)、耕地节余指标管理(增减挂钩)、新增耕地指标管理(耕地开垦、工矿用地复垦)、违法占耕指标管理(增违挂钩)。

1. 补充耕地指标管理

补充耕地指标管理是农用地转为建设项目过程中占用耕地时，需要对占用的耕地落实占补平衡，建设占用的耕地需要在地方的补充耕地指标库中进行核销。占补平衡指以数量为基础、产能为核心，落实占一补一、占优补优、占水田补水田，促进耕地数量、质量和生态三位一体保护。补充耕地指标管理时，要对建设占用耕地的数量、水田、产能三项指标进行管理，三项指标在地方完成耕地开垦任务补充入储备指标库后进行对应核销。

2024 年 2 月 21 日，自然资源部在《关于进一步改进优化能源、交通、水利等重大建设项目用地组卷报批工作的通知》(自然资发〔2024〕36 号)中规定改进建设项目耕地占补平衡管控方式，非农建设占补平衡实行差别化管控。对新一轮国土空间规划确定的耕地保护目标高于上一轮规划确定的耕地保护目标的省份以及机构改革前已批复新一轮省级总体规划的，在现状稳定耕地不低于新一轮规划确定的耕地保护目标前提下，建设项目办理农用地转用审批时不再挂钩补充耕地，但建设单位应通过缴纳耕地开垦费或自行垦造方式落实补充耕地义务。

对新一轮国土空间规划确定的耕地保护目标低于上一轮规划确定的耕地保护目标的省份，将省域内稳定利用耕地净增加量作为下年度非农建设允许占用耕地规模上限，以县级行政区为单位建立非农建设补充耕地储备库，将符合条件的补充耕地纳入储备库形成补充耕地指标，专项用于建设项目用地报批时挂钩使用。

2. 耕地节余指标管理

耕地的节余指标主要来自增减挂钩中对拆旧区已复垦的耕地扣减建新区所占用的耕地的节余指标。土地增减挂钩是城镇建设用地增加与农村建设用地减少相挂钩，是指依据土地利用总体规划，将若干拟整理复垦为耕地的农村建设用地地块(即拆旧地块)和拟用于城镇建设的地块(即建新地块)等面积共同组成建新拆旧项目区。通过建新拆旧和土地整理复垦等措施，实现增加耕地有效面积，提高耕地质量，优化城乡建设用地布局，盘活城乡存量建设用地，促进土地节约集约利用。耕地的节余指标在增减挂钩政策管理中，一是保证新增的建设用地占用的耕地不减少，可以将拆旧复垦的耕地指标用于补充新建建设占用的耕地指标，也可以从耕地储备库中使用指标落实占补平衡；二是通过拆旧区复垦耕地，提高地区耕地数量、质量，优化耕地布局，复垦的耕地指标入库后作为耕地储备指标使用。

3. 新增耕地指标管理

新增的耕地指标主要通过两个方面增加。一方面是通过开垦耕地，增加耕地的数量与产能，通过耕地提质改造、高标准农田建设，提高耕地的质量、提升耕地产能；另一方面通过工矿废弃地复垦耕地，以增加耕地数量与产能，将历史遗留的工矿废弃地包括交通、水利等基础设施废弃地等加以复垦，在治理改善生态环境基础上，还可以与新增建设用地相挂钩，合理调整建设用地布局，确保建设用地总量不增加、利用更集约。

4. 违法占用耕地指标管理

涉及违法占用耕地的根据违法情形和处置要求，一类是需要对违法占耕地建设的用地进行拆除并复垦为耕地，确保耕地数量不减少、耕作层能恢复；另一类是在缴纳违法用地罚款、处理相关责任人后，以落实占补平衡和完善用地报批形式，确保耕地数量与水田、耕地质量不降低，并消除违法用地状态。

为遏制违法占耕等有关问题，2019年，自然资源部办公厅印发《关于严格自然资源执法工作的通知》，提出探索"增违挂钩"机制，通过"增违挂钩"对地区耕地指标综合管理，确保耕地指标不降低。施行中具体要求是对年度内违法占用耕地且未能消除违法状态的，要等量扣除该地区用于耕地占补平衡的可补充耕地数量。

三、计划指标配置

云南省在土地计划指标施行过程中，坚持土地要素跟着项目走，以真实有效的项目落地作为配置计划指标的依据，切实保障有效投资用地需求。土地利用计划管理是为了加大存量用地盘活的力度，积极处理历史遗留问题，探索完善集约节约用地激励政策机制。在计划管理中通过计划指标的配置，在稳定有序地保障重点设施与重点产业的用地指标下，盘活存量建设用地，推进批而未供与闲置土地处置，同时为巩固拓展脱贫攻坚成果、支持乡村振兴发展，对脱贫县予以单独的指标安排。指标配置管理的主要方式是：重点项目由国家直接配置指标、省级分解市县指标后预留部分指标、普通项目由地方（主要市、县两级）使用本级指标、地方确需的设施建设与产业发展在地方指标不足时由上级进行指标统筹、对违法用地有指标惩罚机制、对脱贫县配置支持乡村振兴指标。指标管制要求如下：

（1）对纳入重点保障的项目用地，在批准用地时直接配置计划指标。即纳入国家重大项目清单、国家军事设施重大项目清单的项目用地，以及纳入省级人民政府重大项目清单的能源、交通、水利、军事设施、产业单独选址项目用地，依法依规批准后，由自然资源部统一确认配置计划指标。

（2）对未纳入重点保障的项目用地，计划指标的配置与处置存量土地挂钩。即未纳入重大项目清单的单独选址项目用地和城镇村批次用地，均使用以当年存量土地处置规模为基础核算配置计划指标。2022年自然资源部公布的具体核算办法（自然资发〔2022〕95号）是：对2019年1月1日前批准的批而未供土地，按处置量的50%核算指标；对2019年1月1日以来批准的批而未供土地，按处置量的30%核算；对闲置土地，按实际处置量的50%核算。涉及违法用地补办手续，当年计划指标不足的，可结转使用以前年度节余指标。各省（区、市）配置计划指标不得突破核算数。各省（区、市）要积极处理历史遗留问题，盘活存量空间。对2019年1月1日前批而未供土地的处置率不低于25%（含办理供地手续、批文撤销或调整，但不含国务院批文撤销）；闲置土地处置率不低于15%。未完成规定处置率的，将影响相关省（区、市）新增建设用地指标配置及土地管理水平评价。

（3）支持巩固拓展脱贫攻坚成果和乡村振兴发展。继续安排每个脱贫县计划指标600亩，专项用于巩固拓展脱贫攻坚成果和乡村振兴用地需要，不得挪用。单列农村村民住宅建设用地计划，专项用于符合"一户一宅"和国土空间规划要求的农村村民住宅建设，单独组卷报批，在规划范围实施实报实销。

第四节　国土空间用途管制监督管理

监督是对某一事项或者环节、过程进行监视、督促和管理，使其结果能达到预定的目标。管理是由计划、组织、指挥、协调及控制等职能为要素组成的活动过程。监督管理是一种管理方法，通过对工作过程和结果进行连续的观察和评估，以确保组织的目标得以实现。国土空间用途管制本质上作为一种综合性的行政管理手段，监督管理环节必不可少。国土空间用途管制监督管理，是在国土范围也就是行政区划的界线内，在空间维度运用各种手段对空间要素、结构、强度、关系等进行监督和管理，同时也是在空间域内以土地用途为传导，对用途变化的源头、过程、重点环节、结果、成效、方式、指标、要素关系等进行系统的监督和管理，以更好地协调开发与保护的关系，形成可行有效、科学合理的用途管制手段。从监督管理的分类上可以包括流程监管、执行监管、环节监管、结果监管、成效监管、资金监管、专项监管、指标监管等。用途管制实施监管的体系包含了政府、企业和公众，主体是有公共拥有权和行使权的政府和公众（吴次芳等，2020），客体应是从国土空间获得公共利益或者服务公共利益的对象。从用途管制实施的角度看，实施的监督和管理包含空间调查评价、规划许可、用途转换、建设许可、违法处置、绩效评价等全流程；从行政实施的角度看，监督管理的重点环节在规划（"源头工厂"）、转用与建设许可（"中转站"）、违法处置（"客服中心"）三个环节。为了更好地满足用途管制监督管理的时代要求，监管需要由地块向空间转变，由静态向动态转变，由环节向全过程转变，由结果向成效转变，由传统手段向智能手段转变。监管的手段也不局限于行政、法治、经济三种，现在科技（如大数据、遥感、区块链、AI等）监管、社会监督（公众参与、信息公开、社会激励等）等手段越来越进入监督管理的舞台。

一、用途管制全流程监管

国土空间用途管制的监督管理是要对整个用途管制流程进行全面的监督与管控，是从决策者的高度统筹、协调、处置管制的各项内容，监督管理贯穿整个项目周期，围绕空间要素的用途在原有功能、用途转换、建设开发等各个环节进行全生命周期的监督与管制。要科学合理地全流程监督管理，需要做好统一底图、源头把控、政策贯穿、手段覆盖、指标控制、动态监管等几个方面的工作。

1. 统一底图

统一底图是在国土空间"一张图"上搭建监督管理的基础，以全国国土调查和用地用海分类为用途数据底数，在同一用途分类各个单元上执行用途管制的相关内容，监督管理在"一张图"上围绕基础用途数据的变化，通过遥感技术在"一张图"上比对，可以直接清晰地监督用途转化的结果，统一底图使监管统一数据标准，监管要素对象不发生交叉与重叠。

2. 源头把控

源头把控是强调全流程中规划的约束性与引导性。一条大河的水质基本特性往往取决于流域源头的补给来源，河流的总体流向也与河流源头的地理区位有关。对于用途管制也一样，用途的转变与规划的功能性有紧密关系，国土空间用途管制是以国土空间规划为基础的管制，国土空间规划就是源头，把控源头就能对整个管制过程起到约束性、方向性、引导性的作用。用途管制的监督管理中围绕用途转变展开，国土空间规划在监管中可以把控原有用途的基本情况、用途为什么转换、未来用途的功能性对整个区域发挥什么样的作用，监督管理就能以规划前后的实施效果进行综合评价与对比。

3. 政策贯穿

政策贯穿是全流程监管的关键手段，用途管制的主体方式是行政管理，监督管理是行政把控事项执行最基本的手段，因此整个流程要将相关政策自始至终地贯穿、衔接，重要的政策环节就是用途管制中重要的执行环节，在管制规划许可、用途转换、建设许可中加入监督性的政策，可以有效把控规划是否被执行、用途转换程序是否合规、建设开发是否合规，同时监督性政策可以有效避免无序转用、违法转用，约束违法用地问题的产生，对已产生的违法问题也能及时分类处置。监督管理的政策需要协同用途管制的许可性政策贯穿全流程，同时监管性政策也起到各部门协同的作用，将各部门主要的行政管理权责有效地集中在管制对象上，如农用地转用环节需要发改立项、行业设计、矿产压覆、地灾评估、林地审核等各个部门与环节的共同发力，自然资源部每年对农用地转用和土地征收的内容开展"双随机、一公开"工作。监督管理者也是行政事权的执行者，用途管制的监管中需要通过各级政府、各个部门的层层审核与把关，使管制变得合规合法与有序。

4. 手段覆盖

新时代对用途管制的监管手段越来越精细化、具体化、科学化，全流程监管就是要将各个监管手段对全流程、全周期进行覆盖。如以前的卫片监管工作是周期性的且仅关注违法用地问题，现在的卫片监管是常态化、动态化的，通过遥感技术影像比对结合土地调查成果，对整个土地用途的现状与转换环节进行检测，不仅识别和处置违法用地问题，还对耕地"非粮化"、耕地种植周期、乱占耕地建房、闲置土地、城市违规搭建、增减挂钩、废弃矿山生态修复等各类型管制要素问题进行监督管理；遥感手段的监管既在管制前，也在管制中，又在管制后，使监督管制在管制全流程中实现实时与动态化。社会监督手段也将覆盖管制的全过程，在管制全流程中形成监督思路、监督原则、监督主体、监督对象、监督内容、监督路径、监督渠道、保障措施等一套完整的社会监管体系（蒋亚全等，2023）。

5. 指标控制

指标控制是对用途管制最直接有效的监管手段之一，要建立全流程监督管理指标，监管中主要抓住耕地保有量、新增建设用地、林地保有量、湿地保护率、批而未供与闲置土地、土地供应、土地资源资产价值变动与配置收入、土地增减挂钩情况、违法用地处置等与耕地保护、生态保护、城镇建设、土地供应、土地经济成效等相关的具体指标，通过全流程监管具体指标可以有效发现管制问题、调整管制手段、完善管制内容、提高管制成效；如对耕地指标的监管，从总量、新增量、质量、占补平衡指标等进行耕地变化的监管，以确保在整个用途管制过程耕地不减少或储备增加、质量不降低、布局稳定。

6. 动态执行

动态执行是对用途管制全流程的监管，为了体现高效和准确，需要将监督管理的执行常态化、动态化。动态化的监督管理模式也为用途管制提出了更高的要求。动态化监管具体包括动态性对照国土空间总体规划进行指标与规模的管控、动态监管详细规划的实施与调整、动态地在用地审批监管平台对三大地类以及项目用地进行监管、动态监管项目建设许可审批与开工建设的情况、动态监管违法用地的产生与处置、动态监管土地市场开发和土地供应、动态监管生态的破坏与修复等，围绕项目用地的全周期，通过全流程中各环节、各要素、各方式的动态性监管，使用途管制更加智能化、高效化、具体化。

二、规划监督管理

对规划的监督管理是用途管制监管中最重要的环节，实行规划的全周期监管是管制的重要手段之一。随着国土空间规划的划定与实施，自然资源部办公厅发布《关于加强国土空间规划监督管理的通知》（自然资办发〔2020〕27号），提出"实行规划全周期管理"；自然资源部发布《关于加强和规范规划实施监督管理工作的通知》（自然资发〔2023〕237号），明确"依据法定规划实施用途管制，经依法批准的国土空间规划是开展各类国土空间开发保护建设活动、实施统一用途管制的基本依据。总体规划和详细规划是实施城乡开发建设、整治更新、保护修复活动和核发规划许可的法定依据。"全周期的规划监督管理需要在平台、手段、要求上做出具体安排。

（一）建立规划监管平台

建立完善国土空间基础信息平台和国土空间规划监管平台，将国土空间规划"一张图"作为统一国土空间用途管制、实施建设项目规划许可、强化规划实施监督的依据和支撑。自然资源部办公厅《关于印发〈国土空间规划"一张图"实施监督信息系统功能评定规则〉的通知》（自然资办函〔2021〕1238号）要求国土空间规划"一张图"实施监督信息系统要统一底图、统一标准、统一规划、统一平台，及时服务和支撑国土空间规划编制审批及实施管理。规划贯穿整个用途管制过程，在平台中监管底图与数据，确保数据规范、上下贯通、图数一致，同时在国土空间规划"一张图"实施监督信息系统中设置自动强制留痕功能。国土空间基础信息平台将整合云南省基础测绘数据、地理国情普查与监测数据、遥感影像数据、国土调查评价类数据、国土规划类数据，通过基础平台搭建国土空间规划监管平台，平台按照自然资源部要求开发国土空间规划"一张图"实施监督信息系统，通过系统平台实现数字化支撑规划成果质检与报送、审查与报批、归库与维护的全生命周期监管。

云南省于 2021 年发布《云南省州(市)级国土空间基础信息平台及国土空间规划"一张图"实施监督信息系统建设指南》，结合地方实际需求，将云南省各州(市)信息数据并入省级平台，监管平台引入国土空间规划全流程监管的先进理念，采用空间拓扑指标模型分析、空间服务用户分级管控、高并发微服务基础架构、空间分析模型国土空间规划智能检测、全文检索海量国土空间数据快速查询、空间拓扑智能选址决策等关键技术，通过国土空间规划数据服务、搜索服务、分析服务、数据挖掘、决策分析、业务规则、模型管理等各项功能，有效提升了云南省国土空间规划管理能力和信息化水平，为国土空间规划辅助编制、实施监管、评估预警、决策分析等业务提供了有力支撑。

(二)强化规划监管手段

规划监管的手段主要包括建立全流程监管制度、完善规划监管系统、强化监测评估预警、强化执法督查与处置几个方面。要建立规划编制、审批、修改和实施的全程监管制度，制度主要体现在规划各阶段和各重点环节，按照国土空间规划的"四梁八柱"，以行政体系和部门协同关系搭建规划监管的制度结构，在总体规划、详细规划的管制许可实施中衔接行政许可、指标约束的规划监管制度。建立并完善国土空间规划全流程监管系统，确保整个规划管理行为全过程可实时查询和回溯，规划约束性指标在规划监管系统中有专门监督控制，预期性指标在规划监管系统中有分析和评价；强化规划实施监测评估预警，按照"一年一体检、五年一评估"的要求开展城市体检评估并提出改进规划管理意见，市(县)自然资源主管部门适时向社会公开城市体检评估报告，省级自然资源主管部门严格履行监督检查责任；同时将国土空间规划执行情况纳入自然资源执法督察内容，加强日常巡查和台账检查，做好批后监管。对新增违法违规建设"零容忍"，一经发现，及时严肃查处；对历史遗留问题全面梳理，依法依规分类加快处置。

(三)明确规划监管要求

总体规划和详细规划是实施城乡开发建设、整治更新、保护修复活动和核发规划许可的法定依据。因此，规划监管要求围绕国土空间规划的约束性与指导性，总体规划作为底线管控和强制性约束，详细规划作为刚性约束和弹性指导。不得以城市设计、城市更新规划等专项规划替代国土空间总体规划和详细规划作为各类开发保护建设活动的规划审批依据。依法批准的详细规划纳入国土空间规划"一张图"实施监督信息系统，作为规划实施监督管理的重要依据。根据自然资源部《关于加强和规范规划实施监督管理工作的通知》(自然资发〔2023〕237 号)，对规划的监督管理要求如下：

(1)详细规划应落实上位总体规划的战略目标、功能布局、空间结构、资源利用等要求，不得违反上位总体规划的底线管控要求。

（2）要规范设置规划条件，严格依据详细规划核定规划条件，明确用地位置、面积、土地用途、容积率、绿地率、建筑密度、建筑高度、建筑退让、停车泊位以及公共服务、市政交通设施配建、城市设计、风貌管控等。对于乡村产业发展、乡村建设等乡村振兴用地允许适当简化规划条件有关内容。不得将国土空间总体规划和详细规划管控要求之外的非空间治理内容纳入规划条件，不得违反国家强制性标准规范设置规划条件。鼓励地方在规划条件确定后以适当方式进行公开。

（3）以有偿使用方式供应国有建设用地使用权或集体经营性建设用地入市的，市（县）自然资源主管部门应当依据详细规划核定规划条件，作为出让公告、有偿使用合同、入市方案的组成部分。以划拨方式供应国有建设用地使用权或批准使用集体土地举办乡镇企业、建设乡（镇）村公共设施和公益事业的，依据详细规划核定用地的位置、面积、允许建设的范围，纳入国有建设用地划拨决定书或集体建设用地批准文件。用地预审与选址意见书明确的规划要求达到规划条件深度的，可作为规划条件使用。未依法确定规划条件的地块，不得供应建设用地使用权。

（4）市（县）自然资源主管部门不得擅自改变规划条件。确需变更的，应当符合经依法批准的详细规划、法律法规以及相关规范的要求。变更内容不符合详细规划的，应当依法定程序修改详细规划后方可办理规划条件变更手续。

三、许可监督管理

许可的监督管理应明确"先规划、后建设"的原则，对用途管制涉及的许可事项进行重点监督管理。严格按照国土空间规划核发建设项目用地预审与选址意见书、建设用地规划许可证、建设工程规划许可证和乡村建设规划许可证。未取得规划许可不得实施新建、改建、扩建工程。许可监督管理主要包括准入许可、转用许可、临时许可、建设许可4项。

（一）准入许可监督管理

准入许可监督管理主要对建设项目用地预审与选址意见进行监管，按照《自然资源部关于以"多规合一"为基础推进规划用地"多审合一、多证合一"改革的通知》（自然资规〔2019〕2号）将建设项目选址意见书、建设项目用地预审意见合并，自然资源主管部门统一核发建设项目用地预审与选址意见书。预审与选址意见的监管主要围绕行政事权、核发流程、选址依据和内容等方面进行。用地预审审批权限分为国家、省、市、县（区）四级，一般预审的层级依据建设项目审批、核准、备案层级来划分，执行"分级预审、同级审查"原则。事权上，省自然资源部门对下级自然资源部门对用地预审选址事权进行监督检查，包括是否制定本地区实施受委托或下放职权实施细则、是否擅自扩大委托和下放职权审批权限和范围、是否将委托或下放职权委托给其他行政机关及社会组织或者个人实施。核发流程上，主要监管是否依法受理相关申请、是否落实"一次性告知"要求、是否在法定（承诺）时限内核发批准文件、是否按时将用地预审结果报自然资源部建设项目用地预审系统备案。选址依据和内容上，主要监管是否有项目建设依据、是否符合国土空间规划、项目选址是否与各专项规划相衔接、是否符合占用永久基本农田和耕地条件、是否符合占用生态保护红线不可避让或有限人为条件、建设项目用地规模和土地使用标准是否符合国家及省的有关规定、需要组织实地踏勘论证和节地评价的是否已按要求组织、是否进行选址比选及尽量避让耕地等。

（二）转用许可监督管理

转用许可监督管理主要是在农用地转用即用地报批环节进行监督管理，用地报批监管具体包括事权监管、合规性监管、程序性监管、质量监管、时间性监管、批后监管等。为推进用地报批监管，强化在流程、质量、内容等方面的监管要求，提高云南省用地保障效率与质量，云南省自然资源厅发布了《关于做好 2024 年度征转用地报批工作的通知》（云自然资审批〔2024〕106 号）。监督管理有以下要点：

（1）严格受理标准，推进前置监管。监管审查时以下情形不予受理：对不符合规定占用永久基本农田、不符合占用生态保护红线或有限人为活动的；报批、拆分转用的；不符合《禁止用地项目目录》《限制用地项目目录》等产业政策的；坐标存在重大错误，如交叉、不闭合、坐标位置与报批项目所在位置不一致的；涉及自然保护区实验区未取得林草部门同意意见，或涉及自然保护区核心区、缓冲区的；城镇批次用地报批范围套合后在城镇开发边界外的；村庄批次用地报批范围套合后在村庄建设用地规模范围外的。

（2）严控报件质量，强化质量监管。各州（市）自然资源主管部门应严把报件质量关，云南省各州（市）应结合每季度用地报批质量通报情况梳理分析存在的问题，对下辖县（市、区）自然资源主管部门、技术服务单位进行业务培训，培训开展后将有关情况报省自然资源厅；强化用地审批补正次数与补正时间，征转用地每件补正次数控制在 2 次以内，省级批准用地每次补正时间控制在 5 个工作日内，报国家批准用地每次补正时间控制在 15 个工作日内。云南省自然资源厅每季度将继续根据报件审查评分情况向各州（市）政府通报报件质量评分结果，每季度评分前三名的可增奖新增计划指标（基础指标）和补正次数（第一名增加补正次数 3 次、第二名增加补正次数 2 次、第三名增加补正次数 1 次，增加补正次数由州、市在年度内统筹使用）。

（3）强化审查要求，细化内容监管。对单独选址项目应在用地预审有效期内取得可研或核准批复，用地预审与选址意见书核发时间应在项目可研、核准批复时间之前，申报用地应在立项文件有效期内。按照"要素跟着项目走"的要求，城镇批次用地申报时已立项的应提供立项文件，并审查是否存在单个项目拆分报批用地情形。如完整项目用地超出省级批准权应报省级批准农用地转用后报国务院批准集体土地征收；未立项的应明确拟申报用地具体项目用途。州（市）级在审查时应核实报批用地中是否涉及"两高"项目以及产能过剩项目。强化对用地标准及节约集约用地情况、用地地类情况、权属情况、国土空间规划管控要求、耕地保护情况、违法用地与处置情况等方面的审查。

（4）强化调整用地批后监管。部、省两级通过国土空间用途管制监管系统，对调整用地审批情况实施监管；省级人民政府对调整用地批准后调出部分土地使用情况进行监管，由省级人民政府负责批准调整用地的，省级主管单位自行制定调整用地审批实施细则。

（三）临时许可监督管理

临时用地许可的监管主要围绕是否按规审批、是否建立台账、是否入库、是否及时复垦、是否违规修建永久性建构筑物等方面。根据《自然资源部办公厅关于加强临时用地监管有关工作的通知》（自然资办函〔2023〕1280号），省级自然资源主管部门负责检查把关临时用地上图入库信息，确保信息填报及时准确，对于信息补录、修改量大且排在本省份前列的市（县），及时提出整改要求；定期梳理分析单个项目临时用地规模明显偏大、未按期完成土地复垦等异常情形，监督临时用地审批信息公示情况，及时发现苗头性问题并督促整改；建立临时用地监管台账，录入全省临时用地审批数据，逐宗核查完成复垦验收情况。监督管理中，发现违法违规审批临时用地或者批后改变临时用地用途修建永久性建（构）筑物等问题的，要严肃依法依规进行查处，并在系统中核销临时用地信息。加强临时用地日常监督抽查，督促整改存在的问题，对于问题突出的省份公开通报。

（四）建设许可监督管理

建设许可包含建设用地规划许可、建设工程规划许可、乡村建设规划许可，根据《国务院办公厅关于全面实行行政许可事项清单管理的通知(2023年版)》，"三证"属于自然资源部门主管的行政许可事项，按照"谁主管、谁监管"和"谁审批、谁负责"的要求，省、市、县自然资源主管部门统一核发或监督管理建设规划许可，并严格落实法律法规规定和由自然资源部公布的规划许可实施规范等各项要求。建设许可监管主要聚焦许可流程、许可内容、规划合规、许可时效等方面。

1. 建设用地规划许可监管

核发建设用地规划许可证，应当符合耕地保护和生态环境、节约集约用地的要求，不得违反城镇开发边界的管控要求。以划拨方式提供国有土地使用权的建设项目，在批准、核准、备案后，依据详细规划核定建设用地的土地用途、位置、面积、允许建设的范围等，经有建设用地批准权的人民政府批准后，市、县自然资源主管部门向建设单位同步核发建设用地规划许可证、国有土地划拨决定书。以出让方式提供国有土地使用权的建设项目，在取得国有土地使用权出让合同后，市、县自然资源主管部门向建设单位核发建设用地规划许可证。

2. 建设工程规划许可监管

各市、县自然资源主管部门要加强对建设工程设计方案的审查，包括相关指标是否符合各宗地地块出让合同附具的规划条件，容积率、绿地率、建筑高度、建筑密度等控制指标是否符合要求。工程规划许可主管部门必须对建设工程设计方案等基础资料进行实质性审查，并将其作为核发证书的前置要件。建设工程规划许可按照申请、受理、审查、决定、送达的流程，申请人向主管部门提出申请并提交材料。申请事项属于本行政机关职权范围的，申请材料齐全、符合法定形式时出具《受理通知书》；根据法定条件和程序，对申请材料的实质内容进行审查并出具审查意见，申请符合法定条件、标准的，依法作出准予行政许可的书面决定，并颁发行政建设工程规划许可证。

3. 乡村建设规划许可监管

乡村建设规划许可是依法引导和规范城镇开发边界外乡村建设活动，保障村庄规划实施、保持乡村风貌、促进乡村发展的有效手段和重要措施。乡村建设规划许可应按照"先规划、后许可、再建设"的要求，已批准的村庄规划（实用性村庄规划或"通则式"村庄规划）是乡村建设规划许可的法定依据。农村村民住房建设及乡村建设项目的选址须经村民会议或村民代表大会等审议通过并公示，由乡村规划委员会对用地位置、面积、标准、相邻关系和合规性进行审查，通过并形成会议纪要后方可按程序申请乡村建设规划许可证。乡村建设规划许可的办理包含申请、受理、盲查、核发、公示公告等环节，同时对延期、变更、注销业务等进行监管。

四、违法用地监督管理

违法用地监督管理是国土空间用途管制监督管理的末端环节，是用途管制实施后对产生的违规问题进行预防、监督与处置。违法用地监督以问题为导向，对未履行农用地转用、土地征收、建设用地与工程规划许可或其他用途改变的法定程序等问题，围绕原地类与用途，开展相关的监督管理工作。根据《自然资源执法监督规定（2020年修正）》（中华人民共和国自然资源部令第6号）第二条，"自然资源执法监督，是指县级以上自然资源主管部门依照法定职权和程序，对公民、法人和其他组织违反自然资源法律法规的行为进行检查、制止和查处的行政执法活动。"违法用地监管是为了减少违法用地产生、及时处置违法用地问题、衔接用途管制前端与末端，确保用途管制过程合法合规。监管中需要深入了解处置难点，有针对性地提出督查整改意见和建议，坚决遏制违法用地问题，严守耕地红线，保护群众利益。违法用地监管为发挥最大的效用，主要体现在四个方面，即明确监管职责、完善监管制度、强化监管巡查、发挥监管手段。

（一）明确监管职责

《中华人民共和国土地管理法》第六十七条规定："县级以上人民政府自然资源主管部门对违反土地管理法律法规的行为进行监督检查。县级以上人民政府农业农村主管部门对违反农村宅基地管理法律法规的行为进行监督检查的，适用本法关于自然资源主管部门监督检查的规定。"

1. 自然资源主管部门执法监督职责

县级以上自然资源主管部门依照法律法规规定，履行下列执法监督职责：①对执行和遵守自然资源法律法规的情况进行检查；②对发现的违反自然资源法律法规的行为进行制止，责令限期改正；③对涉嫌违反自然资源法律法规的行为进行调查；④对违反自然资源法律法规的行为依法实施行政处罚和行政处理；⑤对违反自然资源法律法规依法应当追究国家工作人员责任的，依照有关规定移送监察机关或者有关机关处理；⑥对违反自然资源法律法规涉嫌犯罪的，将案件移送有关机关；⑦法律法规规定的其他职责。

2. 县、乡、村监管职责划分

（1）县级人民政府自然资源、农业农村部门应当按照各自职责，加强土地违法行为的监测。

（2）县级以上人民政府自然资源主管部门按照国家规定，可以聘任信息员、协管员收集土地违法行为信息，协助及时发现土地违法行为。

（3）乡镇人民政府、街道办事处应当建立土地日常巡查制度，及时发现和制止土地违法行为。

（4）农村集体经济组织、村民委员会、村民小组发现其经营管理的土地范围内存在土地违法行为的，应当向乡镇人民政府、街道办事处或者县级人民政府自然资源、农业农村部门报告。

3. 执法监管措施

县级以上自然资源主管部门履行执法监督职责，依法可以采取下列措施：①要求被检查的单位或者个人提供有关文件和资料，进行查阅或者予以复制；②要求被检查的单位或者个人就有关问题作出说明，询问违法案件的当事人、嫌疑人和证人；③进入被检查单位或者个人违法现场进行勘测、拍照、录音和摄像等；④责令当事人停止正在实施的违法行为，限期改正；⑤对当事人拒不停止违法行为的，应当将违法事实书面报告本级人民政府和上一级自然资源主管部门，也可以提请本级人民政府协调有关部门和单位采取相关措施；⑥对涉嫌违反自然资源法律法规的单位和个人，依法暂停办理其与该行为有关的审批或者登记发证手续；⑦对执法监督中发现有严重违反自然资源法律法规、自然资源管理秩序混乱、未积极采取措施消除违法状态的地区，其上级自然资源主管部门可以建议本级人民政府约谈该地区人民政府主要负责人；⑧执法监督中发现有地区存在违反自然资源法律法规的苗头性或者倾向性问题，可以向该地区的人民政府或者自然资源主管部门进行反馈，提出执法监督建议；⑨法律法规规定的其他措施。

（二）完善监管制度

根据《自然资源执法监督规定（2020 年修订）》（中华人民共和国自然资源部令第 6 号），市、县自然资源主管部门应当建立执法巡查、抽查制度，组织开展巡查、抽查活动，发现、报告和依法制止自然资源违法行为。违法用地的监管制度主要包括巡查检查制度、公开通报制度、社会监督制度、挂牌督办制度、行政执法全过程记录制度、奖惩制度等。

（1）省级以上自然资源主管部门实行自然资源违法案件挂牌督办和公开通报制度。对上级自然资源主管部门交办的自然资源违法案件，下级自然资源主管部门拖延办理的，上级自然资源主管部门可以发出督办通知，责令限期办理；必要时，可以派员督办或者挂牌督办。

（2）自然资源主管部门应当通过定期或者不定期检查等方式，加强对本级和下级自然资源主管部门查处工作的监督，及时发现、纠正存在的问题。县级以上人民政府自然资源主管部门发现作出的行政处罚、行政处理有错误的，应当主动改正。

（3）自然资源主管部门建立重大违法案件挂牌督办制度，明确提出办理要求，公开督促下级自然资源主管部门限期办理并接受社会监督，同时将案情和处理结果向社会公开通报并接受社会监督。

（4）县级以上自然资源主管部门实行行政执法全过程记录制度，实现全过程留痕和可回溯管理。

（5）落实下沉监督，通过"到现场看、见具体事、听群众说"等方式，聚焦农村乱占耕地建房专项整治，制止占用破坏耕地、耕地"非农化"、永久基本农田"非粮化"等违法行为，形成"专项检查、跟踪督查、督促整改"闭环机制，做实日常监督。

（6）推进执法监管奖惩制度，以违法占耕为例，对在耕地保护工作中成效明显、违法用地得到有效遏制、呈明显下降趋势且新增违法用地及时整改到位的地方党委和政府及相关部门适当予以鼓励和表彰。同时，对于卫片执法过程中发现的耕地保护主体责任落实不力、违法用地呈明显上升趋势、新增违法整改不力、违法占用基本农田面积较大或顶风违法、拒不整改到位的地方党委和政府，应严肃问责。

（三）强化监管巡查

地方对违法用地的巡查监管主要以县、乡、村为主体巡查单元，通过划定巡查范围、划定巡查区域等级、确定巡查职责，施行日常巡查和动态巡查，强化巡查手段，完善巡查后续处置机制，形成自上而下的全覆盖动态巡查体系。

本书从全国范围内选取三个乡镇开展巡查工作的优秀做法作为典型案例。

1. 贵州省雷山县覃斗镇巡查办法——强化村、镇巡查责任要求

根据覃斗镇人民政府《关于印发〈覃斗镇违法用地巡查管控与责任追究方法〉的通知》（覃府发〔2023〕72号），贵州省雷山县覃斗镇主要巡查做法是强化并明确村、镇两级的巡查责任和要求，扎实推进巡查工作责任化。

1）村（社区）日常巡查责任

村（社区）委会、村民小组负责管理、保护本辖区内的土地资源，重点保护耕地资源，对违法占用、破坏耕地或农用地等行为负有巡查、制止和报告的职责。村（社区）两委干部、村民小组组长及其成员承担辖区内的土地日常巡查工作，将耕地作为巡查重点区域，建立巡查工作台账，对辖区内新发生的违法用地行为要自破土动工之日起3个自然日内发现、制止并报告村（社区）党支部书记，村（社区）党支部书记自接到违法用地线索后2个自然日内书面报给镇规划执法办公室或驻点领导干部。

2）镇巡查及整改责任

镇政府负责本行政区域内土地管理和耕地保护工作，对发生在辖区内的违法用地行为应及时发现、有效制止、依法查处和组织整改，确保本辖区内无新增违法用地行为发生。

（1）镇规划执法办巡查人员每个工作日必须开展土地执法动态巡查，每半个月至少全覆盖巡查一次所负责的区域，并建立巡查台账，对巡查区域内新发生的违法用地行为要在5个工作日内发现并当即责令违法当事人停止建设，防止违法事态进一步扩大，并告知镇

规划执法办公室，同时通报镇驻点领导干部。

（2）镇规划执法办公室工作人员对通过执法、群众举报、村（社区）干部或巡查人员等渠道发现的违法用地线索，应自接到该违法用地线索之日起2个工作日内到现场核实并下达《责令停止自然资源违法行为通知书》和《责令改正通知书》，责令违法当事人停止建设，限期主动纠正违法行为，对该违法用地行为进行有效制止，符合立案条件的，应当立案查处。

（3）镇驻点干部要接受群众举报违法线索，做好所驻点村（社区）的违法用地巡查与制止工作，每周至少全覆盖巡查两次，并将驻点村（社区）内的违法用地情况报镇规划执法办公室，同时通报镇驻点领导，对驻点村（社区）的违法用地结果负责。

（4）镇驻点领导对包片区域的违法用地结果负责，每周将包片区域内的违法用地情况通告镇分管领导。

（5）镇分管领导自接到违法用地线索后，两个工作日内组织相关部门和人员对违法用地行为进行有效制止，对依法应当拆除但逾期不改正的，在《责令改正违法行为通知书》期满后15个工作日内组织人员对该违法用地依法处理，并依法追究当事人法律责任。

（6）镇主要领导对本辖区内土地资源保护和监管负主要责任，重点保护耕地和永久基本农田，对违法用地的预防、查处及整改负总责，对于日常巡查、卫片执法、群众举报或其他渠道发现的新增违法用地，要督促有关责任人员依法依规及时查处、整改到位，对已经责令违法当事人自行拆除但逾期仍未拆除的，依法及时组织拆除整治到位，严格落实耕地保护工作责任。

2. 湖北省宜城市自然资源执法监督巡查办法——巡查分区分级、形成动态巡查网络

根据宜城市自然资源和规划局《关于印发〈宜城市自然资源执法监督动态巡查责任制实施办法〉〈进一步加强自然资源执法监督工作的意见〉的通知》（宜自然资发〔2024〕1号），宜城市自然资源和规划局主要巡查做法是按照规划思维对巡查范围进行分级分区，形成高效性、有针对性的重点巡查，建立行之有效的动态巡查体系。

1）巡查分区分级

宜城市各国土资源所、办事处综合执法中心、林业管理站要按照各自的工作责任区落实巡查责任人，划定巡查范围，各司其职，形成自上而下的动态巡查网络体系。按照国家重点保护的资源对象和宜城市重点保护的资源对象及全市自然资源违法行为发生规律，巡查区域分以下三级：

（1）一级巡查区域：基本农田保护区、天然林、公益林、城市规划区、宜城经济开发区、城郊接合部和国道、省道两侧的土地以及国家规划矿区、对国民经济有重要价值的矿区。

（2）二级巡查区域：镇（办事处）政府所在规划区、集镇、乡村接合部、县（乡）道路两侧的土地、林业、矿山较集中的地区。

（3）三级巡查区域：村庄规划范围内、村庄周围的土地、林业、农民建房用地和零散分布的矿产资源所在区域。

2）动态巡查体系

根据全市自然资源违法行为发生的趋势规律和巡查区域的等级划分，将巡查方向分为

矿产资源巡查、土地资源巡查和森林资源巡查。巡查频率为：一级巡查区域每周巡查不低于三次；二级巡查区域每周巡查不低于两次；三级巡查区域每周巡查不低于一次；所有区域还要实行不定期随机巡查，在土地、矿产、林业违法行为的多发时段、高发区域和特殊时期要加大巡查频率，切实做到对违法行为及时发现、及时制止、严肃查处。各国土资源所、林业管理站、综合执法中心每月25日前将当月动态巡查情况上报市自然资源和规划综合执法大队。

建立健全动态巡查台账制度。台账内容包括巡查时间、巡查路线、巡查情况记录和巡查人员等。发现有违法行为的，还必须记录违法现状、制止措施、当事人简要情况、最终处理情况。每年对巡查工作情况进行检查。检查内容包括巡查时间、巡查覆盖率、巡查频率、台账情况、巡查任务完成情况、职责履行情况、案件查处率、案件结案率等。

3. 上海市青浦区练塘镇巡查办法——联合属地网络巡查、强化巡查工作机制

根据上海市青浦区练塘镇人民政府《关于建立违法用地巡查发现、制止、上报、处置工作机制的通知》(练府〔2021〕73号)，上海市青浦区练塘镇人民政府通过强化巡查的违法用地发现、制止、上报及处置机制，构建形成了"早发现、早制止、严查处"的长效监管机制。

1）发现机制

（1）属地巡查。各村居及相关镇属公司成立违法用地巡查小组，结合日常检查、专项检查、专项整治等工作，实行属地全覆盖巡查，建立健全巡查机制，对区域实施高、中、低划片区巡查，专人负责，加强源头监管，确保新增违法用地早发现，以"零容忍"态度严查严管新增违法用地问题。

（2）网格巡查。依托日常网格化巡查工作，加强巡查密度，拓宽巡查范围，发现苗头性、倾向性违法用地问题及时反馈至所属村居及相关镇属公司。

2）制止和上报机制

建立巡查记录上报制度，巡查中做好详细现场记录(包括图片、视频、文字说明等)，每月20日前向规建生态办反馈当月巡查情况。各责任部门、村居及相关镇属公司在巡查过程中发现疑似违法违规用地和违法建设行为应立即劝阻，摸清疑似违法人员信息、疑似违法用地地址等基础信息，派专人盯守，防止违法行为持续发生，并立即反馈至规建生态办。

3）处置机制

规建生态办根据违法用地性质协调联系相关责任部门进行现场核实，确认为违法用地和违法建设行为的由执法部门责令停止并限期整改，拒绝停止和整改的依法予以处理。各村居及相关镇属公司对拆除整改工作进行监督，实时追踪整改情况，完成整改后上报规建生态办，由规建生态办牵头相关部门现场复核，实行销项，并将该点位列入事后巡查点位。

（四）发挥监管手段

违法用地的主要监管手段是将卫星遥感监测技术运用于土地执法工作，有效解决违法用地监管中"发现难"的问题，同时可以及时掌握违法问题底数，结合现场核实、系统填报举证，可以较全面较准确地掌握各类违法违规用地问题的查处整改情况，通过"问题图斑"

有效推动违法用地处置与问题整改，建立约谈问责机制、增违挂钩机制、督察机制和开展专项整治等，及时查处整改违法违规用地问题。自然资源部在全国部署开展自然资源卫片执法监督。省级自然资源主管部门按照自然资源部的统一部署，组织所辖行政区域内的市、县自然资源主管部门开展自然资源卫片执法监督，并向自然资源部报告结果。

1. 构建图斑变化信息

通过定期不定期的卫星遥感监测工作，对卫星遥感影像开展变化图斑信息提取，截取包含变化图斑局部范围的前、后时相遥感影像底图，利用各类遥感技术监测变化图斑的空间位置，与综合监管平台中国土空间规划、土地利用现状、永久基本农田和建设用地审批等专题管理信息进行套合分析，综合形成变化图斑管理信息。

2. 核查填报卫片执法图斑信息

根据自然资源部办公厅《关于开展 2022 年卫片执法工作的通知》（自然资办发〔2022〕3 号），省级自然资源主管部门组织市、县级自然资源主管部门，对部下发卫片执法图斑开展实地核查，根据《土地卫片执法图斑合法性判定规则》《矿产卫片执法图斑填报指南（试行）》分别进行合法性判定，相关信息利用执法综合监管平台或"国土调查云"按"月清"要求及时填报、确认。填报时，对属于新增乱占耕地建房问题要单独标识；对建设用地预审、建设用地审批、城乡建设用地增减挂钩、土地市场动态监测监管、临时用地、设施农业用地、全域土地综合整治试点等部已建有审批、备案、监管等系统的，图斑合法性判定以部审批、备案、监管系统信息为准。地方在执法综合监管平台和"国土调查云"上填报的内容，系统以天为单位自动同步，或根据地方主动操作同步。县级自然资源主管部门对填报数据的真实性、准确性负责。

3. 强化工作组织，严格问责标准

根据自然资源部办公厅《关于开展 2021 年卫片执法工作的通知》（自然资办发〔2021〕29 号）：①卫片执法监督工作是"月清""季核""年度评估"。"月清"指县一级要在当月完成上月自然资源部下发图斑的核查判定，并填报到卫片系统中。"季核"指市一级在一个季度内必须对各县填报的图斑核查情况进行一次全面审核；省级自然资源主管部门至少以季度为单位，对本地区填报结果进行内业核查和外业抽查。"年度评估"指在完成对完整的四个季度图斑核查填报后，经省级自然资源主管部门全面审核，形成年度卫片执法成果和报告报自然资源部，并以此成果为基础按年度评估一个地区管理秩序。②实行等量扣减占补平衡耕地数量，防止耕地流失。对年度内违法占用耕地且未能消除违法状态的，要等量扣除该地区用于耕地占补平衡的可补充耕地数量；对年度内违法占用永久基本农田且未能消除违法状态的，要限期拆除复耕，确实不能恢复原种植条件的要限期补划。③严格问责标准计算方法，严肃问责。④在评估省级土地管理秩序、计算问责比例时，不再扣减省级重大基础设施项目违法用地。在责任追究环节明确了省级纳入问责范围的标准。不再执行扣减符合"一户一宅"等条件的农村宅基地违法用地、保障性安居工程违法用地等政策。⑤突出对重点区域、重要矿种的监管和保护。要强化对自然保护地、长江流域和黄河沿岸县域等重点地区、稀土等国家战略性资源重要矿种的监管。

4. 实事求是，严格日常执法

根据自然资源部办公厅《关于利用 2024 年季度卫片监测成果开展日常执法工作的通知》（自然资办发〔2024〕4 号），自然资源部按季度下发的疑似违法违规变化图斑是通过遥感监测判读反映的地表变化情况，各级自然资源主管部门不得将其直接作为作出行政处罚的依据。必须实事求是，经实地核查后，依据事实，按照法律法规等规定进行处置。各地要结合实际采取铁塔视频监管、地面巡查等方式，及时发现、处置和查处违反法律法规占用耕地问题，强化日常监管和执法。对经核实判定确属自然资源违法行为的，尤其是新增乱占耕地建房、别墅、大棚房、高尔夫球场等问题，要严格按照相关法律法规和《自然资源行政处罚办法》《自然资源违法行为立案查处工作规程（试行）》中关于核查与制止、立案、调查取证、案件审理、作出处理决定、执行等有关规定，及时制止，依法依规查处，有关事实认定要以实地调查为准，同时比对调查、规划、审批等管理数据；涉嫌犯罪及违法违纪应当追究党纪政务责任的，应当依照有关规定移送相关机关处理；对属于林草、发展改革、交通、农业农村、水利等其他部门职责范围的违法行为，要按有关规定及时移交相关部门处置。对机构改革后自然资源执法职能有调整的，要按职责分工结合实际做好衔接，加强业务培训，防止出现监管和执法真空。

第五节　国土空间用途管制绩效评价

绩效是一种管理手段，是组织在一定的资源、条件和环境下对管理目标及其实现程度、完成效率、取得收益等各方面的反馈。绩效管理多应用于经济管理活动、人力资源管理、公共管理、行政管理的各个方面，但根据管理类型、管理对象、管理方式，绩效管理大不相同。国土空间用途管制的绩效管理作为一种综合的行政管理，是行政为主体对用途管制的目标、过程、重点环节、结果所取得的成绩和效益的综合反馈。评价是对绩效管理好坏的最直接反馈，是以结果为导向，因此通过用途管制绩效评价可以清晰简洁地了解空间全域、某一功能区、某一管制单元、某一具体项目地块等通过用途管制后的结果、成果、效果。

国土空间用途管制绩效评价是用途管制实施的重要环节，是对用途管制全流程、动态型管理的重要手段，通过对用途管制的绩效评价可以反映一段时间内规划实施、耕地保护、生态保护、土地节约集约利用、国土开发建设、国土资源效益等不同管制目标的成效。管制过程中也可以对主体功能区、城市更新建设、产业园区、特色乡村、单体建设项目等具体化的用途管制对象进行综合性的绩效评价。用途管制实施中，通过绩效评价可以有效地以管制的绩效成果为导向，更好地优化管理流程、把握管理重点环节、提升规划管理导向，强化保护与开发的主体管制规则。用途管制绩效评价涉及行政、经济、社会、生态各个方面，用途管制的绩效评价涵盖多元的管制目标和需求，涉及全社会的公共资源，有不同的管制对象，因此绩效评价过程与结果是综合的、复杂的、随目标需求改变而改变的，国土空间下的用途管制绩效评价无法具有统一的评价系统、评价指标、评价标准、评价过程。要进行有效的管制绩效评价需要明确具体的管制目标和管制需求，确定评价时间阶段、评价范围、评价对象、评价方向、评价方法、评价规则、预期评价成果等。

一、评价指标

国土空间用途管制绩效评价因目标不同、对象不同，评价指标的选取也不同，但根据管制的基本原则要求与成效，大致可分为以下几类：底线约束型指标、阶段效率型评价指标、土地利用型评价指标、资源经济型评价指标、管制专项型评价指标等，绩效评价中主要围绕用途管制基本目标、管制阶段、管制结果成效、具体管制内容进行综合评价，不同的评价指标、不同的评价阶段、不同的评价类型，可以使绩效管理手段由单一向多元转变、由粗放向细化转变、由静态向动态转变、由绩效结果向绩效目标转变。

（1）底线约束型评价指标：主要绩效评价的是用途管制中必须完成的指标，底线约束型的评价指标主要围绕国土空间规划中底线约束的指标完成情况展开评价，底线绩效评价可以采取0-1判断的形式，完成底线约束指标任务的为1分，未完成底线约束指标任务的为0分。这些底线约束的评价指标也作为主要行政部门、行业主管部门、行政主要领导的绩效考核内容之一，具体绩效评价的指标包括对比以下指标是否低于国土空间规划要求的保有程度：生态保护红线面积、用水总量（万立方米）、永久基本农田保护面积（公顷）、坝区耕地划入永久基本农田比例（%）、耕地保有量（公顷）、林地保有量（公顷）、基本草原面积（公顷）、湿地面积（公顷）、建设用地总规模（公顷）、城乡建设用地规模（公顷）、城镇开发边界规模（公顷）等；同时，还包括永久基本农田储备的规划完成度、稳定耕地的保有度、城镇开发边界扩展倍数等。

（2）阶段效率型评价指标：主要绩效评价的是用途管制的主要阶段和关键环节的执行效率、完成效果，该类指标是管制环节效率性管理的重要手段。规划阶段的效率评价指标有规划的核心指标的划定程度、各类规划完成比例、规划完成时间梯度、规划指导项目建设的有效性等；转用阶段的效率评价指标有年度计划项目用地报批完成率、单选项目和批次项目分别审批时间效率、已审批项目抽查合规比例、"双随机、一公开"分值、农用地转用面积较上一年度变化率、农用地转用中占用耕地比例、建设项目使用存量建设用地比例、年度已批建设用地使用土地计划指标比例等；供应阶段的效率评价指标有年度土地供应率，土地招标、拍卖、挂牌、租赁所占土地供应的比例，土地划拨、出让（招拍挂单独统计）的时间效率，土地出让执行率、土地开发与年度计划的完成比例等；建设许可阶段的效率评价指标有项目建设执行率、已取得建设用地及工程规划许可占计划年度已批准用地项目的比例、计划年度批次用地土地建成率、两年供而未建项目比例等。

（3）土地利用型评价指标：主要评价土地的利用程度、利用效率，绩效评价围绕土地节约集约利用情况以及土地闲置情况进行综合评价。土地利用型评价指标包括土地开发率（项目开发个数完成率、面积开发完成率）、土地建成率（分城镇与村庄）、土地供应率、闲置土地发生率、批而未供消化周期超过 3 年的比例等；从具体土地用途类型来看，利用评价的指标有容积率、绿地率、建筑密度、建筑高度、工业用地率、住宅用地率、人均绿地率、人口密度、基础设施占城镇总建设用地的比例等。

（4）资源经济型评价指标：综合评价通过用地管制过程土地资源以及其他资源类型的经济成效，土地资源的经济评价指标有新增建设用地产出强度、新增建设用地投资强度、土地消耗率、存量建设用地产出率、年度二三产业增加率、均地税收、地均固定资产投资等，其他类资源的经济绩效评价指标有固碳价值、生态补偿资金、农业年产值、水资源价值、生物多样性价值等。

（5）管制专项型评价指标：针对某一具体管制的事项进行专门的绩效评价，如耕地保护的专项绩效评价，其指标围绕耕地保护中数量、水田、质量、永久基本农田占用补划展开；工业用地专项绩效评价指标围绕工业用地的产值、税收、综合容积率、地均就业人口、地均固定资产投资、单位工业产值能耗、公共服务设施 POI 密度、高新技术企业占比等展开（詹子歆等，2023）。

二、耕地保护绩效评价

耕地保护绩效评价是对耕地在生产、建设、保护及转换其他用途的耕地行为进行评判，是对耕地和永久基本农田的保有量、质量、新增量、政策实施、耕地建设、违法占用、耕地破坏等情况进行的综合评价。绩效评价的总目标是保护耕地，通过耕地保护绩效评价可以监测耕地保护过程中的问题，强化耕地保护责任制，落实最严格的耕地保护制度。

耕地保护绩效评价的指标有定量的，也有定性的，评价中有正向指标和负向指标，正向保护耕地的评价指标有新增耕地数量、耕地保有增量、永久基本农田增量、永久基本农田储备区增量、耕地提质改造与高标准农田建设规模，负向的指标有违法占耕数量与比例、乱占耕地建房规模、高占耕比项目比例、耕地向其他农用地的流出量等。耕地保护绩效评价基础指标主要包括耕地保有量、耕地变化量、水田、耕地质量、坝区耕地、永久基本农田占用和补划、稳定耕地、耕地占补平衡落实情况、补充耕地省内跨市交易情况、永久基本农田储备区建设情况、高标准农田建设情况、工矿用地等复垦耕地情况、未利用地开垦情况、退耕还林情况、违法占耕情况、农村乱占耕地建房情况、污染耕地占比情况等。绩效性结果指标包括保有量完成度、人均耕地占有量、人均耕地粮食产能、新增耕地量、现状耕地较上一年度变化程度、永久基本农田增量、坝区耕地和永久基本农田增量、高标准农田增量、水田增量、违法占耕整改、耕地责任目标考核结果等。

耕地保护绩效评价时，以行政区范围作为评价范围，对地区的耕地保护的底线指标、实施指标、建设指标、违法占耕情况等进行综合评价。以国土空间规划下达的耕地保有量、永久基本农田规模为基本要求，对占补平衡、永久基本农田占用补划、补充耕地交易、工矿复垦、临时用地复垦、土地整治、高标准农田建设等方面的实施进行逐项评价，从耕地保护目标责任制度建设、耕地巡查与督察评价耕地保护的保障措施，对违法占耕的比例情况和整改情况进行评价。综上所述，选出 29 项耕地保护的具体绩效评价指标，由地方建立统一的评价标准，对各项指标予以赋值或者配置权重系数，涉及底线型和约束型的分值或权重应较高，执行型的指标行政地区可根据自身情况调整相应的评价系数。对评价中底线型指标不合格的直接判定耕地保护绩效评价不合格，但仍可以绩效评价总分值对下属行政区耕地保护绩效进行排名。排名前三的可以给予耕地指标或者计划用地指标进行奖励，排名靠后或者不合格的予以通报批评并在责任领导考核、用地指标配置上予以一定负向措施。

表 8-1　耕地保护绩效评价表

序号	评价方向	评价指标	指标类型	绩效评价内容
1	耕地保护底线评价	耕地保有量	底线型	现状耕地面积是否不低于国土空间规划下达的耕地保有量指标
2		永久基本农田保护面积	底线型	现状永久基本农田面积是否不低于国土空间规划下达的永久基本农田保护规模指标
3	耕地保护实施评价	新增建设用地占补平衡执行情况	底线型	新增建设用地占用耕地的是否按照数量、水田、产能三项指标落实占补平衡，是否占用坝区耕地补充坝区耕地，占用水田是否补足水田
4		新增建设用地占用耕地合规情况	底线型	新增建设用地占用耕地的是否符合占用耕地政策要求，如光伏用地、墓地等不得占用耕地
5		新增建设用地占用永久基本农田补划执行情况	底线型	新增建设用地占用永久基本农田的是否按照数量不减、质量不降、布局稳定三项指标补划永久基本农田，涉及占用坝区永久基本农田的是否补充坝区永久基本农田
6		新增建设用地占用永久基本农田合规情况	底线型	新增建设用地占用永久基本农田的是否符合允许占用永久基本农田的条件
7		增减挂钩占用耕地占补平衡执行情况	底线型	增减挂钩项目占用耕地的是否按要求落实占补平衡
8		耕地开垦费缴纳情况	执行型	耕地开垦费按时、按规缴纳情况，缴纳的费用是否不低于地方标准
9		新增建设用地占用耕地比例	约束型	新增建设用地占用耕地是否超过地区或者项目类型占耕比例上限
10		新增建设用地占用永久基本农田比例	约束型	新增建设用地占用永久基本农田的是否超过项目类型占永久基本农田比例上限且未进行占永久基本农田方案比选

续表

序号	评价方向	评价指标	指标类型	绩效评价内容
11	耕地保护建设评价	永久基本农田储备区划定	执行型	永久基本农田储备区是否按要求划定,储备区占永久基本农田的比例为多少
12		新增耕地入库	约束型	新增耕地是否按要求进行入库
13		补充耕地指标交易及异地流转	约束型	耕地指标交易及异地流转情况是否按要求执行,跨省、市交易的价格是否不低于国家要求标准
14		高标准农田建设	执行型	高标准农田是否按要求进行建设并通过验收
15		土地整治	执行型	土地整治是否按要求进行
16		工矿用地等复垦耕地	约束型	涉及生态修复工程如工矿类用地的,是否按要求复垦到位,是否具备耕作条件
17		临时用地涉及耕地和永久基本农田的复垦情况	约束型	临时用地涉及耕地和永久基本农田是否按时、按质复垦到位,评价时主要关注复垦时间、复垦率、复垦验收通过情况
18		未利用地开发耕地	执行型	涉及未利用地开发耕地的是否符合生态管理要求,开发的耕地是否符合开垦要求并有效入库
19		退耕还林情况	执行型	是否要求退耕还林,是否有把优质耕地还林的情况
20	耕地保护制度评价	签订耕地保护目标责任书	执行型	是否逐级签订耕地保护目标责任书,责任书是否由主要负责人签订
21		耕地保护责任目标自查与考核	执行型	各级政府自查耕地保护责任目标是否到位(自查次数、自查问题整改情况等),耕地保护责任目标考核是否合格,问题是否整改到位
22		落实领导干部耕地和永久基本农田保护责任离任审计	执行型	是否严格落实领导干部耕地和永久基本农田保护责任离任审计制度
23		田长责任制	执行型	落实田长责任制是否到位
24		耕地保护巡查、督察	执行型	耕地保护巡查、督察是否按要求进行,落实"早发现、早制止、早查处"机制是否到位
25	耕地违法评价	新增建设用地违法占耕	负向型	新增建设用地违法占耕比例(项目比例、面积比例)是否按要求查处和整改到位
26		耕地"非农化"	负向型	耕地"非农化"的总面积、所占比例、整改到位情况
27		耕地"非粮化"	负向型	耕地"非粮化"的总面积、所占比例、整改到位情况
28		农村乱占耕地建房	负向型	农村乱占耕地建房面积比例以及整改比例

第六节　云南省国土空间用途管制成效

一、成立用地保障专班，推进管制一线工作法

为改进和优化云南省用地要素保障工作，为全面落实"简政放权、放管结合、优化服务"的要求，为有效解决云南建设项目用地审批报件质量较低、报批周期较长、补正次数较多、会审处室职能分散、审查标准把握不统一等问题，云南省自然资源厅成立了云南省用地报批技术审查工作专班。工作专班以集中化、技术化、统筹化专班的形式，对云南省建设项目的农用地转用、土地征收和先行用地报件开展正式用地报批前的技术审查。云南省成立用地技术审查专班，将进一步提高用地审批服务水平，提升用途管制效能，保障依法依规用地，助力云南省经济持续向好发展。

工作专班主要服务在用途管制转用环节，其职能职责明确如下：一是负责按照审查要点及标准，严格按规范进行审查；二是负责协助行政审批处组织召开集中审查会，并向州（市）自然资源局反馈审查意见；三是出具技术审查报告，并对审查结果的真实性和准确性负责；四是对各州（市）建设项目用地报批进行业务指导，不断提高报件质量；五是负责与部相关司局及厅相关处室沟通联系，统一审查标准，做好补正工作；六是在正式受理报件后，负责拟写审查报告及请示文件；七是负责对审查过程全面梳理、深入总结，形成系统化、规范化及可推广的经验，更好地指导今后的工作。

为提升用途管制效能，提升土地要素保障效率与质量，云南省自然资源厅发布《贯彻落实"一线工作法"强化土地要素保障工作方案（试行）》，以"一线工作法"强化土地要素保障并结合工作实际主动服务，在一线转作风、在一线解难题、在一线促发展，将作风革命、效能革命贯穿于全省经济社会发展各方面。土地要素保障的"一线"工作范围不仅是项目现场和基层，也是工作推进、重点焦点、方案举措等各环节的一线。具体做法如下：

（1）"一线"合理选址。项目选址阶段，自然资源部门提前介入，各级重大建设项目专班带专家、带数据底图与项目建设单位、行业主管部门一并在项目建设实地通过航拍等技术手段，第一时间从源头为项目设计前期提供科学合理的选址方案，从源头把控，有效避让生态保护红线、永久基本农田，减少占用优质耕地；具备条件的，在项目实地组织踏勘论证会。项目选址确定后，与相关部门确定各项前期工作的"路线图"和"时间表"，逐节点推进，全面有效落实。

（2）"一线"掌握政策。一是加强向自然资源部各业务司局的汇报请示，掌握新政策、新规定、新要求第一手资料，接好政策精准贯通的最先一公里。在此基础上结合本省实际，及时准确将政策传导至州（市）、县（市、区），确保政策落实上下统一，贯穿到底。

二是下沉一线实地培训，通过制定调研培训计划+实地培训指导，帮助基层列出问题清单，理清思路，掌握政策，靶向发力，找到对症、实用、管用的工作措施、路径和方式，打通用足用活政策的"最后一公里"。

（3）"一线"调度推进。持续贯彻落实好重大项目定期调度机制，聚焦"能通全通清零""互联互通"高速公路、滇中引水二期、昆明机场改扩建、抵边联防所等一批急需落地的重点建设项目，联合省级相关行业主管部门定期调度、一线调度，合力推进要素保障工作。

（4）"一线"审查会签。一是专班技术审查阶段，接收报件后，专班统筹按州（市）为单位，凡5个项目及以上的专班赴项目所在地组织进行现场技术审查，存在问题现场指导解决，有条件的现场补件；二是处室会审阶段，以州（市）为单位，5个项目及以上的或涉及重特大项目由州（市）自然资源主管部门提前1个月提交召开现场会审会申请，经专班核实均通过审查的，由专班商州（市）自然资源局拟定现场会审方案报分管厅领导，现场会审会可邀请政府分管领导及相关部门参加，会审会方案包含会议拟召开时间、地点、上会项目清单、参会人员、会议议程等。现场会审会由厅分管领导带队，相关业务处室负责人参加，因工作原因确实不能参加的处室负责人，可通过系统视频会方式或腾讯视频会方式同步参与会签。

二、出台技术规程，建立节地案例库

为强化国土空间用途管制的机制保障，强化用途管制中的规划引导与指标约束，云南结合地方实际，以技术标准化、节地案例化，提升国土空间开发保护质量和效率，提高云南省自然资源节约集约利用水平。2024年，由云南省自然资源厅和云南省国土资源规划设计研究院牵头起草了《市县国土空间总体规划编制技术规程》（DB53/T 1254—2024）、《山坝地区建设项目节地评价技术规程》（DB53/T 1255—2024）2个地方标准并获批发布，填补了云南省国土空间规划和自然资源节约集约利用领域地方标准的空白。2023年7月14日，自然资源部认定了全国首批自然资源节约集约示范县（市），澜沧拉祜族自治县被认定为矿产资源类示范县，姚安县、绥江县、永仁县被认定为土地资源类示范县。

云南省出台的《市县国土空间总体规划编制技术规程》，基于"多规合一"改革总体要求和国家层面明确的底线底盘、空间格局、要素配置等国土空间规划编制要求，结合云南省情实际，统一了州（市）、县（市、区）国土空间总体规划编制思路、编制程序、技术路线等，明确了总体规划在生态空间规划治理、坝区空间规划治理、九大高原湖泊空间规划治理、高原山坝地区耕地和林地保护与后备资源空间规划、特色魅力空间规划等方面的编制内容和重点，为云南省用途管制提供了技术依据与统筹保障。出台的《山坝地区建设项目节地评价技术规程》，立足云南复杂多样的自然地理格局和坝区耕地保护特点，突出山区与坝区建设项目在平面布局、安全防护、用地规模等方面的明显差异及其节地评价工作需要，通过创新优化评价范围、内容、方法和流程等，构建起系统、完整的技术体系，用以规范指导无土地使用标准或者超土地使用标准的山坝地区建设项目有序开展节地评价、节约集约用地专章论证、联合选址选线等工作，有利于充分发挥标准化在全面履行自然资源节约集约利用职责中的基础性支撑作用，为切实保护耕地和合理开发利用自然资源提供了科学指引。

云南省 2023 年 12 月发布了《云南省自然资源厅关于印发云南省建设项目节地案例库（第一批）的通知》（云自然资审批〔2023〕464 号），梳理 5 年来已经通过节约集约用地论证分析专章审查、核发了建设项目用地预审与选址意见书、取得了项目用地批复的项目，结合土地使用标准、建设标准、行业规范等进行综合分析，遴选了节地技术较为先进、措施合理可行、效果较为显著的项目，纳入云南省建设项目节地案例库，切实发挥节约集约用地典型案例引领示范作用，贯穿用地保障服务全过程。

三、建立刚弹兼备详细规划管理体系，提升用途管制的灵活性

详细规划作为用途管制中的基本单元，引导地方的发展建设。为提高用途管制的单元弹性、强化管制的适用性、推进管制的有序性，云南省探索建立了刚弹兼备、灵活适用的国土空间详细规划管理体系。2023 年 11 月 28 日，自然资源部报道云南省该有效举措，向全国推广云南省持续深化"多规合一"的改革成果，因地制宜逐步完善国土空间详细规划制度建设，指导和规范全省各地开展详细规划编审工作的经验做法（自然资源部微信公众号：详规制度建设 云南省：探索建立刚弹兼备、灵活适用的国土空间详细规划管理体系）。主要经验做法如下：

（1）摸清底数、理清思路。自 2021 年 3 月开始，云南省先后开展全省容积率、城镇开发边界内控制性详细规划编制摸底调查及现行详细规划评估等基础工作，并赴 16 个州（市）实地开展控详规管理问题难点调研，充分掌握全省详细规划编审现状。2022 年 3 月 31 日云南省自然资源厅印发《关于过渡期控制性详细规划管理有关工作的通知》，要求全省详细规划管理要坚持底线思维，严格落实"三区三线"等控制线要求，规范过渡期控制性详细规划管理。同时，在借鉴学习其他先进省份经验的基础上，结合云南省各地规划管理水平差异明显、发展现状参差不齐的实际，探索建立以"一个规划、两个层次"为基本要求的详细规划编制总体思路，即详细规划应按照一个完整规划组织编制，规划内容包括单元和地块两个层次，两个层次规划一次性编制到位，不进行分步编制和分别审批，旨在解决不同管理水平、不同管理能力的差异化需求。

（2）承上启下，强化传导。为保障总体规划到详细规划的有效传导，一是将云南省国土空间总体规划中需要传导的核心内容分解传导至划定的详细规划单元，如国家"大三线"（永久基本农田、生态保护红线、城镇开发边界）、云南省"小三线"（工业用地红线、耕地后备资源补充空间、林地后备资源补充空间）和"城市四线"（蓝、绿、紫、黄线）控制规模，以及单元内人口规模、主导功能分区、建设用地规模等指标应分解到位；二是将地块层面在单元的总体控制和平衡下，再次承接分解细化至具体地块的用地性质、用地面积、

建筑高度、密度、容积率等控制指标，并作为土地出让和规划许可的依据；三是详细规划将涉及空间结构效率、空间品质的指标进行转译，以提高指标在详细规划中的可落实性。例如，将人均公园绿地指标、步行广场 5 分钟覆盖率(%)等转译为绿地规模、配套设施地面积或点位控制要求等。

（3）刚弹有序，编管结合。按照"编到地块、管到单元"的方式（详见图 8-1），把握好底线刚性和发展弹性的关系，强化详细规划动态维护和迭代更新，并从规划编制和审批管理不同角度建立刚弹兼备的详细规划体系。首先，在编制层面，以提高全省详细规划覆盖率和管理水平为目的，详细规划分为单元和地块两个层次进行编制，按照定界控制、定点定向、指标控制和条文控制四种方式进行管制。其中，单元层次重点落实国土空间总体规划要求，并与相关专项规划进行衔接，侧重统筹性，强调底线管控；地块层次重点支撑具体项目的落地，侧重实施性，运用城市设计方法，重点控制地块的相关指标，并在单元内总体平衡的前提下体现灵活性。其次，在审批管理层面，以建立详细规划动态更新、提高管理效率为目标，设置了规划修改、维护和勘误三种规划调整方式。一是在涉及单元层次较为刚性的管控内容调整时，按规划修改程序执行，严格按照规划论证、征求意见、专题报告、编制方案、报原审批机关的程序落实；二是不突破单元层次刚性管控的地块层次内容调整的，以保障公共利益和人民群众高品质生活为前提，以 4 种情形按规划维护程序执行，由原审批机关同级自然资源主管部门审批并更新数据库；三是涉及成果中存在表达错误或者信息误差的，按规划勘误程序更新规划数据库管理。

图 8-1　云南省详细规划调整内容(来自云南省自然资源厅微信公众号)

（4）多元差异、特色鲜明。充分考虑云南省地形地貌多元、自然风光与民族风貌地域特色突出的特征，强化重点地段的详细规划管控工作。针对城市更新地段、历史文化保护地段、沿山滨水景观区域以及重要街道、重要民族文化活动区、重要交通枢纽区、城市重要公园等其他重点地段进行精细化研究，创造性地提出相应控制要素和细化相关管控要求，并明确详细规划中运用城市设计手法，对整体街区风貌、建筑形态、色彩、第五立面、天际线等做出管控要求。

四、打造云南省建设用地招商云平台，强化要素保障功能

用途管制相关要素保障平台的建设是用途管制体系化建设的重要一环。为进一步盘活云南省园区存量土地资源、促进土地要素与项目匹配精准高效、推动土地资源节约集约利用，提升云南省营商环境软实力，云南省自然资源厅倾力打造了"七彩云南·智选地"——云南省建设用地招商云平台(以下简称"建设用地招商云平台")，精准高效配置用地资源，助力园区经济发展壮大，强化用途管制体系下的要素保障能力。

开发区是云南省经济社会发展的重要引擎，是经济工作的"主战场"，历来是土地资源要素的集聚地。建设用地招商云平台有助于云南省各开发区摸清历年批而未供、储备土地等"家底"，通过平台在互联网上架优质地块，全方位多角度向社会企业宣传推广，促进开发区有效盘活存量土地资源，激活土地资源效能。通过归集产权明晰的存量建设用地，在建设用地招商云平台统一发布公开透明的土地信息，配对有效精准的项目要素，建立"园区推介土地-企业多向选择"的双向互动选择模式，让投资企业直观了解我们"有多少地""地在哪里""地块是什么情况"等，辅助投资决策(云南省网上新闻发布厅：强化土地要素保障！云南这样助推园区经济高质量发展)。云平台的建设也是用途管制中推动土地资源节约集约利用的重要手段，以强化园区经济土地要素服务保障为切入点，引导市场主体优先选址存量建设用地，有效促进土地节约集约利用，以土地管理的"高水平"助推经济社会发展的"高质量"。

建设用地招商云平台是云南省唯一的省级土地方面的招商平台，其具备三大特点：一是土地"货源"充足、平台权威。对全省 16 个州(市)、129 个县(市、区)政府储备、批而未用、新增建设用地等进行全面梳理，按行政区划、园区、专场等板块分类归集，纳入土地仓库，建成"土地超市"，确保货源丰富，质量有保障。二是提供"云"上选地新模式。利用云计算、时空大数据等技术，推行"云上读地、云上选地"服务，让市场主体在云端就可以浏览全省优质地块，实现从"被动等地"到"主动选地"的转变，满足各类项目用地需求。三是数据多方联动融合共享。通过信息化赋能，实现与规划、审批、储备等多个平台数据共享共用，与投促部门招商数据信息互联互通，融合聚集土地、项目、政策等要素，对可供用地空间布局全方位展示，形成建设用地招商"一张图"，构建"以地招商""以商找地"新格局。

云平台将对优化提升营商环境起到推动作用。打造云平台有利于提高土地资源市场化配置水平。建设用地招商云平台集土地信息归集、发布、智能选地和"地图式招商"等功能于一体，土地要素保障信息全面公开，提升了土地资源利用效率和市场化配置水平，进一步完善了云南省土地市场体系。云平台有利于高效服务企业用地需求，通过建设用地招商云平台，企业足不出户就可以完成"实地考察"，引导项目按需选址，促进土地资源与实际产业需求更加深入对接，帮助企业精准选地、项目高效落地，为企业节省了用地成本及时间。云平台有利于持续提升政务服务效能。"十四五"期间是壮大园区经济、实现云南省高

质量跨越式发展的关键时期。通过建设用地招商云平台，企业可以更直观、便捷地了解云南省土地资源状况和投资环境情况，有利于优化市场主体选地流程，畅通政企沟通渠道，为项目落地提供高效政务服务，进一步提升云南省营商环境"软实力"，推动形成关注云南、投资云南的良好氛围。

五、集体经营性建设用地入市，实现"交地即开工"

2023 年 9 月 15 日上午，在玉溪市峨山县岔河乡，云南省首宗农村集体经营性建设用地实现"交地即开工"，全力助推项目早开工、早建成、早投产，通过入市地块"三证"联发（云南省自然资源厅微信公众号："三证"联发，我省首宗集体经营性建设用地入市实现"交地即开工"），统筹推进用途管制许可与建设两个环节，提升乡村振兴用地保障能力，优化用途管制实施流程，提升用途管制实施成效。

2023 年 3 月，国家正式启动深化农村集体经营性建设用地入市试点工作，云南省玉溪市峨山县被成功纳入云南 15 个入市试点地区之一，云南省自然资源厅同步指导峨山县开展入市试点工作。为确保试点工作实效，峨山县坚持审慎稳妥推进的总基调，在全面摸底、科学布局、完善制度的基础上，认真筛选符合条件的入市地块。经摸排，岔河乡青河村委会岔河村民小组一块 18.25 亩的集体土地符合入市条件且村集体入市意愿强烈。在省、市、县三级自然资源部门的指导下，岔河村民小组制定了入市方案，明确了界址面积、年限用途、交易方式、价格收益等内容，对入市方案进行了公示，经村民会议三分之二以上同意，形成入市决议，为农村集体经营性建设用地入市试点工作打下了坚实的基础。7 月 20 日，该集体土地成功入市交易，云南滇一服饰科技有限公司以 212.92 万元顺利竞得，成为本轮农村集体经营性建设月地入市试点工作开展以来云南省首宗入市交易地块。

云南滇一服饰科技有限公司拟在该入市地块建设年产 350 万件服装智能化加工生产线项目，峨山县将其作为工业投资"交地即开工"试点项目。8 月 8 日，交易双方签订集体经营性建设用地出让合同后，峨山县通过三动服务、容缺预审、并联审批等审批模式改革，最大限度缩短审批时间，实现不动产权证、乡村建设规划许可证和建设工程施工许可证"三证"同步办理，并于 9 月 15 日上午正式颁证，实现"交地"和"开工"无缝对接。项目计划于 2024 年春节后建成投产，届时项目年产值可达 8000 万元以上，将重塑当地产业结构，极大地带动岔河乡工业经济发展，示志着岔河乡即将实现规模以上工业项目"零"的突破。

峨山县还建立了兼顾国家、集体和农民个人利益的入市土地增值收益调节机制，按土地增值收益的 20% 征收入市土地增值收益调节金，并全额上缴县财政，纳入地方一般公共预算管理，统筹用于城镇和农村基础设施建设、农村环境整治、土地前期开发等支出；其余 80% 的入市土地增值收益则纳入农村集体经济组织资产及收益，由岔河村民小组进行管理。

在探索推进农村集体经营性建设用地入市试点过程中，云南省自然资源厅结合实际情况和探索方向，完善了省级政策制度设计，研究拟制了《关于深化农村集体经营性建设用地入市试点工作的实施意见》，并经省委全面深化改革委员会会议审议通过。同时，省自然资源厅积极筑牢入市基础，组织指导15个试点地区编制具体推进方案，开展现状农村集体经营性建设用地调查摸底，推进"多规合一"实用性村庄规划编制审批，加快集体土地所有权和集体建设用地使用权确权登记，科学编制集体建设用地基准地价，做实做细入市准备。此外，云南省自然资源厅还全面开展拟入市地块摸底，按照"成熟一宗，入市一宗"的原则，稳妥渐次有序推进入市试点工作，确保完成好国家赋予云南省的改革任务。

本章参考文献

　　[1]赵毓芳，林坚，等.国土空间用途管制理论与实践［M］.北京：商务印书馆，2023.

　　[2]吴次芳，谭永忠，郑红玉，等.国土空间用途管制［M］.北京：地质出版社，2020.

　　[3]刘阳，徐培祎.市级国土空间总体规划新增建设用地规模分解研究——以云浮市为例［J］.规划师，2022，38(4)：71-77.

　　[4]詹子歆，戴林琳，叶子君.区县工业用地绩效评价与优化路径研究［J］.南方建筑，2023(2)：98-106.

第九章
结　语

　　国土空间用途管制是国家治理能力、治理体系现代化的重要体现，国家以国土空间规划为基础，建立以统一用途管制为手段的国土空间开发保护制度是协调国土空间关系、保护与可持续利用国土空间资源的必然要求。为此，云南省也积极探索与实践国土空间用途管制，通过剖析内涵、强化理论、构建制度、把握现状、开展规划、推进实施、梳理环节、分析案例、总结成效，将国土空间用途管制中的理论与云南实践呈现给国土空间用途管制的决策者、实施者及研究者们，与大家一起探讨学习用途管制的各个环节与具体内容，以期为实施更加可行、更加高效的国土空间用途管制制度起到"抛砖引玉"的作用。

　　本书的亮点主要体现在两个方面：一是基于云南底图底数，制定了具有云南特点的分区准则。全面系统地分析了云南省三调以来的土地利用现状及其近年度土地利用变化情况，以州（市）为单位分析三大地类的变化差异幅度，为云南用途管制实施提供了基础性的参考依据。通过政策分析、确定原则，在用途管制分区的成果基础上，制定各分级分区的准入条件，以清单化的方式对云南国土空间用途管制具体的准入要求进行呈现，其中九大高原湖泊及工业发展等都是云南特有准入实施清单。此外，用途的转用一直是管制的核心环节，通过剖析三大地类外部与内部的转换关系、转换原则、转换路径，强化了云南用途管制实施的可行性、系统性。重点对云南整个国土空间用途管制实施程序进行了系统归纳，包含"空间调查评价-总体规划许可-指标配置与管理-用途转换-建设许可-绩效评价-监督管理"等七个阶段，为用途管制系统管理提供有效路径与参考。二是基于实地调研，以问题为导向，剖析了目前用途管制的典型问题。本书对云南省在采矿用地、城镇开发边界外的市政道路用地、一二三产业融合用地、村庄建设边界外未利用的农村宅基地盘活、园地上架空搭建观光帐篷和休憩地等典型问题案例进行分析并给出建议。在用途管制实施的管理手段上，着重在计划指标管理、监督管理、绩效评价三个方面进行研究。计划指标管理主要围绕建设用地的增量、存量、计划量，耕地指标的补充、节余、新增、违法，指标计划配置等三个方面的管理实施进行总结。本书从行政实施的角度出发，将用途管制的监督管理划分出重点的三个环节，即规划监管（"源头工厂"）、转用与建设许可监管（"中转站"）、违法处置监管（"客服中心"），对三个环节的具体监管内容、监管手段进行总结，以提升云南用途管制监管手段与能力。云南在用途管制实施时，高度重视耕地保护有关工作，针对耕地保护绩效评价提出综合性评价指标，涉及底线指标、实施指标、建设指标、违法占耕情况等4个方面共29项具体评价内容，由地方建立统一评价标准，对各项指标予以赋值或者配置权重系数，底线型和约束型指标权重较高，执行型指标各行政地区可根据自身情况调整相应的评价系数，形成了一套较为系统和完善的地方性耕地保护绩效评价方法。

自云南国土空间用途管制探索与实施以来，在管制流程、管制内容、管制方法等方面都取得了一定的成效，如为强化要素保障、优化管制审批流程、创新管制方法，省自然资源厅成立了用地保障专班，推进用途管制的一线工作法；为细化管制内容、提升用途管制的灵活性，全省建立了刚弹兼备的详细规划管理体系；为盘活土地资源、提升管制的实施能力，打造了省建设用地招商云平台，建立了全省节地案例库、山坝地区建设项目节地评价技术规程；为提升管制成效，推进管制的新要求，云南省积极探索集体经营性建设用地入市并实现"交地即开工"，等等，类似的案例还有很多。

在总结成效的同时，本书对国土空间用途管制的研究及对云南实施用途管制的研究尚存在不足之处。一是本书以国土空间用途的准入与转用为主线，对于空间用途的权属未进行系统的研究与总结。二是对理论技术方法凝练不够，对用途管制制度的剖析深度尚浅；对用途管制准入中约束机制和理论研究还有欠缺；对在城镇村庄开发建设边界内和外的建设用地用途转换研究总结不全；对云南省用途管制存在问题的覆盖度不够；对国土空间用途管制绩效评价研究还仅在初级阶段。在用途管制实施上，用途管制分区与实施在衔接上尚有不足，如能矿发展区的具体管制实施时存在管制内容交叉与管制空白，云南省工业用地划定的拓展线对工业用地的落地保障存在不足；用途管制体系化建设还处在初级阶段，用途管制实施平台搭建还有很多不完善；对管制结果、管制效率、管制内容等方面的监管还有很多欠缺。

下一步，在对云南国土空间用途管制研究和实施两个方面，需要进一步深入推进和全面完善。理论层面将聚焦于以下方面：细化各类约束底线的管控规则，开展国土空间用途管制利用效率研究；探索开展地区性差别化用途管制研究、生态空间差别化用途管制研究；研究制定云南省河湖水域岸线的用途管制规则；探索"增减挂钩"节余指标调剂及收益分配机制；探索研究城镇开发边界范围内增量空间的分阶段管控制度；开展节约集约标准化制定研究；探索开展农村建设用地混合利用研究；开展用途管制综合性绩效评价的体系研究等。在用途管制实施方面，云南下一步将加快落实耕地"大占补"的有效机制，完善地方区片综合地价测算规程，研究解决土地征收成片开发执行问题，强化用途管制的监测评估与监督检查，探索改革"1+N+X"土地管理配套政策体系，建立和完善计划指标管理规定，推进采矿用地相关问题的研究，制定解决方案，推进一二三产业融合用地实施方案与路径，总结典型案例与模式，推动全省集体经营性建设用地的高效实施。

总之，国土空间用途管制研究与实施是个庞大、复杂、系统的工程，为履行统一行使国土空间用途管制职责，在国土空间"一张图"的体系下，全国各地方应不断探索、研究、实施、完善适配于本地实际情况的国土空间用途管制制度与体系，从而为服务地方国土空间行政管理、服务经济社会高质量发展和生态文明建设提供重要机制、制度保障。